U0449442

烟水气与帝王州

南京人文史（上）

薛冰 著

九州出版社

▼ 长干古城复原示意图

长江

本图是根据地质考古绘成的三千年前秦淮河下游形势模拟图。当时长江直抵石头山、凤台山、雨花台西麓，石头山与凤台山、赤石矶之间的秦淮河河谷平原还是河流中的一串沙洲。长干古城坐落在凤台山余脉丘陵上，东侧水道即今落马涧，西侧江湾就是六朝横塘所在。

南京市考古研究院 陈大海 供图

古秦淮河

长干古城

雨花台

明《职方大一统图》中的《南京地图》

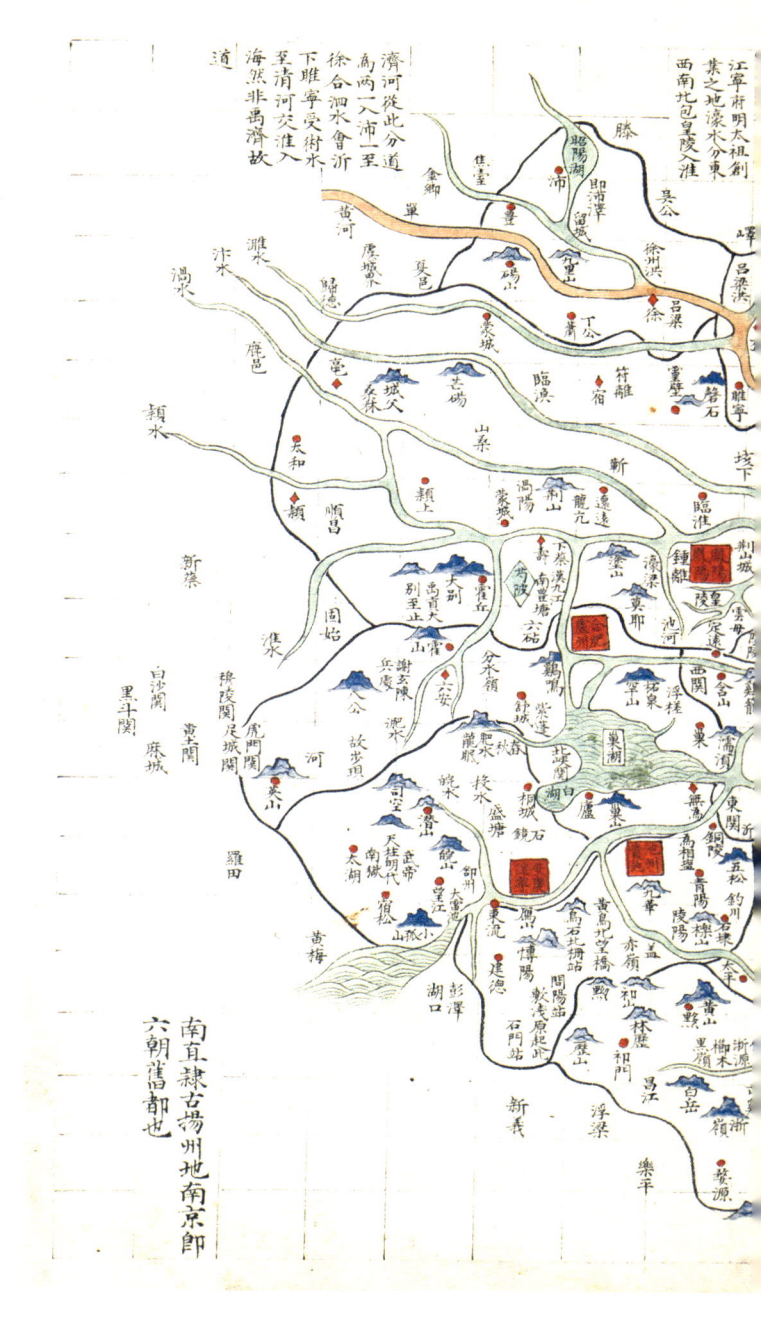

　　《职方大一统图》绘于明代后期，现存图二十幅。总图有题注："内合两京十四省九边七镇四夷及高山大川"，两京即北京与南京。《南京地图》左下角说明："南直隶，古扬州地。南京，六朝旧都也。"图中包括现江苏、安徽、上海及浙江北部，人们常说的江南，大致就在这一范围内。

南京地圖

江寧府襟三江而帶淮三江北江從江陰入海中江從松江入海南江從餘姚入海五湖鄱陽湖即彭蠡太湖即震澤合巢白湖丹陽湖長蕩湖是為五湖

南江從徽嚴入錢塘亦分三口出海

三江口
錢塘江
杭州

▼ 送朝天客归国诗章图

本图约绘于明代中期,现藏韩国国立中央博物馆。"诗章"写在画题中段:"海域航珍贡帝畿,壮游万里恣轻肥。中朝礼乐歆才望,故国江山耀德辉。鹦鹉洲边孤树杳,凤凰台下五云飞。俄然为报潮平候,满载恩光向日归。"描写朝天客赴北京朝拜纳贡,后在中朝各地游览即将归国。明朝南京状元朱之蕃曾出使朝鲜,与此恰成佳话。

送朝天客

海域航珍
貢
帝戴吐逝萬里澄
輕舻
中朝禮樂歙千宝技
国江山耀倍輝鵾
鵜洲逸孤樹杏鳳
鳳凰下
五雲飛俄芒菲湖華
候滿我
恩光知日帰

此图是别具一格的立体南京城图，布局比例虽不准确，但方位大体不差。皇宫、鼓楼、钟楼、十庙、承恩寺、孝陵、大报恩寺等重要地标图象清晰，城中衙署、牌楼分布，都城城垣、城门及外郭城建构等，提供了值得研究的新信息。

韩国国立中央博物馆 供图

目录

序

第一章 从先吴文化说起

第一节
9　长干古城：千古之谜

越王勾践的雄图霸略
长干古城的发现
改写：城市史与文化史

第二节
19　史前文明

先吴文化
新石器时代
青铜时代
湖熟人的日常生活
出河越江

第三节
38　太伯奔吴传说

太伯奔吴故事溯源
周章与吴国
烟墩山出土宜侯夨簋

第二章 南方三国演义

第一节
53　春秋诸侯王

楚、吴争战
兵家必争濑渚邑
越剑吴钩

第二节
61　吴头楚尾

吴国人的缺席
濑渚的商业繁华
范蠡何曾到南京

第三节
69　金陵得名

　　越国的衰亡
　　楚置金陵邑
　　白鹭洲定位金陵城

第三章　秣陵：王气之谜

第一节
79　金陵成了秣陵

　　秦始皇到此一游
　　秣陵多是非

第二节
83　城头变幻大王旗

　　秦时明月汉时关
　　七国之乱与侯国兴废

第三节
88　孙氏父子

　　孙坚开拓
　　孙策崛起
　　讨逆将军建府秣陵

第四节
95　奠基秣陵

　　张纮建计
　　孙权定策

第五节
101　自然崇拜的具象化：蒋家兄妹

　　蒋子文的神化
　　青溪小姑故事

第四章 东吴：古都初建业

第一节
111 生子当如孙仲谋

孙权的后发优势
武昌称帝
多官制与单官制
石头城和冶城

第二节
122 建业水

运河：运输之河
秦淮中支分南北
开凿破冈渎
夹江石头津

第三节
129 举贤任能保江东

举贤任能，各尽其心
孙权的深谋决断
不是冤家不聚头
暨艳与吕壹的教训

第四节
136 商贸繁盛长干里

长干名出《吴都赋》
举国商品集散地
小长干·大长干·东长干

第五节
145 异物和大钱

岭南交趾多异物
三国屯田各不同
吴、蜀两国的货币战争

第六节
154 吴歌与西曲

吴歌兴盛于南京
南北文化大交流
远游人歌名西曲
农民之歌与市民之歌

第五章 建康风云

第一节
165 王与马，共天下

门阀士族与皇权
笼络江东士族
君、相之争
王、庾之争
皇太后褚蒜子
谢氏继起

第二节
186 皇帝轮流做

桓玄篡夺
刘裕代晋
禅让前史
齐、梁相继
侯景之乱
梁武帝的不肖子

第三节
203 胭脂井

陈宫风波
平民女儿张丽华
陈叔宝的悲喜剧
南朝的尾声

第四节
212 "金陵王气"

东吴尚无王气之说
西晋的王者气
"五百年后"天子气
黄旗紫盖

第五节
219 三朝元老与九品中正

三朝元老
九品官人法
高门与寒士
梁武帝改革官制

第六节
230 立号都建康

  晋成帝营建苑城
  军垒拱卫
  城市比王朝更长久

第六章 骑鹤上扬州

第一节
241 侨人与土断

  侨县、侨州与侨郡
  侨居与置产
  侨人的特权
  刘裕推行土断

第二节
249 六朝金粉

  经济因商业而繁荣
  建康里坊与商街
  溯江涉海估客乐
  造船业的发达
  百工昌盛

第三节
264 "富贵在钱"

  腰缠十万贯
  君子爱财
  拜金主义两面观

第四节
274 缤纷南朝钱

  混乱的东晋币制
  南朝宋钱币多变
  梁武帝大铸铁钱
  璀璨的钱币文化

第七章 魏晋风流与南朝文运

第一节
287 **服石与清谈**
　　魏晋风流的背后
　　五石散的功用
　　清谈与玄学
　　《兰亭集序》与兰亭诗

第二节
301 **文脉：继汉开唐**
　　山水诗引领新风
　　诗人世家首推谢
　　《世说新语》：文学与史学
　　《诗品》与《文心雕龙》
　　《文选》选文有范式
　　《玉台新咏》与宫体诗
　　艺术的自觉
　　园林六朝变

第三节
332 **南朝四百八十寺**
　　多少楼台烟雨中
　　玄、道、佛此消彼长
　　竟陵八友：文学与佛学
　　定林寺高僧僧祐

第八章 唐人眼中的金陵

第一节
349 **江外无事否**
　　隋代的短暂统一
　　唐代的政治贬抑
　　建康城的命运

第二节
358 **金陵咏怀继文统**
　　怀古与咏今
　　无情最是台城柳
　　唐诗传扬秦淮河
　　长干行
　　李白纵情石头津

第九章 承唐启宋

第一节
375 南唐立国

  杨吴开创
  李昪受禅建南唐
  审时度势成霸业
  外战与内争
  小楼吹彻玉笙寒
  一江春水向东流

第二节
389 大周后与小周后

  金镂鞋
  一片芳心千万绪
  流水落花春去也

第三节
395 都城江宁

  踞山依水建新城
  南唐宫城变迁
  经济：商贸与货币
  舍利塔与帝王陵

第四节
408 文脉：承唐启宋

  延揽四方人才
  南唐的贡举制度
  赓续华夏文脉
  书画启新风

序

拙著《南京城市史》问世不久，就有读者提出，书中仅限于城市空间的发展变迁，对社会人文诸方面未能充分阐述。

就城市文化研究而言，这不能不说是一个缺憾。十五年前写《南京城市史》的初衷，是梳理城市生长脉络与经验教训，探索面对历史造就的文化名城如何进行再度建设问题，初版《后记》中说："希望这部《南京城市史》能成为一方引玉之砖，成为进一步深入研究南京城市史的铺路之石，也希望它能够为新一轮城市总体规划的制订，提供一些启发。"因而未能顾及人文部分。另一方面，当年我涉足地域文化研究未久，想完成一部南京人文史，也是心有余而力不足。

此事成为一个心结。十几年来，我时时处处留心搜集南京人文资料，比较文献，分析史事，发现问题，梳理脉络。曾经活跃于南京的重要人物面目渐渐明晰，曾经发生在南京的历史事件因果渐渐清楚，一幕幕活剧时勃勃于胸间，激发我将它们写出来。唯一令我犹豫的是，这本书的工作量之大是可以想见的。我已年过七旬，记忆力与工作效率明显不如以前，所以久久未能动笔。

俗话说"人算不如天算"。2020年春节，突发的新冠疫情，打乱了社会生活节奏。作为一个老人，自觉禁足在家，而且不知闭关到何时，为保持生活充实，需要有一件持久的工作。谢肇淛《五杂俎》中说："少时读书，能记忆而苦于无用。中年读书，知有用而患于遗忘。故惟有著书一事，不惟经自己手笔，可以不忘，亦且因之搜阅简编，遍及幽僻，向所忽略，今尽留心。败笥蠹简，皆为我用。始知藏书之有益，而悔向来用功之蹉跎也。"我决定动手来写一部南京人文史，但何时能完成，甚至是不是能完成，当时都是无从估计的。

"搜阅简编，遍及幽僻，向所忽略，今尽留心"，正是我这三年来工作的写照。庆幸的是，当人们终于挣脱新冠病毒恐惧之际，我完成了这部七十余万字的书稿，可以用这一部新书，作为向南京建城两千五百周年的献礼。

人文史是一种新学科，其内涵界定似乎尚有模糊，东西方表述不尽相同。形而上的学科研究不是我的任务，我所尝试的，是一个大都市的人文史书写，也就是涵括各种城市文化因素的泛指。与《南京城市史》一样，这也没有先例可循。早年读过维克多·雨果的《巴黎圣母院》，近年又读到简·雅各布斯的《美国大城市的死与生》、彼得·阿克罗伊德的《伦敦传》、奥尔罕·帕慕克的《伊斯坦布尔》，他们都以自己的方式成功书写了心目中的城市。这让我有信心来试水城市人文史的写作。文化的发展，就是不断突破传统和边界，不断发现既有文化的不足来加以提升，在创新中积累，在积累中创新。

作为一种人文史著作，本书主要阐述南京城市空间中的人文内涵。贯穿全书的四条主线——王气隐显、文脉绵延、商贸集散、佳丽沉浮，最重要的就是文脉传承，展现南京"世界文学之都"的风采。书名《烟水气与帝王州》，正是四条主线的凝聚。"江南佳丽地，金陵帝王州。"南朝谢朓这两句诗，早已被公认为南京的文化符号。不同于"金陵王气"的虚幻，"帝王州"是不可磨灭的城市印记，也曾是经济繁荣的重要推手。烟水气则是文脉的象征。纳兰性德有言："花间之词如古玉器，贵重而不适用。宋词适用而少贵重。李后主兼有其美，更饶烟水迷离之致。"烟水气的朦胧含蓄，意在言外，别有寄托，正是美学意义上的至高境界。

南京是一个说不完道不尽的城市，即便编纂一部通史，也须有所取舍。一部个人写作的人文史，只能是选择的结果，在历史的经纬线上，撷取作者认为不可或缺的部分，特别是思考成熟、有所创见的命题作为表述对象。具体而言，凡向有定论、早成共识的史事，少讲或不讲，对既往众说纷纭、歧见频出的史事，尽可能追根寻源，有理有据地重新解读，并着重探讨确有价值而被遮蔽或被忽略的人物与事件。

人物的活动和事件的发生，都不可避免地受到所处时代社会政治、经济、军事以至自然变迁的影响，人物行为、事件后果又会影响社会文化和自然生态。所以在每一时代的开始部分，简述历史经纬，方便读者了解相关人物和史事的社会背景、时代限制及其在历史坐标上的地位，理解历史人物做了什么、如何做和为什么这样做。鉴于一些史事的因果广涉全国以至全球，也就不能不从更大的范围进行阐述。

空间是人生存与发展的外在条件，特定时空环境是故事上演的舞台，或多或少会对人物的思维与行为形成制约，而城市空间的变化主要出自人的行为，反映人的意识，也应是人文史的一部分。鉴于《南京城市史》中已做了较为全面、系统、准确的阐述，并有详备的配图，所以本书中尽量减少重复，除有新材料、新补充之处，只作为人物与事件发生发展的外在环境，略做介绍，也不再配图。摄影术至清末才进入中国，此前人物与事件的图像多不准确，且可能引起歧义，所以也不用为本书插图。

一部人文史，涵括社会文化的方方面面。在每一种专业上，都会有比我高明的专家。倘若有研究机构或出版部门组织各方面专家联手撰著一部南京人文史，或许能达到更高的专业水准。

我只是在这个特定的时期，直面并试图完成这一命题的人。能够在三年内写成这部书稿，首先是四十余年来，在文学、历史、版本学与印刷术、艺术史、佛教史、建筑、园林、饮食、钱币学与经济史、教育与科举史、城市规划等诸多方面涉猎较广，亲身体验实践，且多有著作出版，串点成线，融会贯通，具有优势。其次是熟悉不同时期的南京城市空间状态，能够将人物和事件较妥帖地还原到相应的空间中去，而非天马行空地随意挥洒。更重要的是研究方法的把握和历史观、世界观、价值观的养成。谢肇淛在《五杂俎》中感慨："《史记》不可复作矣，其故何也？《史记》者，子长仿春秋而为之，乃私家之书，藏之名山而非悬之国门者也。故取舍任情，笔削如意，它人不能赞一词焉。即其议论有谬于圣人，而词足以自达、意有所独主，知我罪我，皆所不计也。"个人独力著作的好处，是不必为与他人平衡而牺牲自己的见解。

准确地说，《烟水气与帝王州》是一种学术普及著作，意图在艰深的学术研究与大众阅读中间充当一座桥梁。我希望能以尽可能严谨的方式研究，以尽可能平易的文字表述，所以在行文上采用散文笔法，出深入浅，减少大众读者的阅读障碍。

《烟水气与帝王州》的写作，也给了我一个难得的学习机会。

每天七八小时坐在书桌旁，我的目标只是写出一千字，大量时间须用于阅读与思考。一些读了几十年的书，又读出了新意。一些自以为信手拈来的材料，待到下笔，发现并非全无可疑之处。有些一向信以为真的东西，发现无法安放进历史的轨迹和特定的空间，如果确认它的真实，那么更多的史料就必须重行斟酌。清人崔述在《考信录提要》中说："传记之文，有传闻异词而致误者，有记忆失真而致误者。一人之事，两人分言之，有不能悉符者矣。一人之言，数人递传之，有失其本意者矣。"古斯塔夫·勒庞在《乌合之众》中指出史学界常犯的通病，即"对碰巧可以利用的文献进行有倾向性的选择"。从司马光《资治通鉴》开始，前人著作中常可以发现，初始作者"碰巧"找到了"可以利用"的文献，据以作出"有倾向性"的结论，后来的读者以至作者，竟不再查看原初文献，就坦然接受了那个结论，并据以作出自己新的"有倾向性"的议论。崔述指出："大抵文人学士多好议论古人得失，而不考其事之虚实。余独谓虚实明而后得失或可不爽。故今为《考信录》，专以辨其虚实为先务，而论得失者次之，亦正本清源之意也。"正本清源，须追溯到最初的源头，然后比勘史料，考察其流变，分析究竟在哪个环节出现问题、为什么出现这样的问题，才可能做出接近真相的结论。通过各种线索寻找新材料，关注考古新发现，了解当下最新研究成果，观察尚存的文物与古画，实地踏勘城市自然与人文遗迹，都有助于对既有文献记载进行验证，填补自己的短缺。

  刘勰《文心雕龙·史传》中提醒："追述远代，代远多伪"，"俗皆爱奇，莫顾理实。传闻而欲伟其事，录远而欲详其迹，于是弃同即异，穿凿旁说，旧史所无，我书即传。此讹滥之本源，而述远之巨蠹也"。无论多么精彩的故事，也经不起老生常谈的一再重复，固是常理。然而迎合某些读者的猎奇心理，"穿凿旁说"，是人文研究的大忌。对于史实的评判尽可以个人化，但史实本身不容篡改。读者有理由要求听到新故事，但更有意义的是从旧故事中读出新知。对历史多一分敬畏，对城市多一分情怀，对读者多一分尊重，当是一种基本的态度。

  本书中讲述的某些事件，与前人所讲的不一样。为了说明依据，我尽量引证了准确的历史文献。有些常在人们口中的故事，于通常的诠释之外，还可以有别样的解读，作不同的评判。有些司空见惯的史论，还可以作深入的商榷。对于某些为美化南京而善意编造的故事传说，也根据确切史料还其真相。南京有这样的文化自信，不需要伪史的粉饰。即使我的理解和讲述未必完全正确，也可以让大家看到，哪些路径已经有人尝试过，有了什么样的结果。简而言之，我希望能让读者以更广阔的视野了解南京城市文化，也为后来的研究者，在习以为常的路径之外提供一个新的阶梯。其中若干命题，有心拓展，完全可以写成专著，限于篇幅，这里也只能撷其要点，以待后来。

第一章

从先吴文化说起

第一节
长干古城：千古之谜

越王勾践的雄图霸略

周元王四年（前472年），越王勾践在他即位的第二十五年，走上了人生的巅峰。

这一年，越王勾践挟灭吴之余威，率领越军精锐，北上中原，与齐、晋、鲁、宋等国诸侯在徐州（今山东滕州）会盟，又向周王室进贡。周元王接受了贡品，派人赐给勾践祭肉，封他为方伯，以示认可他的诸侯盟主地位。越王勾践遂成为楚庄王、吴王阖庐之后第三位南方霸主，也是"春秋五霸"的最后一位。同在这一年，勾践自会稽（今绍兴）迁都琅琊（今连云港锦屏山），造观台以望东海，开创了越国雄踞淮上二百余年的霸业。

研究先秦史的人，眼光往往被吸引在这一系列宏大事件上，很少有人会注意，就是这样一个风谲云诡的年份，日理万机的越王勾践，居然想到派一支军队前往南京，在秦淮河入江口附近的台地上，建造起一座城，即后世所说的越城、越台。况且据《金陵图经》记载，越城"周回二里八十步"，不过是一个小小不言的军垒。像这样的军垒，见于《越绝书》的何止数十座。

似乎只有南京人，才会重视这个越国军垒的建造。它被视为南京主城区的第一城，也开启了南京地区见于文字的历史。南京号称两千五百年建城史，就是从越城起算的。然而纵观南京历代史志，都仅仅简单记载了越城的建造年代、位置和周长，很少涉及越国建城的目的，也就是说，只将其视为越军的一个偶然行为，一个孤立的事件。

其实，正致全力于中原争霸的越王勾践，此时做出这样的部署，并非为了南京地区的开发,而是有其重要战略意图的。

《景定建康志》卷二十考证越城:"《金陵故事》云:周元王四年,范蠡佐越灭吴,欲图伯中国,立城于金陵,以强威势。"将建越城与中原争霸相联系,是很有见地的,惜乎语焉不详。凭越城这样一个远离本土的军垒,也难以强盛越国的"威势"。值得注意的是《韩非子·说林》中的记载:

越已胜吴,又索卒于荆而攻晋。左史倚相谓荆王曰:"夫越破吴,豪士死,锐卒尽,大甲伤。今又索卒以攻晋,示我不病也。不如起师与分吴。"荆王曰:"善。"因起师而从越。越王怒,将击之。大夫种曰:"不可。吾豪士尽,大甲伤。我与战,必不克。不如赂之。"乃割露山之阴五百里以赂之。

越国灭吴,连年征战,杀敌一千,自损八百,为了与晋国争霸中原,向老盟友楚国借兵。不料楚国看准了越国的软肋,趁机起兵占领吴国疆土,名义上是支持越国,实则意在分一杯羹。越国只好让出露山之阴,即今安徽蚌埠涂山以北的土地给楚国。马王堆帛书《缪和》记载此事,作"南巢至于北蕲,南北七百里",即今六安至宿州蕲县一带方圆七百里的国土。可以与此相印证的,还有《史记·越王勾践世家》:"勾践已去,渡淮南,以淮上地与楚,归吴所侵宋地于宋,与鲁泗东方百里。"勾践与诸侯会盟之后渡淮南归,因为淮上地让给了楚国,淮北的宋地和泗东地已难以实控,所以索性用来笼络宋、鲁等国,使他们成为对楚国的牵制力量。

毫无疑问,越国此时已清楚地意识到,在共同的敌人吴国消失后,越国与楚国的对抗已不可避免。越城的功能,正是作为防范楚国的一个前沿阵地。其战略意义,在于及时掌握楚军的动向。

越王勾践迁都琅琊(今连云港锦屏山),其根基仍在江南,两地之间,军队、物资的转运,主要靠邗沟和江南运河。倘若被楚国水军自长江顺流而下,截断这条交通干线,后果不堪设想。虽然越国也有海上航线,但风急浪险,远不及内河航运有保障。如果说,吴王夫差开凿邗沟是关乎霸权,那么南北运河的贯通对于越国就是关系生死。其时长江入海口尚在镇江、扬州一线,迄东即是大海,下游没有别国军事力量的威胁。越军主要须防范的就是上游楚军,所以必须在江南运河入江口的上游,设立预警点。尽管吴国的江南疆土皆为越国所有,时称"吴头楚尾"

的南京，也已是越军控制范围的西端边界。越军在此建立据点，可以派水军游弋江上，一旦发现楚军异动，立即通知下游越军准备迎战。传递信息的途径，当是古代普遍使用的烽火。

唐、宋时人还能看出越城的轮廓。《六朝事迹编类》引《图经》，说越城"周回二里八十步"。"步"是中国古代使用的一种长度单位，古人以一举足为跬，再举足为步，六尺为一步，三百步合一里。《南京建置志》中以南京大学收藏东周铜尺为基准，一尺合二十三点一厘米，折算出越城周长合九百四十二米，面积大约五万多平方米。这一数据被广泛引用。但这个算法不是没有问题的。因《图经》是隋、唐至北宋常见的方志形式。此处所引《图经》亦称《金陵图经》，南宋已佚，现在只能在其他典籍中看到一些引文。唐代以前的史籍中都没有提到越城的周长，所以这里的"二里八十步"，应是《图经》编纂时的测量数据，当以唐、宋尺为基准。考古发现唐代铜尺约合三十厘米，一步五尺，一里约四百五十米。所以越城的周长，至少在一公里以上。当然，即便如此，越城仍然只是一个军垒的规模。

在此之前，吴国和楚国反复争夺的交通枢纽，是南部的濑渚（今高淳）和鸠兹（今芜湖），从无抵达越城一带的记录。越军此时会选中越城，一个重要的因素，是越城邻近秦淮河入江口，而秦淮河岸与近岸沙洲之间形成的水道，风浪远比长江干流为小，是一条安全的交通水道，也是难得的良港。越军自下游溯江而来，自不难发现这条夹江的优越性。

越城这个地名，始见于南朝宋山谦之《丹阳记》，已是建城之后八九百年。最早记载越国在南京地区建城的文献，是传为东汉人袁康、吴平所辑录的《越绝书》。但《丹阳记》早已散佚，《越绝书》在北宋也已亡佚五卷，今天只能在《太平御览》中看到相关文字。《太平御览》卷一百九十三先引《丹阳记》"越城，去宫八里"，指明其地距南朝宫城八里，又说"案《越绝书》，则东瓯越王所立也"。《越绝书》并未提到城名。想来越国人不会称它为越城，倘若越军所建军垒皆称为越城，则越城岂不是要有数十上百座？事实上，《越绝书》中《记吴地传》《记地传》两卷，所记吴、越地名一百多个，除了两国都城，没有冠以国号的。所以越城在当时一定另有名称。

土著人或许就称它为"城"，因为其时它是当地唯一的城。至于越国军人到来之前，土著人如何称呼自己的家园，如何称呼自己，如何称呼他们的乡邻，如何称呼吴国人、楚国人、中原人，同样是千古之谜。因为他们没有文字，而有文字的占领者越国人，又没有记录下来。但称呼是一定会有的，尽管史籍无载，并不是全无踪迹可寻。

就是这样一座越城，犹如未来大都市的一粒种子，播进了秦淮河下游这片肥沃的土壤，最终生长成了参天大树。这似乎是一个象征，并成为南京的一种宿命。

对于越国军人建造了这座城，从来没有人怀疑过。

长干古城的发现

时光流逝。人们已经在议论如何纪念南京建城两千五百年之际，南京市考古研究院在越城考古工作中，有了石破天惊的发现。

越城的方位，在今中华门外长干桥西南，与大报恩寺遗址东西相对，同六朝长干里居民区密切相关，向无疑问。然而明、清以来，因周边地貌大变，其具体位置已难确指。在石头城遗址、台城遗址经考古研究相继明确之后，寻找越城遗址，遂成南京人的迫切愿望。

探索家园环境的奥秘，似也可以视为人的一种本能。这种本能源于我们的远祖，他们必须熟知自己生存的环境，以便获取食物，提防伤害。现代人的活动范围远大于青铜时代的先民，但人们小时候遇到危险仍然会朝家里跑。当然，今天人们探索所居留的城市，更多地是出于文化需求。许多人走出故里，游历不同的城乡空间，能够进行跨文化比较。同样，穿越时间寻找城市源头，更是一种难有直接功利的文化寻根。

2008年，南京大报恩寺遗址考古中，发现了北宋天禧寺塔基和地宫。史有明载，天禧寺即建于东晋大长干寺基址之上，据此可以确定六朝大长干区域。2015年，外秦淮河南岸、中山南路西侧"越城天地"地块考古发掘，确认了六朝长干里的部分遗迹，并发现了史前河道古长江的走向及东岸的江岸线（在今凤台山西麓一线），因而可对六朝长干里四至范围作出推定，对其周边地貌、内部构成也有了初步认识。

2017年10月，南京市考古研究院在前期勘探的基础上，开始对中华门外西街地块进行考古发掘，很快有了令人振奋的发现。该地块北部西街小学地面下，是一块台地，以此台地为核心，已揭示的九个地层，垂直堆叠，地层埋藏越深，文物年代越久远，从商末周初、春秋战国、六朝直到明、清、近现代，绵延三千余年无断层。据此，不但越城的所在地得以认定，而且掌握了该地块在越城建造之前的重要发展信息。

西街地块拆迁之前，除道路、学校、医院、商店等社会公共设施和三个现代居民小区外，多为杂乱的民居宅院，传统建筑因多年得不到应有修缮而残破不堪。北部一片残余的坡地，上面有20世纪80年代建造的几幢住宅楼，是一个叫美河园的居民小区。小区以北，只隔一条上码头路，便是外秦淮河与明城墙。遗址的西边是中山南路南延线，路西同样是大片拆迁地块，即未来的"越城天地"别墅区。当年紧邻长干里的长江，因江岸西移，如今已不在视野中。据台地位置观测，遗址北端肯定有一部分被压在了美河园居民小区的地基下，遗址西侧，很可能有一部分已经成为现代道路的基础。前此十年规划中山南路南延线时，几乎没有人考虑到新路可能会进入越城遗址区。

遗址南部曾经繁华的西街，拆迁后只留下了几处文保建筑，明初瓷堂、金斗会馆、沈家粮行等，以及涧子桥和来宾桥。涧子桥所跨南玉带河，即六朝南涧，南朝宋刘劭宫廷政变失败，溃逃的叛军多落涧伤亡，又名落马涧。来宾桥则得名于明初"十六楼"中的来宾楼。只有遗址东边，隔着雨花路，是新建的大报恩寺遗址公园，相对而言较为接近历史氛围。从东晋始建大长干寺以来，越城就与佛教寺庙东西相望，互为标识。

这一片遗址区约十五万平方米，仅在已发掘的一万二千平方米范围内，考古人员前后发现并清理了近二百个灰坑、近百口水井、十三道水沟、八处墓葬、五座窑址，以及沟渠、道路、墙基等各类遗址共五百余处，出土石器、骨角器、陶器、青瓷器、金属器等六百余件，陶瓦、砖瓦等遗物标本多达上万件，内有较为丰富的商、周遗物，如陶鬲、陶甗、陶鼎、陶豆、陶簋等多种陶器，原始瓷罐、原始瓷豆及玉璧、铜块等。其中带有三角划纹、梯格纹的陶器具有明显的商代特色，猪骨、木炭等多件遗物经碳-14测年计算均属晚商、早周时期。环壕外围还有建于晚商的水井。尤其值得重视的是，在台地东缘环状壕沟保存较好，发现了至少四道商、周不同时期的环壕，其时代远早于越城。

此类遗址在考古学中被称为"环壕聚落"。

环壕聚落，是日本考古学界的用语，指在古代人类居住区周围设有防御性壕沟的聚落遗存。因为此类环绕于居住区周围的壕沟多呈不规则圆形，环壕聚落一词较准确地描述了其主要结构特征，所以近年也为中国学界所采用。

环壕聚落是人类文化进入农耕阶段以后常见的一种聚落形式。在相当长的时期内，因为聚落居民太少，没有力量修建如后世城墙那样的大规模防御系统，将所有领地全部包围在内，只能在地理位置重要或区域性中心的聚落周围，设立防御系统，作为抵御侵扰、守护内部成员生命财产的屏障。这类据点式的寨堡、土圩子，一直沿续到20世纪上半叶。简单地说，聚落居民白天在环壕之外的田地上劳作，夜晚或有其他意外时进入环壕之内的居住区。当周边部族矛盾冲突激烈时，聚落的相关防御设施也会加以强化。

环壕聚落的高级形态就是城。

城这个概念，往往被认为与城墙相关联。其实城的内涵，还包括诸多宜于人群社会生活的构成要素，如考古中发现的房址、灶坑、水井、窖穴、道路、陶窑、墓葬等遗迹，证明居住、饮食、仓储、交通、器物制造等需求已能得到满足，丧葬礼仪已经出现。环壕聚落已经具有这些构成要素，使人们的生活环境变得更加安全宜居。也就是说，城与环壕聚落，是同一文化现象在不同发展阶段的具体表现，前者是在后者的基础上发展演变而来。城墙及其外侧的护城河，是环壕的延续和提升，是城的构成要素之一。但有无城墙并非是否城市的判别标准，因为城墙仅是城的防御系统的一种形式，只要有相应的防御系统，不一定非得有城墙。尤其是在南京，直到六朝时期，东吴建业城，东晋建康城，作为一朝都城，还都没有城墙。

越台环壕聚落所处的位置，西有长江，北有秦淮河，东有落马涧，尤其是落马涧，紧邻越台，可以保证环壕的水源。聚落中心台地的东部边缘发现多道环壕，走向一致，南、北两端呈弧形拐角向西弯折。不仅如此，台地东北部一段城墙基槽遗迹清晰可见，墙基东侧约十米处，还发现了与墙基走向相同的壕沟局部，成为此处曾经筑城的实证。外围环壕、城墙基槽与门道、水井、猪祭祀坑等遗迹都证明这一环壕聚落在商末周初已发展为城。此外还发现一道东晋时期的环壕，壕内出土了成捆的铁刀，以及大量陶制的四面锥体路障，可见东晋时越城仍被作为重要军垒。

2023年12月19日，"长干古城——南京西街遗址重要考古成果专家论证会"上，权威专家认定，在西街发现的"越台环壕聚落"应称"长干古城"，始建于三千一百年前的商、周时期。这是南京城市史研究的重大突破。

这里说的商周时期，只是说明其时代相当于中原的商末周初，并不是说这个古城是商人或周人所建，也不是说当时的居民已采用商、周纪年。采用一个学界有共识的纪年方式，是史学界的通例。就像孔子作《春秋》以鲁国纪年序事，并不是各国都采用鲁国纪年。据最新的夏商周断代工程，商朝始于约公元前1600年，周灭商约在公元前1046年。如果按民国年间董作宾的断代，则还要早几十年。更简明的表述方式，也就是距今约三千一百年。

三千一百年前，不但越国寂寂无闻，就连在越国之前称霸中原的吴国，也还在传说之中。所以，这个古城的建设者，只能是湖熟文化时期的南京土著居民。依照考古学的惯例，生活于湖熟文化时期的先民，可以称之为湖熟人。湖熟人既然是"长干古城"的主人，也就是南京城最早的主人。

湖熟人所建之城，当然也可以称为"湖熟文化古城"，不过这个名称在空间界定上没有"长干古城"明确，而且"长干"这个地名更为人们所熟知，所以定名为"长干古城"是有道理的。

湖熟文化的中心地区在秦淮河中游，先民们在三千余年前选择秦淮河入江口的越台，想必不是仅仅出于居住需求的迁徙，更有向外发展的因素。这个时间节点给我们以启示，正是取代商王朝的周王朝，加剧了对江南地区的影响，才会激发湖熟人强化聚落的防御措施，不惜代价，在越台周围开筑这样工程浩大的四条环壕，并开始筑城墙。

早期城址与环壕聚落之间存在密不可分的承袭发展关系。负责西街考古项目的陈大海说，江苏境内，除了南京越城之外，在苏州西南也有一处越城遗址，是越王勾践攻打吴国时的屯兵土城，考古发掘中同样没有发现明确的越城遗迹，但也发现了西周文化遗存。陈大海认为，越国在吴地建城时，会优先考虑利用既有之城，在旧城基础上修缮加固为新城。

越国所建越城，或即与长干古城大小相当。以当时的建筑水平，越城的围墙也只能是垒土而成。围墙的高度，参考《越绝书·记吴地传》所载各城情况，很可能在三米左右。越城的城门，据考古探查，已发现疑似东门遗址。除东门外，估计还会开有北门和南门，临江的西面开门可能性不大。城内会有越军的营舍、道路、操场，还应有一个足够大的仓库。所以驻扎其中的越军不可能太多，估计也就三五百人。

由于吴、越同俗，考古发现的物质遗存，很难具体区分哪些属于吴，哪些属于越。因此，究竟是环壕聚落发展为城后被越军所占领，还是越军将其改建为城，也还是一个千古之谜。

改写：城市史与文化史

长干古城的发现，揭开了被遮蔽两三千年的历史真相：作为南京城市之源的越城，其实还有更早的源头。这遮蔽是否出于越国人的意志并不重要，重要的是，史实即使被遮蔽数千年，也会有真相大白的一天。

南京城市史与文化史，都将因此而改写。长干古城将南京建城史上推了六百年。不过，长干古城的意义，远远不止于此。

南京号称六朝古都，十朝都会，但每一个朝代，都是外来者建立的政权，每一座新城的建造，都是出于征服者的意志。这就形成了一种思维定式。所以，说越国人在南京建造起第一座城，南京人也就不假思索地接受了。长干古城的发现，打破了这个定式。不论它能不能确认为城，是不是在越军到来之前已经发展为城，都是越城的重要基础，已无疑问。也就是说，南京城的最初建设者，不是外来侵占者，而是本土居民。

如果没有越国军人的介入，长干古城也会继续发展，那将会是另一种城市。越城的建造加快了这一进程，或者准确地说，改变了这一进程。

更重要的是，长干古城作为一个重要的环节，衔接了湖熟文化与越城。正是在长干古城的基础上，出现了越城。越城的周边，发展出南京最早的繁华居民区和商业区长干里。六朝建都，长干里市民区成为与台城皇宫区、石头城军事区并重的三大功能区之一，也是都城的物资供应地和全国的商品集散地。隋、唐时期，长干里的经济地位更加凸显，成为南京地区最耀眼的亮点。从南唐建城到明初建城，城南市民区都是城市不可动摇的根基所在。延续至今，迄无改变。也就是说，从青铜时代的湖熟文化遗址，到早期城市建设，进而发展为六朝古都、十朝都会、历史文化名城、中国东部地区重要的中心城市，南京城三千余年来的成长脉络十分清楚，且从未中断。这已是难得的人文史实例。如果考虑到湖熟文化与新石器时代北阴阳营文化的承续关系，那么这一文化绵延的时期，可以达到六千年。

同时，长干古城这一青铜时代遗址、城市最初源头，始终位于南京的主城区域之内，也是一个罕见的特例。现代考古发现的古文化遗址虽多，但几乎都处于现在的乡野或小城镇，离大城市有相当距离，极少位于现代大都市主城区内且延续无断层的。即如半坡与西安、良渚与杭州、三星堆与成都、广富林与上海、二里头与洛阳、殷墟与郑州，其间都相隔数十公里以至更远。

毫无疑问，这些地方的先民，当时都选择了人类的宜居环境。但是湖熟人的选择，不仅宜于一时的生存，而且利于未来的持续发展。这是不是可以视为南京先民的特出智慧呢？

倘若能在未来的越城遗址公园中，设计一座城市史博物馆，将南京城从无到有、从小到大的成长经历系统、准确、全面、形象地呈现出来，无疑会成为一种具有世界影响的景观。

在考古学和城市史意义之外，还应该看到长干古城的文化史意义。越国军人到来之前，此地已有原住民长期居住，也就是说，越军建造越城，并不是前人所误认的单方面文化输入，而是原住民与外来者双方的文化碰撞与交汇。这也是南京原住民与外来者有史可稽的第一次零距离接触。无论最初会不会发生武力冲突，从长久的历史阶段而言，越军与原住民都不得不正视对方，建立起新的依存关系。

亲历这一事件的双方，肯定都不会意识到，他们正面临一个历史性的时刻，他们有幸站在了南京文明史的转折点上。尤其是台地上的原住民，他们和他们的祖先，在这片土地上至少已经生活了几百年。他们安然居住在自己的村落里，村落的边界是开放的，与外界的交往是平和的。无论把越军视为侵占者还是建设者，都无法否认，一种新的文化成分进入南京，而且一度成为主导。湖熟文化的一个重要优势，是善于接纳外来文明。此前不断有周边文化因素通过各种渠道流入，都被湖熟先民所吸收，于潜移默化中滋养本土文化的进步。这一回，虽然面对的是相对平民为强势的军队，但远离本土的少量越军，同样不希望以他们的新邻居为敌。在与吴军的多年血战中侥幸保全性命，他们热切盼望的该是回家与父母妻儿团聚，重归安居乐业。为了越王勾践"图霸中国"的野心，他们不得不远离乡邦，跋涉原属吴国的辽远疆土，直抵与楚国相邻的边境。这里距吴国的王城已有六七百里，家乡更是在千里之外。他们的任务既是侦探楚国军情，能争取当地居民的支持显然更为有利。同样断发文身的习俗，差异不大的方言，为双方的沟通、交流提供了便利条件。

当时越国的发展水平明显高于南京土著。越国军人可能带来较先进的农耕技术、手工业技艺以至社会管理模式。例如越国的兵器铸造水平，越王剑可谓无与伦比。又如造船与航运，尽管湖熟先民早就能渡过长江，但越军已有相当的海上航运能力。这些不仅会改变原住民的生活环境，而且也改变了他们的世界。在此之前，湖熟人的世界以秦淮河中游为中心，越过江宁盆地周边的山脉，或顺流而下进入长江，对于他们都是值得载入史册的大事件。现在他们会知道，世界另有一个中心——越国的都城。他们难以想象那都城的宏伟，更惊奇自己竟是处在世界的边缘。

就像越城在这片土地上慢慢倾颓，湮化为未来新城的基址，建造越城的敌国军人，随着漫长的岁月，也融入了南京先民的集体记忆，化为了他们的骨肉同胞。

确切地说，越军抵达之际，长干古城究竟发生过什么，今人已无从得知。中华民族虽然是一个注重历史的民族，但普通士兵和平民百姓的所想所思，很少出现在中国史家的笔下。近年有人设想，通过基因追踪，可以重现人类祖先面对的世界，但至今还只能归属为科幻。

行之有效的途径，是借助于现代考古。正是通过七十余年的考古调查与研究，人们可以大致了解湖熟文化时期南京先民的生存状态。

第二节
史前文明

先吴文化

　　湖熟文化，按考古学的定义，是受中原商、周文化影响的一种地域性土著青铜文化，因首先发现于南京市江宁县湖熟镇（今江宁区湖熟街道）而得名。

　　说起考古学，常令人望而生畏。这其实是一种误会。对于未知世界的好奇，是人类的一种本能。人们从孩提时期，就爱读寻宝、探险类的童书，探宝以至盗墓类的小说、影视，是成人的童话，经久不衰的热点。现代考古学不过是以科学的方式来做这一切。当然，考古学家探索的目标，从不以经济价值论高低，这是他们与盗墓者的本质区别。只要掌握了基本概念和术语，看似艰深的考古发掘报告也不难读懂，最大的障碍是可能有些枯燥。不过枯燥总是相对而言的，经济数据分析报告不枯燥？政府工作报告不枯燥？相关专业人士读来津津有味。甚至被视为经典的小说，不要说《尤利西斯》，《包法利夫人》《地下室手记》《局外人》以至《百年孤独》，又何尝不枯燥。你一旦读进去，开始关切主人公的命运，也就不惮在"枯燥"的文字中遨游。

　　考古学的知识，也可以讲得不是那么枯燥。

　　湖熟文化的发现与定名，是20世纪中叶的事情。就连湖熟这个地名进入历史文献，也晚于越城几百年。它始于西汉初年置胡孰县、汉武帝始立胡孰侯国，东汉易名湖熟县，县治即在今江宁区湖熟街道。正如在时间表述上，人们不得不借助于现代考古学分期，对于空间范畴，也不得不借助于后世的命名，否则叙述与阅读都会发生困难。越军抵达之际，除了越台，能够作为南京地标的，大约只有自然的山陵江河，它们的命名，同样是数百上千年以后的事情。

1951年春天，在接到江宁县湖熟镇钱立三提供的线索后，时任南京博物院副院长曾昭燏、保管部主任尹焕章等专家，邀约南京大学胡小石教授一同前往湖熟，这可以说是当时南京文博界的最强阵容。曾昭燏是曾国藩的侄曾孙女，留学英国取得硕士学位，在德国参加过田野考古，是中国杰出的博物馆学家、考古学家，1948年成为国际博物馆协会会员。尹焕章参加过明清内阁大库档案的整理工作和殷墟发掘，是曾昭燏的得力助手。胡小石早年师从两江师范学堂监督李瑞清等，国学根基深厚，历任金陵大学、东南大学、中央大学等校教授，时任南京大学中文系主任、文学院院长，也是曾昭燏求学中央大学时的导师。他们调查了梁台、城岗头、小宝塔山、鞍头岗、老鼠墩等十五处台型遗址，后重点发掘了老鼠墩和前岗两处。次年6月南京博物院在上海出版公司出版《南京附近考古报告》，其第一部分即《江宁湖熟史前遗址调查记》。此后在南京及镇江又多次发现文化性质相同的遗址，引起南京博物院专家的更高重视，决定对这一地区的新石器时代遗址做一次较全面的考察。

1957年3月，尹焕章、张正祥开始在宁镇山脉和秦淮河流域进行考古普查，后有丁文衡、黄志欣参加，前后八十九天，广涉江苏、安徽两省十七个县、市，又发现同样性质的遗址一百二十七处，加上之前发现的二十五处，共计一百五十二处，初步摸清了这类遗址的分布范围。1959年《考古学报》第一期刊发了尹焕章、张正祥《宁镇山脉及秦淮河地区新石器时代遗址普查报告》，详细记录了这些遗址的情况，并具体说明其特征：

它们多在河流或湖沼的沿岸，靠近山冈，而不与山冈相连，不孤立，而是一系列地存在着。形状为圆形、椭圆形或条形，有些作阶梯状，但大多数为缓坡式。它们都是突出现在地面的台形地，其高度2—10米不等。台四周都是圩田、溪流、池塘或平地。顶部多平坦。其面积大小不一，有小到1000平方米的，有大到3万平方米的。

从这次调查的新发现，结合已经发掘或探掘过的同类型的遗址出土资料来看，不仅遗址的环境、形状相同，在文化的包含上也是相似的。

由于这一类型的文化在江南地区考古中具有一定代表性，又是最先在江宁县湖熟镇发现，1959年，曾昭燏、尹焕章在《考古学报》第四期发表《试论湖熟文化》一文，正式提出了"湖熟文化"的命名，并得到了考古学界的认同。

经过七十余年来的考古发掘与调查，已发现湖熟文化遗址共三百多处，其分布范围，西至皖南东部九华山脉，南至黄山、天目山脉，东越茅山山脉，直抵武进和丹阳九曲河流域，与太湖流域的马桥文化西缘相接，北达长江北岸的六合、仪征直至扬州蜀冈一带，形成数千平方公里的文化圈。其中心则在秦淮河流域和宁镇山脉。秦淮河及其支流两岸，凡是高出水面的土墩，大都有湖熟文化遗址。

湖熟文化时期，始于距今约三千七百年前，相当于中原商王朝初期，到春秋战国之际吴国灭亡为止，延续一千余年。湖熟文化的命名者曾昭燏、尹焕章，将湖熟文化分为前后两大阶段，以距今三千年前后吴国立国为界，相当于中原商末周初，此前称先吴文化时期，此后称吴文化时期。

也就是说，人们耳熟能详的吴文化，正是由湖熟文化发展而来。

1981年9月，北京大学历史系教授、考古学家李伯谦在《吴文化及其渊源初探》一文中，依据历年考古发现，再次对此作出严谨的分析论证。

在吴文化分布区域内，与吴文化年代最为接近的史前文明有马桥文化和湖熟文化。马桥文化上承良渚文化、马家浜文化，主要分布在环太湖区域与杭州湾，湖熟文化上承点将台文化、北阴阳营文化，主要分布在宁镇山脉及秦淮河流域，两者分属于不同文化体系、各有其特点。因为春秋时期吴文化的中心东移，吴王国都城在苏州，人们容易误以为吴文化源出于马桥文化。李伯谦分析马桥文化与吴文化出土器物的种类、器型、纹饰等方面的差异后，做出明确结论：

马桥第四层类型文化与吴文化不仅在年代上有早晚的不同，在文化性质上也有本质的区别。吴文化在发展过程中，虽吸收了马桥第四层类型文化的某些因素，但从总体上来看，它并非继承马桥第四层类型文化发展而来，二者是属于不同文化系统的两个不同的文化。

吴文化与湖熟文化"总的面貌却有很大的一致性"：

从陶器来看，二者均以夹沙和泥质的红（褐）陶为主，都有一定数量的泥质和夹沙灰陶、黑陶和几何形印纹硬陶。陶器类基本相同，多见平底器和三足器，少见圜底器和凹圜底器，炊器均以鬲、甗为主，另有罐、盆、豆、碗等盛食器。陶器纹饰，同样都以绳纹为主，另有曲折纹、方格纹、云雷纹、回字纹、席纹及其复合纹饰等几何形印纹。从石器来看，二者均以锛、斧、刀、镰等为主，富有特征性的带肩穿孔石斧和半月形穿孔石刀既是吴文化的典型器物，也是湖熟文化的典型器物。另外，两者都发现了铜器，都有用兽骨和龟甲骨占卜的习俗。当然，它们也有区别，例如：湖熟文化尚未发现原始瓷器，几何形印纹硬陶数量亦很少，而在吴文化中两者则均有大量存在；见于湖熟文化的带流研磨盆，在吴文化中不曾发现，吴文化中常见的瓿、坛、瓽以及带管状流的实足鬹、尊等亦不见于湖熟文化；贝形纹、梯格纹是湖熟文化最有代表性的纹饰，但在吴文化陶器上贝形纹已绝迹，梯格纹所占比例也大大减少；湖熟文化发现的铜器仅有刀、锥、镞、钩等小件工具与武器，吴文化的墓葬中则已发现鼎、方鼎、簋、鬲、尊、卣、盘、觥等成组的礼器；湖熟文化的卜骨、卜甲仅有灼痕，未见钻、凿，吴文化则已有了钻、凿。

他的结论是：

它们之间的共性是主要的，区别是次要的，这些区别不是因为两者在文化性质上有什么不同，而是由于时间早晚差别形成的。随着时间的流逝，一些在湖熟文化中是主要的因素，到吴文化时期慢慢减弱乃至消失了，而另一些在湖熟文化中刚刚出现的因素，到吴文化时期则渐渐发展壮大乃至成为主要因素了。

李伯谦又说：

在新中国三十年考古工作的基础上，我们通过对宁镇、太湖及其邻近地区新石器文化、青铜文化不同特点及其发展演变关系的研究，并结合有关文献和文字资料，初步推定流行于宁镇、太湖及其邻近地区的土墩墓和与其同时的遗址为西周—春秋时期的吴文化遗存，主要分布于宁镇、皖南地区的湖熟文化与吴文化关系密切，有继承与发展关系，是相当于商代早期吴立国之前的先吴文化，宁镇、皖南地区应是吴文化的发源地。吴文化由宁镇地区扩展到太湖、杭州湾地区约在西周早期，随着吴文化的到来，该地区以上海马桥第四层为代表的及其以后的青铜文化逐步消失，少部分因素为吴文化所吸收，大部分因素被淘汰。马桥第四层类型文化不是吴文化的直接先驱，而可能是与吴文化关系十分密切的另一支土著文化——越文化的来源之一。

吴文化与湖熟文化有明确的承续关系，也保持了这一文化整体的连续性。近年有专家提出将湖熟文化的下限划到吴国立国，即距今三千年前后，此后即归为吴文化范畴。但也有专家主张将湖熟文化的下限延至楚国灭越或更晚。如1986年南京博物院研究员张敏在《关于吴文化的几个问题》中就提出：

湖熟文化的下限，似可定为战国晚期。尽管在这一地区越灭吴以后属越，楚灭越以后属楚，然从出土遗物上来看，其文化面貌还是一脉相承的。

无论采用哪一种分期，商、周时期南京地区的本土文化，称为湖熟文化，无疑较为准确。湖熟文化的前、后两期，也可以作另一种定义，即前期为吴文化时期，其中心在湖熟，后期为吴王国时期，其中心主要在苏州。

在此基础上，可以讨论胡孰（湖熟）这个地名的由来了。胡孰与南京地区早期的金陵、丹阳、秣陵、江乘等地名不同，它不是"具有意义的文字组合"，而与固城、鸠兹（亦称勾兹、皋兹、祝兹，今芜湖）、姑苏、句容、姑孰（今当涂）等地名一样，是吴语发音的记录。

在表音文字中，同一个词，因为记录的地域、时间或记录者的变化，用以记录的文字常会不同。即如勾吴这个国名，就有工吴、攻吴、攻吾、攻敔、句敔等多种变化。勾吴两字快读，就是固城的固。胡孰这个县名的来历，很可能是当地人自称家乡为胡孰，与胡孰相邻且同属湖熟文化区的丹阳有姑孰溪，至东晋建姑孰城。胡与姑两字韵母相同，很可能是因为记录的原因而有变化。吴国后期的都城姑苏，显然也是出于同一语源。固（城）、胡孰、姑孰与勾吴发音十分接近，未必是出于偶合。

史载吴国曾多次迁都，新都城始终沿用旧都之名。这在春秋战国时并非孤例，如楚都数迁，皆称郢。而商代早期都城，也有南亳、北亳和西亳。吴国最初的都城，会不会就在秦淮河中游的湖熟文化中心区内？

这一假设能否成立，有待于未来的考古发现。不过，现今已发现的湖熟文化遗址三百余处，经过科学发掘的不过十分之一，也使世人对湖熟文化的认识，受到很大局限。

新石器时代

吴文化承续自湖熟文化，湖熟文化同样不是无源之水。20世纪80年代以来的考古发现与研究，证实宁镇地区湖熟文化的直接来源是点将台文化。而点将台文化则来源于宁镇地区新石器文化和龙山文化。

宁镇地区时代最早的新石器文化，是北阴阳营文化。

北阴阳营文化和湖熟文化一样，也是由南京博物院首先进行考古发掘的。

1954年9月，南京云南路、北阴阳营交界处，南京大学主办的工农速成中学新建校舍，平整土地时发现许多石器，附近小学生捡去当玩具，被南京大学历史系主任韩儒林得知，搜集标本送南京博物院。尹焕章来调查后，确认是重要古文化遗址。1955至1958年间，在曾昭燏、赵青芳、尹焕章、张正祥、蒋赞初等专家主持下，前后有四十多人参与四次考古发掘及资料整理工作。所发现的新石器文化遗址，最初被归属于青莲岗文化，后又称青莲岗文化江南类型北阴阳营期，但考古学界存在较大争议。1993年3月文物出版社出版的《北阴阳营》，第二章第五节中说到20世纪70年代中期以后：

> 随着对新石器时代文化区系问题研究的深入，考古界不少同志认为，江南的太湖地区和宁镇地区的新石器文化，仍存在一定的地域性差别，宁镇地区的新石器文化似乎可以自成系统。

1977年7月《考古》第四期发表夏鼐《碳–14测定年代和中国史前考古学》，文中指出"南京北阴阳营下层墓葬，似乎代表另一种文化"。同年10月，蒋赞初在《对于长江下游新石器时代文化几个问题的再认识》一文中，指出青莲岗文化"比较地缺乏'个性'"，"还是将'青莲岗文化'分解为几种各具'个性'的地域性文化为好"，并分析"北阴阳营期"出土文物与江北"青莲岗期"、江南"崧泽"期文物的区别，又说明其与湖熟文化的地层叠压关系：

> 由于以北阴阳营下层为代表的"北阴阳营期"遗址主要分布于长江下游沿岸的宁镇丘岭地区和江北的滁河流域，正好也是后来所说的"湖熟文化"（一种相当于商周之际的青铜时代文化）的分布地区，而"湖熟文化"层的下面，往往压有北阴阳营期的文化层。

同时南京大学历史系教授张之恒《我国东部沿海新石器时代文化的区分》一文中，分析宁镇山脉为中心地区的"新石器时代文化发展序列为：北阴阳营前期、北阴阳营后期，湖熟文化"，并明确提出："关于这一文化系统的文化名称，建议用'北阴阳营文化'命名。"

这一建议稍后得到考古学界的认同。以北阴阳营遗址第四层西部墓地的二百五十三座墓和东部的居址为典型的遗存，尚见于南京江宁区太岗寺、六合区卸甲甸、栖霞区庙山、浦口区蒋城子及滁县朱勤大山等地。北阴阳营文化的分布范围，与湖熟文化一样以宁镇地区为中心，西至巢湖东岸与薛家岗文化相邻、东至太湖西部常州一带与崧泽文化相接。

北阴阳营因明代鹰扬卫驻扎得名鹰扬营，后讹为阴阳营。民国年间开北京西路被切分为北阴阳营和南阴阳营。北阴阳营遗址位于鼓楼冈西麓、金川河东岸，南、北有十来个池塘，呈三面环水形势，长约一百五十米，宽约一百米，发掘时还高出平地约四米。在大约一万平方米的范围内，有厚约四米的文化层堆积：除了表土层，自上而下分为三个文化层，第一层相当于中原西周早期。第二层距今约三千八百年到三千五百年，属湖熟文化早期，相当于中原商代早期。第三层是遗址的主要部分，属五六千年前新石器时代的文化堆积。各层之间都有缺环，也就是说，约三千年间，几度有先民在此地居住，但并不是一脉相承的。

2011年8月华东师范大学出版社出版的《夏鼐日记》中，提供了发现北阴阳营遗址的一种新信息。夏鼐在1947年3月29日日记中写道：

下午只身赴阴阳营金陵农校（按：阴阳营应改为鹰扬营，有康熙三十七年鹰扬营庙碑为证）。前年在甘肃时吴良才君曾见告，谓其地有史前文化堆积，果然堆积层很厚，出红陶及灰陶，又绳纹及印纹陶多种，惟未见石器。

吴良才于中国史前考古多有贡献，他在金陵大学农学院求学，还是抗战之前。只是吴良才未留下相关文字，夏鼐又只记于日记之中，所以1954年韩儒林的发现，仍被视为首次发现。

介于北阴阳营文化与湖熟文化之间的点将台文化层，在20世纪五六十年代即有发现，因其或叠压于早期湖熟文化层之下，或叠压在北阴阳营文化层之上，故多被归入湖熟文化范畴。直到1989年，时任江苏省考古研究所所长的张敏在《东南文化》第三期发表《试论点将台文化》，才正式提出了"点将台文化"的命名，并阐明点将台文化是宁镇地区最早的青铜文化，属于青铜文化的萌生期，时代相当于中原夏文化时期，即距今约四千二百年至约三千七百年，下限衔接湖熟文化上限。其分布范围，主要在宁镇地区和皖南一带。这一划分，显示出考古研究上的深入和细化。

由此可见，这些文化期概念，都出于现代考古学的划分，有利于研究工作的进行。文化的变迁只能是长期缓慢、潜移默化的渐进，不可能像王朝更替那样有准确的时间节点。先民们在生活中不会感觉到这种界限，更不会产生这样的意识。

点将台文化始有青铜冶炼的萌生，人类使用的工具仍是新石器，自应归入新石器时代的晚期。但点将台文化的源头，不能简单地说成北阴阳营文化。点将台文化遗址考古中发现的器物，既有宁镇地区新石器文化的因素，也有龙山文化、岳石文化的影响，似乎还有着良渚文化的影子。现在有较多学者认为点将台文化与湖熟文化的面貌、特征类似巢湖地区的龙山文化，主张其祖先是栖息在淮河南北的淮夷，是东夷最南面的一支。也就是说，在距今约四千年前后，南下的东夷人创造了以宁镇丘陵地区为中心的湖熟文化（先吴），北上的百越人创造了以太湖流域、杭州湾地区为中心的马桥文化（先越），因为同样繁衍于江南，所以形成相同的习俗，后在中原文化的影响下，逐渐形成吴、越两个早期国家。长江南北的文化交流以至居民迁移，在新石器时代已经开始，这一观点很值得关注。

江南地区新石器时代至青铜时代的文化遗址，一个典型标志，是都处于近水的较高台地之上，考古学称之为台型遗址。如秦淮河流域的点将台、梁台、神墩、船墩、老鼠墩、前岗、磨盘山等，今天的地名仍然透露出当年的地貌信息。因为其时人类抵御自然灾害的能力还很微弱，只能顺应自然，趋利避害。对于他们，抗御干旱的难度肯定低于抗御洪涝。近水而居，一是生活用水和鱼、蚌等食物容易取得，二是在附近较低一级的台地上种植农作物，浇灌、排水都方便，三是水上交通便利。而高居台地之上，又可以避免水淹之灾，满足安全需要。

考古发掘资料显示，湖熟文化遗址的文化层堆积，有两种情况，一种是叠压在新石器时期文化层或点将台文化层之上，如南京北阴阳营、太岗寺、昝庙、点将台以及镇江句容城头山、丹徒赵家窑团山等遗址。一种则是单纯的湖熟文化遗存，一般出现较晚，在西周到春秋时期，可能是由前一种聚落迁移而来，如南京老鼠墩、前岗、锁金村、安怀村等遗址。曾昭燏、尹焕章1961年在《江海学刊》十二月号发表的《江苏古代历史上的两个问题》中就曾说到，秦淮河中游湖熟文化遗址虽然密集，并不一定能说明当时人烟稠密。因为：

原始的农业生产方法，使地力易竭，人们不得不频频迁居，或者因某些自然变化的原因，人们不得不从这块地方迁到那块地方，所以这些遗址一定是有早有晚的。

这已得到考古发掘证实。长干古城属于后一种，即单纯的湖熟文化遗存。不过长干古城和越城的选择，很可能另有原因，下文会再作探讨。

除了与北阴阳营文化、点将台文化一脉相承，湖熟文化区正当南北交汇、东西融合之地，可以明显看出其受到北方中原文化、龙山文化、东方马桥文化和西方楚文化等的影响。这种文化间的相互影响，是考古学家从某些器物形制、纹饰的比对，某些技术的发明与发展进程等做出的推测。考古学能够证明这种交流确实存在，但双方如何进行交流，仍然是一个复杂的问题，并非考古学所能解决。据常理分析，战争无疑是一种直接的交流途径，让双方都有机会接触到对方的文化，而从先进一方向落后一方的传播则是主流。更多的传播和交流，是通过和平时期相邻部族间的交往，如贸易、婚姻或者赠送，一步一步地向外播散。这是一个缓慢而漫长的过程，但只要有足够的时间，终能抵达渺远的空间。湖熟先民在日常生活和生产中，不断观察事物，总结经验，有所发现，有所创造，以求营造更加适宜的生存环境。外来器物和先进技术，会引起他们的关注与模仿，一度成为推动生产力发展的因素，并逐渐被本土文化所吸收，化为其自身的新面貌和新活力。正是这种顽强的独立性，使湖熟文化能够有别于周边其他文化类型。

也就是说，湖熟文化所处的地理位置，决定了它兼容并蓄的文化形态。以现代眼光来看，南京文化从源头就能够兼收并蓄，呈一种有利于持续发展的态势。

青铜时代

湖熟文化被归入青铜时代，其标志是青铜器的制造与使用。一种新生产力产生，开创一个新时代，这是人类社会发展的规律。湖熟文化遗址考古中，经常发现铜矿石和青铜炼渣，青铜块和小铜条，炼铜用的陶坩埚、挹铜液的陶勺、铸造铜器用的陶范，说明湖熟人已经掌握青铜冶炼与铸造技术。

湖熟文化前期，青铜冶铸虽然在许多居民聚落中普遍出现，尚是分散的个体手工业，规模较小，技术水平低下，产品多属小件器物，数量也不多。出土的青铜器中，有刀、钻、斧、凿、箭头、鱼钩、铜铃等工具，以及戈、矛、钺等兵器，尚无余力制作更多生活用具，更没有成套的青铜礼器。事实上，首先为青铜所替代的正是兵器、农具等利器，而粗重的石器如杵臼、磨盘、碌碡等，一直沿用到20世纪。

同时期中原商文化的青铜冶铸技术，高于湖熟文化，固无疑问，此外上游石家河文化沿江而下，亦可能发生影响。不过也有专家提出，湖熟文化的青铜冶铸技术是否源于中原，尚须研究，并非没有本地产生的可能。

江南自古以来就是铜、锡等金属的产地，宁镇地区与皖南有多处铜矿，江宁、溧水、句容等地都有铜山，宜兴有铜官山，皖南有铜陵。湖熟文化最集中的江宁有铜井镇（今铜井社区），存留古代采铜废矿井，直到现代仍有铜矿开采。汤山伏牛山考古中更发现始于春秋时期的铜矿。先秦文献中也有相关记载，《尚书·禹贡》中说扬州"厥贡惟金三品"，东汉经学家郑玄以为是指青、白、赤三种颜色的铜。《周礼·考工记》载："吴、粤之金、锡，此材之美者也。"都证明江南地区冶铜历史的悠远。

湖熟文化直接承袭的点将台文化，被视为江南青铜文化的萌生期，在考古中只发现过青铜炼渣，没有发现青铜器物。这或许也可以作为江南青铜文化源于自生的一个证据。更重要的是，合金成分的检测结果显示，中原青铜器皆为锡青铜，含铅量很低，而江南青铜器有较高的含铅量和微量的锑，为铜、锡、铅合金，这是一个明显的区别。江南青铜器光泽灰暗、保存较差的原因也在于含铅量高。就此而言，江南青铜冶铸技术即使源于中原，也有自己的改进和创造。湖熟文化时期青铜器遗存发现较少，难于保存是重要因素。另一个重要因素是青铜产量不高，所以残破废损的青铜器不会被轻易丢弃，而是作为原料，重新熔炼后制作新器。

湖熟文化后期即吴文化时期，出土的青铜器不仅数量剧增，种类丰富，生产规模扩大，冶铸水平也有飞跃性的提升，明显受到中原青铜文化的影响，并呈现阶段性变化。而多次在墓葬和窖藏中发现数十上百公斤的青铜块，说明当地青铜冶炼已相当普遍，而且被人们视为一种财富。

早在商末周初，已有中原铸造的青铜器进入江南，虽然为数甚少，但显示两种文化之间直接交流的存在。这类被称为"中原型"青铜器的代表，是丹徒大港烟墩山宜侯墓出土的宜侯夨簋，有一百二十余字铭文，大意是说周康王册封虞侯夨为宜侯，赏赐他鬯酒、铜器、弓箭和土田、山川、人口等。有专家认为，宜，可能就是此青铜器出土地丹徒区一带，这是西周势力抵达江南地区的实证。也有专家认为此墓葬为湖熟文化土墩墓，形制与周礼不符，西周青铜器很可能是后来被人带到此地的。

尽管宜侯夨簋未必能证明中原周人直接抵达江南，但中原青铜文化的抵达则是无可怀疑的。周康王姬钊是周武王之孙，约公元前1021至前996年在位。这个时间节点，与史传吴国立国时间相近，所以格外为研究江南文化者所重视。这个故事，后文会另作讨论。

同时期湖熟文化区铸制的青铜器，明显仿照中原商、周青铜器，说明中原先进文化的产物，为湖熟人所追慕，但也并非一成不变，在器型与纹饰上均呈现出一定的地方风格特色。如宜侯墓中出土一对角状器，将本土几何印纹陶上的菱形纹和折线纹移用在青铜器上。

到西周中晚期，湖熟先民运用所掌握的先进技术，在吸收中原青铜器形制的基础上，融合本土文化特色，铸造出一批地方特色浓郁、造型别具一格的青铜容器。纹饰方面的变化尤为显著，如源于中原的鸟纹和夔纹，都有较大的变异，本土的几何纹饰明显增加，陶器的编织纹和梯形纹、原始瓷器的卷叶纹和锥刺纹都出现在青铜器上。而中原青铜器上常见的饕餮纹，也被用在了湖熟陶器上。这类青铜器出土数量最多，是同期青铜器中的主流。

进入春秋时期，由于江南与中原之间各种形式的文化交流更为密切，青铜器的造型和纹饰又呈现趋同倾向，且许多器物上出现铭文，有的多达数十字。吴国强盛之际，更出现了以剑、戈、矛为代表的冠绝天下的青铜兵器。

简而言之，湖熟青铜文化明显受到中原青铜文化的影响，后期又受到楚文化的影响，但仍具备自成系列、风格独特的青铜体系。可以说，吴文化就是受中原文化影响更为深刻的湖熟文化，江南青铜文化也因此臻于光辉灿烂。

湖熟文化时期青铜器使用仍很有限，当时的生产工具主要仍是石器，如锛、斧、刀、镰等，考古中曾发现制作石器的大型场地。石器的形制与北阴阳营文化存在着相当程度的一致性，有明显的地方特色，与中原差别则很大。石锄、石锤等新型工具的出现，说明农业生产又发展到新的高度。越台聚落外的环壕，或许就是用这样的石锄挖掘而成。湖熟人的生活用具以陶器为主，夹砂红陶器约占一半，此外有泥质红陶、灰陶和黑陶，后期有少量硬陶和原始瓷。其形制上以地方特色为主流，如中原常见的甑、大口尊、假腹豆不见于湖熟文化，而湖熟文化的硬陶豆、钵、瓮等不见于中原。两者共有的鬲、甗、盆、鼎等，器形则有明显差异。陶器表面多拍印各种几何图案纹饰，这种几何印纹陶，是湖熟文化陶器的显著特征。在千余年的发展历程中，湖熟文化虽然不断受到外来多种文化因素的浸染，仍能以一批特征明确、系统连贯的器物类型，自成一体，保持着独特的文化面貌。

回望先民的发明创造，进步是如此细微而又如此缓慢，不免要让人生怜悯之心。然而，冷静地想一想，数百甚或数千年后的人类，将会怎样看待20世纪的高科技？这或许能让当代人体会先民们面对新工具、新技术的惊讶、感动、欣喜若狂，也就可以理解，今天看来简陋粗糙的器物，正是那时的文明之光，可以号称"湖熟制造""江南特色"。所以，我们应该高声赞颂先民的好奇心与创造力。正是他们迈出了关键的第一步，才有今人引以为傲的一切。应该惶愧的，或许是我们。因为我们没能再像先民那样，走在世界前列。

倘若一定要说当代人与两三千年前的先民有什么共同之处，那就是立足于同一块土地上，尽管这块土地早已面目全非。如果一定要问还有什么至今没有发生太大的变化，或许只剩下星空。

湖熟人的日常生活

秦淮河有南、北二源，南源溧水河，北源句容河。汉代的湖熟县城（今湖熟街道）即坐落在句容河北岸。河畔的梁台，因传为南朝梁昭明太子读书台而得名。昭明太子萧统编纂《文选》传世，被视为读书种子，江南各地昭明太子读书台不知凡几，仅南京就有三处。1990年前后，梁台还是保存较好的湖熟文化遗址。台地上下，可以捡到鬲足、鬲耳、纺轮、网坠、鹿角和兽牙化石，石刀的残片和青铜箭头。高出地面约十米的梁台土层中，夹有大量蚌壳、螺壳。台下不远处就有一条小河，清澈的河水中可以看到近乎透明的小鱼穿梭。河岸高出水面近两米，沿岸是广袤的稻田。湖熟人同样会在那里种植谷物，饲养猪和牛，鸡和鸭，制作石器、陶器和青铜器。当然，这只能是在考古研究提示下的文学想象，就像博物馆中常常再现的史前文明理想场景，就像唐代田园诗人笔下的恬淡，未必是当时农家生活的真相。

很多台型遗址原有的环境生态都已改变，梁台的可贵，正在于能让人隐约感受三千年前先民生存的氛围。令人遗憾的是，1991年夏天的大洪水中，梁台的文化土层被挖掉了一多半。无论作为新石器时期的古文化遗址，还是传说中梁代昭明太子读书台的遗址都已面目全非。

湖熟人没有留下任何文献记载，因为湖熟文化中没有出现文字。湖熟文化前期已出现与原始宗教有关的甲骨，以龟的腹甲为卜甲，以牛的肩胛骨和肢骨为卜骨，上有经火烧灼的浅窝，或者先钻成扁圆窝再加以烧灼，但是没有刻写卜辞。这与中原商文化的占卜风俗有密切联系，在发展上晚于前者。

湖熟人有自己的方言，也就是此后吴语的源头。东汉赵晔《吴越春秋》中说弹弓的起源，引用了一首《弹歌》："断竹，续竹，飞土，逐宍。"用竹子做成弹弓，弹出土块，驱赶偷吃尸体的野兽，反映了新石器早期先民裸葬的习俗。研究者认为这是现存时代最早的民歌。但现在看到的歌词，应该是汉代人以中原方言写定的。

先秦时期的吴语，不但中原人听不懂，连同处江南的楚国人也听不懂。西汉刘向《说苑·善说篇》中，记载了战国时鄂君子晳听《越人歌》的故事，拥楫划船的越人唱道："滥兮抃草滥予昌枑泽予昌州州湛州焉乎秦胥胥缦予乎昭澶秦逾渗惿随河湖。"鄂君子晳听得一头雾水，请人翻译成楚音，才明白是一首优美的民歌，表达了歌者对鄂君子晳的倾慕：

今夕何夕兮搴洲中流，今日何日兮得与王子同舟。

蒙羞被好兮不訾诟耻，心几烦而不绝兮得知王子。

山有木兮木有枝，心说君兮君不知。

吴、越同俗同方音，越人所说即吴语。这种语言的隔阂，增加了中原人了解江南文化的难度。

春秋战国时期，中原人仍视中原以外的族属为夷狄，江南的异族被统称为"荆蛮"。中原文献中关于江南风俗的记载微乎其微，且多有误会。东汉王充《论衡》中以江南为裸国，"禹入裸国，裸入衣出，衣服之制不通于夷狄也"。西汉戴圣《礼记》中甚至有江南人不吃熟食的记载。司马迁《史记·货殖列传》中的表述较为切实。他说"诗书所述虞夏以来"的情况是：

楚、越之地，地广人稀，饭稻羹鱼，或火耕而水耨，果隋蠃蛤，不待贾而足，地埶饶食，无饥馑之患。以故呰窳偷生，无积聚而多贫。是故江淮以南，无冻饿之人，亦无千金之家。

始见于《左传》而被后人广为引用的是荆蛮"断发文身",以示有别于中原人的结发为髻、插笄加冠。《庄子·逍遥游》中说:"宋人资章甫而适诸越,越人断发文身,无所用之。"宋国商人把华丽的冠帽带到越国去,但断发文身的越国人用不到冠帽。

断发,亦称椎髻、椎结。江南水网密布,江南人生产、生活无不与水密切相关,将头发剪短,在头顶上扎成一个椎形的发髻,是为了方便在水中活动,不会被长发遮挡视线,也免遭水草缠绕之危险。他们用针刺破身体的皮肤以成龙纹,涂上色彩斑斓的颜料,显示自己是龙的子孙,相信这样可不受水和水中动物的伤害。晋人左思《吴都赋》中描写:"雕题之士,镂身之卒,比饰虬龙,蛟螭与对。"与中原人将鱼视为生殖的象征不同,江南人崇拜在水中享有自由的鱼、龙,直接把鱼和龙当成神灵,作为自然崇拜的对象。在生产力低下的原始时代,人类对飞在空中的鸟、游在水中的鱼都会产生崇拜感,希望自己也能得到这样的能力。这种源自远古的观念沉淀在人类的记忆中,文在身上的龙纹,也成为氏族的图腾。江南人这些因水乡环境生存需要而形成的习俗,是中原人最容易观察到的鲜明外貌特征。

春秋战国时期虽号称"百家争鸣",但思想家们主要考虑人与人的关系,既不语怪力乱神,又不屑奇技淫巧。所以他们留下的经典,有点像一桌二椅的昆曲舞台,人物登台演绎圣贤之道,但除了角色身上的戏装,很难看出人所赖以生存的物质环境。

现代考古学在一定程度上弥补了这一缺憾,使得那舞台布景大为丰富。专家们将支离破碎的残片,拼合复原成某种器物,由其功能与形制,探究它在先民生活中的位置,由其演变与发展,追寻其文化脉络。今人对于湖熟先民生产、生活的了解,多半得益于此。

湖熟人的居宅建造,与北阴阳营文化没有太大差别,仍然是用烧土方法来筑造居宅,室内地面先层层垫土拍实,再以火烘干,墙壁也有火烧过的痕迹。在北阴阳营文化层中已经看到,居室地面用掺沙拌草的白泥抹平拍实,而且经过火焙,变得干燥而坚硬,能有效防潮。这大约可以算南京先民最早的住宅装修工作。

湖熟文化后期,在墓葬形式上有很大变化。新兴起的土墩墓,被视为吴国特有的埋葬制度,并被作为先吴文化与吴文化的分期标志之一。

在新石器时期的北阴阳营遗址中,就可以看到这种不挖墓穴、不设葬具、平地掩埋的安葬习俗，至湖熟文化后期发展为封土起墩、墓上起坟的形式。许多土墩墓旁，伴有取土形成的坑塘。尤其是吴国的上层贵族，为显示权威尊严，甚至能"取土成湖"。如《越绝书·记吴地传》中记阖庐冢，"在阊门外，名虎丘。下池广六十步，水深丈五尺"，"千万人筑治之，取土临湖口"。记阖庐子女冢，"下方池广四十八步，水深二丈五尺。池广六十步，水深丈五寸"。记吴王夫差冢，"越王候干戈人一累土以葬之"，越王命士兵每人担一筐土埋葬吴王，也就是按吴国的风俗埋葬他。唐陆广微《吴地记》中亦有类似记载。事死如事生。祖先与神祇一样，都是先民所依赖的庇佑，所以照顾好他们的遗体就至关重要。

　　北阴阳营墓葬中，只有随葬品的发现，而土墩墓在随葬品之外，常伴有明确的祭祀器物。尽管现在还不了解湖熟人的祭祀制度，但祭祀活动的出现肯定是一种文化进步。

　　湖熟人不挖墓穴的原因，亦如择居于台地之上，都是为了免遭水淹之灾。北阴阳营村落中，埋葬区位于居住区西侧，两者处在同一台地之上。而土墩墓与台型遗址是分离的，有的两相邻近，也有距离甚远、自成一区的。这说明湖熟人的活动半径、控制区域，远大于北阴阳营人，他们对生活有更高的要求，也有能力营造更宜居的生活环境。在吴国强盛之际，这种墓上起坟的风俗曾经流传到楚国和中原地区。吴国灭亡后，土墩墓逐渐为中原文化、楚文化的棺椁土坑墓所替代。

　　湖熟文化发现迄今已有七十年，考古发现与研究日益深入与细化，对湖熟文化的分布范围、延续时间、文化内涵和特征、社会性质、与周边文化的关系等都有了清楚的认识。尽管如此，我们对先民生活的了解，仍然相当有限。

　　通过考古发掘和研究，可以判定先民们如何使用某器物、如何制造某器物，可以揣测先民们为什么要制造那器物、为什么要把那器物造成如此模样。然而这仍不能算有温度的人间烟火图景。举一个小小例子，鸭子是南京人最爱的美食，南京文人常将食鸭的悠久历史上推到湖熟文化时期。可是，考古发掘中，多次在湖熟文化遗址发现陶罐装盛的鸡蛋，却从来没有发现过鸭蛋。尽管不能以此断定湖熟人不养鸭不吃鸭，但相反的结论，也不是那么容易做出的。

　　对于作为社会人的湖熟人，今人更是知之甚微。现在仍无从知道湖熟人有什么样的家庭关系和婚姻习俗，不知道湖熟人如何应对疫病和灾荒，不知道湖熟聚落如何组织与运作，聚落内部居民有怎样的权益与义务。至于原始社会、奴隶社会之类的现代概念，对于重现湖熟人的社会图景，实在没有多少帮助。像一些教科书那样，按照某种概念逆推出社会状况，更属本末倒置。

可以想象的是，以先民们所拥有的生产工具，应对变化莫测的大自然，困难远大于今日。他们需要更强的适应能力，更好的协作精神，群体之间、聚落之间，一定会有顺畅的交流和协调的合作。他们共享生活和生产技能，具有共同的习俗，还须保持相同的价值观，非此不足以安身立命，繁衍后代。湖熟人的感情热度与思想深度固然无从揣测，但可以相信，湖熟先民观察细致、反应快捷、认知敏锐。

已发现的三百多处湖熟文化遗址，迄今进行科学发掘的，仅仅十多处，而未经考古发掘即消灭于各种工程建设的要多得多。关于湖熟文化的论文散见于各种学术杂志，至今没有结集为专书，甚至没有出版过考古发掘报告。其重要原因，是单一湖熟文化遗址的发掘成果难以引起学术界的足够重视。然而，湖熟文化对于南京地区的发展，影响至为重大。越城之外，楚国置棠邑、金陵邑，秦置秣陵县、江乘县，汉置胡孰县，早期城邑的形成无一不是基于湖熟文化。据专家近年考证，汉代胡孰县城，就建在梁台和城岗头两个重要的湖熟文化遗址之上。县城择地肯定选在人口稠密、经济繁荣之处，可见自湖熟文化以来，这些地方长期保持着良好的发展趋势。

出河越江

吴王国强盛之际，政治中心迁到苏州，湖熟人生活的宁镇地区成为吴、楚两国交界的边缘地区。数百年间，吴国和楚国都没有抵达此地的记录。最初抵达这里的陌生人，来自遥远的越国。

在越国军人建造越城之前，湖熟人已经在越台建设长干古城。据考古发掘的结果，长干古城中心台地东部边缘的早期人工环壕，位置接近，形制相同，规模、深度略有差异，环壕内出土的红陶片、兽骨、原始瓷等遗物，具有商、周时代特征。时代较早的一条，加工规整，纵剖面呈倒梯形，上口宽五点八米，底口宽一点七至二点五米，最深二点二米，边长约一百七十米，南、北两端均呈弧形拐角并向西延伸，估计周长约一千米，与宋人记载的"二里八十步"正相吻合。据此估算，环壕内核心区面积约三万平方米。

已知的湖熟文化遗址,面积多在七八千平方米,小至三五千平方米,三万平方米以上的为数不多,而且时代相对较晚。湖熟文化聚落都是傍水而建,附近多有小河流经或环绕,只有少数以人工挖河作为屏障。有人工环壕的聚落,可以肯定具有更高的等级。

如果说越城的选址,是因为已有长干古城的基础在,那么,对于湖熟人来说,长干古城又有着什么样的意义呢?

要弄清这一点,需要对湖熟文化遗址的分布空间做一些了解。前文说到,湖熟文化的分布范围广达数千平方公里,其核心区域只有四百多平方公里,而以秦淮河流域和宁镇山脉最为集中,在已知三百多处遗址中,上述区域的几乎占了一半。

被南京人称为母亲河的秦淮河,正是发源于宁镇山脉的河流。秦淮河北源句容河,来自宁镇山脉的宝华山,南行过句容城后折转向西行,与赤山湖水汇合,经江宁区湖熟街道,到方山埭西北村与南源合流。南源溧水河,来自横山山脉的东庐山,经江宁区秣陵街道至方山,与北源合流,成为秦淮干流,由方山西侧蜿蜒北行,过江宁东山,在七桥瓮附近西折,沿赤石矶北侧进入今南京主城区,自东向西曲折穿城而过,汇入长江,全长约一百一十公里。

秦淮河流域范围在宁镇山脉之南,横山之北,茅山之西,云台山、牛首山之东,四周丘陵形成了一个较为完整的盆地。这个盆地大部位于今江宁区范围内,可以称为江宁盆地。盆地中间的方山,"突然一峰插南斗",是典型的火山地貌,看似孤立,但并非"来龙去脉绝无有",其东北与青龙山、汤山余脉相连,所以秦淮河只能从方山西侧北上。方山与牛首山东西相对,两山之间只留下一条狭窄通道,秦淮河北源与南源至此不得不合流。现代人习惯于看交通图、旅游图,都会讲秦淮河南、北两源在方山合流,却往往弄不清为什么会是在方山合流。如果看到江宁区的地形图,就不难发现这一点。

江宁盆地周边低山丘陵的来水,汇合而成的并不只是句容河与溧水河,秦淮河的主要支流就多达十九条。这些大小河流沿岸的台地,特别是位于山谷口的台地,成为适宜先民居住的生态环境。湖熟文化遗址的密集分布,就是基于这样的地理条件。就此而言,秦淮河当之无愧,是南京的母亲河。当然,从更大范围而言,江南地区气候温暖湿润,四季分明，日照充足，雨量丰沛，土壤肥沃，适合农作物生长。丘陵自然植被生长旺盛，动物种类繁多，河流水网密布，水产也丰富。农耕和狩猎的条件都比较好。

因为湖熟文化遗址至今只有十多处进行过考古发掘，所以对于其分布空间的形成缺少研究，历史文献记载更是空白。虽然没有足够的依据，但说湖熟文化就是产生于这四面环山的相对封闭环境之中，应该不会有太大的争议。发展到一定阶段之后，湖熟文化逐渐走出秦淮河流域，进入长江，沿长江南岸播散扩展至皖南，并跨越长江，北达滁河流域。至于越过茅山向东发展，应该更晚一些，已在西周至春秋时期，所以遗址规模往往较大。在周边强势文化的影响下，湖熟文化能够顽强地保持地方特色，绵延千年，其相对独立的生存环境，应该也是重要因素。

湖熟先民要走出江宁盆地，与外面的世界交流，固然可以从南部云台山与横山之间的丹阳古道西进当涂，或东上丹徒，但对于濒水而居、以船为主要交通工具的湖熟人，更便捷的途径，就是沿秦淮河顺流而下，直达长江。

当时的长江水道，与今天所见相差甚大。明城墙西城壕外秦淮河的东岸，就是古长江的东岸，江水直抵石头山、凤台山、雨花台西麓，再向南直到三山矶西麓。西街考古发现的古长江水道，东距越台不过数百米，这段水道在南宋时已经湮没。在西街考古现场办公室里，有一幅根据地质考古绘成的三千年前秦淮河下游模拟图，此时石头山、凤台山、赤石矶之间的秦淮河河谷平原尚未完全形成，河流被密集的沙洲分割成多条水道。长干古城东北，正是凤台山东麓与近岸沙洲之间的秦淮河干流。秦淮河支流落马涧，自北向南流经长干古城东侧。而石头山南侧同样有沙洲近岸。石头山麓、金川河流域也有湖熟文化遗址，可见这条夹江是湖熟人熟悉的水道。沿江向东，栖霞山下的江乘同样可见湖熟文化遗址，与江乘隔江相望的就是六合，六合与仪征、扬州也有湖熟文化遗址发现。

弄清楚这样的地理形势，长干古城这个空间节点的重要性，也就不言自明了。湖熟先民从秦淮河中游驾船而来，进入长江，可以顺流而下至镇江地区，可以溯江而上至皖南地区，甚至横渡十公里宽的大江，抵达北岸的滁河流域，在和县、六合、仪征、扬州等地建设居留点。长干古城是湖熟人对外交通的枢纽所在，也是首当其冲，最容易受到外界侵扰的地方。所以湖熟人会在这里形成大聚落，并挖出四条环壕以自卫。在当时的条件下，这要算艰巨的工程了。

据有关专家介绍，西街考古发掘中，以越台边缘的文化层和遗迹、遗物最为丰富。因为越台直到宋代仍作为军垒，历代建设势必扰乱台地顶部的原有文化地层。台地上方发现了不少明、清时期的大型取土坑，以致原有地貌大变，早期遗址遭到严重破坏。据《正德江宁县志》记载："俗传其土甓灶绝蚁，故为居民取之殆尽。"民间传说用越台上的土砌灶，不招蚂蚁，市民纷纷来越台上取土。所以现在已经难以完整呈现长干古城的面貌。

越城作为南京建城史的肇端，是这片土地上的一个显性标志，为后人所津津乐道。而太容易被世人所忽略的，则是随着越城的建造，一个潜移默化的进程，也由此拉开了序幕。越国灭吴，百余年后楚国大败越国，占领南京地区置金陵邑，湖熟先民的生活状态，南京的土著文化，不能不随之发生变化。

富有江南特色的青铜文化渐趋消亡。

当然，说江南青铜文化消亡，也只是借用考古学上的说法，其实它只是变换为一种新的文化形态继续前行，而非世界末日那样的毁灭。只要新形态较旧形态更宜于人类的生存和发展，这种消亡就未必是坏事。

第三节
太伯奔吴传说

太伯奔吴故事溯源

太伯奔吴的完整故事，现存文献记载以西汉司马迁《史记·吴太伯世家》为最早：

吴太伯、太伯弟仲雍，皆周太王之子而王季历之兄也。季历贤，而有圣子昌，太王欲立季历以及昌。于是太伯、仲雍二人乃奔荆蛮，文身断发，示不可用，以避季历。季历果立，是为王季，而昌为文王。太伯之奔荆蛮，自号句吴。荆蛮义之，从而归之千余家，立为吴太伯。太伯卒，无子，弟仲雍立，是为吴仲雍。仲雍卒，子季简立。季简卒，子叔达立。叔达卒，子周章立。是时周武王克殷，求太伯、仲雍之后，得周章。周章已君吴，因而封之。乃封周章弟虞仲于周之北故夏虚，是为虞仲，列为诸侯。

简单地说，周太王古公亶父想以季历和姬昌父子为继承人，长子太伯和次子仲雍知道父亲的意思，便"奔荆蛮，文身断发，示不可用"。中原文化讲究的是"身体发肤，受之父母，不可毁伤"，故以毁损敌人或犯人的身体作为刑罚，太伯、仲雍一旦断发文身，便成了"刑余之人"，丧失了继承王位的资格。季历继位，后传位给其子姬昌，就是周文王，果然使国家强盛。而太伯得到荆蛮的拥护，建立了句吴国，死后传位给弟弟仲雍。文王之子武王伐纣灭商，寻找太伯、仲雍的后人，找到了周章。因为周章已经在吴地为君，就把他封在了吴国，即认可他的统治地位。周章的弟弟虞仲封在夏虚，弟兄俩都成为周王朝的诸侯。

东汉《越绝书》《吴越春秋》中对此又添枝加叶，遂成此后各种传说的范本。

说吴国的开国，说江南人文史，都不能不说到太伯奔吴的故事。因为，在大约两千年的漫长岁月中，中国的史学家大都相信，是中原周人太伯、仲雍"奔荆蛮"，带来了先进技术，建立了吴国，开创了江南文明。博物馆里展出的璀璨周代文物为此作了有力的背书。

很少有人会去想，周文明的璀璨，是在代商而起、继承商代高度文明的基础上发展起来的。至于周太王时期，从游牧转向定居未久的黄土高原周人，能以何种先进技术改进江南水乡的农业生产和物质生活，竟无人深究。近年以来，随着一些文人通俗化甚至庸俗化的发挥，此说更为泛滥，以至苏南一些城市争相宣示自己是太伯奔吴的落脚地。

其实，太伯、仲雍的奔吴、建国，现存文献记载破绽百出。20世纪以来，越来越为严肃的史家所怀疑。

对于太伯奔吴传说，至少需要弄清几个问题：首先，太伯奔吴是不是事实？其次，太伯所奔的吴，究竟是什么地方？再次，太伯和周章是什么关系？最后，吴国和吴文化，是不是一个概念？

太伯奔吴，先秦文献中多有涉及，相信是周王朝的实事。《诗经·大雅·皇矣》是周王朝的开国史诗，其中说：

帝省其山，柞棫斯拔，松柏斯兑。帝作邦作对，自大伯王季。维此王季，因心则友。则友其兄，则笃其庆，载锡之光。受禄无丧，奄有四方。

描述太伯与季历兄弟相互呼应，共同开拓疆土。孔子《论语·泰伯》中说："泰伯，其可谓至德也已矣。三以天下让，民无得而称焉。"高度赞扬了太伯的让国精神。不过，这里完全没有涉及"奔吴"的说法。有趣的是，孔子在《论语·微子》中提到的古之"逸民"七人，却只有虞仲而没有泰伯。

太伯所奔的"吴"，实指何地，历来多有争议。苏州尧峰山之东有吴山，是传说最多的奔吴落脚地，但无锡、镇江以至南京，都不示弱，争相宣扬新说。然而，相较于落脚地，更值得讨论的，是太伯如何抵达这落脚地。倘若不能明确迁徙途径，那么关于落脚地的讨论，有如讨论嫦娥在月亮上的居住地，是没有意义的。对于太伯、仲雍能率领部族穿越敌对的商王朝的广阔势力范围，迁徙到一千三百公里外的江南，不少学者表示怀疑。有人猜测太伯可能避开商的疆域，穿越了南方蛮荒的原始森林，这未免太低估了穿越原始森林的难度。以今天的技术与物质条件，还常常看到冒险者受困的报道。有人说，不能低估人类的迁徙能力，人类还都是一个非洲老祖母的后代呢！这更不可简单类比。人类走出非洲，开枝散叶，遍布全球，经历了二十万年的漫长时间。太伯们短暂的一生，能走多远？同样，中原文化浸润江南，也不可能是一代人的事，更不要说一两个人了。

历史上的吴山不只这一处。杭州有吴山，上有子胥祠，亦称胥山，即今城隍山。湖州长兴县也有吴山，以产煤闻名。没有人把它们同太伯奔吴相联系。有人提出陕西宝鸡与陇县之间的吴山，亦名吴岳。《史记·封禅书》有记载，华山以西，有名山曰岳山、吴岳。不过以岐山周原为根据地的周人，战略意图是向东开拓，所以更多研究者倾向于山西运城平陆县东北的吴山，又名虞山。在商、周金文中，虞和吴是可以通用的。虞山属中条山的余脉，据说原为舜所居。舜建都于蒲坂，国号有虞，其地即同属运城的永济县。周文王时有名的"虞芮之讼"中的虞，就是这个虞国。与其相争的芮国，位于今陕西大荔县。这个虞国在周文王之时已存在，与太伯、仲雍奔吴的时代相吻合。而司马迁所说的夏虚，即夏墟，指夏代都市安邑。安邑位于中条山西麓，南接平陆县，也正在此地。

《汉书·地理志》注中介绍平陆吴山："上有吴城。周武王封太伯后于此，是为虞公，为晋所灭。"明证其即周章之弟虞仲被封的夏墟。因为这里原是太伯、仲雍的封地，周武王寻访到他们的"后人"，其时周章已为吴国君王，所以将周章的弟弟虞仲封在其祖先的封地上，是顺理成章的事情。这个"为晋所灭"的虞国，就是"唇亡齿寒"中借道给晋国伐虢，后被晋军顺手牵羊的虞国。

《左传·宫之奇谏假道》讲的就是这个故事，其中还提到太伯。虞国大夫宫之奇劝阻虞公借道，虞公不听，说晋国与我同宗，怎么会害我呢？宫之奇举例道："太伯、虞仲，大王之昭也。大伯不从，是以不嗣。"太伯和虞仲，是古公亶父的亲儿子，因为太伯不顺从，所以不让他继承王位，亲生父子尚且如此，何况同宗呢。虞公不听，果然亡国。

司马迁肯定是看到这段记载的。《吴太伯世家》篇末"太史公曰"："余读《春秋》古文，乃知中国之虞与荆蛮句吴，兄弟也。"所谓"《春秋》古文"，王国维在《观堂集林》卷七《〈史记〉所谓古文说》中指出："此即据《左氏传》宫之奇所云'太伯、虞仲，大王之昭也'以为说，而谓之'《春秋》古文'，是太史公所见《春秋左氏传》亦古文也。"

这里的"中国之虞",在《吴太伯世家》中说得很明确,就是周武王所封的虞国:"自太伯作吴,五世而武王克殷,封其后为二:其一虞,在中国;其一吴,在夷蛮。十二世而晋灭中国之虞。"则其兄弟之国的"荆蛮句吴",也就可以肯定是周章的吴国。"中国之虞灭二世,而夷蛮之吴兴",吴国的兴盛,还在虞国灭亡二世之后。由此可见,司马迁心目中的信史,是从周武王封周章开始的。

司马迁没有采用"大伯不从,是以不嗣"的说法,因为这有损他极力营造的太伯"三让天下"形象。但他又把仲雍写成虞仲,在《史记·周本纪》中也说:"古公有长子曰太伯,次曰虞仲。"这就造成了混乱。唐代史家的《史记索隐》《史记正义》中,便都将仲雍、虞仲当成同一人。后世传说中,既将都是次子、封在同一地的吴(虞)仲雍与虞仲混为一谈,又由虞仲之兄周章封在江南吴地,推衍出仲雍之兄太伯在江南创立吴国。这成为太伯奔吴传说的一个来源。

另一个来源是季札三让天下的故事。第十九世吴王寿梦有四个儿子,诸樊、余祭、余昧、季札。寿梦打算让季札继承王位,季札坚辞不可。寿梦死后,长子诸樊暂摄国政,两年后守孝期满,再次让位给季札,季札躲避了。诸樊去世时将王位传给二弟余祭,余祭又传给三弟余昧,意图以这样的方式,把王位传给老四季札,但季札仍然推让不受。这个"三让"的故事,也被附会到太伯身上,最后形成了太伯与仲雍"奔荆蛮""三以天下让"的传说。

司马迁漫游江南时,听到了这个传说,便写进了《吴太伯世家》。像这样将民间传说写进正史的情况,在《史记》中并不少见。然而,司马迁对这个传说还是有所保留的。《吴太伯世家》中对于太伯、仲雍"奔荆蛮"的叙述只是一语带过,强调的是"三让天下"精神。至于太伯、仲雍如何"三让天下",司马迁完全没有提及。他浓墨重彩描写的"三让天下"故事,主角则是季札。

在季札故事中,司马迁又留下了一个破绽。季札第二次推让时,举了曹国子臧义让兄长的例子。一心让贤的诸樊和坚持立季札的吴人,此时若举出太伯、仲雍避让季历的例子,岂不是更有说服力?然而他们都没有说,诸樊也没想到学太伯、仲雍的榜样出走让贤。合理的解释只能是,到这时为止,吴国人尚不知道有过这两位先祖。

司马迁在《史记》中,为先秦时期的"夷狄"国家,几乎都找到了源自中原圣君贤相的祖先，显示出他的大一统思想。这也成为历代王朝中原中心论的史学依据，为史学家们深信不疑。正是在这样的背景下，太伯奔吴的传说尽管破绽百出，仍然得以流传千古。随着现代考古工作的开展，中华民族起源的多元性已成学界共识，太伯奔吴之类的神话，也就可以从更加理智的层面进行反思了。

周章与吴国

周武王封周章为吴王，吴国由此成为周王朝的封国。湖熟文化的先吴文化时期与吴文化时期，正是以吴国的立国作为区分标志。长干古城的出现也就在此际。

《史记·吴太伯世家》和《吴越春秋》中，都列出了吴国的世系：

太伯卒，无子，弟仲雍立，是为吴仲雍。仲雍卒，子季简立。季简卒，子叔达立。叔达卒，子周章立。是时周武王克殷，求太伯、仲雍之后，得周章。周章已君吴，因而封之。乃封周章弟虞仲于周之北故夏虚，是为虞仲，列为诸侯。周章卒，子熊遂立，熊遂卒，子柯相立。柯相卒，子彊鸠夷立。彊鸠夷卒，子余桥疑吾立。余桥疑吾卒，子柯卢立。柯卢卒，子周繇立。周繇卒，子屈羽立。屈羽卒，子夷吾立。夷吾卒，子禽处立。禽处卒，子转立。转卒，子颇高立。颇高卒，子句卑立。是时晋献公灭周北虞公，以开晋伐虢也。句卑卒，子去齐立。去齐卒，子寿梦立。寿梦立而吴始益大，称王。

吴国从寿梦开始称王，这是不寻常的事情。春秋时期，只有江南楚、吴、越三国国君是称王的，中原诸侯国，即使是雄霸一时的晋、宋、齐、鲁等国，也只称公、侯，没有称王。

周武王封周章之后的吴国历史，仍然是一笔糊涂账，直到周简王元年（前585年），周章的十四世孙寿梦继位，吴国才有编年纪事。《吴太伯世家》记寿梦二年，"吴于是始通于中国"，才跟中原有交往。此前周章的受封，被司马迁不经意间又抹杀了。寿梦之后，三个儿子诸樊、余祭、余昧先后继位，余昧传位给儿子州于（僚），诸樊之子州来（光）刺杀僚自立，就是吴王阖庐，再传至夫差，吴国亡于越。

南京大学历史系张学锋教授从语音学的角度剖析上述二十五位吴王的名字，做出了有见地的解读。周章以下二十一王的名字，都看不出什么含义，不是"具有意义的文字组合"，可见都是表音文字，即以中原语音记录下的吴地方言。所以有几位的名字，在不同的记载中使用了不同的文字，如颇高（颇梦）、句卑（毕轸）、寿梦（孰姑）、余祭（句余、戴吴）、余眛（夷末、夷昧）、阖庐（阖闾、盖庐）等。吴王僚的弟弟盖余（掩余），勇士专诸（鱄设诸），也是如此。就像吴国的国名，除了常用的句吴、勾吴，还有攻吴、攻敔、攻吾、工䖑、攻虡等，同样是这个原因。此外，考古发现的吴王剑上铭文，常用多个汉字来表示剑主吴王之名的读音，且与中原文献所记通行之名不同，也有力地说明了文献所载吴王名是表音文字。所以周章以下的二十一王，才是真正的吴国世系。

　　吴国从寿梦开始强大，与中原交往渐趋密切，此后的吴王，在方言名之外，又出现中原式的名字，如寿梦又名乘，诸樊又名谒（遏），州于又名僚，阖庐又名光。后两位就是"专诸刺王僚"故事中的主角吴王僚和公子光。最典型的是季札，他是寿梦的第四个儿子，别名州来，因为多次出使中原，所以得到了一个完全中原化的名字。季，即排行第四，札，是其方言别名州来的谐音。

　　但是周章之前的四位吴王，太伯、仲雍、季简、叔达，却明确地采用了中原伯、仲、叔、季为序的命名方式，反映着西周嫡长子继承制观念，简、达也有佳美的意蕴。这就让人不能不怀疑，季简与叔达，是后世为了建立仲雍与周章之间合理的辈次关系而创造出来的。周章比武王小一辈，正符合"君臣父子"的伦序。

　　换个角度说，周章的"太伯、仲雍之后"的身份，十分可疑。他是愿意与中原周王朝合作的吴国统治者，但他未必真有周王朝宗室血统。

　　对刚刚建立一个新王朝的周武王而言，分封诸侯的目的是巩固新政权。在商王朝影响尚深的东南一带，在鞭长莫及的江南蛮夷之地，寻找合适的王朝代理人，理应比寻找宗室之后更重要。只要周章愿意率吴国臣服周王朝，那么在认可他吴王身份的同时，也认可其"周人血统"，有何不可？为周章设计一个周人的祖先，既可以让政治家的明智选择更为名正言顺，也可以通过这样的笼络手段，使受封者更加死心塌地，何乐而不为？

　　如果这一推测不错，那么，将周章之弟虞仲远封到山西，说起来算"认祖归宗"，但是不是也有作为人质的意味呢？

　　从周章的角度来说，这种王室宗亲身份，不但可以强化他在吴国的统治地位，也能让他更容易得到中原诸国的认同，有助于吴国与中原诸国正常交往，同样是有利无弊。后来夫差与中原诸侯在黄池（今河南封丘）会盟时，就宣称"于周室，我为长"，以自己的祖先在周人宗室中辈分最长为理由，压倒晋国，争得了盟主的地位。

像吴国这样将自己的祖先附会成中原的圣君贤相，在当时并不是孤例。春秋五霸，莫不如此。最早见于《荀子·王霸》的春秋五霸，指齐桓公、晋文公、楚庄王、吴王阖庐、越王勾践。同为先秦文献的《墨子·所染》中也有同样的说法。这五个国家，原先都是地处中原之外、与周人族属不同的"夷狄"，因发挥自身的优越条件而强盛，在周王室权势衰落后，先后成为诸侯的盟主，称霸一时，于是也都有了显赫的祖先。按司马迁在《史记》中的说法，齐是周文王之师太公望的后裔，晋是周成王之弟唐叔虞的后裔，楚是周文王之师鬻熊的后裔，吴国的先祖是周文王的伯父，越国的先祖竟是夏朝君主少康的庶子无余，可谓后来者居上。生活在汉武帝时代的司马迁，颇有"天下一家"的情怀，就连北方的匈奴，也被他说成"夏后氏之苗裔"，以证明"率土之滨，莫非王臣"。只是司马迁没有说明，这些圣贤的后代，怎么会都变成了"夷狄"。

日本东洋史学者宫崎市定认为，这些恐怕都是各国有意争霸中原时才出现的传说，意在让自己的霸权更容易得到别国认同，或者叫获得政治合法性。他在《东洋的古代》里指出，晋和宋"本来与周人应属不同的系统，是地处周文化圈之外、受周文化影响而兴起的国家"，"都对周文化表示崇敬，采取与周亲善并加以利用的政策"，"兴起于长江中游的楚和长江下游的吴、越等国，就像有时候他们也自认的那样，是一开始就属于周系统之外的被称作'蛮夷'的族群。即使这样，在后来的历史叙述中，仍然存在着楚是周文王之师鬻熊的子孙以及吴是周文王伯父泰伯、仲雍的子孙这样的传说"。春秋五霸的登场实际上就是"夷狄的文明化"进程。他对此有认真的分析，有兴趣的朋友可以找来读。

春秋战国之后，这种故事仍不少见，仅在南京，就可以随手拈出几例。南唐徐知诰立国，做了两年皇帝以后，才想到要"复姓"李氏，而且直到那时，他连选择唐王朝的哪一个皇帝做自己的祖先还没有拿定主意，要同心腹大臣一起讨论。明代朱元璋称帝后，也有大臣劝他攀扯朱熹作为家族的祖先，被朱元璋拒绝了。

总而言之，太伯奔吴的故事，当它是故事就可以了。至于太伯和仲雍对江南文明的影响，就更不宜虚饰其词。

还须说明的是，吴文化与吴王国，不是一个概念。

国家的建立可以有一个明确的时间节点，如把周武王封周章、吴国成为周朝的封国，作为吴国立国的时间节点。但是吴文化不会有明确的起讫点。

20世纪中叶以来的考古发掘与研究证明，吴文化的源头，是北阴阳营文化，其直接承袭的母体则是湖熟文化。换个角度说，湖熟文化后期，在商、周文化的影响下，孕育滋生了吴文化。

中原文化对江南的影响，确实是在商末周初有一个明确的强化。但原因值得讨论。曾昭燏、尹焕章在《江苏古代历史上的两个问题》中，谈到商、周对东南用兵，促进了中原与江南的文化交流：

殷商一代，商族人住在徐淮地区，本就与东夷、徐戎、淮夷杂处。到商朝末年，帝乙和帝辛两代大兴兵戎向人方进攻，征服了人方，于是江苏徐淮地区一片，在政治上悉受商朝的统治，成为商朝的藩属。

在商文化强盛时期，其影响南抵岳阳、九江、芜湖、南京一线。可见湖熟文化区接受中原先进技术和文化影响，早在商代已经开始，无须等待太伯奔吴。况且太伯奔吴之际，周文化与商文化之间的差距，仍不可以道里计。

其后周武王克商，武王死后，商纣王（即帝辛）的儿子武庚还率领居住在河南、山东、江苏的商族人，联合东夷、徐戎、淮夷直到江南的荆蛮族，一同反抗周室。这是经过商朝帝乙、帝辛两代的惨淡经营，才有此结果的。周公、成王率师东征，以镇压商族人联合东方、南方各族所进行的反抗，战争规模甚大，历时三年之久，周远征军的一支曾到达江南，并且为着继续镇压荆蛮族人的反抗，曾分封将帅在这里。……其后西周一代以至东周初年，周人不断与徐戎、淮夷、荆蛮各族发生战争。

在这样的背景下，周武王能得到吴王周章的支持，自然喜出望外，一定会悉心笼络。

"西周一代到东周初年对东夷、徐夷、淮夷、荆蛮等族的不断用兵，无疑地会给江苏在政治上、经济上、文化上带来深刻的影响"。而叛周力量的残余向江南迁移，同样会将中原文化带入江南。应该说，这就是商、周之际中原文化对湖熟文化影响明显强化的真实原因。从湖熟文化所受中原文化的影响看，也是不均衡的，越向北，中原文化影响越强，越向南则越弱。

文化的发展是一个渐进的过程。由于新工具、新技术出现，生产力发展，社会随之进步，从新石器时代进入青铜时代，从青铜时代进入铁器时代，其间并无明确的界限可寻。人们固然可以找到划分时代的标志物，然而这种标志物的产生往往需要一个漫长的过程。今人出于研究需要，总想找到这种突变的瞬间，其实是违背文化发展规律的。

应该说，历史学家在这一点上比较清醒。可是某些"文化散文"的作者，很容易犯糊涂，或者为了叙述的方便，或者囿于封建意识的惯性思维，一心想找到一个圣君贤相，作为某种文化史的开端。

太伯奔吴的传说，给了他们一个这样的契机。有些人尚不满足于太伯在江南的"开创"之功，甚至传说太伯的后裔走向了世界，成为日本人的先祖。

此说源出三国魏郎中鱼豢《魏略》，此书早佚，现存清人张鹏一《魏略辑本》，卷二十一有"倭人"四条，第一条就是："倭人自谓太伯之后。"（《通典》四裔注引《魏略》）也就是说，现存最早的文献依据，已是唐人杜佑的《通典》。陈寿作《三国志》时参考过《魏略》，但《魏志·倭人传》中并没有倭人为太伯之后的说法。然而自宋而明、清，此说仍为某些文人津津乐道。

烟墩山出土宜侯夨簋

现代考古发现证明，就在周章受封前后，湖熟文化中的中原文化影响明显增强，几何印纹陶和原始釉瓷的烧制，青铜器的铸造，技术上都呈现突飞猛进之势，标志着江南与中原的文化交流进入了一个新阶段。

湖熟文化中心区内，多次出土西周至春秋时期青铜器物，尤其是镇江市丹徒大港至谏壁沿江一带的墓葬，如大港烟墩山宜侯墓出土宜侯夨簋等青铜器，母子墩墓出土鼎、鬲、簋等青铜器，磨盘墩、青龙山、北山顶、王家山等地墓葬都有西周青铜器出土，谏壁粮山一号墓出土鼎、甗、罍等青铜器，由东向西，年代由早到晚，从西周早期到春秋晚期，为学界所重视。此外如江宁陶吴镇出土鼎、鬲、卣等，江宁横溪出土青铜铙，溧水乌山岗沿山墓葬出土鼎、方鼎、卣等，丹阳司徒砖瓦厂出土窖藏鼎、簋、尊等，多为西周时期器物。

但这些青铜器中，有铭文的极少。大港烟墩山宜侯墓中发现的宜侯夨簋，有铭文一百二十余字，因而被誉为"吴国第一青铜器"。其铭文记载虞侯夨被周康王改封为宜侯。该墓葬遂被定名为宜侯墓。一些研究者认为宜就是出土地丹徒，虞侯就是吴侯，甚至实指其为周章或周章之子熊遂，也就是将宜侯夨簋铭文，视为吴国初立之际史事的记录。

宜侯夨簋的来龙去脉，值得作一回溯。

烟墩山宜侯墓的最初发现，是在1954年。《文物参考资料》1955年第五期刊载了江苏省文物管理委员会的报道《江苏丹徒县烟墩山出土的古代青铜器》。文中介绍这批青铜器的发现经过：

1954年6月间，丹徒县龙泉乡下聂村农民聂长保的儿子在烟墩山南麓斜坡上翻山芋地"垄沟"时，无意间在地表下三分之一公尺的土里掘出一只鼎，他就小心地扩大挖的范围，在三分之二公尺的深度，共掘得铜器十二件，计：鼎一、鬲一、簋二（其中一只是有铭的矢簋），大盘一，小盘一，盉一对，牺觥一对，角状器一对，聂长保把这些东西统统交给当地乡区政府，转送丹徒县人民政府送省保管。江苏省文化事业管理局和我会在10月上旬收到这批铜器后，认为在江南地区发现青铜文化遗存，是值得重视的，遂邀请南京博物院、华东文物工作队共同组织调查小组，于10月17日到下聂村实地勘察，在调查中并清理了残坑和毗连它的两个小坑。

又引用调查小组的报告：

小组勘查现场及了解首批铜器出土情况后，把原坑掘开检验，在表面扰土中拾到一些残余碎铜片。原坑南北宽1.2公尺，东西长1.3公尺，深0.44公尺。据原发现人追述当时铜器在坑内分布情况，指出"并无一定排列顺序"。小组在旧坑底部复清出破碎铜片，观察四周土质、土色，认为该坑真实边缘尚未掘到，遂向南北扩大成3公尺、东西3.6公尺的面积，不久在偏西部分发现甲泡、马饰（镳、衔、铃、纶组、节约）、镈、玉杯（绿英石）、小玉饰等。更于大坑西北隅连续发现小坑两座，其一出小铜鼎、石器、人牙，另一出铜鼎和青釉陶豆以及铜镈。

该报告的结语说："至于两个小坑和第一墓有无联系，我们暂以出土铜器的形制、位置和深度等条件初步推断，觉得很有可能是第一大墓的陪葬坑。"附文配发图版十二幅，为出土青铜器的照片。

约三十年后有人调查，说聂长保时任村长。宜侯夨簋出土时完好，因围观者议论会不会是金子，聂长保的儿子一锄头砸碎了这件国宝。

同期杂志还刊载了陈梦家《宜侯夨簋和它的意义》及陈邦福《矢簋

考释》两篇文章。陈梦家介绍：

> 铭文十二行，约百二十六字，残泐约十七字。铭在腹内底，出土后破碎，重加缀合，未能十分密合，并失去第七行至十二行上部的一块，使文义难以通读。铭文上的锈亦有蒙蔽未去的，因此更增通读的困难。铭文照片小而不很清楚，拓本在接缝处也不太准。

尽管如此，他仍然依照片对铭文作了释读，并且说明："第一行记四月祭祀武王。第二、三两行记成王伐商图至于东国之图，遂祭于宜，齐侯助祭"，"两'图'字疑当释作'啚'"，"此器当作于令簋之后，令簋记伐楚白至于炎，即今山东南部郯城西南，乃商奄之啚。此器以宜为东国之啚，则所谓东国或包括了淮水以南的地区"，"第三行之末至第四行，王令矢侯于宜，故第十一行称'宜侯矢'"。第五行至十一行，记赏赐的器物、山川、田地、王人和庶人数量，呈现了西周分封诸侯的礼制。第十二行记作器事宜。"作器者名矢，在命为宜侯之前为虞侯，其父父丁为虞公"。

陈梦家指出："矢之铜器，于1929年出土于洛阳庙坡，共计方彝一，方尊一，簋二，方鼎一。"并对上述诸器铭文记事进行归纳：

> 矢令最初在成周为作册之官，在周公子明保（明公）之下。其后他与明公同成王东征，至于鲁、炎，最后他与成王到了宜，封为侯。宜地是否即器物的出土地尚不能确定。

他将同时出土十二件青铜器分为烹饪器、盛食器、温酒器、盛酒器、盥洗器五组，认为：

> 虽则这一群铜器是农民掘出来的，但由于此群铜器的组合和其时代的大约一致，可定为墓葬中的随葬器物。它们的形制和文饰，都是西周初期的。若根据簋铭，可以定为成王时，最晚是康王时。它们虽出土于江苏，也稍稍有一点特异之点（如觥和角），但它们与西周初期中原地带的铜器之间，共同性大于小小的地域性。邻近小墓出土的带釉陶豆和河南出土的一样，也是西周时代的。

陈梦家认为宜侯墓青铜器的重要意义，主要有如下几点：如"铭文中的'宜'是当地的话，则西周初期周人的势力范围已达及东南"，"由于此器可见周初封土的情形，分封时所赏锡的人鬲足以与大盂鼎相发明"，"由于此器可知作册矢令承袭父丁为虞侯，而其子承袭矢令为作册"。应该说，陈梦家的研究成果，奠定了烟墩山青铜器研究的基础。

陈邦福看到了原器，并且将自己的初步考释寄郭沫若、容庚探讨，最后修改定稿。他将"宜"字释为"俎"，并说："从文义上推测，可能是在洛邑边鄙几百里之间的一个地名。"对于所赐王人的数量，容庚认为是"又七生"，即七个氏族，郭沫若认为是"又七里"，周代一里有数十家至一百家，两者相距甚远。除此之外，则与陈梦家所释大同小异。

1956 年《文物参考资料》第一期，刊载了江苏省文物管理委员会《江苏丹徒烟墩山西周墓及附葬坑出土的小器物补充材料》，认为此西周墓由大坑和两个附葬坑组成，补充了大坑出土物铜马饰一百一十五件、铜镈一件、铜箭镞四件，附葬坑一出土物小铜鼎一件、石研磨器一件，附葬坑二出土物小铜鼎三件、铜镈一件、青釉陶碗一件、青釉陶豆二件等，并配发器物图版十五幅。

同年《考古学报》第一期，郭沫若发表《矢簋铭考释》，认为此簋是周成王时器，铭文中两个"图"字"当即图绘之图"，古代庙堂中有壁画，此"图"即绘有武、成二代伐商、巡省东国史事的图画，并推定宜地望"在今丹徒附近"。《考古学报》第二期，唐兰著文指其为周康王时器，将此前释为"虙"之字，释读为"虞"，又根据"矢"与"周章"声母接近，推测宜侯矢就是周章，虞公父丁是周章之父叔达。

此后三十多年中，参与宜侯矢簋讨论的专家学者众多，但多属在上述前辈学人的基础上，就某一方面进行申述。成为共识的是，此器是唯一详细记载西周分封诸侯情形的实证，弥足珍贵。争论的焦点，一是宜的地望，有丹徒说、宗周王畿说、河南宜阳说、洛邑边鄙说、宜水说、安徽阜阳说等。一是宜侯矢的身份，有周章说、熊遂说、柯相说、周公之后说、殷遗民说、朱方成员说等。

1988 年《东南文化》第二期上，刊载了镇江博物馆研究馆员刘建国的《宜侯矢簋与吴国关系新探》，对李学勤重释簋铭，在《宜侯矢簋与吴国》一文中提出"宜的王人至少六十七里""宜是一座规模较大的都邑"等论断，表示怀疑。刘建国指出，将郭沫若"又七里"释为六十七里，据推算当不少于三千家，但丹徒一带迄今未发现大规模周人居住的痕迹，两者不相符。又丹徒一带西周时期墓葬形制、陪葬品等方面皆与周礼不符，其居民族属未必是周人。他据此说明宜地不在丹徒一带，倾向于宜在中原东部地区的说法。从葬制与随葬品文化分析，"宜侯墓"的墓主未必真是宜侯，可能是本地土著首领或方国君主（朱方族群可能性最大），出土青铜器或为战利品。

以"方"为地名或国名,主要见于商代,据殷墟甲骨所见多达数百处,在江淮一带有人方、徐方、虎方、危方等,江南仅见朱方一例。它们可能是方国,也可能是部落。西周分封,"建万国,亲诸侯",以方为名渐消失,现在常见的地名还有朔方。朱方是丹徒一带的商代方国,延续至西周,后被兴盛的吴国并吞。吴王余祭时曾将朱方赐给齐国逃臣庆封,后楚国以此为借口攻吴,即春秋晚期有名的朱方之役。秦改朱方为丹徒。

根据历史文献记载,周章是吴国事实上的始封君主。现代考古在镇江丹徒发现宜侯夨簋,也无可怀疑。但是要证明宜侯夨即是周章,宜地即是丹徒,并不是一件简单的事,至少到现在为止仍属于揣测。

第二章

南方三国演义

第一节

春秋诸侯王

楚、吴争战

春秋时期，南方吴、越、楚三国中，最早兴盛的是楚国。

鲁桓公二年（前710年），《左传》中出现了关于楚国的记载："蔡侯、郑伯会于邓，始惧楚也。"楚国的强大已经令中原蔡国、郑国感受到威胁，要会商应对之策。这一年是楚子熊通三十一年。楚子熊通三十五年（前706年），楚国大军逼近随国都城，威逼随侯和谈。熊通说，现在中原诸侯无视周天子的权威，相互争战攻伐，我也有一支小小的军队，打算参与中原政事，要随侯向周天子建言提升楚君的爵位。楚子熊通三十七年（前704年），随侯通报楚国，说周桓王拒绝了楚君的要求。熊通大怒，说楚国先祖鬻熊是周文王的老师，周成王分封诸侯居然只封楚君为子爵，居住蛮夷之地。楚国把蛮夷之地治理得很好，"王不加位，我自尊耳"，于是自立为王，史称楚武王。楚子称王，开春秋诸侯称王之先河。面对这一既成事实，周桓王和中原诸国也无可奈何。

楚国的国都在郢（今湖北江陵），其与北方晋国的百年争雄，成为春秋史事的主线。与晋国的常有强卿不同，楚国可以说常有名王。鲁文公十四年（前613年），年纪不到二十岁的楚庄王继位，当时国内权臣纷争，政局混乱，他采取了以静制动、后发制人的策略。《韩非子·喻老》中将他作为"大器晚成，大音希声"的典范：

楚庄王莅政三年，无令发，无政为也。右司马御座而与王隐曰："有鸟止南方之阜，三年不翅，不飞不鸣，嘿然无声，此为何名？"王曰："三年不翅，将以长羽翼，不飞不鸣，将以观民则。虽无飞，飞必冲天，虽无鸣，鸣必惊人。子释之，不穀知之矣。"处半年，乃自听政，所废者十，所起者九，诛大臣五，举处士六，而邦大治。举兵诛齐，败之徐州。胜晋于河雍，合诸侯于宋，遂霸天下。

　　隐，即隐语，用隐喻的方式说出自己的意思，有类于现在的谜语或寓言。成语"三年不飞，一飞冲天，三年不鸣，一鸣惊人"的典故就在这里。不穀，本是周天子谦称，此时也被霸主们所僭用。半年之后，楚庄王看清了形势，掌握了民情，着手整肃内政，充实国力，然后北上与晋国争战。楚庄王八年（前606年），也就是楚子熊通让随侯向周天子转达提高爵位的要求之后一百年，楚庄王以勤王的名义率大军北上，"观兵于周疆"，陈兵于周天子王城洛邑近郊。周定王只好派大夫王孙满去慰劳楚庄王。楚庄王公然向王孙满问起九鼎的轻重。九鼎相传为大禹所铸，象征九州，成为天子权力的标志，随王朝兴衰而转移。问鼎也就意味着对天子权位的觊觎。王孙满说了一通统领天下"在德不在鼎"的大道理。楚庄王扬言，楚国军士折下兵器的刃尖，就足以铸成九鼎。但还是退兵了，因为周王室虽衰微，晋、齐、秦、吴等大国环伺，不会坐视楚庄王移鼎于楚。这又留下了"楚王问鼎""问鼎中原"的典故和成语。

　　楚庄王十七年（前597年）春，倾三军精锐伐郑，围困三月后攻破郑都，郑襄公请罪求和，被迫与楚结盟。晋国的救兵夏天才赶到，领军将领意见不一，被楚军在邲（今河南郑州西北）打得大败。楚军饮马黄河，迫使中原小国归附，又攻宋迫其媾和，成为长江以南的第一位春秋霸主。

　　楚国向东方江淮之间扩张时，最初的对手是淮夷和徐戎。吴国和越国登上历史舞台，始见于鲁宣公八年（前601年），《左传》有纪事："楚为众舒叛，故伐舒蓼，灭之。楚子疆之，及滑汭，盟吴、越而还。"众舒是淮夷的一支，亦称舒夷，包括舒庸、舒蓼、舒鸠、舒龙、舒鲍、舒龚等小国，分布在今安徽舒城一带。楚军继续东进，将疆界推进到滑汭，即滑水的弯曲处。滑水在今安徽巢湖与无为之间，下游汇入长江。楚国会同吴、越结盟，说明已不得不正视其势力。从湖熟文化的分布区域可以知道，吴国的势力范围是达到长江北岸的，且湖熟人的族群有可能源出淮夷，那就更有一种血缘上的联系。但吴国此时还没有力量与楚国争夺江淮地区，越国尚是吴国的附庸，两国只能接受这个盟约。

　　周简王元年（前585年），寿梦继位，始称吴王。这无疑是学了楚国的榜样。吴国向中原发展，就必然要与楚国争夺江淮地区。吴王寿梦二年（前584年），"吴伐郯"，又"入州来"。吴国征伐郯国（今山东省郯城北）。晋景公召集中原诸侯在马陵会盟时，吴国又进入了州来（今安徽寿县）。

吴国与楚国的冲突由此开始。楚国的叛臣申公巫臣逃到晋国，说服晋国联合吴国，南北夹击楚国。晋、楚争霸，互有胜负。对于晋国而言，联吴攻楚无疑是良策。晋国遂派申公巫臣带三十辆战车到吴国做教官，教吴军射御、车战、列阵，还留下一半战车给吴国。这就是《史记·吴太伯世家》所说的"吴于是始通于中国"。吴国如虎添翼，于是背弃与楚国的盟约，进攻巢国（今安徽巢湖一带）和徐国（今江苏泗洪一带）。楚将子重疲于奔命，江淮之间原来臣服于楚国的蛮夷，都被吴国夺去了。

两年后，晋国邀集中原诸国在蒲（今河北长垣）会盟，第一次邀请了吴国，但是吴人没有参加。周简王十年（前576年），晋国邀集中原诸国会盟以抗楚，并在钟离（今安徽凤阳）会见吴王，促成了中原诸国与吴国的正式交往。吴、晋结盟，与楚国的争斗更趋激烈。

周灵王二年（前570年），楚国令尹子重率军伐吴，攻占了鸠兹（今安徽芜湖东），一度突进到江宁、溧水、当涂三地交界处的衡山（今横山）。子重以为吴军不堪一击，率大军返回庆功，"使邓廖帅组甲三百、被练三千以侵吴"。邓廖所率，是楚军的最小建制单位，三十辆战车，每车配重甲兵十人，轻步兵百人，继续东进。吴军后发制人，俘获楚国的良将邓廖，并渡过长江，攻占了楚国的富庶城邑驾（今安徽无为），也就是鸠兹对岸的江港。楚军损失了十之八九，又失去良邑、良将，得不偿失，子重被楚人责怪而病死。这一仗使吴国声威大振，奠定了大国地位。

兵家必争濑渚邑

周灵王十二年（前560年），楚共王去世。吴国乘楚国有丧事发兵攻楚。楚军在庸浦（今安徽无为南）设下伏兵，诱敌深入，大败吴军。由此可知，吴军仍是从鸠兹渡江北进的。楚军乘胜向东推进，次年设置棠邑（今南京六合）。在新占领区域设县作为地方行政机构，是楚武王的发明，因为有利于行政管理，县成为中国的一级行政建置，直至当代。棠邑是南京市域内的第一个行政建置，不过文献中关于棠邑的信息太少。可以确定的是，伍员的兄长伍尚被诱杀前，正担任棠邑大夫。伍尚也是南京第一位留下姓名的行政官员。

这几次战争虽然都有渡江的行动，但战事主要是在陆上进行。吴、楚水战始见于周灵王二十三年（前549年），楚康王"以舟师伐吴"，训练水军征伐吴国，但因军中事务处理不当，没有取得战果就返航了。这是中国见于史籍记载的第一次水战。

第二年，吴王诸樊率军伐楚，这次吴军走得比较远，已攻破巢邑（今安徽巢湖）。然而诸樊在进入巢邑城门时中箭受伤而死，成了中国第一个战死沙场的国王。

吴国的开发建设推进到南京市域内，不会晚于周景王四年（前541年）。此年吴王余祭在固城湖北岸建濑渚邑（今高淳固城），同时在固城湖西筑成周长四十里的相国圩，"筑土御水，而耕其中"（《金陵物产风土志》），由自然垦殖进入围垦种植。这标志着南京地区农业生产的一个新阶段，也是见于史籍最早的围垦固城湖记录。

固城湖因固城而得名。固城是濑渚邑的别称，两者的管辖范围，都是今高淳、溧阳一带。有人说固城因城垣坚固而得名，然而当时的城墙不过是土圩子。也有学者认为，"固"即"勾吴"两字的快读，固城就是勾吴城的记音文字。这个说法，显然更能吸引人。由此也可以看出固城在吴国历史上的重要地位。

濑水，又称濑江、溧水。濑渚即濑水间的小片洲地。濑渚邑的正西不远即是长江良港鸠兹，而由此顺胥河东进，经溧阳、宜兴，可以直抵太湖。这条交通线对于善于用船的吴人，自然甚为便利。濑渚遂成为吴、楚反复争夺的焦点。

濑渚邑的规模，宋张敦颐《六朝事迹编类》引《金陵图经》，称其"高一丈五尺，罗城周回七里二百三十步，子城一百一里九十步"。罗城是外城，子城是内城，子城周长应当是"一里一百九十步"。据考古发掘，这座有两重城垣之城，实是汉代的溧阳县城。濑渚邑城只是其子城西隅一部分，作为防御楚国东侵的军事据点，也当即成为楚国攻击的目标。第二年，因楚军进逼，吴国不得不改在陵平山另建邑城，史称陵平邑。

周灵王二十七年（前545年），齐国的罪臣庆封逃亡到吴国，吴王余祭将朱方（今江苏丹徒）封赐给庆封。楚灵王遂以此为借口，在周景王七年（前538年）联合诸侯之兵攻占朱方，杀了庆封。当时的丹徒，仍属于吴、楚相争的边缘地区。楚军在回师途中攻占了陵平邑，改为平陵县，意思是"平"了吴国的陵平。周景王十年（前535年），楚军占领交通枢纽濑渚，据说王子弃疾，即后来的楚平王，曾在濑渚建造宫殿，俗称楚王城。濑渚、陵平、平陵、溧阳原为一县，至隋代分置溧水县，明代分置高淳县。今陵平属溧阳，濑渚（固城）属高淳。

周景王八年（前537年），楚国联合诸侯及东夷伐吴，越国大夫常寿过率军参战，在琐（今安徽霍邱）与楚军会师。因为吴国已有防备，楚军无功而返。这是越国第一次卷入吴、楚之争。

越国虽号称大禹的后裔，但真正让国家强盛起来的，是与吴王诸樊、阖庐同时代的越王允常。其时越国从山地走向平原，经济发展，国力增强。《史记·越王勾践世家》正义说允常"拓土始大，称王"，成为春秋时代第三个诸侯王。春秋时期，中原各诸侯国名义上还尊奉周王室，君主仍居周天子分封的公、侯等爵位，没有称王的；只有南方楚、吴、越三国先后称王。在中原各国看起来，自然会有"非我族类"的感觉。

如同晋国联合吴国夹击楚国，楚国也拉拢越国以威胁吴国。两国还有姻亲关系，楚惠王的母亲就是越国人。但越国此时表面上仍是吴国的附庸国，维持着朝贡关系，虽时与吴国发生争竞冲突，规模都不大。

周景王十六年（前529年）八月上旬，晋国召集诸侯举行平丘（今河南封丘）会盟制裁鲁国，也通知了吴国。晋昭公在良（今江苏邳县）约见吴王余昧。吴王余昧声称水道不通，没有赴约。这里提供了一个重要信息，即江淮之间存在一条自然水道，但水位不能保证常年通航。后来吴王夫差开凿的邗沟，应该就是以这条自然水道为基础。

此时吴国的造船技术已达到相当高的水平。周景王二十年（前525年），吴国公子光率水军伐楚，楚国水军在长岸（今安徽当涂西南）迎战，大败吴军，夺取了主帅公子光的乘舟"艅艎"。公子光乘夜偷袭，又夺回了"艅艎"。"艅艎"作为主帅乘舟，且有专名，可以想见非同寻常，有记载说是楼船。它也是中国航运史上第一艘有命名的船。

周景王二十三年（前522年），伍员因父、兄被楚平王杀害，辗转南奔，逃往吴国。伍员是春秋时期的传奇人物之一，民间熟悉的名字是伍子胥。他是继巫臣之后第二位从楚国逃往吴国的将才。其时吴王僚当国，伍子胥辅佐公子光，筹划刺杀吴王僚。吴国历史上诸樊兄弟让国被誉为佳话，不料却伏下了下一代兄弟仇杀的祸乱。吴王寿梦有意传位给四子季札，季札不受，长子诸樊继位后传位给二弟余祭，再传三弟余昧，意在顺序传到季札，季札仍然推让。余昧就把王位传给了自己的儿子僚。诸樊的儿子公子光不乐意了，派专诸刺杀了吴王僚。"专诸刺王僚"的故事被司马迁写进了《史记·刺客列传》。

公子光登基，即吴王阖庐。伍子胥又举荐齐国军事家孙武给阖庐，几次大败楚军，夺取楚地。同样从楚国逃来的伯嚭，也因伍子胥的力荐得到重用。伍子胥清楚地认识到吴、越不能并存。吴王阖庐元年（前514年），伍子胥在规划吴国都城时，就明确提出"欲东并大越，越在东南，故立蛇门以制敌国"的战略目标。而越国君臣同样明白这一点，大夫范蠡对越王勾践说，吴、越两国，同气共俗，地理位置又紧密相连，势必不两立。

吴王阖庐四年（前512年），楚国水军在吴国边境巡行，打算乘机进攻吴国。越国大夫胥犴到豫章（今淮南一带）慰劳楚军，越国公子仓送一艘大船作为楚王的乘舟，并且亲率水师追随楚军。因为吴国水军严阵以待，楚军至圉阳（今安徽巢湖）返回。吴军悄悄尾随楚军之后，乘其不备，攻灭了楚的属国巢和钟离（今安徽凤阳）。

越剑吴钩

吴国和越国的青铜冶铸技术，此时有了惊人的提升，成为吴越文明高度的标志。名匠欧冶子为越国铸青铜剑五枚，名重天下。越国将其中的三枚贡献给吴国。吴王阖庐也请欧冶子的师兄弟干将铸干将、莫邪二剑，又命国中作金钩，即一种似剑而曲的青铜兵器。《吴越春秋》中说"吴作钩者甚众""王钩甚多，形体相类"，可知吴国的青铜冶铸技术不亚于越国，而且已普遍推广。李贺的"男儿何不带吴钩，收取关山五十州"，辛弃疾的"把吴钩看了，栏干拍遍"，其典皆出于此。值得注意的是，楚昭王派人携重金到吴国，请欧冶子和干将为他铸了三枚铁剑，宣称"当此之时，作铁兵，威服三军。天下闻之，莫敢不服"。可见当时的冶铁技术也达到了高超的水平。

《越绝书》记载，欧冶子为越王铸长剑三枚，短剑二枚。越国进贡吴国三枚，是鱼肠、湛庐、胜邪（一说磐郢）。有趣的是，当时吴王僚当国，鱼肠剑却落到了公子光手中，专诸刺杀吴王僚用的就是这柄鱼肠剑。磐郢剑做了阖庐之女的陪葬品。被誉为"五金之英、太阳之精"，价值连城的湛庐剑，后来却落到楚昭王手中。《吴越春秋》中说："湛庐之剑恶阖庐之无道也，乃去而出，水行如楚。楚昭王卧而寤，得吴王湛庐之剑于床。"事实可能是吴王僚被杀，其亲信盗走湛庐剑投奔楚国。楚王乐得编造宝剑自来的神话,以宣传吴王阖庐"杀君谋楚"的"无道"。吴王阖庐五年(前511年)即以此为借口,派伍子胥、孙武、伯嚭伐楚,夺取了楚国的六(今安徽六安)、潜(今安徽霍山)二邑。大约因为事涉越国贡剑,吴国要求越国随同伐楚,但越国没有响应。

第二年,吴王阖庐以越国不随吴国伐楚,兴师征伐越国。吴、越间大规模武装冲突由此开始。越国当时远不是吴国的对手,越王允常指责吴国违背盟约攻击友好,以争取各国的同情。吴王阖庐不理这一套,攻占了越国北方重镇槜李(今浙江嘉兴)。

阖庐八年(前508年),吴国诱使楚之属国桐(今安徽桐城)叛楚。楚派令尹囊瓦率水军攻吴,进至豫章(今淮南一带),又令公子繁率军自六(今安徽六安)南进经舒鸠(今安徽舒城)袭桐。吴军将大批战船布防于豫章南岸江面,迷惑楚军,暗中派遣主力潜伏于巢(今安徽巢湖),突然对楚军侧后发动袭击,楚军溃败。吴军尽俘其战船,又乘胜攻掠楚地,豫章以东尽属吴国。

阖庐十年(前506年),伍子胥、孙武率军伐楚,首先收复交通枢纽瀕渚。《六朝事迹编类》卷三"吴固城"条引《胜公庙记》:"自平王听费无忌佞言,伍子胥奔吴,阖闾用为将,举兵破楚。楚奔南海,固城宫殿逾月烟焰不灭,其城遂废。"伍子胥火烧楚王城,竟烧了一个多月,可见其规模之大。《胜公庙记》全文不存,宋代方志学者以为是唐人所作。此后吴军五战五胜,攻入郢都,将已死的楚平王掘墓鞭尸。螳螂捕蝉,黄雀在后。第二年,趁着吴军在楚国还没归来,国内空虚,越王允常率军偷袭吴国。但毕竟两国军力悬殊,所以越国只是收复了失地,没有深入吴境。

阖庐十九年(前497年),越王允常去世,其子勾践继位。吴国得到消息,第二年兴师伐越。越王勾践在槜李迎击,打退吴军,并追到姑苏(今苏州),大败吴军。吴王阖庐因伤重去世,跟他的父亲诸樊一样战死沙场。其子夫差继位,日夜练兵以图复仇。越王勾践打算先发制人,范蠡认为时机未到,劝谏越王,越王不听。吴王夫差得知,出动全国精兵伐越,吴王夫差二年(前494年),在越国都城会稽(今绍兴)附近的夫椒山大败越军。越王勾践退守会稽山,派大夫文种向吴国求和。夫差打算接受,伍子胥极力反对,他认为吴、越是天敌,同处江南地区,"有吴则无越,有越则无吴"。因为"陆人居陆,水人居水",吴国即使战胜中原诸国，也"不能居其地，不能乘其车"，而占领越国则不同，"吾能居其地，吾能乘其舟"。机不可失，否则将后悔莫及。但是夫差最终与越国达成了和议，给了越王勾践"十年生聚，而十年教训"以复国的机会。

越国君臣在吴国为奴，楚国元气大伤，一时难以复兴，吴国的目标遂转向北方，争霸中原。

夫差十年（前486年），吴国在邗（今江苏扬州）筑城，开挖邗沟，沟通长江与淮河，南接江南运河，以保证常年通航。这是中国大运河最早贯通的河段。吴国水军由此北上，可以直入淮河，向西进击，此河段成为称霸中原的重要条件。棠邑成为吴国领土也就在这一年。第二年，吴国就北上攻打齐国。此时，原先的中原霸主齐国、晋国渐趋衰弱，不足以引领中原诸侯。吴军耀武扬威，势不可挡。吴王夫差十四年（前482年）与晋国在黄池（今河南封丘）会盟，并争得盟主地位。不过楚国没有参加黄池会盟，顾自养精蓄锐，等待攻伐吴国的时机。

越王勾践卧薪尝胆，暗中积蓄力量多年，趁吴国主力滞留北方之际，率五万精兵攻入吴国，俘虏了吴国太子友。吴王领兵返国，因出征时久，士兵疲惫，太子又成了越国的俘虏，只好以重金向越国求和。越国估计尚不能一举消灭吴国，就接受了和议。

夫差十八年（前478年），强盛的越国向吴国发动进攻，在笠泽（今苏州吴江）打败吴军。三年以后，越国再次攻吴，包围了吴国都城（今苏州）。夫差二十三年（前473年）十一月，吴军彻底失败。吴王夫差被困在姑苏山上，派人向越王求和，被越王拒绝。夫差自杀，吴国灭亡。

春秋战国之交，南方三国争雄的历史至此告一段落。这里只是对其来龙去脉作一个宏观简述。许多战争和人物故事，《左传》《国语》《史记》《吴越春秋》《越绝书》等史籍中都有丰富生动的描写，不少篇章曾被选入课本，已为人们耳熟能详。

进入战国，崛起的越国占有了吴国的疆域，也取代了吴国的地位，一方面在中原争当霸主，一方面与旧日盟友楚国生死相搏。

此后百余年间，越国也像吴国一样主要与晋国结盟，而与楚国时有争战。

第二节
吴头楚尾

吴国人的缺席

春秋时期，南京地区位于吴国疆域内，可是在南京城区，包括湖熟文化集中的江宁区域内，迄今没有发现吴王国的遗迹。

史载南京城区最早的城池是越城。继越城之后，楚国又建了金陵邑。南方三国中，最先据有此地的吴国，反而缺席了南京的城市建设。

吴国的历史，在寿梦称王之后才有确切记录。其强盛之际，政治、经济中心在环太湖的苏州、无锡一带。先吴文化中心区的南京，反而成为与楚国接壤的边缘地区，被古人称为"吴头楚尾"，比喻颇形象。春秋时期的城邑国家，各国虽然有自己的势力范围，但国境界线初始并不明确，两国争战也以夺取对方城邑为目标。吴、楚之间争战不断，进退无常，疆界就更不稳定。最典型的例子是吴、楚"卑梁之衅"。吴王僚九年（前518年）春，吴国边邑卑梁（今安徽天长）与楚国边邑钟离（今安徽凤阳）的采桑女因争桑叶发生纠纷，引起两家大人斗殴，卑梁人被杀。卑梁的地方官得知，率军攻打钟离，楚军反击，攻占卑梁。吴王大怒，发兵攻楚，夺取了楚国的钟离和居巢（今安徽六安）。争桑叶是小事，但争执发生的原因，是乡民和地方官都不明确国境线的位置。司马迁在《史记·吴太伯世家》中说"楚边邑卑梁氏之处女与吴边邑之女争桑"，在《史记·楚世家》中却说"吴之边邑卑梁与楚边邑钟离小童争桑"，说不清卑梁究竟属吴还是属楚。处于吴、楚两国之间的南京地区，经常变换从属，时而归吴，时而归楚，并不奇怪。直到战国时期，随着交通与道路的发展，城邑国家逐渐演化为疆域国家，城邑攻防才逐渐转变为关防、边防。

从南方三国争雄百年史，可以看到，战事虽然频繁，夹在吴、楚之间的南京城区，包括江宁盆地，竟完全没有受到吴、楚争战的波及，没有留下任何相关的文献记录，也没有留下任何遗址遗迹。

究其原因，是当时三国间的交通干线，受地理条件的限制，都不经过这一区域。而远离交通干线，也影响到这一区域内的城邑发展，没有城邑也就不会成为攻击对象。

吴国与楚国之间，根据前述战事记录分析，主要有三条交通线。

周灵王二年（前570年）的鸠兹之战，记录下了楚、吴两军的行军路线，让后人可以知道当时的交通情况。楚军攻占鸠兹后，直至衡山。鸠兹在今芜湖附近，这一段长江已呈南北流向，而且江面较窄。鸠兹是长江东岸的港口，渡江至西岸即楚国附庸众舒各国疆域，再向西就是巢国，向北则是徐国，正是楚国和吴国长期争夺的区域。鸠兹是个应该记住的地名，因为它的军事地位，在六朝时仍十分重要。

衡山，今名横山，是吴、楚相争中最早见于史籍的南京地名，位于江宁盆地的南境，因"四望皆横"而得名。古时横与衡可通用。宋《太平御览》引山谦之《丹阳记》："丹阳县东十八里有横山，连亘数十里。或云楚子重至于横山，是也。"楚令尹子重率军占领鸠兹，继续向东北进军，穿过丹阳（今当涂）境内平原，便可抵达云台山与横山之间的小丹阳镇。因为丹阳县的设置是秦代的事情，所以《左传》只说横山而不说丹阳。这是楚军第一次深入吴国境内，其目的当是伺机向东攻击吴国腹地。横山脚下的小丹阳，向北可进入江宁盆地，东南可达杭州，东北通往句容、丹徒，但须从丘陵山冈之间穿过，所以子重令邓廖率少量军队前行，应该有探路的意图。吴军伺机反攻，大败楚军，夺取长江西岸的楚国城邑驾（今安徽无为），其路线应该同样是经丹阳到鸠兹，由此渡过长江。这是第一条交通线。

周景王四年（前541年），吴王余祭在固城湖北岸建濑渚邑（今高淳固城镇）。如前所述，由濑渚西至鸠兹，东至太湖，几乎是一条直线。《景定建康志·山川志二》载，固城湖"环楚王故城，有水四派"，"与丹阳湖、石臼湖号曰三湖，东经五堰，自常州、宜兴县界流入太湖"。水陆交通皆便捷，濑渚遂成为当时的交通枢纽，也成为吴、楚反复争夺之地。这是最重要的一条交通干线。相较于丹阳衡山，这条交通线离南京主城区就更远。

第三条交通线是水路。周景王十六年（前529年）长岸（今安徽当涂西南）之战，吴国水军的行军路线，当是沿江南运河在镇江谏壁入长江，溯江而上到长江当涂段。此后吴国水军多次溯江攻楚，应该也都是由此入江。吴国水军行军途中虽然经过长江南京段，但在这段江面并没有发生过战事，也没有停留驻扎的记录。当时吴、楚争夺的江港鸠兹在南京上游，所以吴国不需要像越国那样在南京建前哨军垒。吴王夫差开邗沟北上之际，楚国在大败之后尚无力攻吴，所以吴国也没有这一方向的顾虑。

吴国水军进入邗沟北上，同样是经由江南运河，镇江谏壁正与邗沟入江口隔江相对。邗沟南引长江水，向北穿过邵伯、高邮西侧湖荡，东北折入古射阳湖（今宝应一带），转向西北至今淮安入淮河。

吴国开筑邗沟，选址并非随心所欲，是根据几方面地理条件择定的最佳路线。首先是邗沟沿线，原有自然河湖水道可以利用。晋昭公平丘会盟之际约见吴王余昧，吴王余昧以水道不通为由未赴约，所指应该就是这条水道。邗沟作为人工运河而未取直线，几经曲折，就是这个原因。

当时吴国都城在苏州，为什么不从苏州或无锡就近进入长江北上，而一定要远涉至镇江？这是因为当时长江的入海口，尚在镇江、扬州一线，到这里江面才开始收窄。扬州古称广陵，直到西汉，枚乘《七发》中，还描绘了广陵潮的震撼景象。扬州东边的泰州，古称海陵，就是海边的高地。今泰州以南直至靖江的陆地，当时还是海面。由扬州至泰州再向东北到东台，就是春秋战国时的海岸线。所以扬州已是吴国所能选择的最近的渡江地点。由扬州再沿江上溯，当然风浪会较小，渡江更为安全，但扬州西边的六合，已经是楚国的棠邑，不会允许吴国修运河。也就是说，吴国是别无选择。

所幸的是，江南水网密布，由太湖西进至镇江，沿途同样有可以利用的河湖，稍经调理，即成江南运河。江南运河对沿线区域的发展有明显的促进作用。其入江口谏壁向东至丹徒大港，大约三十公里的沿江地带，多次发现西周至春秋大型墓葬。这些墓葬的时代，以东端的大港烟墩山墓最早，属西周早期，越向西越晚，谏壁粮山墓已是春秋初期。这些墓葬中出土的青铜器，无论是西周人带来，还是其他人从中原带来，与这条交通线的关系是毋庸置疑的。丹徒地区多墓葬的另一个原因，是当地土质好。《太平御览》卷一百七十载："丹徒界内，土坚紧如蜡。谚云'生东吴，死丹徒'，言吴多产出，可以摄生自奉养，丹徒地可以葬。"

濑渚的商业繁华

濑渚邑这样的交通枢纽，发展成商贸经济中心，是顺理成章的事情。

伍子胥逃奔吴国途中，在濑水边受到击绵（一说击缥）女子的救助。击绵、击缥，就是捶击漂洗丝絮。这说明当地的丝织业已发展到一定的程度。

伍子胥奔吴的路线，今已不可确知。史载其过昭关后渡江，昭关在今安徽含山、和县之间，与马鞍山市区隔江相对。虽然渡江地点不详，但《越绝书》和《吴越春秋》的记载，都说明伍子胥曾经过濑渚。以他当时被追捕的身份，足见濑渚确是必经的交通枢纽。而濑渚至太湖的胥河，传说即伍子胥在吴王阖庐十年（前506年）所开运河。如果此事属实，这或许是世界上现存时代最早的运河。沟通地中海与红海的古苏伊士运河虽然修建于三千九百年前，但早就由于泥沙淤积和年久失修而废弃。胥河至今发挥着航运作用，上游通长江支流水阳江，下游接太湖水系荆溪。不过，胥河与泰伯渎一样，都是后人附会的命名。这是中国古代的传统，凡有利国计民生的工程项目，一定会与某个帝王将相相联系。其实在河网密布的江南，胥河不会是完全的人工运河，或许伍子胥为行军需要，做过河道疏浚与贯通的工作。

此后伍子胥率吴军攻破楚国郢都，将楚平王掘墓鞭尸，还师归国，又经过濑渚，寻找当年击绵女的家人报恩。"将欲报以百金，而不知其家，乃投金水中而去"（《吴越春秋》），留下了投金濑的地名，至今未废。这故事结尾说击绵女的母亲闻讯寻来，取金而归，未免画蛇添足。即便伍子胥真有投金之举，金属入水必沉至河底，很难想象老太太如何打捞上来。20世纪80年代，在高淳投金濑中，曾多次打捞出大批楚国蚁鼻铜钱。民间遂以此证实伍子胥投金传说。确切地说，这应该是濑渚地区经济繁荣的实证。相国圩的建设，对当地农副业发展有很大的促进作用，加上交通条件便利，商业贸易兴旺，濑渚邑成为富庶之地自不奇怪。

吴、越两国货币，向无文献记载，亦未见实物流传。《吴越春秋》中记越王勾践与楚国使者申包胥讨论伐吴的准备，勾践所举有一条是："邦国南则距楚，西则薄晋，北则望齐，春秋奉币、玉帛、子女以贡献焉，未尝敢绝，求以报吴。"《史记·越王勾践世家》所记为"皮币"，无论是币还是皮币，都无从落实。楚国有金币郢爰及铜辅币，俗称蚁鼻钱、鬼脸钱。但楚国所置金陵邑一带，迄今未发现过楚国货币，南京城区考古，亦是如此。2009 年在新街口一处建筑工地出土两枚郢爰，是南京主城区内首次发现楚国货币，因不能确定发掘地点的性质，所以不能断定是春秋战国时期的遗存，更可能是后代收藏者所遗留。近年在城南秦淮河畔皇册家园地块改造中，出现过一批薄而小、重仅一克左右的蚁鼻钱，则可能属于冥币。濑渚一带出土楚币数量大、品质好，说明商品交换发达。楚怀王二十三年（前 306 年）"南察濑胡而野江东"，此后长期经营是一方面，即使在吴国占领期间，民间与楚国的物资交流相信也不会停止。濑渚邑遂成为南京地区最早的繁华经济区。

南京人在文化认同上，很可能更偏向于楚国。最明显的例证之一，是端午节划龙舟、吃粽子，无锡、苏州人是纪念吴国的英雄伍子胥，而南京人直到今天，都是纪念楚国的忠臣屈原。

交通干道对经济发展的作用，无须细说。"要想富，先修路"至今被民间视为真理。春秋时期远离交通干道的南京城区，无人问津，也就不奇怪了。

范蠡何曾到南京

春秋战国，是中国历史上第一个群雄蜂起的时代。春秋五霸，战国七雄，叱咤风云，死生相搏，演绎出无数引人入胜的故事。

史学家通常把春秋与战国的分期，划定在公元前 475 年，因为那一年正好周元王继位。这只是为了史学研究的方便。其实历史哪会这么简单明了，史事发展自有其规律，"剪不断，理还乱"，况且周元王登基也没有引发什么足以改变历史进程的事件。

这一分期导致的一个明显矛盾是，被史学界列为"春秋五霸"之一的越王勾践，成为春秋霸主竟是在战国时期。

越王勾践在被吴国重创后，辱身求和，卧薪尝胆，"十年生聚，而十年教训"，趁吴国北进中原争霸之机再度崛起，周元王三年（前 473 年）十一月彻底击败吴国，吴王夫差自杀。勾践灭吴称霸，常被人引用的是《史记·越王勾践世家》中的一段文字：

勾践已灭吴，乃以兵北渡淮，与齐、晋诸侯会于徐州，致贡于周。周元王使人赐勾践胙，命为伯。勾践已去，渡淮南，以淮上地与楚，归吴所侵宋地于宋，与鲁泗东方百里。当是时，越兵横行于江、淮东，诸侯毕贺,号称霸王。

勾践灭吴后,引兵北渡淮河,与齐、晋、鲁、宋等国诸侯在徐州(今山东滕州)会盟,向周王室进贡。周元王派人赐给勾践祭肉,认可他的霸主地位。勾践渡淮返回,将淮河流域的土地送给楚国,把吴国掠夺的宋国土地还给宋国,泗水以东方圆百里的土地送给鲁国。当此之际,越国军队横行江、淮,诸侯都来祝贺,号称霸王。

这里所记史实固然不错,但是模糊了时间概念,似乎这一系列事件都发生在越王勾践二十四年(前473年)。实则徐州会盟,越王成为春秋时期的最后一位霸主,并不是灭吴当年的事。

《吕氏春秋·顺民》中挑明了这个时间差:"吴师大败。遂大围王宫,城门不守,禽夫差,戮吴相。残吴二年而霸。"灭掉吴国的第二年成为霸主。

《吴越春秋》在叙述范蠡离去、文种被害后,记越王勾践二十五年(前472年)迁都、会盟等事:"越王既已诛忠臣,霸于关东,徙琅琊,起观台,周七里,以望东海。"先秦时期的关东,指函谷关以东。琅琊,旧说以为在山东日照北五莲山。近年考古证实在连云港锦屏山。锦屏山古名琅琊山,见杜佑《通典》卷一百八十介绍朐山:"有羽山,殛鲧处。东北有琅琊山。汉朐县故城在今县西南。秦始皇立石以为东阙门,即此地。"越国选中连云港,因为连云港是长江入海口以北的第一个良港,又不在齐、鲁等大国势力范围内。越国水军纵横海上,屡屡北进,但长江以北的海岸线不同于江南,多为大片滩涂,船只无法停靠,航行风险也大。所以虽然有连云港这个良港,越国在海运航道之外,仍十分重视相对安全的运河航道。

勾践图霸中原,迁都琅琊,并打算把父亲允常的墓迁到琅琊,这是做长久打算了。允常是第一个称王的越国君主,也是越国强盛的象征。但迁墓很不顺利,"三穿允常之墓,墓中生熛风,飞砂石以射人,人莫能入"。估计是越国贵族不愿北迁山东,造出允常墓的怪异,勾践只好作罢。"勾践乃使使号令齐、楚、秦、晋,皆辅周室,血盟而去"。这才是徐州会盟的本事。其间秦厉共公初始不奉号令,勾践挑选吴、越精兵准备攻秦,但将士都苦于征战。幸而秦国害怕了,"逆自引咎,越乃还军",主动做自我批评,这一仗没打起来。"自越灭吴,中国皆畏之"。越国迁都琅琊,目的是便于就近控制干预淮、泗一带各小国,维护东方霸主地位,也为其后二百余年发展打下了基础。越国的霸业远比吴国为长久。

越国与南京地区之间，初时隔着一个强盛的吴国，没有发生联系的机会。越国灭吴，吴国的疆土尽为越国所有，越国军队才有可能进入南京地区，建造城池。不过，史家将越城的建造年代定为公元前472年（周元王四年、越王勾践二十五年），并没有什么确切的依据。能够肯定的只是，在此年之前，越军不可能来南京地区建城。

越国建越城，始见于《越绝书》。《越绝书》在北宋已亡佚五卷，现存《越绝书》中无此内容。北宋《太平御览》卷一百九十三引南朝宋山谦之《丹阳记》"越城，去宫八里"，又说："案《越绝书》，则东瓯越王所立也。"《丹阳记》同样已亡佚，现只能看到宋代以后的辑本。

就算《越绝书》完整无缺，我们仍无法确定越城的建造年代。因为现存《越绝书》中，《记吴地传》《记地传》两卷所记录百余处城池、宫阙、墓冢，没有一处说明建造时间，包括越国的都城。

此后文献中，这一说法陆续被丰富。唐许嵩《建康实录》卷一"越既灭吴，尽有江南之地"的注文中说："越王筑城江上，镇（一作"距"）今淮水一里半废越城是也。案，越范蠡所筑。"这里第一次出现了范蠡建城的说法，许嵩也没有提供依据。

宋乐史《太平寰宇记》卷九十载："故越城，在县西南七里。《越绝书》云：'东瓯越王所立也。'即周元王四年，越相范蠡所筑。"第一次提到了越城的建筑年代，同样没有提供依据。

也就是说，差不多用了一千年的时间，史学家们为越城填好了"身份证"。此说法遂被后人引以为定论。

在南京西街遗址考古现场，可以看到历史地层的累叠。而在越城的历史记载中，则可以看到顾颉刚所指出的这种"层累地造成的中国古史"现象。

西方人相信上帝创造了世界。照中国常见的说法，最初的城池都是某位圣君贤臣建造。比如西安，始于周文王所建丰京。比如洛阳，始于周公所建洛邑。南京呢，据说是辅佐越王勾践灭掉吴国的谋士范蠡建造了越城。只是这种说辞越来越不能让人满意。

越城因此又被称作范蠡城，"中有范蠡宅"（《南京建置志》），甚至被指为范蠡的封邑。此事如果属实，范蠡当是南京主城区第一位有名有姓的历史人物。然而，无论这个传说多么诱人，越城的建造者也不可能是范蠡。因为他没有来南京建造越城的时间。在灭吴当年九月,他已离开越国,不知去向。

《国语·越语》记载,被围困的吴王夫差几次派来使者,卑躬屈节向越王勾践求和。勾践有允和之意,范蠡坚决反对,并擅自发起总攻:

范蠡不报于王,击鼓兴师以随使者,至于姑苏之宫,不伤越民,遂灭吴。反至五湖,范蠡辞于王曰:"君王勉之,臣不复入越国矣。"王曰:"不穀疑子之所谓者何也?"对曰:"臣闻之,为人臣者,君忧臣劳,君辱臣死。昔者君王辱于会稽,臣所以不死者,为此事也。今事已济矣,蠡请从会稽之罚。"王曰:"所不掩子之恶,扬子之美者,使其身无终没于越国。子听吾言,与子分国。不听吾言,身死,妻子为戮。"范蠡对曰:"臣闻命矣。君行制,臣行意。"遂乘轻舟以浮于五湖,莫知其所终极。

《吴越春秋》记载范蠡与勾践的对话更为详细,勾践利诱威逼,范蠡去意已决,"乘扁舟,出三江,入五湖,人莫知其所适",并且有明确的时间"二十四年九月丁未"。"范蠡既去,越王愀然变色,召大夫种曰:'蠡可追乎?'种曰:'不及也。'"大夫种肯定"蠡终不还矣",因为范蠡出走之前,曾几次劝他也逃走,并在信中明说越王勾践"可与共患难,而不可共处乐,可与履危,不可与安。子若不去,将害于子,明矣"。

曾有人猜测,范蠡公元前472年不可能来南京建越城,那么会不会在此前到南京建城呢。以《国语》和《吴越春秋》的记载看,这个可能也没有。因为此前几年越国倾全力筹划灭吴之战,建造越城对灭吴并无作用,范蠡没有必要也没有闲暇顾及此事。

也有人解释说,或许是范彝下令建造了越城。这已经不是史实研判的问题,而是历史观的问题了。范彝建越城的传说,出于后世的一种期望,即越城应该由一个举世皆知的人物建造。这样才符合某些中国人的思维定式。他们习惯于将人类社会的种种成就,都归功于某位圣贤。就像盘古开天地,神农尝百草,仓颉造文字,大禹治洪水。就像"金陵王气"一定要由秦始皇来宣布,"钟山龙盘,石头虎踞"一定要请诸葛亮来赞叹。现代哲学将这归纳为英雄史观。中国的古圣贤,在某种程度上相当于古希腊的英雄。

第三节
金陵得名

越国的衰亡

说到战国史，教科书总是讲"战国七雄"，齐、楚、燕、韩、赵、魏、秦，小学生都会背。然而韩、赵、魏三家分晋，得到周王室认可，是周威烈王二十三年（前403年）的事情。司马光《资治通鉴》便是从这一年的史事开始写。在此之前的强国，并不是这七个。越国一度成为东方霸主，鲁、宋、中山、巴、蜀等大国也都存在。当然历史上还有其他的划分法，如以孔子《春秋》的起讫年代（前722—前481年）作为春秋时期的始末。

从春秋到战国，很难划定一个明确的时间节点。可以确定的是一个新趋势的显化，即衰微的周王室失去了天下共主的威权，像齐、晋那样能号令天下的超强霸主也已消失，只剩下越国这样的地域性盟主。各个强国不再谋求盟主的虚名，而是直接吞并周边的弱国，以图扩张领土的实惠。没有能够阻止弱肉强食的力量，战争就必然不断发生。古今中外，莫不如此。春秋时期并存的几十个国家，在连年征战中不断消亡，剩下先后称王的战国七雄。战争的规模也越来越大，直到秦国统一天下为止。

由分裂走向统一固然是历史的大趋势，但也是一个漫长的过程。在此期间，各个国家仍在依惯性完成自己的历史进程。

《吴越春秋·勾践伐吴外传》记载："自勾践至于亲，其历八主，皆称霸，积年二百二十四年。亲，众皆失，而去琅琊，徙于吴矣，""尊、亲失琅琊，为楚所灭"。最后两代越君尊、亲父子，因为失去民心，从琅琊迁回吴地，后为楚国所灭。《越绝书·记地传》记载较为详细：

允常子勾践，大霸称王，徙琅琊，都也。勾践子与夷，时霸。与夷子子翁，时霸。子翁子不扬，时霸。不扬子无疆，时霸，伐楚，威王灭无疆。无疆子之侯，窃自立为君长。之侯子尊，时君长。尊子亲，失众，楚伐之，走南山。亲以上至勾践，凡八君，都琅琊二百二十四岁。无疆以上，霸，称王。之侯以下微弱，称君长。

勾践二十五年（前472年）迁都琅琊，如果"都琅琊二百二十四岁"的说法不错，以此计算，越国灭亡应在公元前248年以后。秦王政二十四年（前223年）灭楚，第二年秦军横扫江南，才算最后征服越国的残余势力。但是，在吴文化与中原文化积极融合的同时，退入浙东山区的越族人，仍然保持着独立文化，被称为山越，直到三国时期，仍与地方强宗相结合，对孙吴政权造成相当大的威胁。

按《史记·越王勾践世家》记载，周显王三十六年（前333年），意图再次成为霸主的越王无疆兴师伐齐。齐威王派使者去向越王分析局势，说楚国北方战线拉得过长，正是越国夺取楚国粮仓和木材产地的好时机。越王无疆遂不伐齐而伐楚。楚威王熊商举兵反攻，大败越军，杀了越王无疆，从越国手中夺走了原属吴国的大片土地，直到浙江（今钱塘江）北岸。越王无疆战败被杀，越国由此分崩离析，王子们散居江南沿海，或称王，或称君，都不得不服从于楚国。

南京地区可能在此时成为楚国领土。

司马迁并没有说到楚置金陵邑。在《史记·楚世家》中，楚威王七年（前333年）的记事，完全没有提及败越、杀王无疆的功绩，只说楚国因齐国挑唆越国攻楚，因而伐齐："齐孟尝君父田婴欺楚，楚威王伐齐，败之于徐州，而令齐必逐田婴。"那个劝越攻楚的主意是田婴出的，楚国认为是"欺楚"。但驱逐田婴的事，经人劝解，也就不了了之。《史记·六国年表》中，这一年的楚国记事只有一条："围齐于徐州。"其时越国都琅琊（今连云港锦屏山），军队主力自然也在琅琊，尽管齐人为他们筹划的军事目标雠、庞、长沙、竟泽陵在湖南长沙、衡阳一带，但越军首先面临的，便是据有"淮上地"即江淮流域的楚军。楚军打败越军之后，顺势挥师北上围攻徐州（今山东滕州），两地相距并不远，不需要长途奔波。如果说楚国此时杀死越王无疆并"尽取故吴地"，其重要性显然高于围攻徐州的胜利，楚国史事中只记后者而不记前者，是不合理的。所以很可能是前者此时尚未发生。

楚置金陵邑

楚置金陵邑的说法，始见于《建康实录》：

越霸中国，与齐、楚争强，为楚威王所灭，其地又属楚，乃因山立号，置金陵邑也。楚之金陵，今石头城是也。或云地接华阳金坛之陵，故号金陵。

南京自此得名金陵。

金陵邑城在东吴石头城范围内，即今清凉山南麓。其规模与形制不见于记载，迄今没有发现任何遗迹。根据当时的建筑水平，它应该与越城相类，也是垒土为城。金陵邑是南京主城区内最早的政区建置，但其管辖范围并不清楚。其时楚在六合建有棠邑，吴在高淳建有濑渚邑，金陵邑辖地或在二者之间。

金陵邑的建造年代，《建康实录》没有说。《景定建康志》中定为周显王三十六年（前333年）："楚子熊商败越，尽取故吴地。以此地有王气，因埋金以镇之，号曰金陵。"楚人埋金，到唐代尚无记载，宋人从何得知？其所定建邑年代，同样没有提供依据。与越城一样，能肯定的只有一点：楚置金陵邑不会早于公元前333年。

司马迁在《越王勾践世家》中，对勾践以后的越国史叙述极简。楚军杀越王无疆，"尽取故吴地至浙江北"，固是事实，但未必是楚威王七年（前333年）的事。此后散见于史籍记载的越国史事，足以证明"故吴地"至少有相当一部分仍属越国势力范围。

楚怀王十年（前319年）悉心组织合纵攻秦，且确与齐、赵、魏、韩、燕、义渠等国组成七国合纵，以楚为合纵长，第二年出兵攻伐秦国，楚怀王因此声威大振。然而查《史记·六国年表》，当年记事只有一条："城广陵。"

在如此频繁的外交周旋和紧张的大战准备之际，楚国却心有旁骛，转向东南的广陵（今扬州）去建城，可见此事刻不容缓。其原因，就是防备越国自邗沟进袭楚军后方。

越国对楚国的威胁此时确实存在。《战国策·楚策三》记楚怀王十一年（前318年）事，魏、韩、赵、楚、燕五国攻秦不利，先出战的魏军折损过半，打算与秦和谈。周人杜赫对楚国令尹昭阳分析楚国面临的局势："东有越累，北无晋，而交未定于齐、秦，是楚孤也。不如速和。"

楚国东边有越国的牵累，北边得不到晋（韩、赵、魏）的有力支援，而与齐国、秦国关系都不好，处境孤立，不如赶紧与秦和谈。杜赫将越国与晋（韩、赵、魏）、齐、秦等强国相提并论，可见越国势力仍不可小觑。正因为此，楚国才有必要建金陵邑。

《水经·河水注》引汲冢《竹书纪年》记魏襄王七年（前312年）事："四月，越王使公师隅来献乘舟始罔，及舟三百，箭五百万，犀角、象齿焉。"其时秦、韩、魏与楚、齐对峙，越国送大批军需物资给魏国，支持魏国抗楚。后世注家以为三百艘船、五百万支箭，非等闲可得，或系"弓三百、箭五万"之误。《竹书纪年》是魏国的史书，在宋代佚亡，后人重新辑佚整理，物资数量或有差讹，但此事应不会是凭空虚构。此时越国国君尚称王，按《越绝书》所说，最后称王的就是越王无疆。同时，越国的战船要送到魏国都城大梁，必须经邗沟入淮河。也就是说，楚怀王十年"城广陵"，并未达到阻断越国交通线的目的，邗沟以至淮水仍在越国控制之中。

楚国"郡江东"，见于文献记载，还要更晚一些。

一是《史记·樗里子甘茂列传》，楚怀王二十四年（前305年），秦昭王娶楚女，楚怀王亦娶秦女，两国"合婚而欢"。秦国希望楚国能让甘茂到秦国去为相，楚怀王与范蜎商量，范蜎说不能让甘茂这样的贤人去秦国，"秦之有贤相，非楚国之利也"。邻国的混乱才对楚国有利："且王前尝用召滑于越，而内行章义之难，越国乱，故楚南塞厉门而郡江东。计王之功所以能如此者，越国乱而楚治也。"

楚王派召滑到越国去任职，五年以后造成了越国的内乱，楚怀王二十三年（前306年），楚国趁越国内乱夺取了越国的江南疆土，郡有江东。故吴之地被称为"江东"，即始于此。

《战国策·楚策》中有类似记载："越乱，故楚南察濑胡而野江东。计王之功所以能如此者，越乱而楚治也。今王以用之于越矣，而忘之于秦，臣以为王钜速忘矣。"范蜎说，楚王对越国运用成功的策略，而忘了用来对付秦国。因为这是前一年刚发生的事，所以范蜎说楚王"钜速忘"，太健忘了。

楚怀王二十二年（前307年），秦武王也像当年楚庄王一样到周王室问鼎，并且逗蛮力"举鼎绝膑"，伤重而死。因他没有儿子，引发了争位之乱，秦国无暇外顾。楚国没有错过这一时机，很可能是让召滑策动了越国的动乱，趁乱兴师伐越，"尽取故吴地"。杀死越王无疆或许也是此时的事。无疆的儿子之侯"自立为君长"，仍以琅琊为都，但与钱塘江以南的越国根据之地，已被切断联系，所以有越国分崩离析之说。之侯的儿子尊仍在琅琊，尊的儿子亲在楚考烈王十五年（前248年）迁回江南越地。三代君主前后相续五六十年，也比较合乎常理。

同在这一年，楚考烈王将春申君黄歇改封到江东，黄歇是第一位见于史籍记载的楚国江东官员。"春申君因城故吴墟，以自为都邑"，重建吴国故都苏州，并在江东各地设置都邑。黄浦江又名春申江，简称申江，因黄歇疏浚而得名，上海简称申亦源于此。

厉、濑、陵、溧诸字，在吴语中发音相近，厉门、濑胡，即濑渚。濑渚不但是江南的重要交通枢纽，也是南京地区最早的繁华商区。所以史籍中说到楚国所占有的越地，常以濑渚为代表。楚国如果在江东设郡，最可能选择的治所应该就是濑渚吧。

白鹭洲定位金陵城

楚国设置金陵邑，并没有废弃越城这个军垒。不仅楚国如此，据《景定建康志》卷五"辨越台"一条所言："越而楚，楚而秦，秦而汉，汉而吴、晋、宋、齐、梁、陈，攻守于此者，西则石头，南则越城，皆智者所必据。"又说："刘濞于此避条侯，温峤于此破王含，刘裕于此拒卢循，萧懿于此拒慧景，萧衍于此屯王茂，皆越城、越台也。"

从西汉到南朝，越台始终是兵家必争之地。

金陵邑与越城一样，都是南京地区的重要军事基地。这一点毋庸置疑，也为历代史家、文人一再陈述。然而，很少有人考虑：如此重要的两个点，是如何选定的？这一南一北的两点之间，又有着怎样的联系？

越国军人选择越台为前沿军垒，除了长干古城的基础可以利用，至少还有一方面的考虑，即越台一带的湖熟聚落，有保障驻军供给的条件，且据此可以控制越城南方的湖熟文化中心区。因越国迁都琅琊，主要在北方用兵，越城没有留下更多的信息。越城以北的南京主城区，当时居民稀少，越军亦无须关注。

楚国和越国是冤家对头的敌国，金陵邑和越城的选址，却有一个重要的共同点，即控制、利用秦淮河入江口的夹江。越城位于夹江南口。楚国战胜越国，又在夹江北口石头山设置金陵邑，以完全控制这一良港。

秦淮河入江处，与长江东岸形成夹江的沙洲，就是在唐代因李白吟咏而闻名遐迩的白鹭洲。白鹭洲在唐代出名，但不是到唐代才出现。其形成甚早，须从长江和秦淮河的变迁说起。

南京位于长江下游。"大江东去"，万里长江自西向东是大趋势。但是在苏皖交界一带，江流被江南山势阻遏，由西南折向东北，直到南京下关狮子山麓，才转折再向东行，形成了一个"厂"字形的大曲折。所以江南地区又被称为"江左""江东"。"至今思项羽，不肯过江东"，便是这形势的写照。今天的南京江南主城区，恰好被环抱在这个曲折之中。准确地说，古都南京正是在这个曲折之中形成的。

先秦时期，长江的入海口近在镇江、扬州一线。西汉枚乘在《七发》中描写广陵潮，"蹈壁冲津，穷曲随隈，逾岸出追，遇者死，当者坏"，"鸟不及飞，鱼不及回，兽不及走。纷纷翼翼，波涌云乱。荡取南山，背击北岸，覆亏丘陵，平夷西畔。险险戏戏，崩坏陂池"。虽出于文学语言，并不是凭空虚构。《世说新语·言语》有载："荀中郎在京口，登北固望海，云：'虽未睹三山，便自使人有凌云意。若秦、汉之君，必当褰裳濡足。'"直到东晋，登北固山仍可以瞻望大海。长江南京段水面开阔，最宽处几近十公里，又因邻近入海口，受海潮顶托，泥沙沉积量很大，江中形成较多沙洲，近岸沙洲与江岸之间往往形成夹江和天然港湾。

秦淮河绵延百公里，在今赤石矶以北、白鹭洲公园一带进入南京主城区。1983年南京进行地质钻探，发现了埋藏在地表之下的秦淮河古河道，距今两三万年前，宽达数百米的秦淮河自东南而来，南京主城区南部因地势低洼成为一片泽国，其间的丘陵山冈，犹如水中的小岛。河水继续北行，一支在凤台山与石头山之间汇入长江，一支穿过鸡笼山和覆舟山之间的垭口，进入古桑泊（今玄武湖），折向西北，沿今金川河下游一线，在狮子山东侧汇入长江。也就是说，当时玄武湖与金川河下游都是秦淮河入江水道的一部分。

距今三千多年前，大略相当于湖熟文化早期，秦淮河主流在鸡笼山、覆舟山一线被阻断，山南河道消失，山北形成玄武湖和金川河下游流域。凤台山与石头山之间，今水西门一带，成为秦淮河主流的入江口。秦淮河下游仍宽达百米以上，所携带的泥沙，在今天的主城区南部，水西门、新街口、浮桥、逸仙桥、瑞金新村、通济门一线以南，逐渐形成秦淮河河谷平原，又在受到江水顶托的入江口，形成大名鼎鼎的白鹭洲。白鹭洲与长江东岸之间形成的夹江，就是六朝时期"商旅方舟万计"的石头津。

《太平御览》卷六十九载："《丹阳记》曰，白鹭洲在县西三里，隔江中心。南边新林浦，西对白鹭洲。洲在大江中，多聚白鹭，因名之。"这里说的"县"指江宁县治，位于今朝天宫冶山东麓，距水西门江边约一公里。据此计算，夹江只有四五百米宽，风浪比长江干流小得多，自宜于船只安全停泊。"南边新林浦，西对白鹭洲"，是指南朝建康城方位，南边有新林浦，西边对白鹭洲。有人误以为是新林浦西对白鹭洲，新林浦近今西善桥，距建康城约十公里，白鹭洲若与其相对，便不可能"在县西三里"。

南宋《景定建康志》卷十九引旧志说："白鹭洲，在城之西，与城相望，周回一十五里。"这里的城指南唐金陵城。江心洲渚皆顺流呈狭长形，白鹭洲周长十五里，其长度约在六七里，以金陵城相度，其北端接近石头山金陵邑，南端当与越城相近，正与越城隔江相望。宋张敦颐《六朝事迹编类》卷二引南朝顾野王《舆地志》，说石头城"南抵秦淮口"，即白鹭洲夹江的北口。

唐代诗人李白在凤台山上写下的名句，"三山半落青天外，二水中分白鹭洲"，可见这一形势仍没有改变。

越城和金陵邑，这看似孤立的两个点，其实都与秦淮河入江口、与足供水军回旋的天然良港石头津密切相关，都是建城者基于当时地理形势和军事需要作出的明智选择。它们也都发挥着"扼江控淮"的作用。石头山是南京城区长江东岸的制高点，扼守长江的功能明显高于越城，也容易引人关注，所以后世吟咏不绝。越城因处于居民商业区中，其军垒作用不容易突显出来。实则就战略意义而言，其控制沿江天然良港的作用，更高于军事营垒。

良港决定城市命运，为世人所熟悉的例子是香港。当年英国殖民者看中这一岛屿，就是因为借先进勘测技术，发现香港岛与九龙半岛之间的水域，是整个远东地区最优质的深水良港。

良港性质也同样决定了南京城的命运。在此后的城市发展中，石头津北口的金陵邑、石头城，作为都城的门户，长期成为南京的军事重地和副政治中心。石头津南口的越城一带，远离政治中心区，则逐渐发展成繁华的居民区和商市区，孕育出南京最初的市民文化。正是小小的白鹭洲，对于南京城市的形成，发挥了至关重要的作用。南京从建城之初开始，便是一座沿江城市，十分清楚。

第三章

秣陵：王气之谜

第一节
金陵成了秣陵

秦始皇到此一游

　　战国时期，楚国一度是疆域最大的强国，长江中下游特别是江南地区，几乎都在其控制之下，但是许多地区没有开发，这样徒具其名的占有，并不能让楚国得到好处。南宋《景定建康志》说楚国因"私吴越之富，擅江海之利"而设置了金陵邑，这只是后人的一种理想化描述，楚国在南京地区并没有留下更多的活动痕迹，也谈不上开发建设。楚国置金陵邑，是出于战争需要，楚军的活动主要在沿江一线。无论文献记载还是考古发现，都不能证明楚人曾进入南京主城区域和江宁盆地。

　　在晋国被韩、赵、魏瓜分之后，楚国的主要敌国是北方的秦国。秦国威逼利诱，将楚国玩弄于股掌之中，不断蚕食楚国疆土，迫使楚国郢都一再东迁。秦王政二十四年（前223年），楚亡于秦。南京地区北部的棠邑此时已被秦国占据。

　　第二年，秦军平定原属楚国的江南疆土，征服了越国的残余势力，设置会稽郡，治所在吴（今苏州）。当时的会稽郡，管辖原吴、越两国之地，包括今江苏省江南部分、安徽省东南部、上海市西部以及浙江省北部。

　　秦王政二十六年（前221年）统一天下，建立了秦王朝，自称"始皇帝"。

　　秦王朝废除周王朝的分封制，实行郡县制，分天下为三十六郡，郡下置县。南京地区旧有的三个行政建置随之改县。棠邑改棠邑县，属九江郡，平陵邑（即吴濑渚邑）改溧阳县，属会稽郡，金陵邑改秣陵县，属会稽郡。

秦始皇是第一位真正与南京发生直接联系的帝王，因为他第五次出巡，确曾经过南京地区。《史记·秦始皇本纪》对于这次出巡路线的记载比较简略：

十一月，行至云梦，望祀虞舜于九疑山。浮江下，观籍柯，渡海渚。过丹阳，至钱唐，临浙江，水波恶，乃西百二十里从狭中渡。上会稽，祭大禹，望于南海，而立石刻颂秦德。

返程的路线是："还过吴，从江乘渡，并海上，北至琅琊。"

籍柯和海渚是什么地方，至今没有定论。但从"过丹阳"和"从江乘渡"，可知南京地区又有了两个新县，丹阳和江乘。丹阳（今当涂）县治在横山西，今苏、皖交界处的小丹阳镇，至今一镇分属两省。江乘县治在今摄山附近西湖村，古名江乘村，今九乡河或即古江乘浦。两县均属会稽郡。

秦始皇南下和北上的路线，似乎有意回避了今天的南京地区。其真实原因，是南巡车驾必须避开丹阳湖。丹阳湖古称"巨浸"，因秦立丹阳县而得名，今天的石臼、固城、丹阳、南漪四湖及周边溧水、高淳、当涂、宣城、芜湖等县沿湖圩区，原来均属古丹阳湖地。秦始皇正是沿着丹阳湖西南岸进入浙江，又沿着丹阳湖东岸北上江苏。

这两个县的设置，与秦始皇二十七年（前220年）开始在全国修筑驰道相关。秦驰道"东穷燕、齐，南极吴、楚，江湖之上、濒海之观毕至"。其中经过南京地区的有两条，一条即是先秦时期的丹阳古道，从长江渡口鸠兹（今芜湖）经丹阳（今当涂）向东北，直到丹阳县治（今苏皖交界小丹阳），折向东南可直抵钱唐（今杭州），同样可以看到丹阳湖的影响。另一条由江乘东至丹徒，经江南运河入江口，可渡江北上进入大运河，也可过丹徒东南行至吴县（今苏州，时为会稽郡郡治），由此折转向南，亦可抵钱唐。而由江乘北渡长江即是棠邑（今六合），有驰道北达彭城（今徐州）。因为丹徒东南是丘陵山冈，秦始皇下诏令赭衣囚徒三千人开凿驰道，以通吴县。丹徒地名即由此而来。

丹阳古道在吴、楚战争中即已是交通干线，数百年来，沿途无疑会有较充分的开发。江乘一带在湖熟文化时期即为原始聚落较为集中的地区。此处江面较窄，有水运交通的便利，楚国水军的往来与驻扎，对于农产、商贸和运输的发展都有一定的促进。可见秦增置丹阳、江乘二县，是以地区发展为基础的。两县设置的时间，很可能就在秦修驰道之际。

江乘也是长江南京段沟通南、北的重要港口，楚、秦之后，西晋末年"五马浮渡江，一马化为龙"，南朝梁达摩"一苇渡江"，都发生在这一带。

鸠兹、江乘、丹徒三地，会成为古代的渡江港口，是因为当地江面较窄。当代修建长江大桥的择址，证明了古人的智慧：鸠兹、无为之间，有芜湖长江大桥，江乘、六合之间，有栖霞山长江大桥（原南京长江四桥），镇江、扬州之间，有润扬长江大桥。

秣陵多是非

南京地区秦代五县之中，最为人所关注、成为经久不衰热点话题的，是金陵邑改名秣陵县。秣陵之秣，就是喂马的谷物饲料。金陵本藏金之高地，秣陵则成了牧马之草场，所以秦始皇改县名的目的，被说成是贬低金陵地位、破解"金陵王气"。

这说法最早见于晋人张勃所撰《吴录》，但《吴录》原书早已散佚，现在只能看到《建康实录》《太平御览》等书中的引文。此类引文细节或有差异，但在改金陵为秣陵这一点上，都无疑问。所以有人认为，金陵改称秣陵是在秦始皇三十七年（前210年）第五次出巡时，否则"金陵王气"的故事就编不圆了。然而秦始皇二十六年（前221年）全国实行郡县制，棠邑和平陵邑都在这年改置为县，金陵邑有什么理由不改置为县？

近年又有研究者提出，改金陵为秣陵，并非贬抑，而是别有深意。因为秣为谷物饲料，秦字的本意是"地宜禾"，或说秦也是一种禾名，且秦人正是为周王室养马而立国。所以秣陵这个地名，与秦王朝的国号相关，应是一种美誉。

这两种说法看似截然不同，实则本质无异，都是为了证明当时的南京地区，地位非同一般。

"金陵王气"之说，暂且不论。即说当时金陵的地位，高到需要秦始皇来贬低，不免荒诞。从此前秦驰道路线的选择，就可以看出，金陵邑的重要性，尚不及丹阳、江乘和丹徒，属于被两条交通线丢下的边缘地带。秦始皇东巡时，到丹阳（今苏皖交界小丹阳）即南下去钱唐，连江宁盆地都没有进入，更遑论南京主城区了。返程时秦始皇也只到江乘为止，同样没想到要光顾近在咫尺的秣陵。

马饲料对于秦人，未必有鄙薄之意。秦国能统一天下，一个重要的因素，就是充分发挥了骑兵的优势。战国时期，最早从游牧民族学会骑兵战术的是赵国，《赵武灵王胡服骑射》是选入教科书的经典，然而将骑兵战术发挥到极致的则是秦国。骑兵的灵活与敏捷远胜于战车，有学者认为战国后期骑兵的出现相当于现代战争中坦克的出现。秦人对于马饲料的敏感高于江南人，不足为奇。

当时金陵邑所辖地区，多未开发，估计会稽郡的官员前来巡视，看到的就是大片粮田和草场，没有发现可开采的金矿或铜矿，所以改用了一个更符合实际的县名。至于秦代的县名有多少深意，看看其他的县就可以知道。丹徒得名前文说过。丹阳的得名，旧籍载有两说，一说境内有赭山，山石丹赤，一说境内多赤杨树，故名丹杨。平陵改名溧阳，是因为地处溧水（濑水）之北。这些地名都是实话实说。为什么到了秣陵，就一定会别出心裁？

说这些话的人，就是为了营造金陵邑的不同凡响。

其实当时金陵邑的地位，论经济繁荣不如濑渚，论交通便利不如丹阳，更不用说会稽郡治吴县了。

因为后世南京地位日高，成为江南最重要的都市，所以国人连带着要给它一个辉煌的出身。在中国历史上，伟人降生，盛世肇立，莫不有祥瑞出现，或者父母梦到龙虎麟凤，或者红光冲天、馨香满室，景星庆云，嘉禾芝草，不一而足。连阿Q都晓得说自己姓赵，先前也"阔过的"。然而，诚如那位"望气者"所言，金陵的发达，真的须到东吴、东晋相继建都的"五百年后"。

秣陵县的治所变化，也有两种说法，一说秦兼并天下，曾下令夷坏天下城邑，金陵改称秣陵，原金陵邑城亦被毁，治所南迁至今江宁区秣陵街道。一说秦末汉初，秣陵县治仍沿用石头山麓的金陵邑城，到汉高帝六年（前201年），令天下县邑皆筑城，以备守卫，秣陵始移县治，在今江宁区秣陵街道另筑县城。两说各有道理，但也都未见实据。

秣陵县的管辖范围未变，仍然包括今天的南京主城区，而将县治移到县境南端，显然是因为在和平环境中，作为一县管理机构，设在秦淮河中游的经济中心秣陵，比设在军事要地的金陵邑更合适。

第二节
城头变幻大王旗

秦时明月汉时关

秦淮河中游的江宁盆地，土地肥沃，河网密布，经湖熟文化以来一千多年的发展，农业、手工业以至商业的发达程度远胜于入江口石头山一带，人口稠密，经济繁荣。在秣陵县治南迁的同时，南京地区政区设置的另一个变化，是将面积过大的江乘县东境分出，北部新置句容县，南部新置胡孰县。胡孰县治同样位于江宁盆地中，即今江宁区湖熟街道。胡孰立县的确切年代已不可知，但肯定是在西汉初年，东汉后改称湖孰、湖熟，孰、熟二字古时通用。南朝以后统称湖熟。有人以为湖熟因有大湖而得名，是不了解这一地名的变迁。再加上秦代所立丹阳县（今当涂县），县治在今苏皖交界小丹阳镇，江宁盆地中，竟集聚了三个县城，可见这一地区的繁荣程度。依此而言，秣陵县治南移的时间，更可能是在汉代初年。

秣陵县城与金陵邑相距二十多公里，这个位置的选择，除了经济因素之外，还有交通因素。两地都在秦淮河畔，从秣陵县城沿秦淮河顺流而下，直达入江口金陵邑，沿河两岸正是秣陵县的辖区。所以，将县治设在金陵邑和设在秣陵关，地理位置虽有南北之异，就交通方便而言，并没有什么差别。

汉代秣陵县城地处秦淮河南源溧水河与西岸丘陵之间，胡孰县城地处秦淮河北源句容河与北岸丘陵之间，这与湖熟文化村落选址的道理是一样的。尤其胡孰县城，经南京大学贺云翱教授1994年考古调查证实，正建造在梁台与城岗头两处湖熟文化遗址之上。这是湖熟文化遗址与后世城市发展紧密相关的又一重要例证。

胡孰、秣陵两城位于秦淮汇流处方山埭东、西两侧，相距仅十余公里。丹阳县城（今苏皖交界小丹阳）在秣陵县城南二十公里左右。三县初属会稽郡，秦末汉初，很可能是汉高帝废韩信楚国时，因会稽郡范围过大，管理不便，分其西部另置鄣郡，辖浙江西北至安徽东南之地。南京地区江乘、秣陵、胡孰、丹阳四县均属鄣郡。鄣郡郡治据考在今浙江安吉县。

南京地区四县隶属的变化，正好可以成为观照汉初政局的一个窗口。

秦末群雄纷起，刘邦、项羽先后进入咸阳，秦王朝二世而亡。秦王朝这个共同敌人一消失，诸侯联军也随之分化，各自追求自己的最大利益。当此之际，各国诸侯图谋复国，而郡县制又被与秦王朝的暴政相联系，作为联军盟主的项羽，实际上并没有号令天下的军力与权威，只得顺应诸侯、功臣的要求，恢复分封制，立十八诸侯王。项羽自封西楚霸王，都彭城（今徐州），所辖东海、泗水、陈、会稽等九郡一百三十县，占秦设三十六郡的四分之一，境内仍行郡县制。南京地区属西楚，行政建置没有变化。

项羽不甘心失去天下共主的地位，在分封中有意无意地制造了诸多矛盾，以致各诸侯国随即烽烟四起。汉王刘邦趁机夺取关中，东进逐鹿。楚、汉相争，四年间"大战七十，小战四十"，似乎重演了战国后期秦、楚之战的局面。汉高帝五年（前202年），为笼络韩信一举歼灭项羽，刘邦以陈（今淮阳）以东至海边土地为齐王韩信封地。韩信指挥大军与项羽决战，项羽战败，在乌江自杀。汉王刘邦统一天下，登基称帝，建立汉王朝。刘邦虽然掌握着多年征战中成长起来的强大军队，仍不得不分封手下功臣为异姓王，实行分封制与郡县制结合的过渡性体制。

汉高帝六年（前201年），刘邦借口韩信熟悉楚地风俗，将他调离齐国根据地，改封为楚王，都下邳（今邳县东）。南京地区又属楚国。然而时隔不久，刘邦就借口有人告发韩信谋反，诱捕韩信，废楚国，贬韩信为淮阴侯。原楚国疆域被一分为二：淮河以南的东阳、丹阳、会稽三郡五十三县为荆国，立刘贾为荆王，都吴（今苏州）；淮河以北的薛、东海、彭城三郡三十六县为楚国，立刘交为楚王，都彭城。南京地区属荆国。

这并不是韩信一个人的命运。汉初采用郡县与封国并行的体制，开国功臣中受封的七个异姓王，先后被刘邦不择手段地谋杀殆尽，改封刘氏宗室子弟继为王。王国犹存，王者皆刘氏。历代开国帝王为巩固"家天下"屠戮功臣，刘邦实开此先河。

七国之乱与侯国兴废

因韩信、彭越二王先后被杀，刘邦甚至将彭越剁成肉酱，分赐诸侯，淮南王英布心中恐惧，汉高帝十一年（前196年）起兵反叛，袭杀荆王刘贾。刘邦亲征平叛，诛杀英布，以王子刘长为淮南王。同时改荆国三郡五十三县（一说为会稽、丹阳、豫章三郡）为吴国，立侄子刘濞为吴王，都广陵（今扬州）。南京地区又属吴国。

汉高帝十二年（前195年），自知来日无多的刘邦，杀白马与群臣为盟，订下誓约："非刘氏而王，天下共击之。"以为杜绝了异姓王，刘氏诸王会成为朝廷的坚固基石。

然而，刘邦决策所封刘氏诸王，最初是同甘共苦的族人，但世代更迭，亲族关系日渐疏远，利害冲突则日益增加，同样成为中央集权的隐患。汉文帝刘恒时，已经发生了济北王刘兴居和淮南王刘长的叛乱。汉景帝时，更爆发了以吴王刘濞为首的"七国之乱"。

与此前的西楚、楚、荆等国仅维持数年不同，吴国成为一个长期稳定的诸侯国。这一方天地似乎与吴有着特别的因缘。吴王刘濞因平英布立战功受封，时仅二十岁，经营吴地四十余年。吴国资源丰富，东境临海，可以煮盐牟利，又有铜山开发，可以私铸钱币，积累了巨额财富。吴国百姓不须交纳赋税，应征的戍卒能得到吴王的偿金，刘濞经常慰问境内有才能的人，深得民心。他还收容其他郡国的亡命之徒，这些人都愿意为他效命。

汉文帝听从贾谊的意见，已有意限制诸侯王的权力。汉景帝刘启即位后，中央政府与各诸侯国矛盾愈演愈烈，遂以诸王过失为由削夺其封地。刘启为太子时，曾失手打死刘濞之子刘贤，所以对刘濞格外戒备。御史大夫晁错上《削藩策》，认为"今削之亦反，不削亦反。削之，其反亟，祸小；不削之，其反迟，祸大"。汉景帝听信晁错，下诏削夺赵王的常山郡、胶西王的六个县、楚王的东海郡和薛郡、吴王的豫章郡和会稽郡。

汉景帝前元三年（前154年），吴王刘濞遂与胶西王刘卬结盟，联络楚王刘戊、赵王刘遂、济南王刘辟光、淄川王刘贤、胶东王刘雄渠等七国，以"清君侧"的名义发动叛乱。汉景帝最初作了退让，按他们的要求杀了晁错，结果是叛乱七国得寸进尺，汉景帝只能以战制乱。七国之乱在三个月内被平定，刘濞等七王皆死，除楚国另立新王外，其他六国都被废。汉景帝趁胜削夺各诸侯国的支郡、边郡归朝廷所有，取消诸侯王任免封国官吏和征收赋税的政治权力，要求其不得过问封国政事，只能按朝廷规定数额收取该国租税作为俸禄。至此，诸侯封国实际上已成为一种经济待遇，完全失去了与中央政权抗衡的能量。

第二年，汉景帝以淮南王刘非徙封江都，称江都易王，仍领原吴国地。南京地区又属江都国。刘非死，子刘建继任。汉武帝刘彻元狩二年（前121年），刘建获罪自杀。江都国废。南京地区仍归属鄣郡。汉武帝元封二年（前109年），改鄣郡为丹阳郡，治宛陵（今安徽宣城）。元封五年（前106年），置刺史十三部，丹阳郡受扬州刺史监临。

汉武帝进一步实施"推恩令"，允许诸侯王将封地分给子弟，除了嫡长子继承王位外，其余的庶子在原封国内封侯。但是，新封侯国不再受王国管辖，直属中央政府，由各郡管理，地位相当于县。这种推恩的方式，可将诸侯国越分越小，而且不至于像削藩那样引发对抗。

这一政策也导致南京地区的政区变化。元朔元年（前128年），汉武帝封刘非之子刘敢为丹阳侯，以丹阳县为丹阳侯国，刘缠为秣陵侯，以秣陵县为秣陵侯国，刘胥行为胡孰侯，以胡孰县为胡孰侯国。三侯国均属鄣郡。元狩元年（前122年），刘敢死，无子，丹阳侯国废，仍为丹阳县。元鼎四年（前113年）刘缠死，无子，秣陵侯国废，复为秣陵县。元鼎五年（前112年），刘胥行死，子刘圣袭爵，因罪被免，胡孰侯国废，复为胡孰县。

长江以北的棠邑（今六合）也曾为棠邑侯国，但不是推恩的结果。汉高帝六年（前201年）分封功臣，陈婴以平豫章等地功封棠邑侯，延续四世。武帝元狩六年（前117年）改棠邑为堂邑，次年堂邑侯陈须畏罪自杀，堂邑侯国废，仍置堂邑县，属广陵郡。

综上所述，汉初百年之间，南京地区隶属关系变化繁复，先后属西楚、韩楚、荆、吴、江都等五国，会稽、鄣、丹阳等三郡，并随四侯国的立、废而变化。但南京地区在此期间也得到了良好的发展。尤其是今江宁区境内，县城、侯国等行政机构的建设，人口的聚集，水利的兴修，明显促进了当地的农业、手工业以至商业经济。这一经济腹地的形成，对南京地区未来地位的提升，具有决定意义。胡孰县城附近的刘阳湖（今杨柳湖），在西汉年间已得到开发，"阡陌纵横，鱼米甚丰"。《景定建康志·山川志二》记载:"刘阳湖,在城东南六十里,周回三十里,溉田三十顷。"这里说的城,指南唐所建金陵城,金陵城南门即今中华门。一顷田合一百亩,刘阳湖可灌溉田地三千亩。同见于《景定建康志·山川志二》的,还有:

高亭湖,在城东南三十里,周回二十里,溉田三十五顷。《丹阳记》云:王仲祖墓东南一十六里有高亭湖。

葛塘湖,在城东南七十二里,周回七里,溉田四十顷。旧《经》云:昔葛仙翁于此炼丹,故以名之。

此外还有白社湖、银湖、石圽湖、白都湖、笪湖、梁墟湖、河湖等,各可灌溉田地数十顷,合共多达数万亩。汉平帝刘衎元始二年(公元2年),中国进行了最初的户籍调查,丹阳郡十七县居民已达十万户,四十万口。若以平均计算,南京地区江南四县或有十万人口。

丹阳(今苏皖交界小丹阳)一带广为流传的董永"卖身葬父"故事,见于多种史籍记载。董永孝养父亲题材常见于汉画像石,后发展为卖身葬父、感动天女的"天仙配"故事。研究者多从孝道角度进行探讨,忽略了其在经济史上的意义。这里显示出"男耕女织"已经成为普遍的社会分工形式,"织女"成为善织女性的称呼。织女十天织缣百匹,主人表示敬意,说明织艺高超者为社会所重,甚至被誉为天上的仙女。曹植《灵芝篇》中赞扬董永"天灵感至德,神女为秉机"。缣是双经双纬的细密丝织物,常用于赏赐甚至作为货币,说明当时的丝织水平已相当高。据《流沙坠简》《九章算术》所载,汉代缣一匹四丈,价在四七二钱至六一八钱,则织缣一匹工价百钱,也较合理,主人要织女织缣百匹以抵万钱,并非信口开河。百匹缣显然不会都是主人自用,又说明缣有正常的交易市场。由此可想见农业之外,当地手工业、商业的发展情况。

20世纪末,湖熟、秣陵一带兴修水利,窑场取土,常常发现汉代墓葬,挖出大量汉代陶罐,并伴有汉代铜镜、钱币等出土。21世纪以来的考古发掘,更在湖熟、秣陵一带,发现许多六朝世家大族的墓葬。出土文物显示,当地豪族已经较多地参与到地方政权之中,甚至出现了纪瞻这样在东晋产生重要影响的人物。这从另一个侧面,证实着这一地区在汉代的繁华。

第三节
孙氏父子

孙坚开拓

东汉末年，社会结构崩坏。皇室被外戚、宦官所操弄，以"诽谤朝政"为罪名排斥知识分子，史称"党锢"。这反而促进了士人之间的交接与联合，形成士大夫阶层的抗拒。同时，地方豪强大量兼并土地，掠夺财富，直接导致民不聊生。张角趁机创立"太平道"，以符水咒语治病迷惑孤立无助的贫民。被治死的人不会说话，活下来的人现身说法，令人深信不疑。"幸存者偏差"这样的逻辑谬误，在这个缺少逻辑常识的国度大行其道，至今仍被使用于各种骗局。而被吸引的信众越来越多，又形成一种从众效应。

十余年间，张角聚众数十万，酿成席卷天下的黄巾起义。在平定黄巾起义中崛起的一些义军领袖，如刘备、曹操等，成为与政府旧官僚对抗的新势力。其时洛阳宫中官僚与宦官的冲突发展到极端，身为名门之后的袁绍率军入宫，将两千多宦官全部杀光。将军董卓乘虚而入，裹挟汉献帝刘协迁都长安。后董卓虽被部下杀死，天下大乱的局面已无从挽回。东汉建安元年（196年），曹操将汉献帝迎到自己的根据地许（今河南许昌），定为许都，"挟天子以令诸侯"。建安五年（200年）曹操在官渡之战中击败最强对手袁绍，平定了黄河流域。

但曹操还远不能说平定天下。与他逐鹿中原的前辈不同，他不能不正视长江流域的劲敌。两汉四百年间，江南的开发达到这样的程度，据有长江流域的根据地，已足以与历代被视为政治、经济中心的黄河流域相抗衡。在中原与曹操争霸失败的刘备，辗转入蜀，控制了长江上游。而由豪强化为军阀，以土著豪族为基本力量的孙权，则控制了长江中下游。

江南孙氏异军突起，始于孙坚。

孙氏祖居地富春（今杭州富阳），时为向南开拓的吴人与土著山越交界地区，双方时有争斗，故民风剽悍。汉末孙钟避难移居曲阿（今镇江丹阳），在城西白鹤山种瓜为生。其子孙坚初任县丞，募兵千余人抗击黄巾，攻夺宛陵（今安徽宣城）有功，得授别部司马，又参与平定凉州骚乱。汉灵帝刘宏中平四年（187年），孙坚任长沙太守，平叛安民，封乌程侯。汉献帝刘协初平元年（190年），孙坚军力扩展到数万人，与割据淮南的袁术联手讨伐董卓，袁术向朝廷举荐孙坚为破虏将军。孙坚率军攻破洛阳，逼走董卓，且在城南井中得到了汉王朝的传国玉玺。

孙坚出征时，长子孙策与家人留在袁术的根据地寿春（今安徽寿县），结交名士，更与同龄人周瑜一见如故，后移家周瑜故乡舒城（今安徽庐江）。文武全才的周瑜，成为孙策的得力佐助。

初平二年（191年），孙坚率军攻打荆州刘表时，被江夏太守黄祖伏击，中箭身亡。这年孙策才十七岁，因为祖父孙钟葬在曲阿白鹤山，所以孙策将父亲也安葬在曲阿，迁居江都（今扬州）守孝。

当时茂才张纮因母丧也在江都守孝，孙策多次前往拜访，向他请教扶危济乱之道。孙策的想法是找袁术讨回父亲的旧部，投奔时任丹阳太守的舅父吴景，"收合流散，东据吴、会，报雠雪耻，为朝廷外藩"，成为一个割据东南的军阀。吴、会即原会稽郡。汉顺帝刘保永建四年（129年）分原会稽郡西部置吴郡，治吴县，东部仍为会稽郡。张纮同意他投奔吴景，认为有孙坚的基础，凭孙策的声名与才具，再加上吴景的支持，"收兵吴、会，则荆、扬可一，雠敌可报"，为父报仇的心愿肯定可以实现。但对未来的远景目标，张纮比孙策宏大得多了："据长江，奋威德，诛除群秽，匡辅汉室，功业侔于桓、文，岂徒外藩而已哉！"据有吴、会二郡，进一步可以控制荆州和扬州，以长江中下游为基础，完全可以成就春秋时期齐桓公和晋文公匡扶周王室那样的霸业，中兴汉王朝，远不止于做一个地方军阀。孙策大喜，当即表示与张纮"同符合契"，见解完全一致。

孙策崛起

初平四年（193年），孙策守孝结束，将母亲和年幼的弟弟安排在曲阿住下，自己到寿春找袁术讨还孙坚旧部。袁术不甘心放弃这一支军队，托词说已推荐孙策舅父吴景为丹阳太守，堂兄孙贲为丹阳都尉，那里是出精兵的地方，让孙策去丹阳募兵。

其时曲阿（今镇江丹阳）属吴郡。孙策在广陵（今扬州）和曲阿之间往来，只须渡过长江。曲阿西邻丹徒，丹徒在先秦时已有道路通丹阳（今当涂），向南即达丹阳郡治所宛陵（今宣城）。由此可知，从孙钟到孙策三代人，主要活动范围就在今天的宁、镇、扬地区。

吴景因追随姐夫孙坚出征有功，袁术派他做丹阳太守，但是丹阳郡要他自己去夺取。不能说袁术开了张空头支票，这种丛林博弈，正是那个乱世的特点。如果没有足够实力，就是给你一个辖地，你也未必守得住。吴景率军打跑了原来的丹阳太守、袁绍部下周昕，遂得上任。他对孙策很关照，帮助孙策在宛陵招募了几百人。但是这些人没经过训练，战斗力不强。孙策领着他们去宛陵附近的泾县讨伐山贼祖郎，就被打得大败，如果不是程普救护，几乎不得生还。孙策又去找袁术，袁术只把孙坚的旧部千余人还给孙策。袁术对孙策心怀戒备，孙策屡建战功，仍不得重用。

兴平元年（194年），汉献帝任命刘繇为扬州刺史。扬州刺史治所原在寿春，因寿春为袁术所据，只得移治曲阿。刘繇防范袁术，将袁术信用的丹阳太守吴景父子赶到江北历阳（今安徽和县）。袁术另派部下惠衢为扬州刺史，任吴景为督军中郎将，率军驱逐刘繇，攻战一年，不能成功。孙策遂向袁术请战，愿助吴景平定江东。袁术虽明白孙策此去，等于放虎归山，但也认为刘繇占据曲阿、王朗驻守会稽，孙策未必能平定江东，便答应了，任命孙策为折冲校尉，代理殄寇将军。

孙策出发时只有步兵千余，骑兵数十，愿意追随他的宾客数百人，但是他在江淮一带的声望很高，才到历阳，兵士已发展到五六千人。这时他母亲也从曲阿来到了历阳。孙策之母吴夫人是孙坚嫡配，孙权称帝后尊孙坚为武烈皇帝，吴夫人为武烈皇后。吴夫人只有弟弟吴景，没有妹妹。《三国演义》中一再搅扰政事的吴国太，被说成是吴夫人的妹妹，其实于史无据，只是小说人物。

兴平二年（195年），孙策率军从历阳横江津渡江，袭取对岸的牛渚（今采石矶），缴获了仓库里的大批粮谷和战具，此后连胜几仗，而且军令整肃，江南百姓都欢迎他。

孙策的目标是赶走刘繇，夺回曲阿（今镇江丹阳），那是孙氏两代祖坟所在的家族根基。他从牛渚进入丹阳（今当涂），似乎没有受到敌军阻扰，约三十公里抵达丹阳县城（今苏皖交界小丹阳），东北方向就是丹徒、曲阿。但是刘繇部将薛礼据守秣陵县城，且有笮融驻军城南相呼应，孙策不能置之不顾，否则将会有腹背受敌的危险。孙策遂北上进攻秣陵县城，首当其冲的便是秣陵城南笮融军营。《三国志·吴志·孙策传》载："策先攻融，融出兵交战，斩首五百余级，融即闭门不敢动。因渡江攻礼，礼突走。"这里说的"江"，就是秦淮河。秦淮河之名是唐代才出现的，此前见于记载的有小江、龙藏浦、淮水等名。秣陵城位于秦淮河南源溧水河与西岸丘陵之间，笮融设营之地，必然是城南丘陵险要处，首战失利，他固守不出，成"一夫当关"之势。孙策大军无法北进，因此改变路线，渡过溧水河，从东岸北上，到秣陵城东再渡河攻城。薛礼一定是猝不及防，只好弃城逃走。

孙策虽攻入秣陵城，但是刘繇部下偷袭牛渚（今采石矶），意图阻断孙策的后路。孙策回军救牛渚，大破敌军，俘获万余人，再攻笮融，不料被冷箭射伤大腿，不能乘马，只好乘车回牛渚军营。他派人诈降笮融，说孙策中箭已死。笮融大喜，派遣部下攻牛渚。孙策将敌军诱入埋伏圈，杀敌千余。笮融得知孙策未死，不敢再战，利用险峻地势，深沟高垒，严加防守。孙策暂时放下笮融，北上攻占了梅陵（今南京雨花台梅岭），又先后攻下了湖孰县和江乘县，扫清了曲阿周边的敌方据点。南京地区江南四县，此时已皆入孙策之手。汉献帝建安元年（196 年），刘繇率同乡太史慈与孙策对抗，因中计而大败。太史慈被孙策俘虏，两人惺惺相惜，反成好友。刘繇弃军逃往豫章（今南昌）投靠刘表，其部下纷纷弃城而去，笮融也撤往豫章。南京、镇江一带，尽为孙策所有。

孙策生性豁达，善于用人，治军严明，"军士奉令，不敢虏略，鸡犬菜茹，一无所犯"，连老百姓的一棵菜都不敢动。江东百姓因他年少，亲切地称他为孙郎，争着送牛、酒来劳军。孙策赏赐将士，把母亲和弟弟从江北接回，同时收编刘繇残部散军，广招兵马，一人投军，全家免赋税。"旬日之间，四面云集，得见兵二万余人，马千余匹，威震江东，形势转盛"，随后顺利打过钱塘江，直到会稽（今绍兴）。孙策自任会稽太守，仍以吴景为丹阳太守，堂兄孙贲任豫章太守，又分豫章郡置庐陵郡，以孙贲之弟孙辅为庐陵太守，孙坚旧部朱治为吴郡太守。不仅控制地域达到五郡，帐下还会聚了彭城张昭、广陵张纮、秦松、陈端等谋士，周瑜、太史慈、程普、吕范等将领。

讨逆将军建府秣陵

建安二年（197年），袁术在寿春（今寿县）称帝，当即成为众矢之的。孙策趁机与袁术公开决裂，联合曹操、吕布征讨袁术。曹操向汉廷推荐孙策，朝廷任命孙策为骑都尉，承袭孙坚的乌程侯爵位，认可他为会稽太守。

孙策认为自己既是领军主将，又是一郡太守，骑都尉这个职位未免不够分量。建安三年（198年），他派张纮为使者再次到许都（今许昌）向汉廷贡献方物。《三国志·吴志·孙策传》裴松之注引《江表传》："建安三年，策又遣使贡方物，倍于元年所献。其年，制书转拜讨逆将军，改封吴侯。"孙策两次向朝廷贡献地方特产，目的就是争取这个将军职位。讨逆将军虽然仅为五品杂号将军，但对于孙策很重要，因为此前孙策虽然自任会稽太守，但部下吴景、孙贲、孙辅、朱治等同为各郡太守，地位相当。孙策固然是实际上的江东领袖，终究缺少一个高于众人的身份。此时挟制汉献帝的曹操正在用人之际，所以假汉献帝诏令孙策为讨逆将军，改封吴侯。而张纮却被曹操留在朝中任侍御史。

孙策将讨逆将军府建在秣陵淮水之北，也就是此后孙权太初宫位置。史籍中对此没有直接记载，但相关文献中尚能理清来龙去脉。

《建康实录》卷一注引《志林》说，"策虽外见受官，内怀三分之计"，风华正茂的孙策，当然想不到仅两年后自己会死于非命，他接受汉王朝官职只是权宜之计，盘算的是雄踞江东、三分天下的宏图。建造将军府时，他没有选择经营多年的曲阿（今镇江丹阳）和吴（今苏州），而选择了更有利于发展的秣陵。同样，他没有选择秦淮河中游江宁盆地内的秣陵县城，也没有选择已有近七百年历史的越城，而选择了钟山和玄武湖环抱之中的一片处女地。这里不但有未来可以成为政治中心区的足够空间，其西边即是沿江制高点石头山，南边富庶的江宁盆地成为其经济腹地。其时孙权已在孙策军中，并有代理奉业校尉的军职，所以他不但了解孙策将军府位置所在，而且深刻理解这一选址的意义。

建安四年（199年），连遭重挫的袁术走投无路，吐血而亡。其部众打算投奔孙策，被庐江太守刘勋中途掠去。孙策得知后，假意与刘勋结盟，以寻机报复。刘勋因兵员大增而粮草不足，得知豫章上缭（今抚州建昌）多粮食，孙策便鼓动他去夺取上缭。刘勋大军开拔后，孙策轻骑夜袭攻破了庐江，得到了袁术的百业工匠及鼓吹、部曲三万余人，以及袁术、刘勋的妻儿。袁术女儿后成为孙权夫人，儿子袁耀任东吴郎中，其女许配给孙权之子。孙策推荐部下李术为庐江太守。刘勋向江夏太守黄祖求救，黄祖派水军五千人来援，孙策迎战大胜，俘虏敌军二千、战船千艘，进至夏口（今汉口），率周瑜、吕范、程普、孙权等又打败了刘表派来的援军。孙策的势力范围扩大到今安徽、湖北地区。曹操得知后叹息："这小子难与争锋啊！"遂将侄女嫁给孙策小弟孙匡，又为儿子曹彰娶了孙贲的女儿，并向朝廷推荐孙权为茂才，以此笼络孙策。

孙策俘获的这上千艘战船，理当沿江而下，带回他的江东根据地，无论去曲阿还是去吴，船队都须经过长江南京段，而江畔的越城和金陵邑遗址，尤其是秦淮河入江口夹江这一天然良港，必然会引起孙策、孙权兄弟的足够重视。

建安五年（200年）四月，孙策打猎时被原吴郡太守许贡门客射伤面颊，伤口感染去世，时年二十六岁。孙策临终前，请张昭、张纮、周瑜等辅佐孙权："中国方乱，夫以吴、越之众，三江之固，足以观成败。"虽然孙权年少，威信未立，但中原群雄逐鹿，无暇南顾，只要江东巩固，足以坐观成败，再定后策。又对孙权说："举江东之众，决机于两阵之间，与天下争衡，卿不如我。举贤任能，各尽其心，以保江东，我不如卿。"同样以"保江东"为根本战略。张勃《吴录》记此言，尚有"慎勿北渡"四字，其意含蓄，似告诫孙权不要轻举妄动北上争衡，也有令孙权不要妄自菲薄、轻率归附北方强权的意思。卢弼《三国志集解》此处引胡冲《吴历》："策谓昭曰：'若仲谋不任事者，君便自取之。正复不克捷，缓步西归，亦无所虑。'"孙策让张昭"自取之"，一如刘备托孤诸葛亮之语，姑且不论。值得注意的是后一句，如果实在维持不住江东基业，也不妨投靠北方的强势力，但一定要"缓"行。《吴录》和《吴历》都产生于西晋初年，记述虽不同，其大旨则相通。

孙策少年英迈，十年成大业，不愧为一时豪杰。他有自知之明，但仍与孙坚一样，以轻躁殒身。《三国志·郭嘉传》说曹操的谋士郭嘉曾经预言孙策"必死于匹夫之手"，因为他"轻而无备，虽有百万之众，无异于独行中原也。若刺客伏起，一人之敌也"。如果这不是出于神化郭嘉的编造，确实一语中的。

曹操听说孙策已死，打算趁机攻伐孙权。张纮劝阻曹操，说："乘人之丧，既非古义，若其不克，成雠弃好，不如因而厚之。"乘人之危有失道义，又没必胜的把握，不如借这个机会笼络孙权。春秋战国之际，吴、越两国屡屡乘人之危而得手，此时张纮却以"古义"劝阻曹操，明显是维护孙权。曹操觉得有理，向汉廷举荐孙权为讨虏将军，继任会稽太守，又任命张纮为会稽东部都尉，希望张纮把孙权招抚到他的麾下。其实张纮感念孙策对他的恩义，始终在为孙氏谋划。会稽郡治所在山阴（今绍兴），但是孙权仍驻守吴地，只派郡丞去处理会稽事务。

孙策开创江东基业，在短短三四年中，削平各地割据势力，据有吴郡、会稽郡、丹阳郡、庐江郡和豫章郡，基本上控制了扬州的局面。更重要的是帐下汇聚了张昭、张纮、周瑜、程普、吕范等不世英才。孙策在世时，每邀集宾客，常对孙权说："这些人，将来都是你的将士啊！"十八岁的孙权在他们的倾力扶助下，招揽贤才，聘求名士，平定山越以安定后方，西征黄祖报杀父之仇，清除宿敌，开拓疆土。建安十三年（208年），为与刘备联手抗击曹操，孙权自吴迁至京口（今镇江），后火烧赤壁，大败曹军，天下三分的局面已成。

正是经由孙氏父子的开拓，南京地区一步步走到了江南历史舞台的中心。

第四节
奠基秣陵

张纮建计

汉献帝建安十六年（211年），孙权从京口（今镇江）徙治秣陵，修缮原孙策讨逆将军府作为自己的讨虏将军府，揭开了东吴立国、建都南京的序幕。

孙权选择秣陵作为未来国都的原因，众说纷纭。最常见的一种，是说诸葛亮前往京口途中，经过秣陵，在石头山（今清凉山）驻马评价山川形势："钟山龙蟠，石头虎踞，此帝王之宅。"

现在清凉山东麓尚有"驻马坡"景观。

这一说法，广见于东晋以后多种文献。所见最早文献记载，是晋人张勃所撰《吴录》。《吴录》已佚，其中与孙权选择秣陵有关的两条，见于《太平御览》卷一百五十六中所引：

《吴录》曰：张纮言于孙权曰："秣陵，楚武王所置，名为金陵。秦始皇时，望气者云，金陵有王者气，故掘断连冈，改名秣陵。有别小江，可以贮舡，宜为都邑。"刘备劝都之，自京口迁都焉。

《吴录》：刘备曾使诸葛亮至京，因睹秣陵山阜，叹曰：钟山龙盘，石头虎踞，此帝王之宅。

秦始皇"掘断连冈"，诸葛亮赞"龙盘虎踞"，初始出处都在这里。

赤壁之战前，诸葛亮确曾与孙权共商破曹大计，但会见地点并非孙权的根据地京（今镇江），而是江西柴桑（今属九江），所以他不会经过长江南京段。

"金陵有王者气"这条，在后世越编越玄，越传越奇，可以作为顾颉刚"层累地造成的中国古史"的一个鲜活例证。

孙权定都秣陵，主要是出于张纮的筹划。

张纮是孙吴集团最重要的谋士之一。他是广陵（今扬州）人，早年游学京师，入太学，经、史皆有成就，回到家乡被举为茂才。大将军何进、太尉朱儁、司空荀爽都曾聘他为官，他都以身体不好谢绝了。他居家为母亲守孝时，曾为孙策定天下大计，有如"隆中对"，两人志同道合。孙策死后，又是张纮化危为机，促成曹操与孙权的暂时联盟，并帮助孙权调整策略，巩固根基，谋求事业的稳定发展。张纮与张昭齐名，并称"二张"，其谋略可媲美蜀汉的诸葛亮。因为张纮在建安十六年（211年）病死，而诸葛亮在《三国演义》中被神化，所以后世多知诸葛亮而不知道张纮了。

陈寿《三国志·张纮传》记载："纮建计，宜出都秣陵，权从之。"《三国志》是官修史书，陈寿作为晋王朝的史官，行文又追求简约，只对史实做了陈述。到了南朝宋，裴松之为《三国志》作注，就丰富得多了：

《江表传》曰：纮谓权曰："秣陵，楚武王所置，名为金陵，地势冈阜连石头。访问故老云，昔秦始皇东巡会稽经此县，望气者云，金陵地形有王者都邑之气，故掘断连冈，改名秣陵。今处所具存，地有其气，天之所命，宜为都邑。"权善其议，未能从也。后刘备之东，宿于秣陵，周观其地形，亦劝权都之。权曰："智者意同。"遂都焉。

这里初次出现秦始皇东巡的说法，为望气者会想到"金陵王气"提供了依据，也为秦始皇"掘断连冈"，设定了一个确切年代。

《江表传》是东吴遗民虞溥所撰，属主要记述东吴故事的野史，且语多赞美。裴松之没有引《吴录》，而引用《江表传》。一方面，虞溥的儿子在东晋初年将《江表传》上呈晋元帝，晋元帝的接受，显示朝廷对这部史书的认可。另一方面，《江表传》的描述更为丰富生动。《江表传》也已散佚，现在能看到的主要就是裴松之的引文。因而难以分辨哪些是《江表传》原文，哪些是裴松之的转述。特别是其中较《吴录》多出了"今处所具存，地有其气，天之所命，宜为都邑"一层意思，强调秦始皇的破坏没有效果，"金陵王气"依然存在。诚所谓此一时彼一时，东晋王朝丢失中原，偏安江南，定都建康，无论对于东晋还是承续东晋的南朝宋，将金陵说成天命所在的都邑，都是大有利于提高王朝自信的。裴松之又引《献帝春秋》：

刘备至京，谓孙权曰："吴去此数百里，即有警急，赴救为难。将军无意屯京乎？"权曰："秣陵有小江百余里，可以安大船。吾方理水军，当移据之。"备曰："芜湖近濡须，亦佳也。"权曰："吾欲图徐州，宜近下也。"

刘备确实到过京（今镇江），但不是《三国演义》中绘声绘色的"刘备招亲"。《三国志·先主传》中说："琦病死，群下推先主为荆州牧，治公安。权稍畏之，进妹固好。先主至京见权，绸缪恩纪。"但"进妹固好"和"先主至京见权"实是两件事。建安十四年（209年）底，孙权送妹出嫁，时刘备驻荆州公安，他只前往与公安相邻的石首迎娶新妇。刘备赴京是建安十五年（210年）底，《三国志·鲁肃传》载："后备诣京见权，求都督荆州，惟肃劝权借之，共拒曹公。"这就是民间传说的"借荆州"，是孙、刘结盟的重要环节。当时周瑜、吕范都主张扣留刘备，只有鲁肃主张扶助刘备。曹操听说孙权把荆州借给刘备，大惊失色，可见鲁肃的大局观高人一筹。

刘备东行途中须经过长江南京段，也确有可能与孙权讨论今后去向。于理而言，刘备希望孙权在打败曹操后退守吴郡（今苏州），或仍驻京，蜀汉可以有更大的发展空间。孙权毫不犹豫地表示了自己西进秣陵、北窥徐州的意图，这是要让刘备失望的。孙权"秣陵有小江百余里"的说法，固是张纮列举的理由之一，但孙权早年随孙策征战秣陵，已经对这"小江百余里"有切实了解，自然会认识到其军事、交通上的价值。他由吴而京，再迁秣陵，甚至一度西进武昌（今鄂州），正是一种不断进取与扩张的态势，战略利害无疑是他的首要考虑。

至于秦始皇"掘断连冈"的具体地点，依《吴录》所载，则是朱方（今丹徒）京岘山。《太平御览》卷一百七十载："《吴录·地理志》：秦时，望气者云其地有天子气。始皇使赭衣徒三千人凿坑败其势，改云丹徒。"《太平御览》卷六十六也有类似记载："刘桢《京口记》曰：龙目湖，秦王东游，观地势云，此有天子气，使赭衣徒凿湖中长冈使断，因改为丹徒。今水北注江也。"

秦始皇第五次东巡北返，经丹徒至江乘，丹徒地名的来由也很清楚。"今水北注江"一句，十分重要。今人研究多认为秦驰道丹徒段工程，"凿湖中长冈使断"，令龙目湖水可北泄入长江，降低水位以免驰道被淹，实是一个水利工程。

孙权定策

孙权继承孙策基业，既不甘心于偏安江东一隅，选择新的军事基地、未来的国都，首先就必须临江，以图北进中原。经营多年的吴（苏州），虽有江南运河可以至京口入江，毕竟不便。建安十三年（208年），面对曹操的军事攻势，为了凭借长江天堑，发挥水军优势，也便于与同盟军刘备联络，孙权移驻京口，修筑京城（今镇江）。赤壁之战奠定了三国鼎立的基础，也使东吴有可能向中原拓展，遂在建安十六年（211年）西进秣陵。

京口、芜湖与秣陵，相距不远，各有优胜之处。诚如裴松之所言，芜湖与秣陵在军事上的地位相当，孙权也确曾建濡须坞以抗击曹军。但是芜湖城与战略要地濡须坞分隔在长江两岸，作为军事基地没有问题，作为都城就不免有顾此失彼之虞。所以孙权没有选择芜湖。

京城位于镇江北固山前峰，古人取《尔雅》"绝高为之京"之义，称其为京，孙权所建铁瓮城也被称为京城。北固山后峰伸入长江，江口遂名京口，亦被用于指京城。镇江北固山与南京石头山，都是临江制高点，附近都有河流入江口，"扼江控河"的形势颇为相似，而石头城与秣陵的位置关系，也有类于铁瓮城与曲阿（今丹阳）。在孙权的衡量中，秦淮河这可以"安大船""理水军"的"小江百余里"，特别是入江口足以停泊"方舟万计"的良港，无疑是秣陵胜出的一个重要因素。秦淮河流域是自湖熟文化时代千余年来发展而成的富庶经济区，有利于都城的物资供应，同样也是一个重要因素。而丹徒虽有江南运河联系吴、会地区，但因处于宁镇山脉和茅山丘陵地带，农业经济不及南京。这也说明，春秋时期有大量中原移民定居丹徒之说难以成立，否则丹徒的经济发展应超越周边地区。

就军事地位而言，荆州更优于秣陵。然而荆州地处三国之间，曹操、刘备均有必得之心，距离后方根据地又过于遥远，物资补给相当困难。所以孙权虽在武昌（今鄂州）称帝，终究不能久留。

孙权最终择定了秣陵。

建安十七年（212年），孙权改秣陵为建业，明宣"建帝王之大业"的意图，同时在金陵邑旧址，筑石头城以为军事基地。在与曹魏南北对峙的大形势下，江岸制高点石头城的重要性，远高于经济中心的秣陵关，建业的重心，实际上已北移至秦淮河北岸。建业县的治所史无明载，很可能就在石头城。

孙权移驻建业后不久，就发生了一件关系到江南人口变化的大事。《三国志·吴主传》载，建安十七年（212年），"闻曹公将来侵，作濡须坞"。濡须坞在今安徽芜湖对岸。次年"正月，曹公攻濡须。权与相拒月余。曹公望权军，叹其齐肃，乃退"。曹操四十万大军退走之前，担心滨江郡县被孙权占领，下令居民内迁。"民转相惊，自庐江、九江、蕲春、广陵，户十余万，皆东渡江。江西遂虚，合肥以南惟有皖城。"

十余万户，相当于四五十万人口，这在当时是一个举足轻重的大数字。

据史籍记载，东汉初年人口达五千万，汉末战乱中锐减到五分之一，四五十万人相当于全国人口的二十分之一。吴国人口约在二百多万，相当于一下增加了百分之二十。另一个可以作为比较的数据，是曹丕建都洛阳时，迁冀州五万户到河南，以充实京域。魏国还是三国中人口最多的。

曹操对于战乱导致的人口锐减有清醒认识。他在《蒿里行》中写道："白骨露于野，千里无鸡鸣。生民百遗一，念之断人肠。"所以打算将沿江居民内迁，不料适得其反，为渊驱鱼。长江西岸十余万户居民东渡，对江南地区的发展大有好处，虽未必全部定居建业，但肯定会有相当一部分定居建业，促进这一地区的垦殖开发。

建安二十四年（219年），孙权图谋收回刘备久借不还的荆州，率军西进，任命吕范为丹阳太守，封宛陵侯，镇守建业，驻军之地无疑也是石头城。趁关羽孤军北伐襄樊，孙权派吕蒙偷袭夺得荆州。关羽败走麦城，丢了性命。这实际上帮了曹操的大忙，所以被曹操挟制的汉献帝当即委任孙权为荆州牧，领车骑大将军，封南昌侯，位列朝廷重臣。

建安二十六年（221年），孙权将丹阳郡治从宛陵（今宣城）移到建业，南京地区的行政建置进一步提高。丹阳郡辖十九县，郡城址在今南京武定桥东南箍桶巷一带。与此相应的行政举措，是废湖熟县，立湖熟典农都尉，废江乘县，立江乘典农都尉，以原县城置农官，附近的溧阳县亦改置屯田都尉，旨在促进农业生产，保障建业供给。除了这种民屯之外，尚有军屯，《三国志·陆凯传》中，陆凯说孙权当政时的战士，"不给他役，使春惟知农，秋惟收稻，江渚有事，责其死效"。没有战事的时候全力从事农业生产，无须承担其他杂役。都城建康周边驻有重兵，军垦规模尤大。这些措施，有效地促进了江南的土地开发、经济发展。

同年，孙权受魏封为吴王，次年改元黄武。黄武二年（223年），孙权任吕范为扬州牧，治所设于建业，在今雨花台东侧。

江南帝都建业，已经呼之欲出。

第五节
自然崇拜的具象化：蒋家兄妹

蒋子文的神化

汉代南京地区五县的地方官员，留下姓名的虽然不少，但为后人熟知、幻为传奇的，只有一位，就是秣陵尉蒋子文，死后竟成了六朝江南影响最大的神灵，也使自然崇拜中泛化的山神，有了一个具体的指代。

县尉的设置始于战国时代，在汉代是县级行政机构中的重要佐官，掌管一县军事，负责治安捕盗，大略相当于今天的县公安局局长。蒋子文任秣陵尉是在东汉末年，任期中没有发生什么值得载入史册的事情，最后可算以身殉职吧。他追捕贼寇直至钟山北麓，被打伤了额头，自己用带子把伤口缠起来，打算继续追下去，结果因伤势过重死在途中。

关于蒋子文的最初记载，见于东晋干宝《搜神记》卷五之"蒋子文成神"，文字不长，其成神的经过，颇值得玩味：

蒋子文者，广陵人也。嗜酒，好色，佻挞无度。常自谓己"骨清，死当为神"。汉末为秣陵尉，逐贼至钟山下，贼击伤额，因解绶缚之，有顷遂死。及吴先主之初，其故吏见文于道，乘白马，执白羽，侍从如平生。见者惊走。文追之，谓曰："我当为此土地神，以福尔下民。尔可宣告百姓，为我立祠。不尔，将有大咎。"是岁夏，大疫，百姓窃相恐动，颇有窃祠之者矣。文又下巫祝："吾将大启佑孙氏，宜为我立祠。不尔，将使虫入人耳为灾。"俄而小虫如尘虻，入耳，皆死，医不能治。百姓愈恐。孙主未之信也。又下巫祝："若不祀我，将又以大火为灾。"是岁，火灾大发，一日数十处，火及公宫。议者以为鬼有所归，乃不为厉，宜有以抚之。于是使使者封子文为中都侯，次弟子绪为长水校尉，皆加印绶，为立庙堂。转号钟山为蒋山，今建康东北蒋山是也。自是灾厉止息，百姓遂大事之。

一个"嗜酒，好色，佻挞无度"，轻狂浮荡的公安局长，在今天是很容易被视为黑恶势力保护伞的，他却自谓"骨清，死当为神"，有恃无恐。可想而知，这是一种令百姓避之唯恐不及的形象。孙权定都建业之初，蒋子文突然显灵，"乘白马，执白羽"，要当一方土地，此后诱之以利，胁之以灾，闹得朝野人心惶惶。原本不肯相信的吴大帝孙权，只得派使者封蒋子文为中都侯，封其弟蒋子绪为长水校尉，建庙祭祀，于是灾祸停止，百姓格外信奉。孙权改钟山之名，是避祖父孙钟之讳，但改称蒋山，或即因蒋子文，民间也就把蒋子文当成了钟山的山神。蒋侯庙最初建在钟山孙陵岗，也就是后来孙权建陵之地，今天明孝陵前的梅花山。

蒋子文在东吴建都后显灵，未必是偶然的。如果做一个合理的推测，很可能与秣陵县改建业县有关。建业县治迁离秣陵县城，影响了旧县衙中吏员的利益。自汉初四百年来，他们经营的基业是在秣陵城，此时县府远去，秣陵不再是县城，其损失在所难免。所以湖熟、丹阳等四县皆无异常，只有秣陵县的故吏，编造出蒋子文的神话。

值得注意的是，这样的神话为什么能广为流传。江南地区的鬼神崇拜，原较中原地区为盛，"俗信鬼神，好淫祀"，造神活动很容易成功，如鲁迅在《中国小说史略》第二篇中所说："人神淆杂，则原始信仰无由蜕尽；原始信仰存则类于传说之言日出而不已，而旧有者是僵死，新出者亦更无光焰也。"并举蒋子文作为"随时可生新神"的例证。民众本就相信恶人死后会变成厉鬼，所谓蒋子文扬言的"大咎"并无实指，是人们自己将夏天的疾疫附会上去，民间开始建祠供奉蒋子文，并且出现了专职的巫祝。巫祝以蒋子文代言人的身份出现，诉求已很明确，就是用"庇佑孙氏"换取官方的认可，以便使他们获得更多的利益。小虫入耳致死未免太玄，当时条件下无法查证。但一天数十起火灾，很可能是人为的，属于信众对官方的施压，所以中都侯一封，灾异都消失了。民间对于蒋侯的祭祠供奉也就格外地隆重。《搜神记》中类似的自然崇拜故事颇多，如下面会说的水神青溪小姑，还有风伯、雨师、火神、树神和各种鬼怪。

蒋子文的出场，虽然是一个神话，但后世严肃的史籍中，不乏对蒋子文崇拜的记载。

《晋书·苻坚载记》中说，东晋孝武帝太元八年（383年）淝水之战前,权臣司马道子曾向蒋子文求助:"以威仪鼓吹求助于钟山之神,奉以相国之号。"加封蒋子文为相国。据说苻坚所见"八公山上,草木皆类人形"就是蒋子文神力幻化的。司马道子在朝中力图排挤陈郡谢氏一族,很难说不是故意用这种神话来贬低谢安、谢玄的战功。

因为蒋子文之类的虚妄信仰迷惑民众,空耗社会财富,南朝宋武帝永初二年(421年)下《除淫祠诏》:"淫祠惑民费财,前典所绝,可并下在所除诸房庙。"《宋书·礼志》明确记载:"宋武帝永初二年,普禁淫祀。由是蒋子文祠以下,普皆毁绝。"民间滥设的祠庙被称为淫祠,不合礼制的祭祀被称为淫祀。蒋子文俨然是这些"淫神"的带头大哥,自他以下的各路神仙,一时都被毁像废庙,绝了香火。

宋武帝刘裕身为一代开国雄主,"想当年,金戈铁马,气吞万里如虎",以为命运完全掌握在自己手中,不把那些"怪力乱神"放在眼里。然而时隔仅二十年,宋文帝元嘉年间,国内就不断出现反叛和动乱,一波未平,一波又起。元嘉三十年(453年),太子刘劭弑父即位。都督刘骏率大军讨伐,很快便将刘劭击溃,夺取了皇位,史称孝武帝。《宋书·元凶劭传》记载,刘骏大军兵临建康城下,刘劭"以辇迎蒋侯神像于宫内,启颡乞恩,拜为大司马,封钟山郡王,食邑万户,加节钺"。大约因为蒋子文没有庇佑刘劭吧,孝武帝刘骏孝建初年便复建钟山蒋子文祠。《宋书·礼志》记载:

孝武孝建初,更修起蒋山祠,所在山川,渐皆修复。明帝立九州庙于鸡笼山,大聚群神。蒋侯宋代稍加爵,位至相国、大都督、中外诸军事,加殊礼,钟山王。

宋明帝刘彧泰始年间进封他为钟山王,这就是民间称"蒋王"的来由。南京现在还有蒋王庙这类的地名。

南朝齐时,蒋子文更登峰造极地"进号为帝"。《南齐书·东昏侯纪》载,东昏侯萧宝卷永元二年(500年),崔慧景叛军打到建康,围攻台城。东昏侯"拜蒋子文神为假黄钺、使持节、相国、太宰、大将军、录尚书、扬州牧、钟山王"。崔慧景兵败被杀,萧衍义师又起,拥立萧宝融在江陵登基,史称齐和帝。和帝封萧衍为征东大将军,领军围攻郢城(今湖北夏口)。骁骑将军薛元嗣等身处围城之中,惶恐不安,每天都在厅堂上祷告,祈求蒋侯神降福。在城上巡逻也以蒋侯神像为导引。困守二百余日后,弹尽粮绝,只得弃城投降。萧衍率军东进,围困建康,东昏侯又将蒋子文尊为皇帝,"迎神像及诸庙杂神皆入后堂,使所亲巫朱光尚祷祀祈福","又虚设铠马斋仗千人,皆张弓拔白,出东掖门,称蒋王出荡",以鼓舞士气。

梁、陈间,因天旱,朝廷下诏甚至皇帝亲自去蒋子文祠求雨。

南唐时重修蒋帝庙,赐谥"庄武"。北宋景祐二年(1035年),蒋庄武帝还得到宋仁宗赐额"惠烈"。最后是在明崇祯年间,为蒋帝加号"威灵"。

蒋子文在六朝得到如此尊崇,不会是没有原因的。东晋南朝的君王们,对于剿平内贼外寇,几乎都有些力不从心。制造一个"天助我也"的偶像,哪怕能从心理上给敌人以威慑,也可以让自己得到些许安慰。南唐年间的重修蒋帝庙,明末的为蒋帝加尊号,大略也可以由此得到解释。

青溪小姑故事

南朝宋孝武帝重建蒋子文祠庙之际,在其二弟蒋子绪之外,又多出一个三妹,就是被人们歌之咏之近两千年的青溪小姑。她也是名字见于南京文化史最早的女性。

"江南佳丽地,金陵帝王州",南朝诗人谢朓的千古名句,已然成为南京的代称。尽管南京的历史与中国其他城市史和地方史无异,是一部不折不扣的男性史,但它优越于其他城市史和地方史的一抹亮色,恰好来自一群值得书写的女性形象:从水神青溪小姑,到东晋桃叶、褚蒜子、谢道韫、南朝张丽华、唐代长干商家女、南唐两周后、宋代李清照、明初徐妙锦、明末秦淮艳、清代金陵十二钗、沈琼枝、袁枚女弟子等,代有佳丽。尽管她们在史籍中的存在多出于男性的描绘,但是通过当代视角的审视,解读前人为什么与如何表现这些女性的形象,由此折射出怎样的社会视角,有助于认识历朝历代的社会人文氛围。

青溪小姑的出现远晚于蒋子文。《搜神记》中记载蒋子文显灵故事共五条,都没有提到他还有个三妹。其中只有一条涉及蒋家女眷,说晋武帝咸宁年间,太常卿韩伯的儿子,会稽内史王蕴的儿子,光禄大夫刘耽的儿子,同游蒋山庙。庙里供奉的除了蒋子文,还有几个妇人像,形貌端正。公子哥儿们喝醉了酒,遂开玩笑,各选看中的妇人塑像相配。不料当天夜里,三人同时梦到蒋子文派的使者前来,转达蒋子文的话说,他家的女子都不算漂亮,既蒙各位看中,很觉荣幸,就定在某日,前来奉迎各位。三个人先还以为是自己做了怪梦，第二天一碰头，知道所梦相同，这才害怕起来，备了三牲供品，到蒋山庙去谢罪乞免。这天夜里，又梦到蒋子文亲自前来，责备他们的反悔。这三个人果然就都死了。

西晋时蒋王庙已成为游赏景观，不但蒋子文有塑像，且有一群女像，规模非同一般。

南朝宋刘敬叔《异苑》始提到"蒋侯第三妹"："青溪小姑庙，云是蒋侯第三妹庙"。庙里的谷子长得十分高大，有鸟在上面筑巢产卵。东晋太元年间，陈郡谢庆骑马经过，用弹弓射死了几只，当时就觉得浑身发寒。到夜里睡觉，梦见一个女子，衣冠庄严，发怒说："这些鸟是我养的，你凭什么来侵害。"没几天谢庆就死了。

陈郡谢氏就是谢安一族，是东晋豪门领袖。谢庆又名谢瑍，没有什么名气，但他有个大大有名的儿子，就是开一代诗风的谢灵运。蒋子文一言九鼎，轻而易举地置几位"官二代"于死地，青溪小姑同样可以惩处陈郡谢氏这样的望族，可见兄妹俩威权之盛。

刘敬叔约死于宋明帝泰始年间，《异苑》是其晚年免官居家所作，时在孝武帝重建蒋侯庙之后。宋武帝毁绝淫祠，青溪小姑庙自也在劫难逃。及至蒋侯庙重建，青溪小姑倘能攀上这个一路青云的大哥，自然就可以打破禁令重建祠庙。而青溪正好又发源于钟山，说起来还真有一脉同源的缘分。至于一定是三妹，是因为已经有了一位二弟—— 长水校尉蒋子绪。

重新坐进祠庙的神祇，当务之急是建立尊严权威，令人敬畏。何况蒋子文的神通如此广大，余威所及，他的妹妹以厉鬼面目出现，也就顺理成章了。

六朝时期流行于南京一带，祭祀民间杂神的"弦歌以娱神之曲"的《神弦歌》，第六曲就叫《青溪小姑》：

开门白水，侧近桥梁。小姑所居，独处无郎。

《神弦歌》属《乐府·清商曲》，其间歌咏生命，钟情山水，且掺杂神、人恋爱故事，借娱神以自娱。山水崇拜是六朝自然崇拜的内容之一，青溪小姑就是青溪的水神。人们对她的无郎独处，怀着明显的惋叹。此时她与中都侯蒋子文尚没有什么关联。同样，与蒋子文始终被视为皇家的保护神不同，到了南朝齐、梁间，青溪小姑不再有"淫祀"之虞，便又回到了爱情故事中。

南朝梁人吴均《续齐谐记》中，有《青溪庙神》故事，说会稽赵文韶，宋元嘉五年（428年）在建康任东宫扶侍，住在青溪中桥（今四象桥），与尚书王叔卿家只隔一条小巷。秋月当空，赵文韶怅然生思乡之情，倚门唱了首《西乌夜飞》，歌声哀伤。一个十五六岁的青衣丫鬟来说，王家娘子赏月，被歌声感动，要看看是谁在唱。时间还不算太晚，赵文韶便邀请娘子来相见。王家娘子十八九岁年纪，形容举止，楚楚可怜，身边跟随两个丫鬟。赵文韶问她家住何处，她举手指着王尚书的宅院，说："听了你的歌声，贸然前来相见，你能再为我唱一支吗？"赵文韶便唱了清朗欢畅的《草生盘石下》，很合娘子心意。她说，只要有瓶，还怕没有水么。让丫鬟回去取箜篌，她要为赵文韶奏一曲。转眼箜篌取到，娘子轻拨几下，泠然有声，更添娇艳。她让丫鬟唱一支《繁霜》："繁霜侵晓幕，何意空相守，坐待繁霜落，歌阕夜已久。"自己解带系住箜篌，将其吊起，以金簪叩击伴奏。随后娘子唱道："日暮风吹，叶落依枝，丹心寸意，愁君未知。"投怀送抱之意分明。于是两情相悦，遂同寝处。四更天娘子告辞，脱金簪以相赠。赵文韶回赠白银碗和琉璃匙。天明赵文韶出门，偶经青溪庙，在神座上发现了赠娘子的白银碗，不禁心内疑惑，转到屏风后面，又看到琉璃匙，箜篌上的带子也像夜间那样系着。细看庙里，供祀的是女姑神像，旁边站着个青衣丫鬟，正是他夜里见过的模样。

这故事有个无法弥补的漏洞，元嘉初年，青溪小姑祠还在禁毁之列。吴均真正想说的，很可能是王尚书家女眷红杏出墙故事，故文中一再交待出王尚书宅，或许是不想让王家过于难堪，所以就近找了青溪小姑来顶缸。

宋代词人张先《长相思·粉艳明》上阙，描画青溪小姑的风神逸韵："粉艳明，秋水盈。柳样纤柔花样轻。笑前双靥生。"完全是一副天真少女的形象。大约文人墨客们都不愿意一位青春少女恶如厉鬼吧，一度被尊奉为"神"的青溪小姑，始终不失"人"的丰姿与浪漫。

吟咏青溪小姑的诗歌，最耐嚼味的一首，是李商隐的《无题》：

重帏深下莫愁堂，卧后清宵细细长。

神女生涯元是梦，小姑居处本无郎。

风波不信菱枝弱，月露谁教桂叶香。

直道相思了无益，未妨惆怅是清狂。

李氏自注："古诗有'小姑无郎'之句"。所说古诗，即《乐府·神弦歌》中的《青溪小姑》。

　　解说这首《无题》的人，多喜指其为李商隐自悲遭际。然诗中所用之典，分明是金陵故事。读李商隐的咏史诗，可知他对金陵史事十分关注，且别有见地。"神女生涯元是梦，小姑居处本无郎"，明确表示他不相信赵文韶的艳遇。他甚至都懒得提起那个做梦的男人，而将一切关于"神女生涯"的传说都指为梦话，以营造青溪小姑更为纯洁美好的审美具象。

第四章

东吴：古都初建业

第一节
生子当如孙仲谋

孙权的后发优势

《三国演义》中,给读者留下深刻印象的是诸葛亮老谋深算,周瑜像个年轻气盛的小伙子。其实"火烧赤壁"那年,诸葛亮二十八岁,周瑜比他年长六岁。除了刘备四十八岁,可算是"老人",确知年龄的三国人物,孙权二十七岁,鲁肃三十七岁,吕蒙三十一岁,凌统二十岁,庞统三十岁。那一代风流人物的年轻,令今人不敢想象。尤其是东吴的开创者,孙策十七岁领军,继承父志,开创江东一片基业,去世时才二十六岁。孙坚去世时也不过三十七岁。

再就是曹操的那一句感慨:"生子当如孙仲谋,刘景升儿子若豚犬耳。"刘表的儿子被说成有如猪狗,好像没人抱不平,却不免为孙权委屈,觉得他被曹操占了便宜。实则曹操比孙权大二十六岁,他的长子曹昂至少比孙权大五岁,他确是孙权的父辈。

"年少万兜鍪,坐断东南战未休。"在与魏、蜀两国的抗争中,孙权清楚地意识到自己的后发优势。

建安二十五年(220年)正月,魏王曹操去世。十月,曹丕受汉献帝禅让,改国号为魏,改元黄初,史称魏文帝,迁都洛阳。孙权派使者祝贺,表示愿意作为魏国的藩属。

建安二十六年(221年)四月,刘备在成都称帝,国号汉,改元章武,史称汉昭烈帝。章武,就是彰扬武力。当时孙权在公安,得到消息,当即西进鄂州,改称武昌,并设置武昌郡,营建武昌城。武昌这个地名有意思。昌是昌盛、昌大,曹丕称帝,便将曹氏发祥之地许改名许昌。但武昌的重点在武,加强武备,以保昌大。这个武与刘备那个武针锋相对,宣示孙权决不会放弃荆州。

孙权明白，夺荆州、杀关羽之仇，刘备不可能不报。刘备称帝，说明他已将西南益州事务处理好，大战将不可避免。果然刘备当年七月即率军伐吴。孙权写信希望和谈，刘备断然拒绝，沿江而下，直至夷陵（今西陵）。吴军初战失利，孙权一边继续求和，一边卑躬屈节称臣于魏。两军相持之间，有过两轮谈判，但刘备的要求肯定没有得到满足，和议不成。

十一月，魏文帝派使者册封孙权为吴王。众臣议论，孙权应自称汉上将军、九州伯，不受魏封。九州伯，又称九州长，传说尧召许由为九州长，许由不愿听，到河边去洗耳朵。上将军属汉代军事最高长官。这两个头衔，相当于汉王朝的军、政一把手，没有皇帝之名而有皇帝之实。孙权不图这个虚套，他说刘邦也曾受项羽封为汉王，接受魏国册封以为权宜之计，并没有什么实际的损失，而可暂时解除北方的后顾之忧，放手与蜀军决战。

吴王黄武元年（222年）正月，陆逊火烧连营，大破蜀军。刘备败走白帝城。孙权派使者到魏国去报功。曹丕也不是好糊弄的，在二月派来使者，要孙权表现忠诚，让儿子孙登到魏国去任职，其实是充当人质，并索取各种贡品。孙权只献上贡品，反复以儿子年幼为托辞进行拖延。曹丕认为孙权出尔反尔，不能放任，派三路大军伐吴。吴国大将朱桓在濡须坞击退曹军。十一月，在白帝城病重的刘备，自知来日无多，为儿子刘禅着想，致书孙权，自我检讨，表示愿永修旧好。孙权也深知与魏国的联盟只是一时之计，吴、蜀两国又恢复了同盟关系。刘备没有纠结于夺荆州、杀关羽的深仇大恨，孙权也没有纠结于蜀国的亡我之心不死。在这一点上，刘备、孙权都不失为政治家。正是这一决策，使三国鼎立的局面得以持续半个世纪。

黄武二年（223年），六十三岁的汉昭烈帝刘备去世。黄武五年（226年），称帝六年的魏文帝曹丕也去世了。孙权仍一再拒绝臣下的劝进，无视种种嘉瑞的出现，安心做他的吴王，发展生产，稳定后方，拒敌曹魏，以待时机。尤其是分交州之地（今两广及越南北部、中部）增设广州（今广东），证明其岭南地区的不断开发卓有成效。东吴的疆域，远比人们想象中的更为广远。

武昌称帝

黄武八年（229年），孙权经营武昌（今鄂州）已有十年之久。这年四月，夏口（今汉口）、武昌都报告出现黄龙、凤凰，孙权也认为时机成熟，才在群臣拥戴下登基称帝，国号吴，改元黄龙。孙权时年四十八岁。《吴录》中收入了孙权的《告天文》，此文的大旨，就是为孙权当皇帝提供一个理论依据，名义上是向天祷告，其实是说给世人听的。

对于吴国的谋臣们，这篇文章并不好作。曹魏和蜀汉，都有冠冕堂皇的说辞。曹丕是受汉献帝的禅让，三让三辞，一丝不苟，让人无懈可击。刘备是以"汉中山靖王之后"的宗室身份登基，号称继承汉王朝正统，看似也无可非议。然而，此时汉献帝还在世，虽被降封山阳公，仍保留着天子礼仪。刘备果真忠于汉室，就应该匡扶汉献帝复位，而非自己称帝。

孙权的《告天文》，先说汉朝"享国二十有四世，历年四百三十有四"，气数已尽，"普天弛绝，率土分崩"，"天意已去于汉，汉氏已绝祀于天"。既然连刘备也视汉献帝为不存在，汉王朝终结已成事实。这就不点名地否定了刘备"继统"的合法性。然后明确指斥曹丕、曹叡父子是"夺神器""淫名乱制"，不承认所谓的禅让表演。那么孙权自己呢？他"生于东南，遭值期运，承乾秉戎，志在平世，奉辞行罚，举足为民"，先有了民意的基础，又得到各种吉兆天意的指示——"休征嘉瑞，前后杂沓，历数在躬，不得不受"，他是敬畏天命，才来做这个皇帝的。

"生于东南，遭值期运"这八个字，不是随便说的。《三国志》卷四十七《吴主传》注引韦昭《吴书》，说吴国郎中令陈化黄武三年（224年）出使魏国，与曹丕有过一番舌战：

丕因酒酣，嘲问曰："吴、魏峙立，谁将平一海内者乎？"化对曰："《易》称'帝出乎震'，加闻先哲知命，旧说紫盖黄旗，运在东南。"丕曰："昔文王以西伯王天下，岂复在东乎？"化曰："周之初基，太伯在东，是以文王能兴于西。"丕笑，无以难，心奇其辞。使毕当还，礼送甚厚。大皇帝以化奉命光国，拜犍为太守，置官属。顷之，迁太常，兼尚书令。

曹丕的"嘲"，是当时流行的一种排调活动。三国时期，受秦、汉以来俳优戏的影响，在娱乐中显示才华的排调之风，不但在士人中盛行，君臣之间也习以为常。甚至在外交活动中，双方也会嘲戏对手以逞国威。陈化深谙此道，所以并不认真讨论"平一海内"的问题，而是引经据典，扯出一个玄而又玄的"运在东南"。

《周易·说卦传》："帝出乎震，齐乎巽，相见乎离，致役乎坤，说言乎兑，战乎乾，劳乎坎，成言乎艮。"这是一段与八卦四时方位有关的论述。震代表东方。孔颖达《周易正义》解释："此帝为天帝也，帝若出万物则在乎震。"紫色车盖、黄色旗帜，都属帝王仪仗，借指帝王所在。曹丕反诘，说周文王是以西伯侯取得天下的，怎么能说运在东方呢。陈化解释：周奠基之初，文王的长辈太伯奔吴到东方，成全了季历父子继位，才会有西方的兴盛。曹丕难不住陈化，只好一笑了之，因为欣赏他，临别送了他很多礼物。

陈化以言辞犀利为国争光，得到孙权的高度赞赏，回国后即被任命为犍为太守。犍为远在川西，时在蜀汉治下，吴国的犍为太守只能是个虚职，是给陈化的一个资历台阶。很快，陈化就晋升掌管礼乐社稷、宗庙礼仪的太常卿，兼任尚书令，进入朝廷中枢。

"嘲"成为三国两晋南北朝时期一种独特的文体，受嘲者辩答为"解嘲"。刘勰《文心雕龙·谐隐》一篇专论此体："古之嘲隐，振危释惫。虽有丝麻，无弃菅蒯。会义适时，颇益讽诫。空戏滑稽，德音大坏。""嘲"到后期受玄学清谈的影响，成为一种文字游戏，就失去本来的意义了。《世说新语》中有《排调》一篇，收录了六十五个故事，列在《简傲》与《轻诋》之间。

"运在东南"，也就成了东吴的国家自信。有趣的是，为后世喧嚣不已的"金陵王气"之说，楚威王埋金，秦始皇开河，在东吴一朝竟全无踪迹可寻，可见尚未编造出来。

为了顺应时运，孙权称帝在武昌（今鄂州），当年九月即迁都于东南的建业。建业对于东吴，除了种种实际上的利益，还有着"上应天命"的意义。孙权将以此为根基，与魏国对峙，以期"平一海内"。

他也决不会放弃荆州。

荆州位于魏、蜀、吴三国之间，对于各国，意义都不仅是那一片领土，更在于战略地位。

吴国地处长江下游，位于长江中游的荆州，对下游具有天然优势，顺流而下势不可挡。六朝战争史多次证明了这一点。武昌（今鄂州）固是军事重镇，但土地贫瘠，军队与政府的给养全依赖吴、会地区供应，无论水军船队还是粮草供给，若从下游逆水长途运输，速度慢，代价高，风险大，所以不具备作为都城的条件。但据有荆州，则可以将其作为下游的安全屏障。敌军即使企图在下游渡江，也不能不顾及对方自荆州下击的威胁。当年刘备不惜以身犯险，亲赴京口向孙权借荆州，孙权的谋臣大都反对。孙权虽因借出荆州得了孙、刘联盟抗曹之利，但刘备据有益州足以安身后，仍不肯交还荆州，孙权自不能不生戒备之心，故不惜背弃盟约，也要从刘备手中夺回荆州。对于吴国而言，最好连上游的益州也控制在自己手中才好。赤壁之战后，周瑜曾积极谋划进取益州，因其早逝，这一计划胎死腹中。

蜀汉据有荆州，不但对下游的吴国形成威慑之势，而且只要北上攻取襄樊，南阳平原无险可据，魏都洛阳即已在望中。杜甫《闻官军收河南河北》诗中的"即从巴峡穿巫峡，便下襄阳向洛阳"，就是对这一形势的生动写照。当年关羽就是在北伐襄樊时，被吴军在背后偷袭，"大意失荆州"。

荆州先后被蜀、吴两国控制，曹操、曹丕几次南征攻吴，都因长江天堑阻隔，无功而返。同样的道理，晋代魏之后采取的战略，也是先灭蜀，再攻吴。"王濬楼船下益州，金陵王气黯然收"。这段史实后来被诗化，其中的道理却很少有人细想。

吴大帝孙权在武昌登基，与来贺的蜀汉使者陈震一块设计了瓜分中原的美梦。两国立坛盟誓，"戮力一心，同讨魏贼"，大致以函谷关为界中分魏国领土。"各守分土，无相侵犯"，"有渝此盟，创祸先乱"。魏国领土尚是画饼，但荆州的归属已尘埃落定。蜀汉既不计前嫌，采取联吴抗魏的明智策略，孙权也就可以放心迁都建业了。

"生子当如孙仲谋"，曹操发此感慨，尽管没有以自己的儿子相比，这仍成了曹丕的一个心结。曹丕一再向吴国使臣询问孙权的情况。孙权受魏封为吴王，派中大夫赵咨出使洛阳，曹丕问："吴王何等主？"赵咨也是排调高手，随口举例证明孙权的"聪明仁智雄略"。曹丕又问："吴王颇知学乎？"赵咨答："吴王浮江万艘，带甲百万，任贤使能，志在经略。虽有余暇，博览书传历史，藉采奇异，不效诸生寻章摘句而已。"曹丕直接挑衅："吴可征不？"赵咨不动声色："大国有征伐之兵，小国有备御之固。"可谓不卑不亢。而曹军三次与东吴对阵，其中一次是曹丕亲征，都没有取得像样的战果，反而印证了赵咨的话，令曹丕无奈感慨："天固隔我吴、魏，彼有人焉。"

曹操有二十五个儿子，就不说同根相煎了，曹昂、曹冲早死，曹丕享年四十，曹植四十一岁去世，都不长寿。而孙权活到七十一岁，叱咤风云五十余年，在汉末三国百年间，要算最为长久的一人。

多宫制与单宫制

孙权离开建业时，只是汉王朝的讨虏将军。留在建业的讨虏将军府，原是孙策讨逆将军府，相当于越城、金陵邑之后的第三个军事据点。孙权登基称帝，衣锦荣归，建业并没有一座皇宫在等着他，只能修缮将军府，改称太初宫。孔子说过，"名不正则言不顺，言不顺则事不成"。建筑可以将就，名称不能马虎。据记载太初宫周长只有"三百丈"，折合七百多米，还没有越城大。宫名太初，是最初的意思，也有不忘根本的意思吧。东吴成为中国历史上第一个立国东南的独立王朝，由孙权定都到末帝孙皓天纪四年（280年）降晋，建业作为东吴都城五十二年。

南京的都城文化因素，由此肇端。

史载太初宫在台城西南。21世纪以来的考古发掘，明确了六朝台城的范畴，太初宫的位置也就可以大致认定，当在今洪武路和游府西街相交处一带。

汉建安三年（198年），孙策受封讨逆将军，在秣陵建造将军府。这个时间节点，史籍有明确记载。对于孙策、孙权的这一空间选择，前人多从地形地貌考虑。这里地势平坦，相对荒僻，与人口稠密的越城周边居民区隔着宽阔的秦淮河，相距约三公里，有足够的空间作为军、政中心。钟山余脉覆舟山、鸡笼山等成为城北天然屏障，山外是尚与长江相通的玄武湖，是天然的水军泊地和操练场所。城东有源于钟山的九曲青溪环护，顺青溪南下进入秦淮河，可以联系居民区与商业区。宽阔的秦淮河下游成为都城南面的屏障。西边是天堑长江和"扼江控淮"的石头山，江岸良港石头津，便于与东吴腹地吴、会相联系。后世且衍化出"钟山龙蟠，石头虎踞"之类的风水说。直到南宋《景定建康志》，还在论证"其地据高临下，东环平冈以为固，西城石头以为重，带元武湖以为险，拥秦淮、青溪以为阻，是以王气可乘，而运动如意"。

具体到将军府的选址，梳理相关文献，有一个重要线索，即其西侧和北侧有相当大的湖泊。将军府离四面的江河都有一定距离，固然可以减少水患，但军中用水必须便利，这个湖泊正好满足需要。

这就是历代文献中多次提到的太子西池。

孙权迁都建业时，太子孙登留守武昌（今鄂州）。嘉禾元年（232年）六月，孙登回到建业，住进的太子宫位于太初宫南，称南宫。太子在宫西建造了皇家园林西苑，又称太子西池。这湖泊不是圆形，也可能是若干湖泊相串联，从太初宫西侧转向北侧，成为北面皇家园林后苑中的水面。后苑常被研究者忽略。《建康实录》卷二有记载，赤乌八年（245年）七月，孙权游后苑，征西将军马茂等谋逆，事发被镇压。

换言之，当初孙策的将军府，就是建在西、北两面湖泊的环抱中。北侧湖泊的东端，已近苑城西垣，便于城中驻军取水用水。可见苑城的选址，同样受到这湖泊的影响。

苑城位于太初宫东北，城内建有储放粮草的仓库及驻军营舍，范围远大于太初宫，所以在东晋能被用来改筑成"周回八里"的台城。俗话说"兵马未动，粮草先行"，东吴皇室和军队不能没有足够的物资储备。苑城没有建在太初宫西边或北边，显然是因为有湖泊相隔，与宫中往来不便。

此后东吴开凿运渎，也利用了这一片湖泊。

《建康实录》卷二载："今运渎东曲折内池，即太初宫西门外池，吴宣明太子所创，为西苑。"吴宣明太子就是孙登。太子西池位于运渎东曲折内，即自秦淮河北行的运渎，到西苑这里有一个明显的向东转折。依常识，人工开凿运河，取直线最为省工，非迫不得已不会设计为曲线。运渎的走向在这一片平原中出现大曲折，可以肯定，是因为利用了太子西池这片天然水道。

商、周以来，太子例居东宫，将太子宫置于太初宫的南面，不免给人以凌乱的感觉。当初孙策所建的是将军府，尚考虑不到都城的布局。待到孙权定都，因陋就简，则是因为经济艰难，无力营建新宫室，更顾不上都城的规范。时隔三年，嘉禾元年（232年）春天，丞相顾雍上书建议修建郊庙社稷，祭祀天地、祖先、神祇，"以承天意"，孙权都没有同意。

嘉禾这个年号有意思，前一年五月，由拳（今嘉兴）"生野稻"，被当成大吉之兆，改由拳为禾兴县。十月，始平（今天台）报告"嘉禾生"，于是改元嘉禾。古人把一禾两穗、两苗共秀、三苗共穗等生长异常的禾苗称为"嘉禾",也是自然崇拜的遗风,显示对农业丰收的渴望之情。孙权对此有明确认识,赤乌三年(240年)春下诏有言:"盖君非民不立,民非谷不生。"命州郡劝治农桑,农忙时节不得征服劳役。

赤乌十年(247年),东吴立国已十八年,孙权才修缮太初宫。《三国志·吴主传》载:"二月,权适南宫。三月改作太初宫。诸将及州郡皆义作。"为修缮太初宫,孙权只好暂住太子南宫,说明都城中只有这两座宫殿。修缮工作要靠部下诸将和所属州郡官员带头参加义务劳动。使用的材料则是从武昌宫拆下的旧材瓦。武昌宫时已二十八年,有关部门提出旧材瓦"恐不堪用"。孙权说:"大禹以卑宫为美。今军事未已,所在多赋,若更通伐,妨损农桑。徙武昌材瓦,自可用也。"因为连年征战,赋税已经很高,如果再让百姓伐木材、烧砖瓦,会影响农业生产。

修缮工作前后持续了一年,第二年三月才完成,规模有所扩大,"周回五百丈",正殿称神龙殿,另有临海、赤乌二殿。宫城南面开五门,正中公车门,其东有昇贤门、左掖门,其西有明扬门、右掖门;东面开苍龙门;西面开白虎门;北面开玄武门。加上御道南端秦淮河上的朱雀航,正好凑成"四灵"之象。

神凤元年(252年)四月,孙权去世。七月葬蒋陵,即今东郊梅花山,是南京的第一座帝陵。废帝孙亮五凤三年(256年)春,将孙权的神主迁入新建的太庙供奉。太庙可算建业都城又一座宫室建筑,位于太初宫东面。这一方位同样不符合中原礼制规范,也可见建业都城的逐渐拓展建设,只能在条件允许的情况下满足功能需要。

十五年后,后主孙皓宝鼎二年(267年)夏六月,在太初宫东面新建周长五百丈的昭明宫,正殿称赤乌殿,东面开弯崎门,西面开临硎门,并在宫内堆土山、造楼观、饰珠玉、配以奇石,又开城北渠,引玄武湖水入宫内,巡绕堂殿。昭明宫已不是单纯的宫殿,包含了皇家园林成分。这回没有旧材料可用,俸禄在二千石以下的官员都得进山监督伐木。这些都被史家作为后主奢侈的证据。因为太初宫的东北是苑城,所以昭明宫的北部,即苑囿部分,当是进入苑城范围的。

此时东吴王朝的历史,已经过去三分之二。建业都城的格局就此稳定,城内就是宫殿、仓库和官署,相当于后世的皇城。

建业都城的这种格局,研究者将其归为多宫制,属于先秦以来的都市布局。同在三国时期，曹魏都城邺城与洛阳，已经开始采用单宫制的新型都城布局。此后东晋建设建康都城，同样采用单宫制布局。建业城成了多宫制的尾声。如前所述，建业城的多宫形式，并非有意继承汉代传统，实为国家经济困难不得不因陋就简的结果。吴国在立国时曾明确宣称汉王朝的终结，无论制度上还是情感上，都没有追求过与汉王朝的联系。

值得一说的是，单宫制都城的重要标志之一，即在宫城前设御街为城市中轴线、两旁排列官署，正是肇端于建业。西晋诗人左思《吴都赋》中用大量华丽的辞藻，描绘建业城和吴宫，也描绘了这条南北御道："朱阙双立，驰道如砥。树以青槐，亘以绿水。玄荫耽耽，清流亹亹。列寺七里，侠栋阳路，屯营栉比，廨署棋布。"自苑城南行，到秦淮河上朱雀渡，是长约七里的御道。平坦的御道两边整齐排列着军营和衙署，还有"玄荫耽耽"的绿化树和"清流亹亹"的排水沟。"亘以绿水"则是因为沿路多河池，水位高时便会有水流横溢过路面。这种景象在少水的中国北方是看不到的，故被左思视为奇观。

西晋人能看到的这条御道，应该是在后主孙皓年间修筑的。《正德江宁县志》卷五引晋环济《吴纪》："天纪二年，卫尉岑昏表修百府，自宫门至朱雀桥，夹路作府舍。又开大道，使男女异行，夹道皆作高墙，瓦覆，或作竹藩。"岑昏以大兴土木得孙皓宠信，据说出主意以"千寻铁锁"阻晋军东下的也是岑昏，他因此计失败而被杀。有趣的是"使男女异行"，东汉班昭《女诫》中说"男女异行"，是指男女秉性不同，行为也不同，在这里变成了男人女人要行走在不同的道路上。《吴纪》早已佚亡，《世说新语》刘孝标注、《初学记》等书中存有若干佚文。

东吴建业城的规模，文献记载很少。《建康实录》卷二中说："其建业都城周二十里一十九步。"这个数据，无疑是根据南朝建康城周长倒推出来的。因为唐代人所看到的，只能是代之而起的建康城。况且东吴建业城没有围墙，无从测定周长。

石头城和冶城

建业城的屏障，主要依凭山、水、原始森林等自然环护，在交通道口或军事要地，设有类似路障的竹篱，只有苑城南面二里处建有一门，世称白门，到东晋改称宣阳门，是六朝都城的明确地标。更重要的防卫措施，是都城周围的军垒。西边的石头城，南边的越城和丹阳郡城，北边江乘的金城。最重要的当数"扼江控淮"的石头城。时值南、北对峙的分裂局面，长江天堑被江南王朝倚为屏障，凡江边有警，必先据石头城以为捍御。"戎车盈于石城，戈船掩乎江湖"（左思《吴都赋》），石头城既是交战双方竭力争夺的军事要塞，又是建业城与外界联系的生命通道，一旦失守，都城便成进退失据的孤城。石头城的防卫是国家重要事务。《六朝事迹编类》卷二记载："吴孙权沿淮立栅，又于江岸必争之地筑城，名曰石头，常以腹心大臣镇守之。"

《丹阳记》说："石头城，吴时悉土坞。义熙初，始加砖累甓。因山以为城，因江以为池，地形险固，尤有奇势。"东吴石头城尚是垒土而成，东晋安帝义熙年间才加包砖墙。石头城周长七里一百步，折合约三千二百米，说来不算大，但东晋南朝建康宫城周长也只有八里，可见其地位。石头城的位置，长期以来为研究者争论不休。据 2012 年春公布的考古勘测结论，其北垣在清凉山北麓近山顶处，东至清凉山东冈，将位于东冈八角亭附近的石头小城（也称石头仓）包含在内，西延至国防园东冈，折而向南，长约一千一百米。西垣在外秦淮河东岸，长约八百米。南垣沿乌龙潭北岸向东，长约四百五十米。东垣自清凉山东冈至乌龙潭，长约八百二十米。四面围合成不规则的梯形，周长约三千二百米，与史籍记载正相吻合。在石头城附近，还发现了东吴以来的道路遗址以及隋唐时期维修石头城的遗迹。

石头城内设有重要的粮食仓库和兵器仓库。石头仓储粮富足，可以供军饷、定军心。东吴的兵工厂就设在石头城东不远的冶山上。南朝宋刘义庆《世说新语·言语》中"王右军与谢太傅共登冶城"一条，南朝梁刘孝标注："《扬州记》曰：冶城，吴时鼓铸之所。吴平，犹不废。王茂弘所治也。"王导字茂弘，吴平之后既是王导所治，可见此处之"吴"应指东吴。

又《世说新语·轻诋》中"庾公权重，足倾王公。庾在石头，王在冶城"一条，刘孝标注文引《丹阳记》云："丹阳冶城，去宫三里，吴时鼓铸之所，吴平，犹不废。"又云："孙权筑冶城，为鼓铸之所。"这是一个明确的史证。同时，"吴平，犹不废"的"平"字，也不是随便用的。春秋时期，越与吴都是诸侯，越灭吴不能称为"平"，只有被认为正统的晋灭东吴，才能称为"平"。《世说新语》《建康实录》中多次出现"吴平"

句式，所指都是东吴。如《世说新语·赏誉》刘孝标注引晋人《蔡洪集》，说吴展"仕吴为广州刺史、吴郡太守，吴平，还下邳"，严隐"吴朝举贤良，宛陵令，吴平，去职"。此外，近人引用这一资料时，多略去后半句的"王茂弘所治也"和"孙权筑冶城"，以模糊语意，混淆三国之吴为春秋之吴，意图将南京建城史上推百余年，可谓掩耳盗铃。

关于冶城冶铸的兵器，《吴都赋》有一节描写："趫材悍壮，此焉比庐，捷若庆忌，勇若专诸。危冠而出，竦剑而趋。扈带鲛函，扶揄属镂。藏镪于人，去戚自问。家有鹤膝，户有犀渠。军容蓄用，器械兼储。吴钩越棘，纯钧湛卢。戎车盈于石城，戈船掩乎江湖。"文中提到的各种名剑，都是先秦的青铜剑。左思当然会知道，东吴所铸是铁剑，不过借此比喻冶铸水平的高超。他特别写出了东吴"全民皆兵"的国情，像庆忌、专诸那样有各种技能的武士，随时准备为君王所用。人人携带矛戈宝剑，像吴钩、越棘这样的利器，不须出自武库，从市井人家就可取得。当今武侠影视中那种满街行人皆佩剑的景象，竟是东吴的真实。军车络绎不绝于石头城，配有专用兵戈的战船遍布江湖。东吴的军事实力，确实不可小觑。

第二节
建业水

运河：运输之河

"宁饮建业水，不食武昌鱼。"这首被南京人引以为荣的童谣，始见于《三国志·陆凯传》，其时孙皓"徙都武昌，扬土百姓溯流供给，以为患苦，又政事多谬，黎元穷匮"。陆凯上书进谏，引用童谣"宁饮建业水，不食武昌鱼。宁还建业死，不止武昌居"，强调"童谣之言，生于天心。乃以安居而比死，足明天意，知民所苦也"。

政治意义之外，这也是饮食史上一种鲜活例证，说明武昌鱼当时已是一种美食。以东吴的水运条件，贵族虽作此口号，相信他们即使住在建业，也不难吃到武昌鱼。

到了唐代，《建康实录》中将这童谣流行的时间，提前到孙权称帝之际，说他"即帝位闻谣言，而思张纮议，乃下都之"，孙权在武昌（今鄂州）称帝，听到这个童谣，回想起张纮的建议，于是迁都建业。

唐人既已混淆，后世遂无所适从。其实依常理而言，孙权称帝时，经营武昌已十年，东吴权贵正是吃惯了"武昌鱼"，而尚未领略过"建业水"，无此比较，何来怨怼？待孙皓甘露元年（265年）十一月迁都武昌，东吴王朝定都建业已经三十六年，举国上下都适应了以建业为中心的状态，再难忍受"溯流供给"的患苦。

且说建业水。

古往今来，为人们津津乐道的，乃是南京的山。"钟山龙蟠，石头虎踞"是永远的话题，"金陵王气"的象征。这颇有点数典忘祖的意味。可以肯定地说，先民们是先认识南京的水，再认识南京的山；先认识近水的丘陵，后认识远水的山冈。水是先民生存、生活的基本要素，水道则直接影响着最初的人文活动。不了解水在南京的重要地位，不了解南京历史上同样属"人家尽枕河"的江南水乡，就很难想象南京地区的早期发展史。

南京的水，首推秦淮河。秦淮河对南京的影响，前文所说已多。需要补充的，是后来成为秦淮河支流的东吴运河。历史毕竟在进步。东吴立国后，人们已不满足于利用自然水系，运用自己的力量，开凿了多条运河，试图建立合理适用的城市水系。

《建康实录》卷二中对东吴建业运河开凿工程的记载，最为详尽。定都建业十年以后，赤乌三年（240年）十二月，农闲时节，孙权"使左台侍御史郗俭监凿城西南，自秦淮北抵仓城，名运渎"。

运渎，顾名思义，就是运输水道，意在让运输船只直接抵达苑仓。这是吴都商品集散地长干里与宫城之间最便捷的运输线，也是东吴境内转运粮草的一条新航运交通线。经过七百年的发展，长干里已成为全国性的商业集散地，东吴在凤台山南麓设大市加以管理。江南吴、会地区的物资，由太湖经南运河至京（今镇江）入长江，西行至石头城，上溯秦淮河，经运渎北行直达苑城。

运渎南起秦淮河上斗门桥（邻近今上浮桥），经红土桥路（今南段并入鼎新路）至评事街北口西州桥，北行经今木料市、大香炉、明瓦廊东侧一线，至宫城区西侧太子湖自然水道，随之东转，至孝义桥（今洪武北路南端）入苑城。西州桥因位于西州城东南角而得名。《建康实录》卷二载："运渎旧有六桥。孝义，本名覔子桥。次南有杨烈桥，宋王僧达观斗鸡鸭处。"孝义桥在苑城西门外，即运渎与潮沟交汇处。杨烈桥当在西州城东门外，以便交通。王僧达是丞相王导玄孙、临川王刘义庆女婿，屡任高官，因假托生病去看斗鸭而遭弹劾。江南人于斗鸭情有独钟，孙权次子孙虑曾在堂前作斗鸭栏，后听从陆逊教导毁除。黄初二年（221年），吴王孙权应魏文帝之求"并献方物"，据《江表传》记载："魏文帝遣使求雀头香、大贝、明珠、象牙、犀角、玳瑁、孔雀、翡翠、斗鸭、长鸣鸡。"斗鸭居然可以跻身明珠、象牙之列。延至晚唐，此风不衰，现苏州甪直陆龟蒙故居中尚保存着当年的斗鸭栏。

赤乌四年（241年）"冬十一月，诏凿东渠，名青溪，通城北堑、潮沟"（《建康实录》卷二）。其后注文涉及青溪、潮沟、城北堑、运渎四条水系，是时代较早而较系统的叙述。《南京城市史》中对此有详细解读，不再赘言。

北宋时期极寒枯水，运渎和潮沟湮没。南宋张敦颐《六朝事迹编类·江河门》中，没有为运渎列目，虽有潮沟一目，但说明已"未详所在"。

秦淮中支分南北

上述水道之外，由四象桥向西，经内桥、鸽子桥连接西州桥的水道，应该也是此时所开运河。其工程量不大，而将青溪与运渎、秦淮相连通，无论从交通运输的角度，还是水源相互调剂的角度，好处都是很大的。后世将这一段运河称作运渎东源，而以建康城南北中轴线上的内桥作为分界，其东水道，无论自然还是人工统称青溪，其西则称运渎。

自西州桥向西，过小新桥（宋代名鼎新桥）、崇道桥（后名道济桥，今仓巷桥）、文津桥，至栅寨门（今涵洞口）进入夹江的运河，也被归入运渎水道。由此可将冶城铸造的兵器，直接水运到军事要地石头城，石头城中有较大规模的兵器库。金属兵器很重，水运成本既低，也相对安全。这应是孙权选择冶山作为兵工厂的重要因素之一。其位于秦淮河干流之北，又在杨吴北城壕之南，故称秦淮中支。

秦淮中支更重要的作用，是东接青溪、中交运渎、南通秦淮、西入长江，具有沟通、调节几大水系的作用，对于南京地区发展的好处，远不止于运输。运河的得名，是因为统治者的着眼点在于航运，但航运之外，运河还具有灌溉、给水、分洪、排涝等功能。建业即便为东吴都城，人口分布也远不及近代城市那样密集，除了宫城区和长干里商区两片之外，其他地区仍多为农田，这一运河系统也就相当于一个水利网络。

秦淮中支的形成，对于南京城市形态有重要影响。如西晋末年王敦所建扬州治所，就位于秦淮中支北侧、运渎西侧，史称西州城。西州城系与东府城对称。东晋会稽王司马道子任扬州刺史时，在今通济门附近兴建新的扬州治所，称东府城，原扬州治所遂被称为西州城。西州桥位于今笪桥西侧，但笪桥南北跨秦淮中支，西州桥是东西跨运渎。运渎湮没后西州桥也随之消失。正因为笪桥地处南北、东西两条重要水道的交汇点，周围会形成一个商市圈，其北的西虹桥一带在明代成为大市，其东的鸽子桥、其南的评事街都成为繁华商市，也就不奇怪了。

东晋南朝建康都城的南门宣阳门，位于秦淮中支北侧，都城南垣即以秦淮中支为护壕。秦淮中支北侧形成了重要的东西干道，即今白下路、建邺路一线。南唐宫城的南垣同样以秦淮中支为护龙河。宫城的位置决定着都城的规划，所以金陵城的方位也大致取决于秦淮中支。明初建都城后，秦淮中支仍属城南与城北之间的自然分界。

在城市地理环境中，容易注意到的是山的阻隔作用和水的贯通作用。然而，水一方面可以交通上、下游的不同功能区，如台城与长干里，另一方面又会在两岸之间形成阻隔，所以被广泛用作城市护壕。回看东吴，建业城东面的青溪、北面和西面北段的潮沟，西面南段的运渎，加上南面的秦淮中支，四面水道交相环绕，不但交通运输大为便利，也成为都城的自然屏障。南面宽阔的秦淮河和西面的长江，则成为建业城的天然外郭。明确这一点，也就可以理解建业城以至东晋建康城为什么可以没有城墙。

利用自然山水作为城市屏障，是南京建城之始即已确立的一个优良传统。只是由于青溪和运渎水道在后世发生了较大的变化，才变得模糊起来。尤其是古代的地图，都把王朝都城画成正南北走向，这对后人也是一种误导。前人研究中曾经注意到南京城区的古水道，却没有意识到古水道与城市位置的对应关系。

开凿破冈渎

东吴最大的运河工程，是开凿破冈渎，沟通秦淮河与苏南运河，使东南丰饶的物产不须经过长江，沿内陆河道直接运往都城建业。

《建康实录》卷二记载，赤乌八年（245年）八月：

使校尉陈勋作屯田，发屯兵三万凿句容中道，至云阳西城，以通吴、会船舰，号破冈渎。上下一十四埭，通会市，作邸阁。仍于方山南截淮立埭，号曰方山埭。

注文说："其渎在句容东南二十五里，上七埭入延陵界，下七埭入江宁界。初，东郡船不得行京，行江也。"东吴嘉禾三年（234年）改曲阿为云阳（今丹阳）。延陵，指云阳县延陵乡。破冈渎始于方山南麓的方山埭。秦淮河北源句容河过句容城后西转，汇赤山塘水继续西行，与南源溧水河汇合。方山埭蓄水，可以提高赤山塘水位。但赤山塘水位再高，也不足以促使破冈渎运河水南行。实际上，运河是上接原来南行的句容河，利用秦淮源头宝华山的水位高差，逐段筑堰蓄水，翻越南行沿途丘陵。赤山塘水位提高，可减小句容河与赤山塘的落差，以使南京方向的船较易进入句容河。只是南行运河仍遇到必须凿开的高冈，也就是破冈埭，位于全线最高点，所以这条运河命名破冈渎。这条运河至云阳西城后，即可连接江南运河，达到沟通吴、会地区与都城建业的目的。

破冈渎的水文测量与路线设计水准，在当时肯定是令人惊诧的，所以传为神奇。《太平御览》卷五十九引录了《异苑》中的一个故事：

孙权赤乌八年遣校尉陈勋漕句容中道，凿破冈，掘得一黑物，无有首尾，形如数百斛舡，长数十丈，蠢蠢而动，有顷悉融液成汁。时人莫能识得此。之后获泉源，咸谓是水脉。每至大旱，余渎皆竭，唯此巨流通焉。

撇开神话色彩，破冈埭开凿时正好挖到了泉源，所以破冈渎在大旱之年仍能保持畅通。

东吴不惜代价开凿破冈渎，说明当时南京地区的农业生产、经济发展水平，仍不足以维持东吴政权，尤其是皇室与军队的巨大消费需求，不得不继续依赖吴、会地区提供物资。原有的水运路线，自南运河至京口，入长江上溯石头城。江上风浪大，常会造成船舰覆沉，伤人损物，同时长江是开敞的外河，也容易受到敌方的攻击。因此东吴不惜花费大量人力财力开凿破冈渎，以使南运河与秦淮河相衔接，水上运输的安全性大为提高。东晋和南朝宋、齐都沿用了这条交通线，只有南朝梁因避太子萧纲讳，一度废破冈渎，另于句容修上容渎。至陈高祖又重开破冈渎。

破冈渎的开凿，对流域沿线的经济发展也有重要促进作用。从方山埭到云阳，距离虽不算远，但逐埭翻岭，船只都须人力牵引，有的尚须牛力牵引，提供了就业机会。同时行程缓慢，单程即需数日之久。船队行商，人需休憩之所，货需暂存之栈，官用、军用物资更会有专门的库房，这些地方必然会带来商机，即所谓"通会市，作邸阁"。《三国志》注引《江表传》，"策渡江攻繇牛渚营，尽得邸阁粮谷、战具"，可知邸阁即仓库。《世说新语·雅量》中有一个故事："谢安南免吏部尚书，还东。谢太傅赴桓公司马，出西。相遇破冈。既当远别，遂停三日共语。"谢奉免官东行回绍兴，谢安从绍兴出任征西大将军桓温的司马，两人相遇破冈渎，停留三日共话，可见沿途有馆舍可供食宿。当地居民一方面得以加强与吴、会地区的经济往来和文化交流，另一方面，也加强了与六朝都城之间的联系。而近郊的安定与繁荣，对于都城无疑是有利因素。

夹江石头津

说建业水，当然不能遗漏长江。

石头城下，秦淮河入江处的天然良港石头津，在东吴建都后得到充分开发。后人多以为石头津的位置在石头山西麓鬼脸城下江边，实则是误会。鬼脸城一带临江皆陡峭山壁，难以攀援，即能登岸，也无路可走，故决无作为港口的可能。石头城也始终未开西门。

据《晋书·五行志》记载，东晋太元"十三年十二月，涛水入石头，毁大航，杀人"，"十七年六月甲寅，涛水入石头，毁大航，漂船舫，有死者"，元兴"三年二月己丑朔夜，涛水入石头，漂没杀人，大航流败"。涛水进入石头津，屡屡导致秦淮河上的大航（朱雀桥）被冲毁，可见石头津必在秦淮河入江处。时长江入海口近在镇江、扬州一线，海风江涛猛烈，自石头山下夹江北口倒灌入石头津，顺势冲进秦淮河，才会冲毁大航。正因为石头津在夹江之内，所以才会说"入"石头，倘若在鬼脸城下的大江边，则应用"冲""扑"之类动词。

正是这个原因，石头津的南入江口比北入江口的安全度更高，所以湖熟人和越国军队会首先选择在越台建城。

东吴所建石头城，最初有三座城门，朝向台城的东边只开了一座门，南边有南门和西南门两座门。东晋以后增开了北门，始终没开临江的西门，可见西面没有交通的需要。不开西门而开西南门，显然是因为石头津在石头城的西南方向，即白鹭洲与江岸间的夹江。石头城只有南门上有城楼，也可证其观测、监视的重点在南面。

从石头津出发的东吴船队，纵横于长江之上，西联刘备，北拒曹操，而且常有万人以上的大舰队远涉重洋。黄武五年（226年），孙权派遣宣化从事朱应、中郎康泰等人到访林邑（今越南中部）、扶南（今柬埔寨）和南洋各国，所经历和了解到的国家共有一百多个。这是中国第一次派专使通过海上丝绸之路加强对外政治、经济、文化联系，史称"南宣国化"，其意义不亚于汉代张骞、班超通西域。黄龙二年（230年），孙权派遣将军卫温、诸葛直率甲士万人出海，寻找夷洲（今中国台湾）和亶洲（今日本）。因亶洲的方位不是很明确，当时导航水平也不够高，卫温和诸葛直没有找到亶洲，只从夷洲带了数千人返回建业。这一航行载入《三国志·吴志》，是大陆与台湾之间的交往首次见诸史籍。南京地区的海洋文化传统也由此揭开序幕。

如果说越城的建造,使后人注意到南京地区便利的自然地理条件,为其发展为经济商贸中心提供了契机,那么东吴的定都,则开了南京地区都城文化的先河,使其政治、军事、经济诸方面的优越性显化,成为后世立国建都时的重要选项。

第三节
举贤任能保江东

举贤任能，各尽其心

孙策临终时对孙权说："举江东之众，决机于两阵之间，与天下争衡，卿不如我。举贤任能，各尽其心，以保江东，我不如卿。"历来被传为佳话。江东世族如吴郡顾、陆、朱、张，会稽虞、魏、孔、贺，南渡的北方人士如周瑜、张昭、步骘、张纮、严畯、程秉、薛综、鲁肃、吕蒙、是仪、诸葛瑾，再加上早年随孙坚征伐的名将韩当、程普、黄盖，追随孙策的蒋钦、周泰、陈武、凌操，文武贤才，济济一堂，同心协力，开基立国，确实显示了孙权"举贤任能，各尽其心"的能力。

东吴开创始于孙坚，但孙坚时期尚以军事胜利为目标，着眼于招兵买马，形成一支精锐部队。孙氏虽然也算吴地世家，但地位不高，至少孙坚这一支，其父孙钟已经迁到曲阿（今丹阳）去种瓜，孙坚通过个人打拼做了个小吏员，以后凭战功成为一方诸侯。陈寿在《三国志·孙坚传》中评说他是"孤微发迹"。孙策领军后，开始有意识地结交士大夫，如与张纮关于政治目标的探讨，对张昭的信用，特别是结交周瑜，对江淮士人有很大号召力。舒城周氏是东汉大士族，周瑜祖辈周景曾任太尉，父辈周忠亦为太尉、周尚为丹阳太守。所以孙策遂能"收合士大夫，江淮间人咸向之"，淮泗集团成为他的基本力量。周瑜的好友鲁肃，也是临淮世家，与周瑜一块投奔孙策。他指出汉王朝已名存实亡，孙权"思有桓、文之功"不现实，"惟有鼎足江东，以观天下之衅"，"竟长江所极，据而有之"，比当初张纮为孙策所筹谋更进一层。正是因为有了这样的基础，孙权才能得到江东世家士族的拥戴，实现立国宏图。

《三国志·吴志·妃嫔传》注文中，引用了《会稽典录》的一个小故事。孙策部下功曹魏腾，出身会稽望族，建安四年（199年）因事违逆孙策，几乎被杀。注文写道：

（吴夫人）倚大井而谓策曰："汝新造江南，其事未集，方当优贤礼士，舍过录功。魏功曹在公尽规，汝今日杀之，则明日人皆叛汝。吾不忍见祸之及，当先投此井中耳。"

孙策大惊，赶紧放了魏腾。吴夫人的大局观启发了孙策。

孙氏在处理江东世家士族的问题上，是有一个认识过程的。

孙权执政之初，吴夫人尚在。他不仅重用父、兄留下的人才，尤致力于招揽士人，实现了从军事集团向政治集团的转型。东吴政权的基本力量，一支是江东的世家士族。常被人说起的吴郡"顾、陆、朱、张"，原先社会地位比孙氏高得多，但此时能悉心辅助孙权，长期保持密切关系，彼此时通婚嫁。如顾雍，孙权继孙策任会稽太守，自己并未到任，由郡丞顾雍代理太守职务。从孙权称吴王到称帝，顾雍独任丞相十九年。如陆逊一族，在东吴出了二相、五侯、十余位将军。如朱桓，孙权为将军时即给事幕府，后以荡寇校尉统领吴、会两郡军事，招募精兵，平定山越，任濡须督时以少胜多大破曹仁。如张温，被顾雍称为"无人可比"，孙权召为太子太傅。会稽世族如虞翻，是经学名家，集《周易》研究之大成。如贺齐，孙策举为孝廉，孙权时屡立战功。虽张温、虞翻等后因事遭贬谪，并未影响江东世家与东吴政权的合作。

与江东世家同样受倚重的一支，是汉末南迁的北方士族，其中不乏世家子弟，如周瑜、鲁肃、张昭、滕胤、诸葛瑾、濮阳兴，也有以文才武略成为开国功臣的步骘、薛综、吕蒙、胡综等，史称淮泗集团。张昭是孙策临终时的托孤重臣，"外事不决问周瑜，内事不决问张昭"固然是《三国演义》的虚构，但张昭确实发挥了团结世家士族、稳定江东的作用。《三国志·吴志·张昭传》中记载了张昭规劝孙权的故事，孙权继位之后，像孙策一样喜爱打猎，常骑马射虎，张昭告诫他："夫为人君者，谓能驾御英雄，驱使群贤，岂谓驰逐于原野、校勇于猛兽者乎！"孙权接受他的意见，设计制作了一种射虎车，人在车中可以免受伤害。步骘以种瓜出身，而学有所成，随孙权创业，后继陆逊为丞相。薛综父子对于交州的稳定与开发有重要贡献。吕蒙一生战功显赫，破黄祖、平山越、败曹仁、取荆州，最为孙权所爱重。

孙权的深谋决断

孙权能让这些贤能人才"各尽其心",固是其杰出之处。更重要的是,在关系到国家根本的重大决策上,他深谋远虑,自有主张,决不为他人所左右。

建安十三年(208年)赤壁之战前,张昭等畏惧曹操势大,主张投降。这也符合孙策托孤时"正复不克捷,缓步西归"的交代。群臣中只有鲁肃、周瑜坚定主战。孙权决意迎战,移驻京口,联络刘备共同抗曹,大获全胜。建安十五年(210年)刘备亲赴京口借荆州,孙权没有听从多数朝臣的意见,与鲁肃商定同意借给刘备,建立抗曹联盟,也为自己赢得了平定山越、巩固后方的时机。建安二十六年(221年)魏文帝曹丕封孙权为吴王,群臣议"不应受魏封",孙权以此为权宜之计,暂与曹魏结盟,集中力量打退了刘备的攻势。

黄武元年(222年)孙权在武昌(今鄂州)称吴王,设百官,置丞相。身为三朝元老的张昭,此前权位实际上相当于丞相,所以朝臣都推举张昭。孙权却说,现在国事繁重,丞相责任重大,不是个优待人的职位,转而选择了孙邵。这很可能是为了在江东世家士族与北方淮泗集团之间维持平衡,当然也因为张昭的一些政见让孙权有所不满。孙邵是北方人,他先从孔融,后随刘繇来与孙策争夺扬州,刘繇兵败后归降孙策,成为孙权信用的幕僚,没有明显的派系倾向。

有趣的是,作为东吴的首任丞相,《三国志·吴志》中却没有孙邵的传记。东吴名士刘声叔说,孙权命太史丁孚、郎中项峻撰《吴书》时,是打算为孙邵立传的,后来换了韦昭编撰《吴书》,韦昭是张温一党,因张温与孙邵不和,遂将孙邵的史事湮灭。陈寿撰《三国志》主要参考了《吴书》,以致孙邵无传。

黄武四年(225年)孙邵去世,百官再次推举张昭任丞相,孙权再次弃用张昭,让江东世家的代表顾雍继任丞相。孙权的解释是张昭性格刚强,如果别人不听从他的话,他会很伤心,这职位对他没有好处。其时张昭确实已年届七旬,此话也不能完全认为是托词。

事实上,孙权与张昭,早已不再是孙策托孤之际"可与共天下"的关系了。黄龙元年(229年)孙权称帝,百官朝会,孙权归功于周瑜:"孤非周公瑾,不帝矣。"张昭正打算说一些赞颂功德的话,孙权脱口讥讽道:"如张公之计,今已乞食矣。"当年如果听从你投降的主张,现在只能寄人篱下讨饭吃了吧!张昭又愧又怕,伏在地上,汗流浃背,于是请求辞官养老。孙权虽然对他不满,接受了他的辞职,但仍给他很高的待遇,任命张昭为辅吴将军,改封娄侯,食邑万户。这样的处理办法,确实有利于笼络人才,安定人心。

顾雍行事谨慎,少言寡语,不与孙权正面冲突,而能令孙权心生敬畏。《世说新语》中评价吴中四姓"张文、朱武、陆忠、顾厚",顾雍无疑是顾氏敦厚的代表。他担任丞相长达十九年,善于选用人才,深得孙权信任,对于东吴政权的稳固发挥了重要作用。

赤乌六年（243年）顾雍以七十六岁高龄辞世,同为江东世族的陆逊继任丞相二年,淮阴人步骘继任年余,驸马朱据继任亦年余,此后任丞相者,几乎都是江东世族了。由此可见,随着周瑜、鲁肃、吕蒙等人去世,且北方安定后士族不再南奔,孙权当政后期,江东世族已成为政权的主要支柱。东吴政权的贵族色彩因此明显高于曹魏,虽然没有形成制度化,但为此后东晋的门阀政治,提供了适宜的土壤。

不是冤家不聚头

孙权与大臣之间那些富于人情味的小故事,不断被人传诵。

孙权称吴王,盛宴庆功欢饮,亲自给大臣斟酒,大臣都举杯接酒。会稽虞翻却装醉伏在地上,待孙权离开又坐了起来。孙权大怒,拔出佩剑要杀虞翻,大司农刘基抱住孙权,劝他不要酒后杀人,留下恶名。孙权道,曹操能杀孔融,我杀个虞翻怕什么。刘基说,你躬行德义,一向以尧、舜为榜样,怎么去跟曹操相比呢。孙权省悟,吩咐身边的人说,凡是他酒后要杀的人,都不许杀。

此前孙权有过一次拔刀。《三国志·吴志》载赤壁大战前,众臣多主张迎降曹操。孙权得到鲁肃与周瑜的支持后,"拔刀斫前奏案曰:'诸将吏敢复有言当迎操者,与此案同!'"。事关家国命运,以此显示决心,这一刀是孙权形象塑造的重要一笔。此后又有一次拔刀,是嘉禾元年（232年）冬天,魏辽东太守公孙渊叛魏,联络东吴为后援。张昭等进谏言公孙渊反复难信。孙权与张昭反复磋商,张昭不退让。"权不能堪,案刀而怒曰:'……孤之敬君,亦为至矣。而数于众中折孤,孤尝恐失计。'"你这样在众臣面前折辱我,我常担心哪天忍不住杀了你。"昭熟视权曰:

'臣虽知言不用，每竭愚忠者，诚以太后临崩，呼老臣于床下，遗诏顾命之言故在耳。'"张昭涕泗横流，孙权也掷刀在地，与张昭对泣。这一对君臣，正应了"不是冤家不聚头"。

这是张昭和孙权的最后一次争执。孙权虽与张昭和解，仍派使节去了辽东。张昭气得称病不上朝，孙权恨张昭不支持他，用土把张府的大门封起来，张昭就在门里也堆上土。公孙渊果然复叛投魏，杀害东吴使者，证实了张昭的预见。孙权后悔没听张昭的话，几次向张昭表示歉意，张昭仍称病不出。孙权亲自上门请他，张昭推说已经病重。孙权气得放火烧了张府大门，张昭让人关上房门。孙权在房门外站了许久，张昭才让儿子扶他出见，随孙权的车驾进宫。君臣斗气，颇有儿戏的味道。尽管孙权"深自克责"，对张昭也只剩下名义上的尊重了。

孙权不听张昭等重臣之劝，不惧风险，派遣万人船队，携带重金礼物，联络辽东太守公孙渊，其目的就是与辽东建立同盟，对曹魏形成南北夹击之势。以东吴的造船与航海技术，足以在建业与辽东之间顺利往来，一致行动。对于孙权而言，这是他击败曹魏、一统天下的难得机会。这一年他年过半百，以古人的寿命预期，已届老年。而以东吴的国力，无从与曹魏正面对抗，他虽也发动过几次北征，都没能取得像样的战果。有史家称赞孙权"乘间伺隙，兵不妄动，故战少败而江南安"。也有人认为孙权没有统一全国的雄心，其最高目标就是保有江东。这未免委屈了孙权。准确地说，孙权是缺少这样的机会。公孙渊的出尔反尔，又一次打破了他的梦想。

孙权与吕蒙的关系，被史家描绘得最为令人感动。他以汉光武帝刘秀"手不释卷"、曹操"老而好学"为例，以自己军务之暇读史书兵书"大有所益"现身说法，劝导吕蒙读书求学。"富贵荣显"的吕蒙"更能折节好学"，数年之间，"非复吴下阿蒙"，能为鲁肃筹划应对关羽的策略，被孙权视为"长而进益"的榜样。

吕蒙正当壮年，罹患重病。孙权把他安置在内殿中，千方百计施救，悬赏千金以求良医。孙权希望随时了解吕蒙的病情，又怕进进出出影响他休养，在墙壁上钻洞悄悄观察。吕蒙病情稍减，孙权眉开眼笑。吕蒙病情加重，孙权叹息连连，夜不能寐。吕蒙病逝，孙权痛不欲生。

暨艳与吕壹的教训

这种故事对于君臣关系固然不无影响,但毕竟不能代表东吴的官僚管理制度。实际上,孙权对于大臣尤其是领军驻外将领,是很不放心的。《三国志·吴志·三嗣主传》裴松之注引《搜神记》:"吴以革创之国,信不坚固,边屯守将,皆质其妻、子,名曰'保质'。"驻边将领的妻、子被作为人质扣留在建业。此法历来为君王所爱,元末明初朱元璋和太平天国洪秀全、杨秀清都用过。

孙权当政期间,因为纠察官员的失误,国内至少发生过两次严重的政治危机。

第一次是孙权称吴王之际。当时的选曹尚书暨艳热衷于宣扬别人的过失,以显示自己的清正,经他审查的大批官员被贬职,能留职的十不及一,弄得朝中人心惶惶,怨声载道。丞相孙邵也被暨艳弹劾,不得不自请辞职以谢罪。孙权挽留了孙邵,处置了暨艳。黄武三年(224年)暨艳及其副手选曹郎徐彪双双自杀。历来对于孙邵和暨艳的评价不一,有人质疑孙邵的过恶,有人赞扬暨艳的人品。《资治通鉴·魏纪》载陆逊的弟弟陆瑁曾写信劝诫暨艳:

夫圣人嘉善矜愚,忘过记功,以成美化。加今王业始建,将一大统,此乃汉高弃瑕录用之时也,若令善恶异流,贵汝颍月旦之评,诚可以厉俗明教,然恐未易行也。宜远模仲尼之泛爱,近则郭泰之容济,庶有益于大道也。

强调国家正当用人之际,应该广纳人才,不能过于计较小节。这与曹操下求才令,明确宣称"若必廉士而后可用,则齐桓其何以霸世",如出一辙。暨艳的失败不是个人品德有差,实因不识时务。但他能执法近三年,恐未必尽由己意。出于对暨艳自毁长城的痛恨,更可能是为了安定人心,孙权追究到推荐暨艳的张温。尽管张温是江东张家的代表人物,也被降职回乡养老。

孙权称帝之后,宠信中书典校郎吕壹,导致一场为时更长、影响更大的政治危机。吕壹为人阴险,利用监察中央和地方州郡文书的职权,擅权弄法,诬陷大批高级官员,包括丞相顾雍和驸马朱据。大臣潘濬、步骘、陆逊多次上书指斥吕壹,太子孙登也一再劝谏,孙权执迷不悟,以至潘濬打算刺杀吕壹。吕壹诬告江夏太守刁嘉"谤讪",即诽谤孙权。

百官都不敢违逆吕壹，纷纷附和。只有侍中是仪表示没听过此事，刁嘉方得以无事。丞相顾雍也被陷害，后因黄门侍郎谢厷暗示吕壹，如果顾雍被罢免，会由潘濬接任宰相，吕壹畏惧潘濬，只好放过顾雍。嘉禾五年（236年），吕壹又诬告孙权的驸马、左将军朱据私吞军饷，将朱据幕府管理财务的官员拷打至死。朱据怜其屈死，为其营葬，吕壹却认定这是朱据心虚。所幸典军吏刘助说明了真相，证实朱据清白，孙权感慨连朱据都被冤屈，愤而将吕壹处死，并引咎自责。孙权说，天下没有纯白的狐狸，而有纯白的裘袍，是积众狐的白皮毛而成。"故能用众力，则无敌于天下矣，能用众智，则无畏于圣人矣"。他又引齐桓公与管子的关系相比，他愿意像齐桓公一样从谏如流，大臣们也该想想自己能不能像管仲那样直谏。

　　话说得虽漂亮，孙权在接班人的选择上，同样不听谏言，出现更大的失策。七个儿子中，太子孙登和二子孙虑早逝，三子孙和继为太子，因为孙权宠爱四子孙霸，致起夺位之争，两败俱伤，孙和被废，孙霸被杀。五子孙奋行为不端。六子孙休长七子孙亮八岁，孙权又宠爱孙亮之母潘淑，结果由年方十岁的孙亮继承皇位。后权臣孙綝废孙亮为会稽王，改立孙休，史称景帝。景帝去世，其子年幼。众臣挑选孙和之子孙皓继位，也就是东吴的末代皇帝了。

第四节
商贸繁盛长干里

长干名出《吴都赋》

长干里居民商业区的形成，源于长干古城，至东吴定都，已有千年之久。此后七百年间，长干里不但是繁华江南的经济中心、全国性的商品集散中心，而且是高门大族的聚居地、文人学士的游赏地，人文活动昌盛，留下不胜枚举的华章藻句。南京人文史，一定绕不开长干里。

长干这个地名最早见于文献，就是西晋诗人左思的代表作《三都赋》，其《吴都赋》中说："横塘查下，邑屋隆夸，长干延属，飞甍舛互。"长干里居民竞作奢华房舍，邑屋相连，栋宇交互。

左思的同时代人刘渊林为《吴都赋》作注：

横塘、查下，皆百姓所居之区名。江东谓山冈间为干，建邺之南有山，其间平地，吏民居之，故号为干，中有大长干、小长干，皆相属。疑是居称干也。韩《诗》曰："考槃在干。"地下而黄曰干。

他不明白长干这个地名的含义，因此做了两种猜测，一是以山冈间地为干，一是怀疑江东人将居处称为干。他又引证中原方言中的"干"做比较，"考槃"意为架构木屋。今见《诗经·卫风·考槃》有"考槃在涧""考槃在阿""考槃在陆"三节，汉初韩婴一派解说《诗经》，认为"涧"不是盖房子的地方，"考槃在涧"应为"考槃在干"。卫国地处河南，中原人说"干"，是指水边、河畔，显然与江东人不同。"地下而黄曰干"，水分少时土色黄，水分多时土色黑。地势较低而不潮湿，也就是"考槃在干"的河畔。这里透露的信息是，"长干"这个地名是出于江东方言的记音文字。

其实先秦时期，"干"还有一个释义，即"吴"。

故宫博物院藏德国收藏家杨宁史捐献青铜器中，有一件青铜戈，铭文"邗王是埜乍为元用"，郭沫若考释"邗王是埜"即吴王寿梦。古邗国在今扬州一带，与吴毗邻，后为吴所灭。古文献中亦以"邗"称吴，且常省为"干"。如《管子·小问篇》载管仲之婢所讲故事："昔者吴、干战，未龀不得入军门。国子摘其齿，遂入为干国多。"《文选·江赋》"注五湖以漫漭"一句，李善注引《墨子》："禹治天下，南为江、汉、淮、汝，东流之，注五湖之处，以利荆、楚、干、越之民。"《庄子·刻意》"夫有干、越之剑者"，陆德明《经典释文》："司马云：干，吴也，吴、越出善剑也。李云：干溪、越山出名剑。"《荀子·劝学篇》："干、越、夷、貉之子，生而同声，长而异俗，教使之然也。"杨倞注："干、越，犹言吴、越。"《淮南子·原道训》"干、越生葛絺"，高诱注："干，吴也。"《盐铁论·殊路篇》："干、越之铤不厉，匹夫贱之。"

又有称吴地为"干遂"，如《吕氏春秋·知分》"荆有次非者，得宝剑于干遂"，高诱注："干遂，吴邑也。"《史记·苏秦列传》："臣闻越王勾践战敝卒三千人，禽夫差于干遂。"《史记·春申君列传》："吴见伐齐之便，而不知干隧之败。"又有"吴干"同义连用，如《吕氏春秋·疑似》"相剑者之所患，患剑之似吴干者"，《战国策·赵策》"夫吴干之剑"。

长干的干，其语源会不会出自这里呢？

长干在六朝成为里坊名。这命名在六朝里坊中也是一个异数。现在可知的六朝里坊，有些以所处方位命名，如禁中里、蒋陵里、青溪里、斗场里、建康里，更多的是吉语雅词，如永昌、凤凰、中兴、建兴、崇孝、化义、归仁、太清等，显然是出自东吴定都之后。长干地区的发展远早于东吴，说明政府在地名上，确实会接纳土著居民的方言记音名称。胡孰是一个典型例证，长干也是一个。

长干的干，唐代以前都是读平音，有如天干、干戈，近世也有人读成仄音。因为乾净的乾、幹活的幹都简化成了干，现在三个字常被混淆不清。

《吴都赋》虽产生于西晋，但作者意图表现的是东吴都城建业。其时东吴灭亡未久，建业城市风貌可以肯定是东吴时期所形成。左思在《三都赋》的序言中，宣示了自己对真实的追求：

其山川城邑，则稽之地图，其鸟兽草木，则验之方志。风谣歌舞，各附其俗，魁梧长者，莫非其旧。何则？发言为诗者，咏其所志也，升高能赋者，颂其所见也。美物者贵依其本，赞事者宜本其实。匪本匪实，览者奚信?

赞美事物不据实而言,怎么能取信于读者呢?

《晋书·文苑传》中记载了这样一个故事:

初,陆机入洛,欲为此赋,闻思作之,抚掌而笑,与弟云书曰:"此间有伧父,欲作《三都赋》,须其成,当以覆酒瓮耳。"及思赋出,机绝叹伏,以为不能加也,遂辍笔焉。

陆机原有写《三都赋》的打算,听说左思在写,当成笑话写信告诉弟弟陆云,断言左思的文章只能用来盖酒坛。可是读到左思的文章后,陆机自觉无法超越,放弃了写作。

陆机傲视左思,不是没有理由的。其时江南士人遭北方豪门压抑,虽至洛阳,亦有寄人篱下之感,陆机乃至被骂为"貉奴",姑且不论。即言陆机以东吴世家子弟的身份,亲历吴都和魏都,自然比从未到过江南的左思有优势。而陆机叹服辍笔,也可以证明左思对吴都建业的描写,足资取信。

不过,《吴都赋》中仍难免虚浮过誉之辞。大量描写春秋吴国、两汉吴地是其一,辞藻的奢华、比喻的无度是其二,更重要的是,左思欲以蜀都和吴都为铺垫,层层递进凸显魏都的崇弘,故而吴都必须"巨丽"。小学生写作文,往往用贬低一方来突出另一方,有如"敌人一天天烂下去,我们一天天好起来"。左思这样的行文高手,则善于用水涨船高的方法。刘勰《文心雕龙·才略》评价左思:"左思奇才,业深覃思,尽锐于《三都》,拔萃于《咏史》,无遗力矣。"左思的心力,都用在《三都赋》上了。

举国商品集散地

《吴都赋》中最可贵的部分,是浓墨重彩地描绘出长干里居民商业区的繁华景象。对建业都城状况的描写,在其他文献中尚可以看到,而对于居民商业区,文献记载则很少。《建康实录》卷四记载,后主建衡二年(270年)"三月,天火烧万余家,死者七百人"。因为建业都城内很少居民,故可以肯定火灾地点是居民区,由此也可见长干里民居的密集程度。

接着来看《吴都赋》。"其居则高门鼎贵,魁岸豪杰,虞、魏之昆,顾、陆之裔",居住在长干里的多是世家大族。虞、魏、孔、贺是会稽望族,虞翻、魏腾的子弟是不是住在长干里,未见确切记载。吴郡望族顾雍、陆逊的后裔中，陆机、陆云兄弟入晋前住在越城西北小长干里。陆机在洛阳写《怀旧赋》，有"望东城之纡余，邈吾庐之延伫"之说。顾荣是陆机的姊夫，所居或亦相近。东吴重臣张昭住在大长干寺道西，即越城与秦淮河之间，张家附近的桥，就被称为张侯桥，很可能就在今镇淮桥一带。据《建康实录》卷三记载，东吴宗室、权臣孙綝也"筑室朱雀桥南"。

这些豪门世代相续，后继有人，门前"跃马叠迹，朱轮累辙"，即今人常说的车水马龙。而且这些家族都有自己的武装，史称部曲、私兵，庭院内设着兵器架，出行时冠盖如云，填街塞巷。葛洪《抱朴子外篇·吴失》中说吴国大族"出饰翟黄之卫从，入游玉根之藻棁，僮仆成军，闭门为市，牛羊掩原隰，田池布千里"，可为印证。他们的邻里中，不乏侠士豪客，成群结队，斗酒赌博，醉酒闹事。当时吴人勇武剽悍："士有陷坚之锐，俗有节概之风，睚眦则挺剑，喑呜则弯弓。拥之者龙腾，据之者虎视。麾城若振槁，搴旗若顾指。"左思明确写出江南士族的强盛，颇有见识。所以东吴立国，依靠的是江南士族，东晋立国，同样不能不争取江南士族的支持。

因为是帝都，四方人士都向往而来，"水浮陆行，方舟结驷"，水上舟船相并，陆上马队相连，船歌车声，从早至晚不息。由此可见，长干里商市，不仅是商品交易的场所，也是市民交游与娱乐的场所。

这些涌往吴都建业的人，有相当一部分从事商业贸易。当时的长干里，不仅是豪门巨族的居住地，也是繁华的商品集散地。2017年以来西街遗址考古中，出土青瓷片过万，整理修复的达数千件，据考古项目负责人陈大海介绍，出土器物有盘口壶、唾壶、执壶、虎子等，几乎涵括已知青瓷器的全部类型，且有首次发现的新器型。来自南方各地的精美青瓷器集中出土，从一个侧面证实了六朝长干里的繁华。

《吴都赋》中描写，长干里商区早朝开市，广收普纳，百货川流不息，盈溢于市。市场中心的空地成为商品集散地，都城与边鄙的商人都在这里交易，围观等待的顾客有男有女。驮运货物的马队在市中缓缓穿行，满载货物的楼船挂着风帆经过店肆。从平常的水果、纻布，到远方而来的琉璃、美玉，各种器物，纷至沓来，大量黄金、珠玉、象牙等珍宝，不胜枚举。各地方言，交杂喧哗。商市中的人多到这样的程度，众人一起挥袖，带起的大风能扬尘蔽日，众人流下的汗水，像下雨一样让道路变得泥泞。善于经营的大商人，选准货物，贱买贵卖，财富巨万，以雄厚的实力占领市场和商铺，日常生活奢华，锦衣玉食。文中"挥袖风飘而红尘昼昏，流汗霡霂而中逵泥泞"两句，描写十分生动，常为后人所引用。不过左思是有所本的。《晏子春秋·内篇》中记晏子的话："临淄三百闾，张袂成阴，挥汗成雨，比肩继踵而在。"整理过《晏子春秋》的刘向在《战国策·齐策一》中，让苏秦说了同样的话："临淄之途，车毂击，人肩摩。连衽成帷，举袂成幕，挥汗成雨。"

　　左思时时不忘强调，长干里人临水而居、商市临水而兴，可见他确实把握住了吴都的特点。在蒸汽机车进入中国之前，船舶是最重要的交通和运载工具，古代的中国城市都是傍水而建，饮水保障之外，便是出于交通上的考虑。所以，江河港口首先成为商业和经济中心，也就不奇怪了。"泛舟航于彭蠡，浑万艘而既同。弘舸连舳，巨槛接舻。飞云盖海，制非常模。叠华楼而岛峙，时仿佛于方壶。比鹢首之有裕，迈馀艎于往初。"东吴时的造船技术已经相当发达，长干里人驾船经商，不但沿江上下，而且扬帆出海，北到辽东半岛、朝鲜半岛，南到南洋群岛。吴丹阳太守万震《南州异物志》中说到海船所用船帆："外徼人随舟大小或作四帆，前后沓载之。有卢头木，叶如牖形，长丈余，织以为帆。其四帆不正前向，皆使斜移，相聚以取风吹。"时人已懂得巧用船帆，偏风亦可前行。东吴船队抵达台湾，亦是海峡两岸往来载入正史的最早记录。

　　东吴文献中没有出现长干这个地名，但有明确记载，孙权已在凤台山麓设立"大市"。《景定建康志》卷十六记古市："案《宫苑记》：吴大帝立大市，在建初寺前，其寺亦名大市寺。"孙权"立"大市，应是建立便于管理和征税的规范化市场，所管理的就是长干里商业区，设官有司市中郎将和市令、市吏等。如前所述，东吴开凿运渎，也是为了把长干里商业区的物资运往宫城。

　　长干里和大市，是六朝建康的重要地标，其位置与城市格局密切相关。刘渊林所谓"建邺之南有山，其间平地，吏民居之，故号为干，中有大长干、小长干"，《建康实录》卷二张昭传注文引《丹阳记》，说得更详细："其长干是里巷名，江东谓山陇之间曰干。建康南五里有山冈，其间平地，民庶杂居，有大长干、小长干、东长干，并是地里名。"

　　建康南面之山，从凤台山到越台再到雨花台一片丘陵，统称石子冈。六朝宫城到秦淮河上朱雀桥的御道长七里，到越城距离是八里，赤石矶与朱雀桥相近，雨花台远在朱雀桥南三里。"建康南五里有山冈"，只能是凤台山。

凤台山，古名三井冈。南朝宋时传说有凤凰栖于山畔永昌里，被皇家视为吉兆，改永昌里为凤凰里，在山上造凤凰台，山名也就成了凤台山、凤台冈。这也是自然崇拜的一种表现。李白作《登金陵凤凰台》诗，脍炙人口，凤凰台声名远播。《建康实录》卷一说越城"在三井冈东南一里"，同样佐证了这个方位。

《建康实录》卷十记晋恭帝元熙元年（419年）事："是岁，省扬州禁防参军，移秣陵县于其地，在宫城南八里一百步小长干巷。"《正德江宁县志》卷七也说："秣陵城在宫城南八里小长干巷内。"凤台山东南距越城一里，可知小长干巷肯定在凤台山南麓与越城之间，也就是今外秦淮河两岸一带。当然，在南唐建金陵城之前，越城与凤台山之间，是既没有城墙也没有外秦淮河的。

小长干·大长干·东长干

越城与小长干巷的位置关系，充分说明了长干古城和越城对南京地区发展的重要影响。

《建康实录》卷二记载："小长干在瓦官南，巷西头出江也。"前文说过，六朝时的长江江岸，距凤台山西麓不远，小长干巷的出江之处，恰在秦淮河入江的夹江南口附近，同样与石头津这一良港相关。长江在这一段的流向是自南向北，所以小长干巷是沿江而下抵达建业的第一个码头，同时也可以作为溯江而上的起点。由此沿夹江顺流北行，或转入秦淮河，或直达石头城，水上交通最为便捷。而长干里商市北临秦淮河，经运渎可直达宫城，也可以东转入青溪。商民选择此地作为居住地与商品集散地，正是顺理成章的事情。

"小长干接大长干"，也就是"长干延属"的意思。大长干的地标是始建于东晋的长干寺，亦称大长干寺，各书记载无异。大长干寺屡毁屡建，寺名亦屡更易，但基址未变，即宋代天禧寺、明代大报恩寺所在，北接赤石矶，南近雨花台。这一带地形开阔，很可能就是因为有这"大长干"做比较，凤台山与越城之间的长干里才被叫成了"小长干"。

大长干西边的越城，六朝时期仍被作为军事要地。所以大长干西距江岸已远，水上交通自不及小长干便利。更重要的是，当代考古在大报恩寺遗址区发现大量两汉墓葬，直至东汉晚期。很可能自长干古城时期，到越城军事区与小长干居民区，都将东边一带低冈地作为墓葬区，一直延续至三国初期。

东吴定都之后，赤石矶一带首先发展起来的是北麓，建造了丹阳郡城，开辟了乌衣营驻地，即东晋的乌衣巷（近今剪子巷）。由吴入晋的名臣周处住在赤石矶冈上，这里东晋时也成为新兴居住区，史称南冈，《世说新语》中多次出现这个地名。赤石矶以南始终是一个佛教寺庙区。

东长干地名不见于《吴都赋》，始见于《丹阳记》，当是东晋以后新兴的商市区，位于凤台山东麓，并随运渎逐渐向东北延伸。南京居民区的发展，原本存在着自南向北推进的趋势，东吴定都后，政治中心的吸引形成强大向心力，加剧着这一趋势。而南北转运干道运渎的开通，更为小长干巷商业区向北、向东发展提供了有利的条件。唐丁仙芝作《江南曲五首》之一：

长干斜路北，近浦是儿家。

有意来相访，明朝出浣纱。

"长干斜路北"一句，充分地描绘出这一区位特征。小长干巷是东西走向，大长干巷虽是南北走向，但北端赤石矶，是山而非水。只有凤台山东麓，西南、东北走向的东长干，是一条"斜路"，其北端正是秦淮河。

同样证明这一趋势的还有寺庙建设。孙权造建初寺时，选址在大市之北，凤台山南麓。东晋初年凤台山东麓尚有闲置地块供丞相王导设窑场，以供应都城建设所需砖瓦。时隔四十来年，僧人慧力拟建新寺时，朝廷只能将官属窑场迁往秦淮河北岸，建造在窑场旧址上的寺庙得名瓦官寺。再过一个半世纪，南朝梁扩建瓦官寺，已必须"市寺侧数百家"，买下寺旁几百家居民的房屋，有点像当今的拆迁改造，可见周边居民已十分密集。

区域政治中心带动商业中心，长干里商市区不断向东、向北发展，南朝后期已越过秦淮河，在今牛市、颜料坊一带形成新的商业区。《至正金陵新志》卷四引《南史·徐度传》，说梁末陈初"六朝市廛，多在淮水北、冶城东"。南宋马之纯《西州城》诗：

运渎居东西冶城，西州遗迹甚分明。

多言东晋才经始，或说孙吴已创成。

池苑春风罗绮市，楼台夜月管弦声。

入门尽是嬉游地,惟有羊公不愿行。

这首诗形象地说明了运渎西、冶城东的西州城旧址已化为繁华闹市。也正因为有这样的变化,南唐建金陵城时,才能够将原小长干部分隔断在城外。

孙权着力经营大市,并不止于简单地设立一个管理机构。"横塘、查下",可以说是他所建设的配套工程。《建康实录》卷四注文中有说明:

横塘,今在淮水南,近陶家渚,俗谓回军毋洪。古来缘江筑长堤,谓之横塘。淮在北接栅塘,在今秦淮迳口。吴时夹淮立栅。自石头南上十里至查浦,查浦南上十里至新亭。

查浦即查下,石头城南十里,正是越城一带。横塘则是沿长江东岸筑堤,防止江水侵袭岸上的繁华商市,其位置也在小长干巷西口沿江一带。因位于秦淮河南,史籍中常称为南塘。唐人丁仙芝《江南曲五首》之二:

发向横塘口,船开值急流。

知郎旧时意,且请拢船头。

前文说过,秦淮河入江处因白鹭洲形成夹江,有南、北两个入江口,南端入江口被称为横塘口,可证"横塘查下,邑屋隆夸"的横塘,正在小长干巷近江一带。出横塘口进入长江干流即是逆水而行,所以"船开值急流"。

南塘久已是商业繁华之地。《世说新语·任诞》载:

祖车骑过江时,公私俭薄,无好服玩。王、庾诸公共就祖,忽见裘袍重叠,珍饰盈列。诸公怪问之,祖曰:"昨夜复南塘一出。"祖于时恒自使健儿鼓行劫钞,在事之人亦容而不问。

祖车骑就是以"闻鸡起舞""中流击楫"出名的祖逖,他在西晋末年率众到江南投奔琅琊王司马睿,竟公然纵容部下兵卒一再到南塘抢掠。而王导、庾亮这些当政的人,因为要利用他的军事力量,知道了也不过问。由此亦可见,南京的商业经济并未因东吴的灭亡而衰退。同样,在隋灭陈之后,长干里的繁华也并未中断,才会被唐人歌之咏之,经久不息。

经过东吴五十年的经营,建业都城从军事据点逐渐发展成为政治中心,江南最大的城市。这座都城的建设,没有一个预定规划,也不符合既有的都城规范,因陋就简,只是在此前的自然生长基础上,根据现实需要和可能逐渐增添,所以布局零乱,连皇宫都偏居于都城的一隅。

长干里居民商市区和建业都城，各有各的发展脉络，统治者也无意将两者整合为一体。新出现的都城，会对近郊的居民区、商市区产生重要影响，政府掠夺式的征收赋税，城市生活的高消费模式，城市建设所需的新行业产生，以及社会主流意识形态的变化，对于原住民的生活、经营都是挑战，都会刺激以至部分改变原住民的生活和观念。这成为南京城市发展史上的一个重要特点，即都城区与居民区的两相分离。这种分离状态持续了大约一千年，要到南唐建都才最终结束。

第五节
异物和大钱

岭南交趾多异物

《吴都赋》中关于东吴物产的大量描绘，有助于我们了解当时先民的日常生活状况。常被人引以证明吴国经济繁荣的几句是："煮海为盐，采山铸钱。国税再熟之稻，乡贡八蚕之绵。"看李善的注文可以知道，煮海、铸钱，用的是汉代吴王刘濞的典故。东吴当然也铸钱，但其所铸虚值大钱，不但未能促进经济繁荣、财富增长，反而一度造成经济秩序严重混乱。再熟之稻、八蚕之绵，只出产于岭南、交州，见于《异物志》《交州记》，扬州和荆州并无此物产。双季稻引进江南是宋代的事情。有些研究者将这作为东吴农副业生产的普遍状况，其实是误会。

岭南出产的"异物"，确曾成为东吴的经济来源之一。

东吴都建业，容易让人以为其偏处江南一隅。其实东吴所据长江下游的扬州、中游的荆州，皆地跨南北两岸，其南疆更远及交州，即今广东、广西直至越南中部。中国东南一带皆在东吴管辖之下，三分天下有其一并非虚言。因为南北对峙，南方的东吴无法像汉代从陆路与西方诸国联络，只能依靠海路与海外交往，所以东吴自立国之始，就有放眼大海的襟怀，这也促进了造船与航海技术的发展。由此形成的海洋文化传统，成为古都南京的一个重要特色和优势。

交州是通往东南亚和南亚的门户，黄武五年（226）来到东吴的大秦（罗马帝国）商人秦论，就是从海路抵达交趾（今越南北部红河流域），由交趾太守吴邈送交孙权。孙权向秦论询问大秦的风土人情，秦论都据实以告。秦论直到嘉禾六年（237年）才离开建业（今南京）回国，孙权送给他男女山越人各十名，并派官员护送。他在孙权身边十余年，肯定会有利于大秦商人在东吴的贸易往来。

交趾出产的奇珍异宝，素为历代帝王所热衷。汉代交州官员多贪酷暴虐，一再激起民变，酿成地方豪族割据的局面。《三国志·吴志·士燮传》记载，东汉末年，广西人士燮、士壹兄弟镇守交趾，因"贡奉不绝"而受赏封侯。士氏家族后依附孙权，同样年年进贡：

燮每遣使诣权，致杂香细葛，辄以千数。明珠、大贝、流离、翡翠、玳瑁、犀、象之珍，奇物异果，蕉、邪、龙眼之属，无岁不至。壹时贡马凡数百匹。

这一节也常被人引以证明东吴物产丰富。其实这种贡品只供宫廷上层享用，很少进入商市，更轮不到民间分享。

黄武五年（226年），九十岁的士燮去世，东吴始对交州实施直接统治，进行深入开发，并分交州另置广州，使东吴行政建置由三州增为四州。此后交州、广州特产的贡献成为常例，也有商贾前往交州、广州贸易。其中不少物品，今人会觉得平平无奇，但在三国时期，则是闻所未闻，故称之为异物。据王庸《中国地理学史》第三章，东吴近六十年间，至少产生了五种《异物志》：曾任丹阳太守的万震撰有《南州异物志》，"南宣国化"的朱应撰有《扶南异物志》，沈莹撰有《临海水土异物志》，曾任合浦、交趾太守并南征九真（今越南北部）的薛综，其两个儿子，薛莹撰有《荆扬已南异物志》，其兄薛珝撰有《异物志》。

这些书现在都已亡佚，只能在《太平御览》等书中看到部分佚文。但左思写《吴都赋》时肯定参考过它们。刘渊林注《吴都赋》，也一再引证《异物志》等书：

藿香，交趾有之。豆蔻，生交趾。

紫，紫菜也，生海水中，正青，附石生，取干之，则紫色。临海常献之。

水松，药草，生水中，出南海、交趾。东风，亦草也，出九真。

槟榔者，断破之，长寸许，以合石贲灰与槟榔并咀之，口中赤如血。始兴以南皆有之。

木绵，树高大，其实如酒杯，皮薄，中有如丝绵者，色正白，破一实得数斤。广州、日南、交趾、合浦皆有之。

枖、栌，二木名，文，文木也，材密致无理，色黑如水牛角。日南有之。檴木，树皮中有如白米屑者，干捣之，以水淋之，可作饼似面。

交趾、卢亭有之。

松、梓，二木名，古度，树也，不华而实，子皆从皮中出，大如安石榴，正赤，初时可煮食也。广州有之。

始兴以南又多小桂，夷人绩以为布葛。

苞笋，冬笋也，出合浦，其味美于春夏时笋也。

孔雀，尾长六七尺，绿色有华彩。朱崖、交趾皆有之，在山草中。山鸡，如鸡而黑色，树栖，晨鸣。今所谓山鸡者，鹥鹑也。合浦有之。翡翠，巢于树巅生子。夷人稍徙下其巢，子大未飞，便取之。皆出于交趾、郁林郡。

又引薛莹《荆扬已南异物志》：

荔枝树生山中，叶绿色，实赤，肉正白，味大甘美。槟榔树高六七丈，正直无枝，叶从心生，大如楯，其实作房，从心中出，一房数百实，实如鸡子，皆有壳，肉满壳中，正白，味苦涩，得扶留藤与石贲灰合食之，则柔滑而美。交趾、日南、九真皆有之。

龙眼，如荔枝而小，圆如弹丸，味甘胜荔枝。苍梧、交趾、南海、合浦皆献之。山中人家亦种之。橄榄，生山中，实如鸡子，正青，甘美，味成时食之益善。始兴以南皆有之，南海常献之。

榴，榴子树也，出山中。实亦如梨，核坚，味酸美，交趾献之。

诸如此类的"异物"，与《山海经》的出于幻想不同，是现实中存在的。从这些记载可以看出，时人对其形态、功用已经有了充分的了解，它们或可以食，或可以用，或可以欣赏，在丰富人们物质生活的同时，也打开了认识世界的新窗口。正是因古人对于"异物"的不断探索，今人的世界中才会有那么多的"常物"。孔子提倡"多识于鸟兽草木之名"，六朝得地之利，广涉海外，接触种种新鲜事物的机会较北方为多，也是促进思想文化活跃的因素之一。

对于此类异物贡品，朝廷设有专门管理机构——中藏府。《三国志》里有个表现废帝孙亮"幼而聪悟"的小故事，从中藏府取来的甘蔗饧中混进了老鼠屎，孙亮让人掰开鼠屎，发现内尚干燥，断定是取物人陷害管理人。这甘蔗饧也是"交州所献"。

最值得注意的是棉布。《太平御览》卷八百二十引《南州异物志》：

五色斑布，以（似）丝布，古贝木所作。此木熟时，状如鹅毳，中有核如珠玽，细过丝绵。人将用之则治，出其核，但纺不绩，在意小抽相牵引，无有断绝。欲为斑布，则染之五色，织以为布，弱软厚致上氀毛。外徼人以斑布纹最繁缛多巧者名曰城域，其次小粗者名曰文辱，又次粗者名曰乌驎。

这可能是关于棉布纺织的最早记载。但其时斑布产量不高，尚属贵重物品，民间难得一见。《世说新语》中记顾恺之故事，他任荆州刺史殷仲堪僚属，请假回建业，按例不得使用官府的布帆。顾恺之苦苦相求才得借用，船行至破冢洲，大风损坏了船帆，他写信告诉殷仲堪破冢遇险，"行人安稳，布帆无恙"。这已是东晋末年，棉布仍非轻易可得。《乐府诗集》中同一时期的《懊侬歌》，也是关于布帆的早期记录：

江中白布帆，乌布礼中帷。
撑如陌上鼓，许是侬欢归。

长樯铁鹿子，布帆阿那起。
诧侬安在间，一去三千里。

《南州异物志》记载，东吴时常有商贾以牛羊等与交州人交换各种香料。但官方为垄断交州异物，有严厉的管控措施。如合浦产珍珠，百姓唯以采珠为业，"以珠易米"。而吴时"珠禁甚严，虑百姓私散好珠，禁绝来去，人以饥困"。《太平御览》卷八百零三载："合浦有民善泳采珠，儿年十余，便教入水求珠。官禁民采珠，巧盗者蹲水底，剖蚌得好珠，吞之而出。"也反映了这一现实。东吴后期，因为向交州征敛过度，引起大规模叛乱，不仅失去资源，且须以战平乱，大损国力。

东吴的"异物"之利，也引起别国的觊觎。《三国志·吴志·吴主传》载，魏文帝曹丕多索交州特产。群臣认为不合常典，孙权却说："彼所求者，于我瓦石耳，孤何惜焉！""皆具以与之"，维持与魏国的和平相处。嘉禾四年（235年）秋七月，"魏使以马求易珠玑、翡翠、玳瑁，权曰：'此皆孤所不用，而可得马，何苦而不应其交易。'"骑兵是当时的精锐战力，东吴缺少战马，以此换得魏国战马二百匹。孙权的应对无疑是明智的。

三国屯田各不同

东吴对中国南方的开发，固是历史性的贡献。但所得的异物种种，虽然能满足帝王权贵的奢靡之需，毕竟不足以支撑国家财政。南京地处江南，适宜农业生产，正常年景可保本地居民自给自足，但要供应一个王朝政府，特别是庞大的军队与频繁战争的经费，就远远不够了。不独东吴，魏、蜀两国同样如此。

魏、蜀、吴三国都采取各种措施，以求促进社会经济恢复，改变东汉末年以来经济衰竭、物价腾飞的局面，最重要也最成功的，是屯田制的推行。屯田制分军屯与民屯。军屯即戍边或驻守的军人，在没有战事的时候，就地兴修水利，种田收粮，解决军需补给。民屯则是官府与流民合作垦田种植，官府出田地、农具，流民出劳力，收获按议定比例分配。

"三国鼎立"，其实这鼎的三只足严重不相称，跛得十分厉害。在全国十三州中，曹魏差不多占有九州。蜀汉只有一个益州，但四川地区早在战国时期已得到开发，尤其是秦蜀郡太守李冰修建的都江堰，浇灌出肥沃富饶的成都平原，东汉初年公孙述就能据以与光武帝刘秀相持十余年。吴所占三州，地广而人稀，远不及黄河流域开发充分，但因汉末北方移民大量进入，也有了较快发展，所以后来能分置新州。曹魏所控制的土地、人口相当于蜀、吴两国的两倍，看似占有绝对优势，但中原地区受汉末战乱破坏最为严重，蜀、吴两国辖地受战乱影响相对较小，故一度尚能与曹魏相抗衡。

曹魏政权在军队建设之外，有意识地联合士大夫阶层，招揽了许多有远见的知识分子，懂得民生、民力的重要性，首先致力于巩固社会经济基础。《晋书·食货志》记载："汉自董卓之乱，百姓流离，谷石至五十余万，人多相食。魏武既破黄巾，欲经略四方，而苦军食不足，羽林监颍川枣祇建置屯田议。"一石谷要卖到五十多万钱，时常酿成人吃人的惨剧。曹操接受了枣祇的建议，于是"募百姓屯田许下，得谷百万斛。郡国列置田官，数年之间，所在积粟，仓廪皆满"。在当时历史条件下，采用军事编制的屯田制度，最有利于控制人口和土地的结合，从而较快地恢复生产，增收粮食，保证财源。代曹氏而起的司马懿也说"灭贼之要，在于积谷"。魏国坚定地推行屯田和积谷的有效措施，大开河渠，兴修水利，改进农具。又兴办盐业，以其利润补贴农业，鼓励农民养猪获利、置买耕牛。凡此种种，较快地改善了汉末董卓之乱导致的中原经济崩溃局面，取得了经济上的主动权。

东吴、蜀汉看到曹魏的成功，也先后采取措施，推行屯田制。

孙权当政后即积极推行屯田制，早在建安七、八年（202、203年）就已任命陆逊为海昌屯田都尉，后在建业周边地区设屯田都尉、典农都尉，督促农民屯田垦殖。《晋书·食货志》载：

吴上大将军陆逊抗疏，请令诸将各广其田。权报曰："甚善。今孤父子亲自受田，车中八牛，以为四耦。虽未及古人，亦欲与众均其劳也。"有吴之务农重谷，始于此焉。

孙权父子亲自参加耕种活动，以鼓励军民屯垦。长江沿岸各军事重地，都要求实行军垦。其屯田的范围广，规模大。《晋书·王浑传》载："吴人大佃皖城，图为边害。浑遣扬州刺史应绰督淮南诸军攻破之，并破诸别屯，焚其积谷百八十余万斛、稻苗四千余顷、船六百余艘。"这是东吴末年的事情，由此可见屯田规模之一斑。左思《吴都赋》中的描写，多被史籍引为东吴经济繁荣的根据。"四野则畛畷无数，膏腴兼倍，原隰殊品，窊隆异等"这一句，是比较可信的。

东吴与曹魏不同之处，是常将屯田户赏赐给功臣名将，使他们能够自行供养世兵、部曲，功臣的俸邑往往多至数县，而且子孙相袭，成为地方豪强。军将的部曲名义上是国家的军队，实际上却为军将所控制利用，平时屯垦甚或经商，盈余多为军将所有，发生战争时才听君王号令为国出战。此举更强化了东吴政权的世家贵族因素。东吴豪门入晋并未衰落，后且成为东晋政权依靠的重要社会力量。

蜀汉可以说是一个军人政权，"刘、关、张、赵、马、黄"，前四位都是从底层靠战功拼杀出来的，干部队伍的主要成分是武将，只知上阵拼杀，不知粮草所自来。诸葛亮号称"文武全才"，主要精力不得不消耗在军事斗争上，虽然也在蜀汉边境实行军垦，鼓励士兵与农民共同耕种，又设盐校尉，实行盐、铁专卖，将蜀锦作为官营丝织品，运销吴、魏，以增加财政收入。但以一州之地，"蕞尔小国，土狭民寡"，以不足百万的人民，供应十万以上的军队，薄弱的经济基础，实在难以承担连年用兵的沉重军费压力。

吴、蜀两国的货币战争

魏、蜀、吴三国经济实力悬殊，而连年征战的军费开支，并不能因国力贫弱而减少，所以越是穷国，经济压力就越大。蜀、吴两国先后采用滥发虚值货币的措施，打了一场两败俱伤的金融战。

虚值货币在汉末已经成为灾难。《晋书·食货志》记载："献帝初平中，董卓乃更铸小钱，由是货轻而物贵，谷一斛至钱数百万。"曹操当丞相后，就废除了董卓执政时滥铸的轻薄小钱，沿袭汉代钱制重新行用五铢钱。由于多年未铸规范钱币，进入流通的五铢钱过少，以至钱贵谷贱，谷贱伤农，不得不几度停用钱币，退回到以物易物的实物经济阶段，在金融上受吴、蜀两国滥发劣币的影响不大。然而，以谷、帛为代币也不是一个好办法，时间一长，作伪求利的花样也很多，如将谷物用水浸湿以增加重量，将帛织得薄而窄以减少成本，浸水粮食易腐坏，帛的质量低劣到不能用来做衣服，"至令徒成杼轴之劳，不免饥寒之苦"。在利欲驱使下，实物货币同样存在"劣币驱逐良币"的问题，"虽处以严刑而不能禁也"，只得再恢复使用钱币。

刘备建安十九年（214年）打进成都，在铸造少量五铢钱的同时，就大量铸制"直百五铢"，以高额虚值货币掠取民间财富。《文献通考》卷八载：

先主攻刘璋，与士众约，若事定，府库、百姓，孤无取焉。及入成都，士庶皆舍干戈，赴诸库藏取宝物。军用不足，备忧之，西曹掾刘巴曰："此易耳，但当铸直百钱，平诸物价，令吏为官市。"

刘备为了激励士气，许诺攻入成都后官府库藏和民间财富都任由士兵抢掠。这是典型的流寇办法，但对于打算以成都为根据地的刘备，实在是饮鸩止渴。面对府库空虚的局面，刘备只得接受刘巴铸制虚值大钱的建议。"直百五铢"重量仅八克左右，不到五铢钱的三倍，一枚却可当一百枚五铢钱。"旬月之间，府库充实"。不久，在保持面值不变的情况下，又将钱重降到六克。这种府库充实自是假象。

东吴早期铸钱情况不详，相信是使用货币的。吴地不但铜资源丰富，冶铸技术也历来有名。早在建安七年（202年）周瑜分析东吴形势时就曾说，吴国"兼六郡之众，兵精粮多，将士用命，铸山为铜，煮海为盐，境内富饶，人不思乱"（《资治通鉴》卷六十四）。彭信威在《中国货币史》中估计，"当时铸的钱可能是五铢，也可能是大泉五十"，因为这两种钱币在汉末信用较好，东吴倘不自创新钱，首先会选择它们。二十世纪末，江、浙先后数次发现一种"大泉五十"，与王莽所铸"大泉五十"风格迥异，且重过一倍，钱径亦大，研究者多认为可能是东吴早期铸币。然而东吴使用钱币的实例与此不能吻合。建安二十四年（219年）吕蒙设计袭取荆州，居功至伟。孙权"以蒙为南郡太守，封孱陵侯，赐钱一亿，黄金五百斤"（《三国志·吴志》）。后吕蒙病重，孙权"募国内有愈蒙者，赐千金"。当时称"黄金"者为金，而称"金"者实为铜，以铜千斤征求名医。按汉末动乱之前的比价，黄金一斤值万钱，铜价每斤值百钱。赐钱高达一亿，求医赏钱高达十万，可见币值之低。晋灭吴，后主孙皓投降，晋武帝封他为归命侯，"给衣服车乘，田三十顷，岁给粟五千斛，钱五十万，绢五百匹，绵五百斤"，与东吴动辄赏钱上亿相比，北方币值还算是比较稳定的。

蜀汉铸虚值大钱，直接影响到与其保持贸易往来的东吴，等于使东吴的钱币贬值至原来的数十分之一。东吴不甘成为蜀汉转嫁经济危机的对象，作为经济斗争的相应手段，嘉禾五年（236年）春，东吴"议铸大钱，一当五百。诏吏民输铜畀值。设盗铸之科"（《建康实录》卷二），新铸的"大泉五百"钱，一当五铢钱五百，重量只有十二克。政府命令吏民交纳铜器，按重量付给大钱，同时设立惩治盗铸的机构。前文说到典军吏刘助洗清驸马朱据冤屈的事，孙权赏刘助百万钱，应该就是这种大钱了。

蜀地铜资源相当贫乏，大约只有犍为郡能开采出少量的铜，所以早期直百五铢钱的背面，常铸出一个"为"字，这是中国方孔圆钱中最早标明铸造地点的纪地钱。而大量的直百五铢，是靠搜刮民间各种铜器改铸而成的，据说连老百姓家的铜帐钩都不放过。到了这个程度，自然难以持久。面对东吴的"大泉五百"，蜀汉一再采取减重措施，将直百五铢钱重降到每枚三克、二克，最小的竟轻到零点四克，只有原重的二十分之一。由于钱面过小，连"直百五铢"四个字都铸不全，干脆省略为"直百"，甚至还有简略为"直一"的。同一时期，蜀地还铸造过"太平百钱"，也是日趋薄小，直径不足一厘米，重量不到一克，钱文有省略为"太平百金"以至"太平"的。后期所铸"定平一百"，钱名就很有强迫意味，"一定相当于一百枚五铢"，而其最重的不过一克左右，轻的只有零点六克。

孙吴不缺铜，然而面对蜀汉的大量劣币，也只能以牙还牙。梁顾烜《钱谱》中说到，直百、定平一百等钱"三吴诸属县行之"，在吴地都有流通。赤乌元年（238年）"春正月，侍御史谢宏奏更铸大钱，一当千，以广货。帝许之"（《建康实录》卷二）。先是增铸重十五克的"大泉当千"，顿时物价腾涌，当年米价即高达每石五万钱。随着蜀汉货币减重，大泉当千也渐次减重到八克以至四克，与五铢钱大小相差无几。这种大泉当千钱，也像五铢钱一样，出现过剪凿现象，即将一枚钱切割成两枚使用。接着东吴停铸大泉五百，改铸重仅十二克的"大泉二千"，不久又开铸"大泉五千"，而重量尚不及早期的大泉当千。这两种高额虚值货币一出现，当即导致物价疯狂上涨，连政府高级官员的妻子都开始饿肚子，百姓困苦可想而知。一时间人心惶惶，犯罪率猛增，几乎到了经济崩溃的程度，民间反应越来越强烈。《晋书·食货志》载："孙权嘉禾五年，铸大钱一当五百。赤乌元年，又铸当千钱。故吕蒙定荆州，孙权赐钱一亿。钱既太贵，但有空名，人间患之。"这种情况，必然影响到东吴商业经济的健康发展。孙权当政时一直强调俭省节约，是与这一背景分不开的。

孙吴统治者终于意识到，对外的货币战争足以破坏国内的经济秩序和社会秩序，破坏政权生存的基础，不得不下令停用"大泉二千"和"大泉五千"，并且用低面值钱币兑换回收已发行的高额钱币。《三国志》注引《江表传》，赤乌九年（246年），孙权下诏：

谢宏往日陈铸大钱，云以广货，故听之。今闻民意不以为便，其省息之，铸为器物，官勿复出也。私家有者，敕以输藏，计畀其直，勿有所枉也。

《建康实录》卷二也有记载："时用大钱，物贵，百姓不便。诏除大钱，卑物价，使收其钱，镕为器。"不过，从第二年孙权就能改建太初宫来看，"除大钱"的根本原因，未必只是意识到"百姓不便"，而是国家经济状况有所好转。

废除高额虚值大钱，自然得到民众的积极拥护，所以大钱回收得相当彻底。大泉二千今天已经很难见到，大泉五千除了民国年间发现两枚外，据说近年又有发现，但连同古代文献中记载的加起来，总数也不过十来枚。

由于货币严重混乱的持续时间比较短，此后的经济状况有所恢复，东吴政权得以又维持了三十多年。而蜀汉政权的经济已经彻底崩溃，诸葛亮纵有回天之力，也无从挽救败局。今天出现在人们面前的三国钱币，庄重拙朴的魏五铢，轻薄陋劣的直百五铢，泥足巨人似的大泉五千，似乎仍向我们表述着当年不均衡的对峙局面。

就此而言，三国最后统一于魏晋，并不是偶然。

第六节
吴歌与西曲

吴歌兴盛于南京

在2019年成为联合国教科文组织创意城市网络"文学之都"的南京，追溯文学传统必至六朝，但很少涉及吴歌。吴歌在中国文学史上产生过深刻影响，开古体诗歌一代新风，其曲调更是古代戏曲特别是南曲、昆曲的重要源泉之一。吴歌中保存的吴地方言、乡风民俗以至历史故事，也是探究吴文化传统的重要资料。

吴歌初称吴歈，始见于屈原《楚辞·招魂》："宫廷震惊，发激楚些；吴歈蔡讴，奏大吕些。"战国时期已经在江南广为流传。左思《吴都赋》中也写到"荆艳楚舞，吴歈越吟"。孔子编《诗经》，因为对江南的隔膜，吴、楚两地民歌都与《国风》无缘。直到汉代，吴歌还被涵括于楚歌之中，然而方言有别，战国时期的楚人还不一定能听懂吴歌。不过在中原人耳中，楚音和吴音同样难懂，不妨归为一类。就像今人分不清英语、法语、德语，便将其统称为"外语"。

吴歌这个名称，很容易让人联想到今天的苏州。其实古吴地域十分宽广，春秋时吴国都城在吴（今苏州），领土包括今江、浙以至淮南。汉代吴王刘濞的封地，包括丹阳、会稽、豫章三郡，都广陵（今扬州）。三国鼎立，孙吴据有扬州、荆州、广州、交州，西到湖北、湖南，南至岭南以至越南，都城建业（今南京）。

吴歌最初的兴盛地，正是南京。沈约《宋书·乐志》中说："吴歌杂曲，并出江东，晋、宋以来，稍有增广。"吴歌源起江东，直到东晋和南朝宋，才渐渐流布开来。此前江南地区被中原王朝视为蛮夷，江南文化不受中原人士重视。正是东晋、南朝的连续定都建康（今南京），吴歌得以进入主流文化范畴，经由文人的采集整理，模拟仿作，遂得以昌盛一时。

吴歌以吴地方言演唱，又称吴声歌曲。南京在六朝时期，仍属于吴语区，因为东晋以降的数次中原移民进入，才渐渐向江淮官话区演化。不过，看宋人郭茂倩所编《乐府诗集》中收录的六朝吴歌，尽管使用了一些吴语的词汇，如"侬"，但已经不像吴语，而更接近于江淮官话。与现当代采录的吴歌相比，其句式过于整齐，也没有衬字。《乐府诗集》中的北朝民歌，句式也与南朝的吴歌和西曲类同，分明显现出经过整饬的痕迹。其原因，一则当时的吴歌采集记录者多是北方人，二则吴语的很多方音，难以准确地标以汉字。

所谓江淮官话，本来也是一种方言，因它与社会主流文化结合较早，影响较大，能为最多的人接受，遂被定为规范语言。包括《诗经》在内的歌谣作品，在产生之际，无一不是方言文学。胡适在《吴歌甲集·序一》中指出：

> 国语不过是最优胜的一种方言；今日的国语文学在多少年前都不过是方言的文学，正因为当时的人肯用方言作文学，敢用方言作文学，所以一千多年之中，积下了不少的活文学，其中那最有普遍性的部分遂逐渐被公认为国语文学的基础。

唐、宋以降，吴歌的流行范围，也就随着吴语区的萎缩，退到了环太湖区域。民国年间顾颉刚编《吴歌甲集》，作《吴歌小史》，就明确其地域范畴"是以吴县的苏州市为中心而旁及于太湖区域（江苏的东南部和浙江的西北部）"，也即当时的吴语区。"沿太湖居住的人民，无论在风俗上，生活上，言语上，都不应分隔。这些地方虽是给政治的区域划断了，但实际上仍是打成一片的"。正因为始终保持着纯粹的风俗与方言特征，吴歌乃得以成为独立于中原民歌之外的又一个新体系，流传至今，仍能独树一帜，名重天下。

吴歌兴盛于东晋，而起源甚早。现在可以知道的，如前述《吴越春秋》中所记录的《弹歌》，时代应早于《国风》中的民歌。《汉书·艺文志》中有"吴、楚、汝南歌诗十五篇"的记载。《宋书·乐志》中关于吴声歌曲更有详细的介绍，并说到歌唱与乐器伴奏的关系："凡此诸曲，始皆徒歌，既而被之弦管。又有因弦管金石，造歌以被之，魏世三调歌词之类是也。"谢灵运《会吟行》有句:"六引缓清唱,三调伫繁音。"引是古乐曲体裁之一,有序奏之意,如箜篌引。古以宫、商、角、徵、羽五音加箜篌为六引。三调即汉乐府相和歌的平调、清调、瑟调合称,也叫清商三调。《宋书·乐志》说神弦歌在东吴时已被"孙氏以为宗庙登歌",成为东吴的宗庙祭祀用歌。神弦歌最初是民间祀神歌曲,与《楚辞》中的《九歌》性质相同。江南民间祭祀的神祇,往往不是什么神圣庄严的角色,而属旁门左道的"邪神杂鬼"。现存十一种曲调十八首《神弦歌》,所祀之神除了青溪小姑,其余多不可考。平民百姓也将祭祀活动看作一种娱乐,借娱神而自娱,所以神弦歌不像中原宫廷祭歌那样庄严,而富于生活情趣。如《采莲童曲》分明就是一首江南采莲歌谣:

泛舟采菱叶,过摘芙蓉花。

扣楫命童侣,齐声采莲歌。

魏晋文人傅玄曾以"吴姬之奇声"与"伯牙之妙手"并举,可见其时吴歌在北地影响之一斑。《乐府诗集》卷四十六《吴声歌曲·懊侬歌》第一首:

丝布涩难缝,今侬十指穿。

黄牛细挟车,游戏出孟津。

语带双关,前后对比,颇得吴歌风韵。据传系西晋豪族石崇为爱妾绿珠作,也有说是绿珠所作。石崇曾在荆州、徐州为官,所以会濡染吴风。

同时期五言四句的尔汝歌,不但为南方人所喜爱,而且为北方人所熟悉。《世说新语·排调》中记载了一个故事,说东吴亡国,后主孙皓入晋:

武帝问孙皓:"闻南人好作尔汝歌,颇能为不?"皓正饮酒,因举觞劝帝而言曰:"昔与汝为邻,今与汝为臣。上汝一杯酒,令汝寿万春。"帝悔之。

晋武帝的本意是侮辱孙皓,让他如弄臣一样为自己演唱。《史记·廉颇蔺相如列传》中,秦、赵渑池之会,秦王迫赵王奏瑟,而蔺相如要以死逼秦王击缶,就是这个道理。孙皓反应机敏,以市井昵称的"汝"称呼晋武帝,而用自己从"邻"到"臣"的变化祝酒,貌似歌颂,实成讽刺,晋武帝下不了台,不免后悔。《三十国春秋》和《晋书》都有此记载,歌词与《世说新语》虽稍有相差,但可证此事确曾发生。尔汝歌,或称汝歌、汝语，与《世说新语》中所见的了语、危语一样，是流行于江南的一种文体。

对后主孙皓，史籍中向无好评。然而读东吴史，孙权之后，少帝登基七年，权臣乱政不已，直到擅行废立。景帝继位七年，最大政绩就是铲除权臣。孙皓在位十七年，《三国志》注引《江表传》："皓初立，发优诏，恤士民，开仓廪，振贫乏，科出宫女以配无妻，禽兽扰于苑者皆放之，当时翕然称为明主。"不知怎么后来就变成了"粗暴骄盈"，令"大小失望"的昏君。平心而论，孙皓平息内争，安抚百姓，多次兴兵北伐，平定交趾之乱，有其积极作为的一面。孙皓做俘虏那年是三十七岁，看他被记录下来的言行，仍不失吴人的剽悍。《建康实录》卷四载，晋武帝"每朝会，召后主预之，常指殿谓曰：'朕为此殿以待公久矣。'皓曰：'臣于江南亦作此座相待。'"注文又引《三十国春秋》："晋王济尝与武帝棋，时济伸脚在局下。因问皓曰：'闻君生剥人面皮，何也？'皓曰：'人臣无礼于其君者，则剥之。'武子大惭，遽缩脚。"

古人席地而坐，双膝着地，臀部落在脚后跟上。若臀部着地，双脚前伸，是很失礼的行为。王济字武子，他与晋武帝下棋时将脚伸到棋局之下，所以孙皓说他"无礼于其君"。《三十国春秋》是南朝梁萧方等所撰史书，其时代与注《三国志》的裴松之相隔不过百年，自非《三国演义》等小说可比。

对手的由邻而臣，无疑是晋武帝的胜利。然而，倘这沦为臣者念念不忘曾经的为邻历史，胜利者就需要警惕了。他们也总会采取种种应对措施进行整肃，甚至不惜血腥屠杀，以消除这"昔与汝为邻"的心理，迫使对方认清"率土之滨，莫非王臣"的现实。孙皓入洛阳四年，四十二岁去世，死因未见人提起，只说滕皇后为他写了悲痛凄楚的悼文。

南北文化大交流

东晋定都建康，有力地促进了南北文化交流。江南士人为了与上层社会交往，会努力学习北方话，而东晋上层人士为了笼络江东民心，与江东世族搞好关系，也多有学说吴语的。《抱朴子外篇·讥惑》中说吴地士人"乃有转易其声音以效北语，既不能便良，似可耻可笑"。南方人学北方话学不像，北方人学南方话同样困难。《世说新语》中记载丞相王导说吴语、王氏子弟也仿效说吴语，显示出一种尊重吴地土著的姿态，但也为一些南来的北方人士不理解。《排调》篇载："刘真长始见王丞相，时盛暑之月，丞相以腹熨弹棋局，曰：'何乃渹！'刘既出，人问见王公如何，刘曰：'未见他异，唯闻作吴语耳。'"王导在刘惔这个北方人面前仍说吴语，可见已成习惯。《轻诋》篇记："支道林入东，见王子猷兄弟。还，人问：'见诸王何如？'答曰：'见一群白颈乌，但闻唤哑哑声。'"王氏子弟穿乌衣，而将白内衣的衣领翻在外面，所以被讥为"白颈"乌鸦。北方人支道林将吴语讥为鸟语。

如果说学吴语是出于政权巩固的考虑，吴歌能迅速得到中原士人的喜爱，则有着更为深刻的文化背景。魏晋以降的巨大社会动荡，使专制的社会秩序削弱破坏，礼教意识趋于淡薄，旧有的道德行为规范失去支配力量，人们思想意识得到某种程度的解放。玄学和佛教的盛行，清谈之风的泛滥，个体意识的觉醒，审美观念的变化，感官享受的膨胀，对于文学形式美的过分追求，风格上的重情高于言志，使六朝时期的思想文化进入一个相对活跃繁荣的局面。这也为吴歌的传播提供了良好的契机。

郑振铎《中国俗文学史》中说，中原人士到了江南，面对"好女如花，柔情似水"，熏然沉醉，很快被江南民风与吴歌所征服。所以六朝时期的吴歌，有如唐代的诗、宋代的词、元代的散曲，"立刻便得到许多文人学士们的拥护，立刻便被许多文人学士们所采纳"，遂产生了"广大而普遍的影响"。吴歌的音乐优美，歌词精巧，感情真率，婉转动人，不同于北方歌曲的粗犷之音，其艺术魅力令中原士人感到新奇，也使贪恋享乐的南朝权贵迷惑。再加上南朝帝王多出身微贱，民间的歌谣让他们感到亲切，吴歌遂登堂入室，成为六朝乐府中最重要的部分。

《世说新语》中记载了不少东晋权贵欣赏吴歌的故事。《任诞》篇刘孝标注引邓粲《晋纪》，说丞相王导、仆射周顗等重臣专门到尚书纪瞻家中去观伎，"瞻有爱妾，能为新声"。纪瞻是江东世家，所唱的自然是吴歌。《言语》篇中记大将军桓玄问太学博士羊孚，为什么世人都看重吴歌，羊孚回答："以其妖而浮。"所以能吸引人。《晋书·王恭传》中，尚书令谢石醉唱吴歌一事，尤其值得注意：

（会稽王）道子尝集朝士，置酒于东府。尚书令谢石因醉为委巷之歌。恭正色曰："居端右之重，集藩王之第，而肆淫声，欲令群下何所取则？"石深衔之。

王恭在这里扮演了卫道士的角色，指责谢石以重臣的身份，在庄严的场合，居然唱起民间歌曲，给大家做了不好的榜样。谢石醉后不觉而唱，可见平时十分爱好，习以为常，而"石深衔之"也很有意思，说明谢石并不认为这是失礼的行为。司马道子是东晋晚期权臣，这时吴歌开始进入上层社会，但还有人横加指责。南朝宋时，汤惠休、鲍照等喜欢模仿吴歌形式作诗，也曾被颜延之看不起。然而，到了南朝齐初年，情况就大不一样了。《南史·王俭传》载："（齐高帝）幸华林宴集，使（群臣）各效伎艺。褚彦回弹琵琶，王僧虔、柳世隆弹琴，沈文季歌《子夜来》，张敬儿舞。"子夜来是吴歌中有名的子夜歌的和声，已经可以公然拿到皇帝面前去露一手了。

远游人歌名西曲

同一时期，影响仅次于吴歌的江南民歌，时称西曲，大致流行于长江中游今江西、湖北、川东一线和汉水流域，而以湖北江陵为中心，相当于当时的荆州。时建康人惯称三吴（吴郡、吴兴、会稽）为东，而荆州位于建康之西，西曲或即因此而得名。就像在汉代吴歌曾被归属于楚歌一样，六朝时期楚地的西曲，也被称为吴歌。如隋代杜台卿《玉烛宝典》中所引西曲《双行缠》《月节折杨柳歌》《江陵乐》，都称之为吴歌。《乐府诗集》中所收《江陵女歌》，因唐人李康成称它为"今时吴歌"，故也附在《吴声歌曲》之后。

西曲同样盛行于建康，其产生时代可能稍晚于吴歌，见于记载的作品始于南朝宋，而其内容和风格，与吴歌相当接近。两者的歌词基本形式，都以五言四句为主，少有例外，与汉代楚歌多长篇全然不同。西曲与吴歌有着明显的亲缘关系，从现存西曲作品看，其与吴歌的区别，主要在于地理背景。或者可以说，西曲就是流行于楚地、受楚歌曲调浸润而发生一定变化的吴歌。

早先的研究者已经注意到，西曲与吴歌在题材上有一种较明显的区别，就是吴歌多反映市井生活，富于家庭趣味，而西曲多商人思妇的情怀。有人认为，这是因为两地的背景不同，"吴人多乡居，楚人多远游"。实际上，东晋南朝时期，建康与江陵两地之间的商业往来非常频繁，不仅有江陵人沿江而下，更有建康人溯江而上。所以西曲中既有"闻欢下扬州，相送楚山头。探手抱腰看，江水断不流"的《莫愁乐》，也有"人言襄阳乐，乐作非侬处。乘星冒风流，还侬扬州去"的《襄阳乐》。

再看《三洲歌》：

送欢板桥湾，相待三山头。

遥见千幅帆，知是逐风流。

板桥湾、三山矶都是建康临江津渡，不能不让我们想到长干里的远行人。《乐府诗集·吴声歌曲》中的《懊侬歌》说的正是这一段行程：

江陵去扬州，三千三百里。

已行一千三，所有二千在。

所以不是"楚人多远游"，而应是"楚多远游人"，说吴歌多系安居于建康的人所作，而西曲则是这些"江上往来人"所作，更为确切。因为常在楚地，他们口中的吴歌，自难免受到楚风的影响。只是如今曲调佚亡，单就歌词而言，吴歌与西曲最明显的区别，就是其中所关涉的地名了。西曲的命名多用"乐"字，而所涉及的地点如石城、襄阳、江陵、青阳、寻（浔）阳、寿阳等，都在湖北、江西、安徽一带，也都在建康的西方。

农民之歌与市民之歌

与汉代民歌多系农民之歌不同，今天能读到的吴歌和西曲，多是以女性为中心的情歌。像《子夜歌》：

宿昔不梳头，丝发被两肩。

婉伸郎膝上，何处不可怜！

描绘热恋中女子的娇媚，生动如画。《前溪歌》：

黄葛生烂漫，谁能断葛根？

宁断娇儿乳，不断郎殷勤！

诚令人心魄摇荡。歌唱爱的欢乐，热情洋溢，而离别相思的缠绵哀怨，同样感人肺腑，如《子夜歌》：

别后涕流涟，相思情悲满。

忆子腹糜烂，肝肠尺寸断。

《读曲歌》：

自从别郎后，卧宿头不举。

飞龙落药店，骨出只为汝。

听到情变的传闻，总是不肯相信（《子夜变歌》）：

人传欢负情，我自未尝见。
三更开门去，始知子夜变。
待到传闻被证实，她痛彻心骨（《读曲歌》）：
闻欢得新侬，四肢懊如垂。
鸟散放行路井中，百翅不能飞。
她们倾诉自己对爱情的坚贞，像《子夜四时歌》：
渊冰厚三尺，素雪覆千里。
我心如松柏，君情复何似？
希望对方也能如此。而不无壮烈意味的《华山畿》：
华山畿，君既为侬死，独活为谁施？
欢若见怜时，棺木为侬开。
让人联想到汉代民歌中的《上邪》：
上邪！我欲与君相知，长命无绝衰。
山无陵，江水为竭，冬雷震震夏雨雪，天地合，乃敢与君绝！
南柔北刚的风格差异，也一目了然。

南朝情歌虽深情绮丽，但仍不失温柔含蓄，不像冯梦龙所搜集的明代山歌，较多情色挑逗，甚至直写性欲。所以郑振铎将其比喻为吴歌之中的"少女"。少女怀春，自不同于少妇思春，在灵与肉之间，灵的成分居多。

东晋南朝，虽被史学家讥为偏安一隅，但各朝皆以禅让相更替，一脉相承，相对于北朝，战乱既少，政治上也较为安定，其自然地理条件本较北地为优裕，再加上中原移民带来的先进技术，经济上遂得以大发展，商业贸易尤为发达。吴歌流行的中心建康，既是六朝的都城，也是扬州的治所，西曲流行的中心江陵，则是荆州的治所。荆、扬二州，正是南朝最为富庶的区域。《宋书·何尚之传》中说："荆、扬二州，户口半天下。江左以来，扬州根本，委荆以阃外。"两州一内一外，支持着王朝的大局。《宋书·列传第十四》论中说："荆城跨南楚之富，扬部有全吴之沃。鱼盐杞梓之利，充牣八方，丝棉布帛之饶，覆衣天下。"生活在这样的大都市中的市民，经济独立，生活安适，思想自由，情感奔放，这与春秋时期郑、卫、宋、齐等国的情况颇多相似之处，所以也同样成为孕育那种率真热烈、富于叛逆精神情歌的社会基础。六朝江南儿女的情歌，较之《国风》与《楚辞》，不仅在句式上有较大的变化，表述语言也更接近于现代的白话,今人欣赏起来几乎没有障碍。

由于这些民歌兴起、流行于发展更为成熟的商业都市之中,以反映市民阶层的生活为主,所以会很快被外来的统治阶层发现并接纳,而主流意识形态的欣赏,又进一步推动了它的发展。尤其是为文人学士所吸收,遂在文学史上形成重要影响。从《乐府诗集》中看,现存吴歌、西曲作品,大体可分为两个阶段,在东晋、宋、齐三朝,主要是民间歌谣,到了梁、陈两朝,士人乃至帝王仿作的吴歌占了多数。这也是文学发展的常例。然而,若没有文人的采录和仿作,吴歌、西曲在文学史上的影响,也不可能如此深远。

鲁迅在《且介亭杂文·门外文谈》中高度赞赏民歌的"刚健、清新","无名氏文学如《子夜歌》之流,会给旧文学一种新力量","偶有一点为文人所见,往往倒吃惊,吸入自己的作品中,作为新的养料"。而同一时期理应也会存在的农村民歌,则几乎没有引起社会的注意,没留下任何痕迹。

第五章

建康风云

第一节
王与马，共天下

门阀士族与皇权

说起东晋历史，最为人所熟悉的典故，莫过于"王与马，共天下"。但这六个字背后，关乎东晋一朝的门阀政治，能说清楚的人恐怕不会太多。"王与马，共天下"的说法，始见于晋、宋之际的何法盛《晋中兴书》。此书早已散佚，幸有后人辑本。《太平御览》卷四百九十五《人事部·谚上》引《晋中兴书》："中宗渡江，王导群从，同心翼戴，时人语曰：'王与马，共天下。'"《晋书·王敦传》《南史·王弘传》中所称"时人为之语""谚云"，出处都在这里。《晋书》和《南史》均出自唐人之手，相比之下，东晋、南朝史家的记述当更可信。这两部正史中的许多内容，确也是引自前人著作。

刘义庆《世说新语·宠礼》第一条："元帝正会，引王丞相登御床。王公固辞，中宗引之弥苦。王公曰：'使太阳与万物同晖，臣下何以瞻仰。'"刘孝标注："《中兴书》曰：元帝登尊号，百官陪位。诏王导升御坐。固辞，然后止。"无论是发生在元旦集会还是新皇登基，这一幕可谓"王与马，共天下"的形象化场景。不过，刘义庆将此仅视为"宠礼"，实在是将晋元帝司马睿与丞相王导的关系简单化了。

"王与马，共天下"，不仅反映了琅琊王氏与皇族司马氏在权力分配、名分尊卑上的特殊关系，也可以作为东晋一朝门阀士族与皇权关系的象征与写照。琅琊王氏之后，颍川庾氏、谯国桓氏、陈郡谢氏、太原王氏先后继起，成为与司马氏"共天下"的士族，绵延百年，直至晋亡。只有在南京建都的东晋王朝，出现了士族与皇族共治这一中国历史上的特例。

这种士族与皇族共同治理国家的特殊关系，源于西晋末年的特定情势。延续多年的"八王之乱"后期，晋惠帝子孙全部死亡，兄弟零落。皇统疏远的东海王司马越与名士首领琅琊王衍合作，赢得了皇室内争的胜利，在惠帝暴死后拥立怀帝，名为辅佐皇室，实则挟帝自重。琅琊王氏门第始兴于东汉，魏晋间崛起，王戎是"竹林七贤"之一，官至司徒，王衍是王戎堂弟，在《世说新语》中的形象是善玄学的清谈领袖。王导品评他"岩岩清峙，壁立千仞"。其实王衍于权术别有造诣，年轻时就喜谈论合纵连横的谋略，晋惠帝时官至太尉，一女嫁太子司马遹，一女嫁皇后贾南风之侄贾谧，一女嫁司马越裴妃堂兄裴遐，就像《沙家浜》里唱的，"钩挂三方来闯荡"。裴、王二族，盛于魏晋之际，当时流行人物比论，"以八裴方八王"，裴氏八人可与王氏八人相提并论，裴遐所比即王导。《世说新语·文学》载："裴散骑娶王太尉女，婚后三日，诸婿大会，当时名士，王、裴子弟悉集。"座中玄学大师郭象与裴遐谈玄，"四坐咨嗟称快"，可见盛况。

王衍为司马越所作的重要筹谋，其一是笼络当时名士，不拘南北，以提高司马越的声望。《世说新语·品藻》有载："王大将军下，庾公问：'卿有四友，何者是？'答曰：'君家中郎，我家太尉、阿平、胡毋彦国。'"王敦回答庾亮：庾敳、王衍、王澄、胡毋彦国为其四友。刘孝标注文也说："《八王故事》曰：'胡毋辅之少有雅俗鉴识，与王澄、庾敳、王敦、王夷甫为四友。'"而《晋书·王澄传》载："时王敦、谢鲲、庾敳、阮修皆为衍所亲善，号为四友，而亦与澄狎，又有光逸、胡毋辅之等亦豫焉。""四友"与后世的"八怪"一样，是一个笼统的说法，其成员并不限于四人。《世说新语·赏誉》记司马越府中三才："太傅有三才，刘庆孙长才，潘阳仲大才，裴景声清才。"又说："司马太傅府多名士，一时俊异。"东晋一朝先后专权的琅琊王氏、颍川庾氏、陈郡谢氏，此时已可窥得端倪。

其一是让族弟王导劝说琅琊王司马睿投入司马越阵营。王氏的家乡琅琊正是司马睿的封国，两者间更有一重因缘。司马睿受命任平东将军监徐州诸军事，留守下邳，为司马越守护后方，他即请王导为司马，"军谋密策，知无不为"，时约两年。永嘉元年（307 年）九月，司马睿受命为安东将军都督扬州江南诸军事，依王导的策划，南渡长江，驻守建邺。

东晋立国的图谋，由此拉开序幕。

司马越和王衍的战略，是进则取中原，退则据徐州。徐州刺史是裴妃的兄弟裴盾。并且王衍自作布局，《世说新语·简傲》"王平子出为荆州"条，刘孝标注引晋人孙盛《晋阳秋》说，晋惠帝时，王衍推荐弟弟王澄任荆州刺史，堂弟王敦为青州刺史。两人辞行时，王衍嘱咐他们："今王室将卑，故使弟等居齐、楚之地，外可以建霸业，内足以匡帝室，所望于二弟也。"做好了两手打算。

司马越可谓"内战内行，外战外行"，面对北方少数民族政权的进袭束手无策。永嘉五年（311年）前赵遣石勒攻夺洛阳，司马越病死，王衍退军途中被俘，王公士庶十余万人遇难，洛阳失守，晋怀帝被掳，仅裴妃和世子司马毗辗转逃往江南。"晋祚虽衰，天命未改"，晋皇室的一脉，此时已寄托在琅琊王司马睿的身上。北方士族，尤其是司马越府中的"一时俊异"纷纷南渡，成为司马睿和王导的骨干队伍。

司马睿虽是皇族，但属旁枝弱藩，"权轻众寡"，也没有什么特殊的功勋，难以服众，正常情况下绝轮不到他继承大统。以王导、王敦为首的门阀士族支持，就成了决定性的因素。王敦是晋武帝的女婿，官拜驸马都尉、太子舍人，先后任青州刺史、扬州刺史。他积极拥戴司马睿，江州刺史华轶不听司马睿号令，王敦率军讨伐，杀了华轶及其五个儿子，"传首建邺"。可见东晋替代西晋，也并非和平过渡。

王导与司马睿是同龄人。但王导早先参司马越军事，其阅历和能力都非司马睿所可比拟。当时人对于王导在东晋立国中的作用，有明确的评价。《世说新语·言语》"顾司空未知名"条，刘孝标注引东晋邓粲《晋纪》："导与元帝有布衣之好，知中国将乱，劝帝渡江，求为安东司马，政皆决之，号仲父。晋中兴之功，导实居其首。"《世说新语·规箴》载："元帝过江犹好酒，王茂弘与帝有旧，常流涕谏。帝许之，命酌酒一酣，从是遂断。"司马睿不能自律，连好酒这样的生活细节都要王导操心。《世说新语·言语》又记载，建兴四年（316年）晋愍帝被俘，西晋实际已经亡国，刘琨派长史温峤到建康劝司马睿登基称帝。刘琨家世源出西汉皇族，是祖逖"闻鸡起舞"的伙伴，也是西晋末年的重臣。温峤初时很为江南局势担忧，与王导一席深谈后，"欢然言曰：'江左自有管夷吾，此复何忧。'"。江南已经有了管仲这样的相才，完全用不着忧虑了。

笼络江东士族

皇权固需要士族的支持，而北方士族在南渡之际，远离原籍，根基尽失，尽管有侨郡、侨县的设置，毕竟不如江东士族根深蒂固，又担心北方少数民族继续南下，也迫切希望有一个巩固的皇权提供庇护。在别无选择的情况下，接受司马睿无疑是明智的，可望一个双赢的结果。随着离开家乡日久，他们对朝廷的依赖性也不断增加。

对于江东士族而言，事情就不是那么简单了。

魏、蜀、吴三家归晋，司马氏经营三代而受魏禅，可谓水到渠成。蜀汉对于川人本是外来政权，又没有形成势力强大的世家宗族，所以灭亡后几乎没有出现什么反抗力量。东吴就不同了，它是吴人在吴地士族支持下创立的政权，吴国灭亡，吴地士族并未随之消灭，除被迫迁往洛阳的，多不愿与晋廷合作，且一直心怀复国之望。《晋书·五行志》载：

> 武帝太康三年平吴后，江南童谣曰："局缩肉，数横目，中国当败吴当复。"又曰："宫门柱，且当朽。吴当复，在三十年后。"又曰："鸡鸣不拊翼，吴复不用力。"于时吴人皆谓在孙氏子孙，故窃发为乱者相继。案"横目"者，"四"字，自吴亡至元帝兴几四十年，元帝兴于江东，皆如童谣之言焉。

另一方面，以中原世族为主的西晋王朝，理所当然地以中原为中心，对处于边缘的江南地区有一种疏离感，控制相对较弱，重要举措就是将吴地士族的部分代表人物迁往洛阳。这就给仍居吴地的士族留下了较大的生存空间，使之始终不失为一种重要的政治力量。不但复国舆论在吴地广为传播，而且一再发生动乱。富阳孙氏在晋代曾几次起事，南朝宋景平二年（424年）还"谋为逆乱"。

晋廷既对"亡国之余"的吴人心存蔑视，又深怀对吴人"难安易动"的戒备，直到太康末年才稍有缓和，再度征召吴士。《世说新语·赏誉》有载：

> 有问秀才："吴旧姓何如？"答曰："吴府君，圣王之老成，明时之俊义。朱永长，理物之至德，清选之高望。严仲弼，九皋之鸣鹤，空谷之白驹。顾彦先，八音之琴瑟，五色之龙章。张威伯，岁寒之茂松，幽夜之逸光。陆士衡、士龙，鸿鹄之裵回，悬鼓之待椎。"

这位回答的秀才是吴郡（今苏州）人蔡洪，曾仕吴为官，入晋后为扬州从事，太康年间举秀才。提问的人是扬州刺史周浚。《晋书·周浚传》载，平吴之明年，即太康二年（281年），周浚"移镇秣陵。时吴初平，屡有逃亡者，频讨平之。宾礼故老，搜求俊义，甚有威德，吴人悦服"。其与蔡洪议论吴士当在此时。刘孝标注说蔡洪一共举荐了十六人，并引《蔡洪集·与刺史周浚书》，对吴展、朱诞、严隐、张畅等有更详细的介绍。又引《陆云别传》，说陆云"年十八，刺史周浚命为主簿。浚常叹曰：'陆士龙当今之颜渊也。'累迁太子舍人、清河内史"。后陆机、陆云兄弟与顾荣（字彦先）同入洛阳，被誉为"江东三俊"。

但不久"八王之乱"爆发，陆机因卷入皇室内争被杀，陆云亦遇害。顾荣、贺循、张翰、纪瞻、陆玩等先后退居江南。张翰那个秋风起而思莼、鲈的故事，常被人视为佳话，其实有着残酷的社会背景。

中原既乱，吴地士族伺机图谋复国。太安二年（303年）荆州张昌起兵反晋，部下石冰进据建邺，重修建邺宫自居。但石军如流寇，肆行劫掠，东吴名将周处之子周玘率先举义，推吴兴太守顾秘都督扬州九郡军事，在广陵度支都尉陈敏配合下剿灭了石冰。陈敏以军功升任广陵相，遂亦生割据江东之志，永兴二年（305年）伪称扬州刺史，起兵攻占建邺，尽取吴、越旧地，自封为都督江东军事、大司马、楚公。陈敏有野心也有谋略，以交结士族树立威望，任命江东名士顾荣等四十人为将军、郡守。江东士族初时大都接受了陈敏的委任，冀望借陈敏实现江东复国旧梦，但很快发现陈敏治国无术，御下无方。司马越的谋士华谭写信给顾荣等人说："今以陈敏仓部令史，七第顽冗，六品下才，欲蹑桓王之高踪，蹈大皇之绝轨，远度诸贤，犹当未许也。"陈敏出身寒微，才具低下，决不是长沙桓王孙策、东吴大皇孙权那样的政治领袖。顾荣、周玘等遂决定抛弃陈敏，与晋征东大将军刘准相约为内应。永嘉元年（307年）春，吴兴钱广遵周玘之命杀了陈敏之弟陈昶，屯兵于秦淮河朱雀桥南，陈敏姻亲甘卓被顾荣说服倒戈，截断朱雀桥，收船于南岸。当时秦淮河宽逾百米，陈敏自率万余人出战，无从渡河，军心已乱。顾荣轻麾白羽扇指挥义军，陈军遂望风溃散，为南京留下了一段麾扇渡佳话。陈敏逃至江乘被捕杀。

同年九月，司马睿南渡来到建邺，稳定江东局势自是题中应有之义，这首先就要争取吴中士族的支持。吴人对司马睿的评价并不高，《晋书·五行志》引江南童谣中的"局缩肉"，后有诠释："元帝懦而少断，

'局缩肉'者，有所斥也。"司马睿缺少担当，遇事退缩，"局缩肉"，有如南京人言"缩头乌龟"。司马睿也心不自安。《世说新语·言语》：

> 元帝始过江，谓顾骠骑曰："寄人国土，心常怀惭。"荣跪对曰："臣闻王者以天下为家。是以耿、亳无定处，九鼎迁洛邑。愿陛下勿以迁都为念。"

面对仍有举足轻重之势的江东世家，司马睿常有寄人篱下之感，并不奇怪，但直接说给顾荣听，以示推心置腹，自是笼络之意。顾荣身为江东士族领袖，举商、周迁都为例，"普天之下，莫非王土"，东吴旧国如今也是晋王朝天下，明确表达了对南迁东晋政权的接纳。

这已是顾荣入朝为官之后的事情了。司马睿初过江时，虽是诸侯王的身份，可接连一个多月，吴地世家没有一个人去拜访他，其冷淡态度让王导深感忧虑。《晋中兴书》有"骑从"一条：

> 王导谓从兄敦曰："王仁德未著，而名位犹轻。兄名已振，宜有以共相匡举。"会三月三日，中宗出禊，乘肩舆，敦、导并骑从。纪瞻使人觇之，既闻敦、导骑从，乃大惊，自出拜于道左。中宗从容谓导曰："卿，吾之萧何也。"

以王敦和王导的地位和影响，甘做司马睿的随从，这引起了吴地士族领袖纪瞻的重视。纪瞻做了带头羊，而司马睿也采纳了王导的意见，诚聘吴地士族为官，亲自到纪瞻家拜访，与他同乘一辆车回府，任纪瞻为军谘祭酒。《晋书·元帝纪》载："以顾荣为军司马，贺循为参佐，王敦、王导、周顗、刁协并为腹心股肱。"时与纪瞻并称"五俊"的有顾荣、贺循、薛兼、闵鸿，薛兼也当了军谘祭酒，只有闵鸿坚持做东吴遗民。

这个故事后被广为引用，为人所熟知。不过，《宋书·符瑞志上》的一条资料，或许更值得重视：

> 初，武帝伐吴，琅琊武王伷率众出涂中，而王浑逼历阳，王濬已次近路。孙皓欲降，送天子玺绶，近越二将，而远送诣伷，识者咸怪之。吴之未亡也，吴郡临平湖一旦自开，湖边得石函，中有小青石，刻作"皇帝"字。旧言"临平湖塞天下乱，开则天下太平"。吴人以为美祥。俄而吴灭，后元帝兴于江左。

孙皓降晋时，舍近求远，把玉玺交给琅琊武王司马伷。涂中指涂水（今滁河）流域，即今滁州一带。历阳即今和县。王濬率水军顺流而下，"千寻铁锁沉江底，一片降幡出石头"。三者之中，滁州确实离建业最远。

当时人都奇怪孙皓为什么这样做，后来司马伷的孙子司马睿在江左建立了新王朝。言外之意，孙皓当年的做法，预示司马睿将成为江南王朝的继承者，所以司马睿能得到江南士族的认同。

陈寿《三国志》中，《吴志·孙皓传》对此事的记载，或更符合历史真相：晋军三路逼近，孙皓用光禄勋薛莹、中书令胡冲等人计谋，分派使者同时奉降书于王濬、司马伷、王浑，意在挑起三人的内争。《晋书》中对此有相应记载，孙皓先向王浑请降，送去的是"印节"，即钤盖玺印的降书。接着又"奉笺送玺绶，诣伷请降"，奉上的是传国玉玺和降书。听说王濬水军"旌旗器甲，属天满江，威势甚盛"，孙皓先是"送降文于濬"，眼看石头城不守，"皓乃备亡国之礼，素车白马，肉袒面缚，衔璧牵羊，大夫衰服，士舆榇，率其伪太子瑾、瑾弟鲁王虔等二十一人，造于垒门"，送上了自己。虽然这计谋失败，没有达到保全东吴的目的，但王浑与王濬后来确实在朝中相互攻讦不已。

《宋书》作者沈约身为吴人，他将此事列入《符瑞志》，说明谋求东吴复国的吴地世家，已将此视为晋承吴统的征兆，无论出于主动还是被动，都是达成一种心理上的满足或自慰。而一旦吴地世家将东晋立国视为某种意义上的东吴复国，南渡的司马氏政权就坐稳了这半壁江山。在东晋王朝局势稳固的同时，也稳固了士族与皇族共治天下的特殊局面。

君、相之争

在这一进程中，发挥主导作用的无疑是王导。晋元帝拉王导同登御座，是一种明确的姿态，表示他很清楚自己的处境。

但是，这并不说明他就甘心做一个傀儡皇帝。丞相王导在朝中执政，荆州刺史王敦手握重兵位居上游，司马睿如芒刺在背，登基不久就开始谋划，一方面重用丹阳尹（后以镇北将军守淮安）刘隗、尚书令刁协等，在朝中培植亲信，逐渐疏远王导，另一方面调兵遣将以防范王敦。这更激化了双方的矛盾，在王敦有所忌惮的梁州刺史周访和豫州刺史祖逖去世后，永昌元年（322年）正月，王敦即在武昌（今鄂州）举兵，以讨伐奸臣刘隗"清君侧"为名，顺流而下，直抵建康，石头城守将周札开门迎降。晋元帝派刁协、刘隗等率军反攻，都被王敦打败。刁协逃至江乘被杀，刘隗背晋投奔后赵。

周札是吴地士族义兴（今宜兴）周氏子弟，他的不战而降，实际上是朝中士族态度的一个反映。其时朝中士族即使不满意琅琊王氏的擅权，也不希望司马氏真正掌握皇权，凌驾于士族之上，所以对王敦举兵态度暧昧，王导更是暗中支持王敦。《晋书·元帝纪》载，朝中百官纷纷逃散，成了孤家寡人的晋元帝派使者对王敦说："公若不忘本朝，于此息兵，则天下尚可共安也。如其不然，朕当归于琅琊，以避贤路。""共安"，也就是"共天下"。如果王敦不接受，他只有让贤，回山东去做琅琊王。《晋书·王敦传》写得更详细：

（王敦）既入石头，拥兵不朝，放肆兵士劫掠内外，官省奔散，惟有侍中二人侍帝。帝脱戎衣，著朝服，顾而言曰："欲得我处，但当早道。我自还琅琊，何至困百姓如此。"

晋元帝重申"王与马，共天下"的默契，王敦退回武昌，自任丞相、都督中外诸军事、录尚书事，遥控朝政，也得到了朝中士族的认可。

当年闰十一月，晋元帝忧愤而死，晋明帝司马绍继位，改元太宁。太宁元年（323年）四月，王敦自领扬州刺史，率大军沿江而下，移驻姑孰（今当涂），进逼建康，谋夺帝位，但不久患病。次年六月，其谋臣钱凤、沈充策动其再次发兵进攻建康，王敦病重不能领军，以兄长王含为元帅，与钱凤等自当涂北进至越城。然而这一次王敦遇到了包括王导在内的朝中士族的抗御，晋明帝调兵遣将，亲率大军出征，温峤烧断秦淮河上朱雀桥，与叛军隔河对峙。王导伪称王敦已死，率宗族子弟为王敦发丧，以鼓励晋军士气。晋军渡河夜袭，在越城大败王含，王敦闻讯震怒而死，遗命王含之子王应称帝。各地勤王军到，沈充、钱凤虽一度攻到宣阳门，终被苏峻、刘遐等流民帅击溃，败退途中淹死在秦淮河里的叛军有三千人。钱凤、沈充、王含、王应等先后被杀。经此一番较量，皇族与士族都意识到了自己的权益边界。如《晋书·姚兴载记》中韦华所说："晋主虽有南面之尊，无总御之实。宰辅执政，政出多门。权去公家，遂成习俗。"执政士族倘若觊觎皇权，也会受到其他士族的牵制阻截，东晋一朝长达百年的"共天下"局面，由此稳定。

即使出现了王敦叛乱这样的事情，琅琊王氏在朝中的势力仍未受到影响。《世说新语·仇隙》中有一个故事：晋元帝为牵制王敦，派其族叔谯王司马承任湘州刺史。王敦起兵"清君侧"，司马承率军声讨，攻杀王敦姐夫湘州太守郑澹，后兵败被俘，囚于槛车送往荆州。王敦暗中命荆州刺史王廙在途中杀了他。司马承夫人虽然知道内情，因其子司马无忌兄弟年幼，也不敢声张。多年之后，司马无忌与王廙之子王胡之成了朋友，让母亲备酒食招待王胡之，其母才说出真相：

母流涕曰："王敦昔肆酷汝父，假手世将。吾所以积年不告汝者，王氏门强，汝兄弟尚幼，不欲使此声著，盖以避祸耳。"无忌惊号，抽刃而出。胡之去已远。

可见琅琊王氏势力之大，连皇族都无可奈何。

王敦叛乱后的江东士族，地位却发生了明显的变化。

东晋立国之初，旧吴士族对北人颇为轻视，呼为"伧子"。《世说新语·排调》载："陆太尉诣王丞相，王公食以酪。陆还，遂病。明日，与王笺云：'昨食酪小过，通夜委顿。民虽吴人，几为伧鬼。'"北人南迁，将中原饮食也带到了江南。丞相王导请太尉陆玩吃奶酪，陆玩是南方人，吃不惯，回去泻肚泻了一夜，抱怨说差点成了"伧鬼"。《世说新语·方正》有一个故事更典型："王丞相初在江左，欲结援吴人，请婚陆太尉。对曰：'培塿无松柏，薰莸不同器。玩虽不才，义不为乱伦之始。'"王导希望与陆玩结为姻亲，陆玩虽似谦称不敢高攀，将门第不当的婚姻指为"乱伦"，但明显是说王家配不上他们陆家。然而其时江东士族在朝为官，顾荣任散骑常侍，贺循官至太常，薛兼官至太常加散骑常侍，都是声望高而无实权的职位。只有纪瞻几经升迁至尚书仆射、领军将军，握有兵权，但其以久病之身，长期卧床，无从履职。江东士族在朝中明显处于低人一等的地位，这种被边缘化的处境，与自视甚高的反差，肯定让他们不满。

沈充、钱凤都是吴兴望族，明知王敦有异志而全力支持，实有唯恐天下不乱之意，事败后家族实力大减。尤为悲剧的是义兴周氏。周处之子周玘频兴义兵，先后平定石冰、陈敏、钱璯之乱，有"三定江南"之功，司马睿"乃以阳羡及长城之西乡、丹阳之永世别为义兴郡"，以表彰其功绩。然而司马睿也忌惮周玘的势力声望，仅任命其为吴兴太守、乌程县侯。周玘不免心怀怨望，意图取代北方士族地位的图谋不成，又遭到刁协的轻侮，愤愤而死，留下遗言让其子报仇。其弟周札封东迁县侯，时任右将军、都督石头城水陆军事，在王敦初次起兵时开石头城迎降，也是乐见其成。

但王敦并未将周札引为心腹，反而对周氏一族的强盛深怀顾忌。其时周札二哥周靖的四个儿子，周懋任晋陵太守、清流亭侯，周筵任征虏将军、吴兴内史，周赞任大将军从事中郎、武康县侯，周缙任太子文学、都乡侯，大哥周玘之子周勰任临淮太守、乌程公，"一门五侯，并居列位，吴士贵盛，莫与为比"。周筵母亲去世，送葬者多逾千人，可见声望之隆。而且吴地士族顾、陆、贺、纪等多为文士，周氏、沈氏则以将帅武功显名。王敦移镇姑孰（今当涂），病重之际，听信钱凤之言，竟杀尽周氏子弟，以为后嗣篡夺政权清除障碍。

王敦叛乱平定，周札、周筵部下请求朝廷为周氏平反。卞壶、郗鉴等以周札献石头城为由反对。王导一再为周札辩护，甚至不惜诡辩，主要考虑的是安抚吴地人心。陈寅恪《述东晋王导之功业》中说，"东晋初年孙吴旧统治阶级略可分为二类，一为文化士族，如吴郡顾氏等是，一为武力强宗，如义兴周氏等是，前者易于笼络，后者则难驯服，而后者之中推义兴周氏为首"，"元帝、王导委曲求全，以绥靖周氏，实由其势力特强之故"。朝廷虽追赠周札为卫尉，追复周筵原官，但已只是一个空名，周氏已一蹶不振。此后江东士族再无兴风作浪之力，只能融入以中原南迁士族为主体的东晋王朝。

王、庾之争

王导执政长达二十余年，琅琊王氏子弟多居朝廷要职。东晋一朝，先后有八位皇后出身琅琊王氏。太宁三年（325年）闰七月晋明帝病重，召太宰、西阳王司马羕，司徒王导，尚书令卞壶，车骑将军郗鉴，护军将军庾亮，领军将军陆晔，丹杨尹温峤同受遗诏，辅助皇太子司马衍继位，史称晋成帝。时司马衍才五岁，皇太后庾文君临朝称制，其兄庾亮身为国舅，颍川庾氏地位立升，在在与王氏明争暗斗。而皇族对王敦叛乱记忆犹新，自然远王氏而亲庾氏。庾氏遂从与王氏分庭抗礼渐至凌驾其上。

庾亮与王导的宽和为政不同，执政严苛，擅杀皇族南顿王司马宗，与荆州刺史陶侃相互猜疑，颇失人心。其时流民帅苏峻因平定王敦叛乱之功任历阳（今和县）内史，近在京畿，庾亮不放心，欲夺其兵权，因轻举妄动，反激成苏峻与祖约叛乱。咸和三年（328年）二月，苏峻以诛庾亮为名率军攻入建康，占领台城。庾亮兄弟逃往寻阳（今柴桑），投奔江州刺史温峤。王导等守在太极殿护卫娃娃天子晋成帝，晋成帝仍被苏峻劫往石头城。此前王敦叛乱意在争权，且与朝中士族有着各种联系，所以并未蓄意破坏都城。苏峻出身底层，在永嘉之乱时纠合流民，成为一方豪杰，与士族两相隔膜，向为朝中显贵所轻，既已叛乱，更以朝廷为敌，故而肆意劫掠，火烧殿署，侵逼六宫，驱役百官，裸剥士女。国库中数以万计的金银、钱币、布绢一抢而空。各地义军奋起讨伐苏峻，奉都督荆、湘、雍、梁四州军事，征西大将军，荆州刺史陶侃为盟主。同为流民帅的郗鉴是晋明帝托孤之臣，率军南下支持平叛，控制京口（今镇江）以阻断叛军粮草补给。陶侃、温峤、庾亮率大军自江州（今九江）顺流而下，五月抵达建康城西江心洲蔡洲，占领越城附近查浦，在建康西北筑白石垒。双方交战各有胜负，九月苏峻被杀，其弟苏逸继为统帅，次年二月温峤攻入石头城，救出晋成帝，叛乱才得平息。

庾亮因酿成大祸，不得不退出朝廷中枢，出任豫州刺史，镇守芜湖。当时河南并非东晋所能控制，这个豫州是咸和四年（329年）才设立的侨州，意在让庾亮就近控制朝政，与王导相持。豫州上游的江州刺史是温峤，江州上游的荆州刺史是陶侃，庾亮的远图是谋取江、荆，以威慑建康。而王导以丞相兼扬州刺史，致力于收拾残局，否定了众臣迁都之议，因旧宫尽毁，遂改在苑城重建宫室，又逐渐扭转了国库空虚的艰难状况。这是王导权势声望达到顶峰的时期。由于同宗兄弟多已去世，朝中没有强力奥援，王导一方面扶植支持自己的武装力量，一方面与镇守京口的徐州刺史郗鉴交好。《世说新语·雅量》中那个"东床快婿"的故事：

> 郗太傅在京口，遣门生与王丞相书，求女婿。丞相语郗信："君往东厢，任意选之。"门生归白郗曰："王家诸郎亦皆可佳，闻来觅婿，咸自矜持。唯有一郎在床上坦腹卧，如不闻。"郗公云："正此好。"访之，乃是逸少，因嫁女与焉。

郗太傅把女儿郗璿嫁给了王羲之。后人多以为这是赞美王羲之性情豁达的佳话，而忽略了其政治斗争的严峻背景。此后郗鉴的孙女、郗璿的侄女郗道茂又嫁给了王献之。不过这一回的政治联姻被另一个政治联姻所破坏，晋简文帝司马昱的女儿新安公主看上了王献之，逼着他与郗道茂离婚去当驸马爷。《淳化阁帖》卷九有王献之与郗家帖，诉其"俯仰悲咽"之情。此事成为王献之的终身遗憾。

咸和四年（329年）温峤去世后，对江州的争夺直接引发王导与陶侃、庾亮的冲突，先是陶侃打算起兵驱除王导，因郗鉴反对，庾亮对陶侃也有所顾忌而不赞同，未能实行。咸和九年（334年）陶侃临终推荐庾亮接任，朝廷任庾亮为都督江、荆、豫、益、梁、雍六州诸军事，兼领江、荆、豫三州刺史，征西将军，移镇武昌（今鄂州），庾亮终于实现了一统上游的计划。晋成帝成年之后，王导仍未归政于皇帝，引起非议。《晋书·孙盛传》载，陶侃之子陶称挑唆庾、王冲突：

> 时丞相王导执政，亮以元舅居外，南蛮校尉陶称谮构其间，导、亮颇怀疑贰。盛密谏亮曰："王公神情朗达，常有世外之怀，岂肯为凡人事耶？此必佞邪之徒，欲间内外耳。"亮纳之。

征西主簿孙盛为王导辩护，认为王导不会有篡晋自立的意图，庾亮听信了。其实更重要的原因，是庾亮写信联络郗鉴时，郗鉴坚定地维护王导，打消了庾亮起兵谋废王导的意图。郗鉴顾全国家大局，协调当政士族之间的矛盾冲突，对于东晋政权的稳定发挥了重要作用。

咸康五年（339年）王导、郗鉴去世，次年正月庾亮去世。庾亮之弟庾冰和何充任丞相，庾翼任荆州刺史，庾怿任豫州刺史，王导之侄王允之任江州刺史，王、庾两族之争暂时缓和。咸康八年（342年）晋成帝去世时，顾命大臣中有庾冰，没有王氏族人。此后琅琊王氏虽然历代有人出任高官，家族不见衰落，但像王导那样能够真正影响政局的人再没出现过。

不过，何充是王导选中的继承人。

《世说新语·赏誉》载："何次道往丞相许，丞相以麈尾指坐，呼何共坐曰：'来，来，此是君坐。'"又载："丞相治扬州廨舍，按行而言曰：'我正为次道治此尔。'何少为王公所重，故屡发此叹。"

刘孝标注：

《晋阳秋》曰："充，导妻姊之子，明穆皇后之妹夫也。思韵淹济，有文义才情，导深器之。由是少有美誉，遂历显位。"导有副贰已使继相意，故屡显此指于上下。

据《晋书·何充传》，王导曾直接向晋成帝举荐何充为自己的副手，并希望将来以何充接替自己的职位。何充家族并不是一流士族，但其母是王导夫人之姊，其妻是晋明帝皇后庾文君之妹，他与皇族和王、庾两家都是姻亲，所以很容易被各方都接受。

晋成帝在位十八年，去世时才二十二岁，两个儿子尚在襁褓之中。庾冰以北方强敌环伺为由，说服成帝立同母兄弟、二十一岁的琅琊王司马岳继承帝位，这样庾文君可以保持皇太后的身份，也就保证了庾氏家族的地位。成帝临终下诏，由武陵王司马晞、会稽王司马昱、尚书令诸葛恢与庾冰、何充顾命国政。晋康帝司马岳登基，封成帝长子司马丕为琅琊王，次子司马奕为东海王。

何充并不赞同司马岳继位。《世说新语·方正》记载：

何次道、庾季坚二人并为元辅。成帝初崩，于时嗣君未定。何欲立嗣子，庾及朝议以外寇方强，嗣子冲幼，乃立康帝。康帝登阼，会群臣，谓何曰："朕今所以承大业，为谁之议？"何答曰："陛下龙飞，此是庾冰之功，非臣之力。于时用微臣之议，今不睹盛明之世。"帝有愧色。

尽管如此，晋康帝仍委朝政于庾冰和何充。何充不愿与庾氏兄弟正面冲突，自请出任骠骑将军，领徐州刺史，驻守京口。这仍是郗鉴以京口拱卫建康的旧法度。建元元年（343年）庾冰、庾翼兄弟筹划以北伐后赵来提高声望、壮大势力，庾翼率军挺进襄阳，庾冰自请出任江州刺史以为后援，长江中游全部控制在庾氏兄弟手中。何充因此得以重回建康中枢，他认为北伐准备不足，且朝中大臣反对，民间百姓抱怨。但庾氏兄弟执意而行，结果出战不利。

建元二年（344年）康帝病重，庾氏兄弟打算扶立晋元帝幼子会稽王司马昱为帝，但何充与康帝已议定册立两岁的皇子司马聃。康帝去世，何充以遗诏立晋穆帝司马聃，支持皇太后褚蒜子临朝称制，深得信用。庾文君失去了辅政皇太后的地位，庾氏兄弟虽痛恨何充也无可奈何。不久庾冰、庾翼先后去世，庾氏势力不足以再操控朝政。

何充执政颇得时人好评。《世说新语·品藻》载："何次道为宰相，人有讥其信任不得其人。阮思旷慨然曰：'次道自不至此。但布衣超居宰相之位，可恨唯此一条而已。'"阮裕与何充是同时代人，只看到他拥立晋穆帝、支持皇太后褚蒜子，永和年间社会和谐，无从得知其用人失误的严重后患，所以只是感慨何充升迁太快。唐人撰《晋书·何充传》，给其高度评价的同时，也指出他"信任不得其人"：

充居宰相，虽无澄正改革之能，而强力有器局，临朝正色，以社稷为己任。凡所选用，皆以功臣为先，不以私恩树亲戚，谈者以此重之。然所昵庸杂，信任不得其人。

何充误信之人，就是桓温。庾翼临终，举荐其子庾爰之继任荆州刺史。何充忌惮庾氏，以荆州地位重要为由，力排众议，推举桓温继任。有人说庾氏经营荆州多年，不会轻易让出荆州，如果引起内战，于国家不是幸事。何充相信桓温自能处理。果然桓温到荆州，庾爰之不敢相争。

何充对此非常得意，常说："桓温、褚裒为方伯，殷浩居门下，我可无劳矣。"他未能预料到，谯国桓氏由此崛起，桓温、桓玄父子先后专权乱政、擅行废立，直至篡晋自立，终于断送了东晋王朝的生机。

皇太后褚蒜子

东晋名臣，人人知道王导、谢安。然而主持朝政前后长达四十年、扶立六位皇帝登基、支撑陈郡谢氏崛起的，却是一个鲜为人知的女人：皇太后褚蒜子。

褚蒜子的父亲是太傅褚裒，母亲谢真石是谢鲲的女儿、谢尚的妹妹，她从小就受到较高的文化教养。谢鲲先后追随王衍、王敦，也是一时名士，曾任豫章太守，但去世较早，家族尚未兴盛。褚蒜子嫁给晋康帝司马岳，二十岁被立为皇后，谢真石封寻阳乡君，谢尚成了皇后的舅舅。此后褚蒜子以皇太后身份长期主政，这是陈郡谢氏崛起的一个重要契机。

永和元年（345年）正月初一，皇太后褚蒜子设白纱帷帐于太极殿，抱着两岁的小皇帝登上朝堂。晋穆帝可以在龙椅上度过童年，朝政却不能无人主持。群臣恳请二十一岁的皇太后褚蒜子临朝称制，也就是后世常说的垂帘听政。东晋已有成帝五岁登基时皇太后庾文君摄政的先例，褚蒜子也就没有拒绝。何充又举荐皇太后之父褚裒参录尚书，总揽朝政。褚裒不愿因外戚专权而惹非议，以徐、兖二州刺史镇守京口（今镇江），拱卫京都。这与庾亮借庾文君之势把持朝政截然不同，所以群臣都敬重褚裒。

建元二年（344年）底庾冰死后，谢尚接任豫州刺史。谢尚虽曾为王导所欣赏，但成为朝廷重臣，实得力于何充和褚蒜子。升平元年（357年）谢尚去世，因他在豫州（侨郡，驻芜湖）有德政，命其堂弟谢奕接任，次年谢奕病死，又由其四弟谢万接替。陈郡谢氏正是由此成为一方诸侯。

永和二年（346年）何充去世，会稽王司马昱总理朝政，褚蒜子从何充那里学会了平衡皇室与权臣。其时朝中尚未形成一家独大的士族，外戚褚氏没有政治野心，北方强敌后赵因内乱衰败无力南顾，永和年间遂成为东晋南渡以来少有的安定时期。人们读王羲之《兰亭集序》，开篇就是"永和九年"，很少有人会想到文坛盛事的背后，有一位贤明女性的身影。

安定之中酝酿的危机，是荆州刺史桓温不断扩大地盘，实力日强，不受朝廷约束。

谯国桓氏家族地位不高，桓温之父桓彝在西晋末南迁，势单力孤，为士族所轻视。桓温少时家贫，游荡好赌。《世说新语·任诞》记载，有次桓温赌博大输，无法还赌债，请陈郡袁耽帮忙。袁耽时在居丧期间，当即脱下丧服去赌场帮桓温翻本："十万一掷，直上百万，数投马绝叫，旁若无人，探布帽掷对人曰：'汝竟识袁彦道不？'"这样的"任诞"，与人们印象中的六朝风雅大相径庭，也为士族所不接受。桓温专权之后，欲与王坦之结为儿女亲家，仍被王家拒绝。

桓彝的机遇在平定王敦动乱之际。《晋书·桓彝传》："明帝将伐王敦，拜彝散骑常侍，引参密谋。"晋明帝对朝中王氏族人均不能信任，与郗鉴密谋，而桓彝因无派系，得以参与其事。平乱之后，郗鉴以功封高平侯，桓彝封万宁县男，虽是公侯伯子男中的最低一级，总算有了爵位。苏峻叛乱时，桓彝坚持拒敌被杀，获赠廷尉，家族地位再次提升。桓温袭封万宁县男，受到外戚庾翼欣赏，后娶晋成帝姊南康公主，拜驸马都尉，得以跻身士族，咸康元年（335年）任琅琊内史。

桓温却将王敦视为偶像。《世说新语·赏誉》："桓温行，经王敦墓边过，望之云：'可儿，可儿。'"永和元年（345年）出任荆州刺史，为桓温仿效这"可人儿"提供了可能。此条后有刘孝标注："孙绰与庾亮笺曰：'王敦可人之目，数十年间也。'"王敦早年确是众人心目中的"可人"，所以有人评价王敦是王莽一流人物，"向使当初身便死，一生真伪复谁知"。桓温倾慕王敦，是因其"能为非常之举"。

永和三年（347年），桓温西进成都，灭掉成汉，这在东晋是史无前例的战绩，他也得以控制长江上游。东晋国土几有一半掌握在桓温手中，使其有资本干预朝政。在褚蒜子支持下，司马昱引扬州刺史殷浩共同对抗桓温。王导堂侄王彪之任吏部尚书，有智谋有决断，成为司马昱的有力帮手。同时褚裒镇守京口，近在肘腋，谢尚掌控豫州，成为建康西部屏障，使桓温势力暂时还只局限于长江上、中游。

永和五年（349年）石虎死，后赵内乱，桓温即有北伐之意。朝廷不愿统军大权落入桓温之手，遂以褚裒为征讨大都督，但褚裒出师不利，败归而亡。永和七年（351年）洛阳守将投降东晋，这并不是东晋军力强大所致，第二年洛阳就又被夺走。桓温屡请趁此机会北伐，收复失地，朝廷顾虑桓温势力扩张而不准。桓温率军自江陵顺流而下进驻武昌（今鄂州），威逼建康。

北伐是一个政治正确的口号，时机有利，朝廷没有理由不实行，遂以扬州刺史殷浩领军。殷浩的盛名得之于清谈，不能实战，北伐一触即溃，一败涂地。此次征战的意外收获，是随军出征的谢尚，永和八年（352年）从冉魏获得传国玉玺，送回建康，成就一件大功。西晋末年内乱，永嘉五年（311年），前赵刘聪俘虏晋怀帝司马炽，得到传国玉玺，后赵石勒灭前赵，玺入后赵，复传入冉魏。东晋虽以正统自居，因无传国玉玺，一度被北人讥为"白板天子"。

永和十年（354年），在桓温威逼之下，晋廷废殷浩为庶人，由太原王述继任扬州刺史。朝中再没有足以用来抵制桓温的将领，只得让桓温总揽北伐大权，二月北伐关中，顺利进军直至灞上，也就是白鹿原，但桓温并未攻夺一水之隔的长安，反于六月退师。永和十二年（356年）桓温任征讨大都督，八月大破姚襄，收复洛阳，修西晋诸陵，留兵守戍，自率大军退回江南，倡言晋廷还都洛阳。恢复中原是东晋君臣的心结，然而收复洛阳并不等于恢复中原，北方少数民族政权此起彼伏，依然环伺，迁都洛阳自无从谈起。这便成了朝廷的软肋，桓温借此胁迫公卿，回军后长驻姑孰（今当涂），近逼建康，遥制朝廷。

升平元年（357年）正月，晋穆帝年满十五岁。皇太后褚蒜子下诏，还政于穆帝，退居崇德宫，嘱朝臣努力一心，辅助幼主。其时主政的是丞相司马昱，陆续进入朝廷中枢的王坦之、王珣、郗超、谢安等人，虽都出自桓温军府，并不希望桓温专权。

升平五年（361年）晋穆帝去世，尚未立太子。皇太后褚蒜子有诏，说当年成帝因王子年幼让穆帝继位，现在成帝之子已成年，应由成帝长子、琅琊王司马丕继位。晋哀帝司马丕登基，改元隆和（362年），封弟司马奕为琅琊王。隆和二年（363年）改元兴宁，加封"征西大将军桓温侍中、大司马、都督中外诸军事、录尚书事、假黄钺"。此时桓温已是"一人之下、万人之上"的地位，但他顾忌朝中士族力量，不敢轻易入都。

晋哀帝迷信方士，沉湎丹药，不问朝政，兴宁年间流传后世的政绩，是拨地建造了瓦官寺。兴宁二年（364年）晋哀帝服长生药中毒，不知人事，朝臣再请褚蒜子摄政。兴宁三年（365年）晋哀帝去世，无后嗣，仍由皇太后褚蒜子主持，以成帝次子司马奕继位，改元太和，改封会稽王司马昱为琅琊王。

太和四年（369年）四月，桓温第三次北伐，初时势如破竹，但在前燕都城邺城附近的枋头遇到顽强抵抗，至九月因粮尽退兵，途中遭燕军伏击大败，五万大军损失过半。桓温在这十几年中，以北伐为旗帜，以战功壮声威，掌握军事指挥权，逐步控制长江下游各州郡，根本目的在篡夺政权。战败之际，他便企图以擅行废立来显示权威。时司马奕执政并无过失，桓温听从谋士"宫闱重闭，床笫易诬"之计，诬称司马奕不能生育，三个儿子是后妃与他人私通所生，在民间广为传播。太和六年（371年）冬，桓温领兵入建康，以宫廷秽乱为由，上书皇太后褚蒜子，要废司马奕，改立司马昱。《晋书·后妃传》中对此有生动描写：

太后方在佛屋烧香，内侍启云："外有急奏。"太后乃出，尚倚户前，视奏数行，乃曰："我本自疑此……"至半便止，索笔答奏云："未亡人罹此百忧，感念存没，心焉如割。"温始呈诏草，虑太后意异，悚动流汗，见于颜色。及诏出，温大喜。

司马奕被废为东海王，复降为海西公，成了东晋唯一个被废黜的皇帝。琅琊王司马昱登基，史称简文帝，改元咸安。褚蒜子退居崇德宫。

褚蒜子临朝称制二十多年，于政务处理自有经验，此时屈从桓温之谋，实有不得已处。一方面，桓温散播的谣言一定已传到了宫中，引起她的怀疑。晋廷正是因为重视血统纯正，才会弄出那么多年幼无知或心智不全的皇帝，血统问题不容含糊。且后宫有事，主管后宫的皇太后责无旁贷，有疑而不查处，更是失职，所以褚蒜子话说到一半赶紧打住。另一方面，桓温推荐继位的是丞相司马昱，让褚蒜子误以为两人已经通同一气，桓温在外握军权，司马昱在内掌朝政，两人联手，她虽贵为皇太后，也难以抗衡。桓温虽敢于冒险，但也怕皇太后强硬反击，紧张之情溢于言表。皇太后"罹此百忧"的叹息，让他如愿以偿。君子总是这样败给小人。

桓温的本意是以简文帝作为过渡，伺机迫其禅位于己。但他遭到了朝中太原王氏、陈郡谢氏等士族的有力抵抗。

咸安二年（372年）七月简文帝去世，这无疑是桓温的机会。《晋书》《建康实录》《资治通鉴》对此间情势变化都有记述。简文帝临终之际，预料年方十岁的太子司马曜不是桓温对手，一日之间连发四诏，命桓温辅政，桓温佯辞而不入宫，意在等简文帝禅位于他。简文帝立遗诏，谓桓温辅政，"少子可辅者辅之，如不可，君自取之"。王述之子、侍中王坦之看到这诏书，在简文帝面前撕毁，说："天下，是宣帝、元帝的天下，陛下怎么可以随便送给他人。"遂改为"家国事一禀大司马，如诸葛武侯、王丞相故事"，要桓温效仿诸葛亮辅佐刘禅、王导辅佐司马绍的榜样。简文帝死，朝中群臣犹观望，要等桓温来做决断。王导堂侄、尚书仆射王彪之严肃地说："天子驾崩，太子继位，大司马难道会有别的说法吗？拿这事去问他，肯定要被他责怪。"于是拥立皇太子司马曜继位，史称孝武帝，改元宁康。

褚蒜子又一次向权倾当朝的桓温屈服，以皇帝年幼，又在居丧期间，命桓温依周公居摄故事，暂代皇帝执政。诏令已在朝中公布，王彪之说："这种异常的安排，大司马一定坚决辞让，就会影响到朝政的正常处理。所以还是收回为好。"遂将诏令封还。褚蒜子的软弱固然给了桓温窥伺大位的机会，但也给了陈郡谢氏、太原王氏等后起士族上升空间。她最终站在了士族一边。

桓温一生行事谨慎，虽在军事上占有绝对优势，仍试图通过政治手段和平取得政权，以减少朝中士族的抵制，结果在政治斗争中失败。大失所望之际，他写信给弟弟桓冲说："王、谢处大事之际，日愤愤少怀。"（《与弟冲书》）很清楚是陈郡谢氏、太原王氏、琅琊王氏等士族从中作梗。他接受了这个结果，使东晋士族与皇族共治的局面得以维持。

时隔仅一年，桓温病危，临终前的愿望是求朝廷加九锡，也即可以自立为王的象征。《世说新语·言语》中"桓玄义兴还后"一条，刘孝标注引《晋安帝纪》：

温在姑孰，讽朝廷求九锡。谢安使吏部郎袁宏具其草，以示仆射王彪之。彪之作色曰："丈夫岂可以此事语人邪？"安徐问其计。彪之曰："闻其疾已笃，且可缓其事。"安从之，故不行。

起草奏章的袁宏，曾随桓温北伐，有"倚马千言"的捷才，王彪之和谢安既知桓温病重，遂一再要他修改文稿，直拖到桓温病死，不了了之。

桓温死后，群臣再一次请褚蒜子临朝称制。司马曜和司马岳是堂兄弟，按辈分褚蒜子只是司马曜的堂嫂，而司马曜之母李陵容健在。朝臣仍请褚蒜子辅政，显然是出于对她执政能力的认可。太元元年（376年）孝武帝成年亲政，褚蒜子退居崇德宫。

太元三年（378年）正月，因四十年前晋成帝所建简陋宫室多朽坏，谢安提议重修宫室。《建康实录》卷九载："二月，始工，内外日役六千人。安与大匠毛安之决意修定，皆仰模玄象，体合辰极，并新制置省阁堂宇，名署时政。"正殿太极殿正对大司马门，形成宫城的中轴线，太极殿十二间，两边太极东堂和太极西堂各七间，是晋帝的主要听政、治事场所。其他官署依中轴线两边分列。"秋七月，新宫成，内外殿宇大小三千五百间"。注文引《苑城记》："城外堑内并种橘树，其宫墙内则种石榴，其殿庭及三台三省悉列种槐树，其宫南夹路出朱雀门，悉垂杨与槐也。"不但宫城有完整的营建规划，而且第一次在宫城内外实施有计划的绿化。正是因为数十年来境内渐趋安定，经济逐渐恢复，才有足够的人力、物力进行大规模的都城建设。

谢安率子侄大败前秦的淝水大战，是太元八年（383年）的事。此一战建功，奠定了陈郡谢氏的门阀地位。

太元九年（384年）六月，六十一岁的褚蒜子去世。她三度临朝称制，先后扶立六位皇帝，在东晋十一帝中超过一半，在位约四十年，占东晋百年历史五分之二，发挥了不容忽略的作用。其间政局错综复杂，谯国桓氏以屡建军功而崛起，不可一世，桓温死前将军权交给弟弟桓冲、南郡公爵位传给儿子桓玄，留下了后世变乱的隐患。同时，陈郡谢氏的地位得以确立，谢安成为与王导齐名的辅国重臣，淝水大捷为东晋王朝续命数十年。褚蒜子最后扶持的孝武帝在位二十五年，是东晋在位时间最长的帝王，正是在他手中，终结了士族与皇室共治的局面。

褚蒜子是南京人文史上值得书写的女性，然而直到当代仍被遮蔽。在男尊女卑的社会中，史家往往忽略女性的历史功绩，所以关于褚蒜子的记载极为简略，除了桓温废立一事，几无具体事件与细节。今天也就只能看到褚蒜子的皇太后身份，而难以复原其作为一个人的鲜活形象。

谢氏继起

晋祚因王、谢等士族的勉力维护而不坠。

陈郡谢氏是西晋才兴起的新士族，所以常被汉魏世家所轻视。谢安的父亲谢裒曾向诸葛恢求结婚姻而被拒。《世说新语·方正》记载：

> 诸葛恢大女适太尉庾亮儿，次女适徐州刺史羊忱儿。亮子被苏峻害，改适江彪。恢儿娶邓攸女。于时谢尚书求其小女婚，恢乃云："羊、邓是

世婚，江家我顾伊，庾家伊顾我。不能复与谢哀儿婚。"及恢亡，遂婚。

这里反映出士族间严格的门第观念。琅琊诸葛氏是汉魏大族，三国时诸葛亮三兄弟分仕三国，皆为将相。诸葛恢在东晋立国之初屡建大功，晋成帝病危时受命辅佐晋康帝。他与荀闿、蔡谟三人的表字都是道明，号称"中兴三明"，时人道："京都三明各有名，蔡氏儒雅荀、葛清。"《世说新语·排调》中有故事："诸葛令、王丞相共争姓族先后。王曰：'何不言葛王，而云王葛？'令曰：'譬言驴马，不言马驴。驴宁胜马邪？'"诸葛氏可以公然与王氏争先后。羊、邓与诸葛门第相当，江氏稍低，庾氏稍高，尚可相攀。谢哀虽历任侍中、吏部尚书、吴国内史，仍被功名鼎盛的诸葛恢看不上眼。诸葛恢去世后，其小女儿文熊才嫁给谢石。

随着谢家地位趋高，姻亲间的相处也生变化。《世说新语·贤媛》有载："王右军郗夫人谓二弟司空、中郎曰：'王家见二谢，倾筐倒庋。见汝辈来，平平尔。汝可无烦复往。'"这位郗夫人就是嫁了"东床快婿"的郗璿，其大弟司空郗愔，二弟中郎郗昙，是王羲之的内弟。二谢指谢安、谢万。谢安侄女谢道韫嫁给王羲之子王凝之，算来是郗璿的儿媳妇，王献之则娶了郗昙的二女儿郗道茂，三家同为姻亲。郗璿为自家兄弟受冷遇而不平。

陈郡谢氏屡得桓温扶持。谢尚、谢奕、谢万先后任豫州刺史，都为桓温所接受。谢万"矜豪傲物"（《资治通鉴》卷一百），升平三年（359年）奉命北伐，未遇敌而兵溃。燕国趁机攻取豫州治下许昌、颍川、谯、沛诸城。谢万被废为庶人，悠游东山的谢安不得不出仕，以维持家族的地位，这就是"东山再起"的真实背景。谢安最初也是担任桓温军府司马。桓温对谢安十分器重，谢安对桓温则保持戒心。升平五年（361年）谢万去世，谢安借奔丧之机回到会稽，后任吴兴太守，不久入朝任侍中，升任吏部尚书、中护军。在桓温不可一世之际，谢安韬晦自处，戒约家人避其锋芒。而在晋简文帝去世前后的关键时刻，谢安与王坦之等以柔克刚，阻断了桓温取而代之的途径。

晋孝武帝宁康三年（375年）太原王坦之去世，太元二年（377年）琅琊王彪之去世，谢安官拜司徒，成为与皇族共治的士族领袖。

正是谢安将陈郡谢氏提升到江左最高门第的层面。

太元四年（379年），前秦苻坚领军南犯，谢安之侄谢玄反击连胜。太元八年（383年），苻坚号称百万大军南下，谢安自任征讨大都督，派谢石、谢玄、谢琰和桓伊领军八万迎敌，其主要军力就是当年郗鉴所组建的北府兵。参军刘牢之先率五千北府兵奇袭洛涧报捷，后两军在淝水决战，晋军大胜。谢安进拜太保，陈郡谢氏的声望臻于顶峰。第二年谢安领军北伐，收复了黄河以南的国土。太元十年（385年）谢安病逝。此后陈郡谢氏子弟虽长期担任高官，但再没有像谢安这样能左右朝中局势的人了。

晋孝武帝在位二十五年，成年之后，力图振兴皇室权威，引同胞弟司马道子参政。淝水之战前，司马道子已与谢安同任录尚书事。谢安死后，司马道子任扬州刺史、录尚书事、都督中外诸军事，一手控制了晋廷的军政大权。

就是在这一阶段，太原王氏成为"王与马，共天下"的士族代表。只是这个"王"与东晋立国之初的"王"，已不可同日而语。

太原王承与东海王司马越关系密切，成为东晋开国重臣，虽然早逝，其子王述继殷浩为扬州刺史，其孙王坦之进入朝廷中枢，在拥立孝武帝时有大功勋。王坦之侄女为会稽王司马道子王后，其子王国宝兄弟遂依附司马道子。太原王氏另一支，王濛之女为晋哀帝皇后，其子王蕴之女又为晋孝武帝皇后，王蕴、王恭父子自然成为孝武帝一党。此后司马道子与孝武帝争权，太原王氏不但不能发挥制衡的作用，反而本族两支互为水火，已完全不同于此前士族联手与皇族共治的局面。太元二十一年（396年）孝武帝病死，十五岁的太子司马德宗嗣位，朝中再无人能与司马道子抗衡。王国宝及堂弟王绪为司马道子宠信，力主裁撤兖、青二州刺史王恭等人兵权。隆安元年（397年）四月王恭自京口举兵，讨伐王国宝，王导之孙王廞、会稽大族虞啸父等起兵响应，司马道子不得不杀王国宝、王绪以止兵。次年王恭在庾楷挑动下又与桓玄、殷仲堪等反叛。司马道子之子司马元显利诱北府兵将领刘牢之倒戈，致王恭兵败被擒，子弟尽被捕杀。太原王氏两支先后覆灭，此后再没有士族能与皇族"共天下"。

晋安帝司马德宗是个白痴，不能说话，不辨寒暑，不知饥饱。这个傀儡皇帝登台，东晋皇族也就走到了末路。

第二节
皇帝轮流做

桓玄篡夺

　　东晋朝廷内争不断之际，国内形势也发生了重大的变化。各州郡军政官员明知晋安帝是白痴，多有不听朝廷诏命、自行其是者。特别是桓温之子桓玄，趁机崛起。

　　尽管桓温最终没有实施篡位，其野心已是路人皆知。桓玄虽承袭了南郡公爵位，但多年不为朝廷信用，仅得任义兴（今宜兴）太守，有"父为九州伯，儿为五湖长"（《晋书·桓玄传》）之叹，以不得志而弃官回封地南郡（今江陵），途经建康，拜见执政的司马道子。《世说新语·言语》中记载了这次会面：

　　桓玄义兴还后，见司马太傅。太傅已醉，坐上多客，问人云："桓温来欲作贼，如何？"桓玄伏不得起。谢景重时为长史，举板答曰："故宣武公黜昏暗，登圣明，功超伊、霍。纷纭之议，裁之圣鉴。"太傅曰："我知，我知。"即举酒云："桓义兴，劝卿酒。"桓出谢过。

　　司马道子的醉话，透露出他对桓温的耿耿于怀。陈郡谢重出言缓颊，肯定桓温废司马奕立简文帝的功绩，司马道子虽也改口劝酒，但桓玄与司马道子的心结已不可解。

　　南郡是荆州刺史的治所，时任荆州刺史王忱是王国宝之弟，强势欺压桓玄，也加剧了桓玄与权臣间的仇恨。太元十七年（392年）王忱病死，继任的殷仲堪忌惮桓玄，与之相互利用，桓玄羽翼渐丰。隆安二年（398年）王恭再次举兵叛乱，兵败身死。桓玄成为叛军盟主，后复内讧，攻杀杨佺期、殷仲堪等割据势力，长江中游一带尽入桓玄之手。

　　隆安三年（399年），五斗米教道士孙恩叛乱，席卷三吴（吴郡、吴兴、会稽），一度发展到几十万众。司马元显见父亲终日酗酒，对平叛束手无策，遂谋夺其大权，自任扬州刺史，以晋安帝之弟、琅琊王司马德文为司徒。司马道子得知后大怒，已无可奈何。桓玄趁孙恩叛乱、朝廷无暇他顾之机，勒逼朝廷任命他为后将军、荆州刺史、江州刺史，又以其兄桓伟为雍州刺史，安插亲信，招兵买马，势焰日盛，并一度封锁长江漕运，断绝都城建康供给。元兴元年（402年），在孙恩兵败南逃之际，司马元显自任骠骑大将军、征讨大都督，以镇北将军刘牢之为前锋，讨伐桓玄。桓玄闻讯，率大军顺流而下迎战。关键时刻，刘牢之又一次临阵倒戈，投靠桓玄。桓玄顺利进入建康，司马元显及其六子被处死，司马道子被流放，后亦被杀。

桓玄是桓温最喜爱的小儿子，《晋书·桓玄传》说他"形貌瑰奇，风神疏朗，博综艺术，善属文，常负其才地，以雄豪自处"，不但一副名士作派，尤好虚名。《世说新语·品藻》中有两个故事：

桓玄为太傅，大会，朝臣毕集，坐裁竟，问王桢之曰："我何如卿第七叔？"于时宾客为之咽气。王徐徐答曰："亡叔是一时之标，公是千载之英。"一坐欢然。

桓玄问刘太常曰："我何如谢太傅？"刘答曰："公高，太傅深。"又问："何如贤舅子敬？"答曰："楂梨橘柚，各有其美。"

这都是桓玄权倾天下之际的事情。他急于与谢安相比，不难理解。两次攀比王献之，则因桓玄自矜书法，尤喜王羲之、献之父子佳作。他试图通过这样的比较，在众臣心目中塑造自己"文采武略"的全才形象。《世说新语·规箴》中还有一个故事："桓玄欲以谢太傅宅为营。谢混曰：'召伯之仁，犹惠及甘棠。文靖之德，更不保五亩之宅？'玄惭而止。"召伯甘棠故事出于《诗经》。然前代名人居宅，后被当政者夷为平地者多矣，即有人提醒，能像桓玄那样"惭而止"的，诚少。

其时东晋朝野苦于司马道子父子擅权乱政，对桓玄不无希冀。然而桓玄的目标并非做辅政能臣，而是夺取皇位。大亨元年（403年）中，桓玄自任太尉、都督中外诸军事，加衮冕之服，得享剑履上殿、入朝不趋、赞奏不名的特殊礼遇，不久升迁大将军，任相国，拨地十郡封楚王，加九锡。十一月十八日，桓玄让属下拟好禅让诏书逼晋安帝抄写，二十三日迁晋安帝至永安宫，又迁太庙中诸帝神主至琅琊国。司徒王谧奉传国玉玺，朝廷百官前往桓玄驻军地姑孰（今当涂）劝进。桓玄作态辞让，百官坚持劝进，于是桓玄受禅，筑坛告天，十二月初三正式登基称帝，国号楚，改元永始。晋安帝被降为平固王，后迁往寻阳。王敦、桓温至死没敢迈出的一步，桓玄冠冕堂皇地完成了。这一系列取而代之的步骤，遂成为南朝后继者的模板。

做了皇帝的桓玄继续表演，最极端的故事，是认为历代都有隐士，本朝不能没有，于是找到前代高隐皇甫谧的六世孙皇甫希之，让他隐居山林，桓玄再派人去征召他为著作郎，又给一大笔钱，但事先吩咐他推辞不受，于是大肆宣传皇甫希之是"高士"。知道内情的人讥之为"充隐"。隐士本是因对现实社会不满而退避山林，此时却成为"盛世"的一种点缀。与此同时，桓玄为巩固权位，安插宗族与亲信担任高官要职，在肃清朝中司马道子余党后，又逼死刘牢之，杀害北府兵旧将，毫不手软。然而面对三吴地区的大饥荒，桓玄赈救无方，很快令朝野失望，民间怨言纷起。《宋书·五行志》记载："桓玄得志，童谣曰：'长干巷，巷长干。今年杀郎君，后年斩诸桓。'及玄走，而诸桓悉诛焉。"郎君，借指字朗君的司马元显。

永始元年（404年）春，统领北府兵的刘裕举义讨伐桓玄。桓玄不敌败走，将晋安帝掠往江陵，不久战死，皇帝梦只做了八十天。晋安帝复位，不久又被桓玄部将桓振俘虏。几经周折，义熙元年（405年）正月晋安帝才被迎回建康。

平定桓玄之后，刘裕成为东晋王朝中举足轻重的人物。

白痴司马德宗居然又做了十四年皇帝，共在位二十二年，在东晋诸帝中，仅次于孝武帝的二十五年。这当然不是因为他治国有方，而是新崛起的刘裕需要经营的时间。

刘裕代晋

刘裕出身寒微，小名寄奴，与门阀士族相距甚远，其立身之基是北府兵。所谓北府兵，始于东晋初年郗鉴征募南迁的流民组成军队，部署于江淮之间，名为防御北方少数民族入侵，实际上也是防范王敦。对早年在北方有过领军拒战经历的将官，晋廷依其军力多寡、地盘大小、职位高低，分别委以太守、刺史、将军之号，史称流民帅。他们的战斗力特别强，其中的佼佼者如郗鉴、祖逖、苏峻、刘遐、祖约等，成为割据一方、自行其是的军事集团。晋廷对北府兵既思利用也怀戒心，依靠他们抵抗北方少数民族南侵，又严禁他们南渡过江。流民帅成为晋廷平定王敦之乱的主力军，但又留下了叛乱的祸患。苏峻、祖约之乱平定之后，流民帅渐被桓温兼并。

谢安进入朝廷中枢后，北有前秦虎视眈眈，西有桓温居高临下，苦于没有自己的军队。太元二年（377年）谢安举荐侄子谢玄任兖州刺史，后又兼徐州刺史，重新招募整编流民帅为劲旅。太元四年（379年）谢玄改镇京口（今镇江），京口又称北府，其军遂得名北府兵，亦称北府军。谢玄以刘牢之为参军，《晋书·刘牢之传》中说他"领精锐为前锋，百战百胜"，成为淝水之战中的主力军。刘牢之由此崭露头角，而刘裕是刘牢之手下得力干将。陈郡谢氏衰落之后，太原王恭任徐、兖二州刺史，刘牢之、刘裕受其辖制。王恭两次叛乱，主要依靠北府兵之力。但王恭自矜士族豪门身份，一向傲视门第低微的刘牢之，两人渐生嫌隙。司马元显趁机派人收买刘牢之，许诺平定王恭后即由刘牢之取代其职务。刘牢之临阵倒戈，以下层军将得任徐、兖刺史，镇守京口，打破了东晋立国以来上层士族垄断军权的局面。

隆安三年（399年）孙恩叛乱，晋廷的平叛主力就是刘牢之所率北府兵，刘裕任其麾下参军，屡充先锋，指挥有方，身先士卒，每战必胜，且军纪整肃。此后司马元显领军征讨桓玄，同样依靠北府兵。桓玄遂派北府旧人、刘牢之族舅何穆劝诱刘牢之倒戈。何穆向刘牢之讲述鸟尽弓藏的道理。刘牢之倒王恭、平孙恩，如果再战胜不可一世的桓玄，功高盖世，必为司马元显所不能容，倘若败于桓玄，则又将无立身之地，不如与桓玄合作，以保声名富贵。刘牢之信以为真，虽刘裕、何无忌等反对，仍派儿子与桓玄议和。

桓玄得胜之后，即着手削夺刘牢之兵权，将其调离京口根基之地，转任会稽太守。刘牢之这才醒悟，何穆的道理是不错，但桓玄与司马元显的心思并无不同。他打算投奔女婿广陵相高雅之，据江北以抗桓玄，参军刘袭说："事不可者，莫大于反。而将军往年反王兖州，近日反司马郎君，今复欲反桓公，一人而三反，岂得立也。"部下以其多次反复而离散，刘牢之心灰自杀。

刘袭"三反"之说，被史家广为引述。其实在你死我活的政治斗争中，道德批判并无意义。刘牢之的反复无常也非出于本性，而是迫于时势。王恭叛乱之际，刘牢之地位尚低，亟谋上升，故司马元显得以高官诱之。

征讨桓玄时，刘牢之身居高位，北府兵更是决定胜负的劲旅，故刘穆改以避祸诱之。像刘牢之这样从底层拼杀出来的军事将领，在政治斗争上远不是门阀士族的对手。

在这个关键时刻，刘裕没有追随刘牢之，而是与部分军将回到京口，暂且投效桓玄。有人劝桓玄杀刘裕以除后患，桓玄则希望刘裕能为己所用。

有刘牢之的前车之鉴，刘裕自不会为桓玄所用。永始元年（404年）二月，刘裕借打猎为名聚集北府兵军将一千七百余人，举义反桓玄，夺取京口。何无忌、刘毅、诸葛长民等北府军将纷纷拥戴刘裕，成为刘裕胜桓玄、平叛乱的主力。刘裕虽建大功勋，但共谋诸人志在"匡复晋室"，并非废晋自代。所以刘裕还须从长计议，一方面以北伐战功树立威望，另一方面组织自己的亲信力量。

晋安帝义熙元年（405年），刘裕遣使与后秦和谈，后秦归还侵占东晋的淮北十二郡。第二年，朝廷论"匡复之功"以行赏，刘裕受封豫章郡公、食邑万户。义熙四年（408年）刘裕在刘穆之支持下任侍中、录尚书事、扬州刺史，掌控朝廷大权，一边致力于稳定江南局势，一边开始谋划北伐。刘裕得刘穆之，被史家比喻为刘邦之有萧何。义熙五年（409年）二月南燕军大掠淮北，四月刘裕领军进攻南燕，连战连捷，于次年二月俘虏南燕皇帝慕容超，收复山东。

孙恩妹夫卢循盘踞岭南，趁刘裕北伐之际再次叛乱，十多万大军沿江而下，义熙六年（410年）五月进逼建康。刘裕率军急从北方回援，坚守石头城，以少胜多，打了一场成功的建康防御战。卢循攻战不利，又得不到给养补充，至七月只得退兵江州（今九江）。刘裕十月率军反攻，大败卢循。卢循逃至岭南被杀。

义熙七年（411年）刘裕班师回建康，任太尉、中书监。时刘毅不甘居刘裕之下，据长江中游荆州、江州、豫州以抗衡，义熙八年（412年）被刘裕击败自杀。刘裕进拜太傅，矫安帝诏以号令外地刺史，排挤和迫害与他不和的大臣。

义熙九年（413年）刘裕开始实施"土断"，整理户籍，取消南渡侨民免税役的特权，"财阜国丰"。土断一事，后文另做详述。他破格提拔朱龄石为益州刺史，命其西征谯蜀，以密诏亲授机宜，一战成功，收复四川。同年又以索邈为梁州刺史，从仇池国夺回汉中。

义熙十二年（416年）后秦内乱。刘裕抓住时机，以心腹刘穆之任尚书左仆射总揽朝政，供应军需，亲率大军于八月北伐后秦，势如破竹，部将王镇恶十月占领洛阳，修复西晋五帝陵寝。时北魏为防晋军趁胜攻击，派骑兵沿黄河北岸屡行袭扰，晋军以强弓利箭反击。次年四月刘裕进入洛阳，全面击退北魏军，收复河南全境。八月大军抵潼关，破长安，后秦君臣投降，陕、甘归晋。这是东晋南渡以来从未有过的局面。

刘裕大军在长安休整，并修复汉代皇陵。因为刘裕以汉高祖刘邦之弟、楚元王刘交为先祖。然而历代史家多称他"布衣匹夫""起匹夫而并六合"，也有人将他归于次等士族。刘裕本有继续北伐的打算，可是部下意见不一。他有意迁都洛阳，朝中群臣也多不赞同。其时又得到刘穆之病死的消息，刘裕担心后方不稳，遂统军南归。后长安虽为夏所夺，但潼关以东地区仍为晋所有。南朝宋初年疆域直达黄河，黄、淮之间为宋所有。齐、梁退守淮河，仍据有淮南之地。陈失淮南，北军直抵江边，也就到了亡国的时候。

刘裕北伐战功无与伦比，在朝中声望臻于巅峰。琅琊王氏的王弘、陈郡谢氏的谢晦都为刘裕鼓吹。义熙十四年（418年）刘裕任相国、总百揆、扬州牧，拨地十郡建立宋国，受封为宋公，领九锡。十二月命人杀了晋安帝，改立其弟琅琊王司马德文，史称晋恭帝。晋恭帝的使命，就是在元熙元年（419年）十月进封刘裕为宋王，次年六月抄写刘裕命人拟好的禅位诏书，退居琅琊王府，完成了禅让仪式的最后两步。刘裕登基，国号宋，改元永初。晋恭帝被废为零陵王，迁住秣陵，司马氏政权至此终结。寒门军人出身的刘裕做了皇帝，王弘和谢晦虽为开国功臣，但门阀士族与皇权"共天下"的局面毕竟已成历史。

据说晋恭帝在抄写禅位诏书时说："桓玄之时，晋氏已无天下，重为刘公所延，将二十载。今日之事，本所甘也。"真是甘心让贤的好态度。然而永初二年（421年），刘裕还是派人杀害了他，开了禅让退位者被杀的恶例。

刘裕受禅三年后，北魏太武帝拓跋焘即位。十余年间，割据的西秦、夏、北燕、北凉先后被灭，拓跋焘夺取了洛阳和长安，统一黄河以北地区，与南方政权相抗衡。所以这一时期在历史上被称为南北朝。

自三国鼎峙开始，每逢南北分裂之际，"北伐""恢复中原"之类口号，常是南方政权的标配。蜀汉诸葛亮叫得最响，但并没取得多少战绩。

东晋一朝，王导在新亭所言"当共戮力王室，克复神州"，虽被传为千古佳话，真正北伐有成的，只有桓温和刘裕。桓温因晚年篡位不成，成了奸贼。刘裕篡权成功，他的北伐得到很高评价。辛弃疾无限感慨："想当年，金戈铁马，气吞万里如虎。"章太炎更将刘裕与岳飞并举为中国历史上最值得崇拜的两个人。真是典型的"成者为王，败者为寇"。

禅让前史

禅让这花样，并不是桓玄的发明。

就像不少人从《射雕英雄传》中了解宋、金史，《三国演义》常成为三国历史的普及本。曹丕逼汉献帝刘协禅位，时隔四十五年，魏元帝曹奂又被逼禅位给司马炎，那一种凄凄惨惨戚戚，在小说中写得活灵活现，曹氏也因"发明"了禅让之法而遭人唾骂。其实在曹氏之前，西汉末年的王莽，就已经操练过一回了。

中国史有确据的禅让，正是始于王莽。

王莽元始元年（公元 1 年）拥立汉平帝，封安汉公，元始四年（4 年）加号宰衡，位在诸侯王公之上，又加九锡。次年汉平帝病死，王莽立两岁的刘婴为皇太子，史称孺子婴，由王莽代理朝政，自称假皇帝，臣民称摄皇帝，改元居摄。居摄三年（8 年）改元初始，十二月王莽收传国玉玺，接受孺子婴禅位，入汉高祖庙拜受，登基称帝，国号新，年号始建国。皇太子孺子婴降为定安公，还做了王莽的孙女婿。前后八年，大权独揽的王莽，一步步实现了"弄假成真"，做了十四年真皇帝，但仍被史家论定为篡位。白居易有诗道："周公恐惧流言日，王莽谦恭未篡时。向使当初身便死，一生真伪复谁知。"王莽受禅之前的所作所为，都被说成了假仁假义。其实评价王莽是个复杂的问题，不过不在本书讨论的范围之内。

禅让一事，最初是被誉为美谈的。《尚书》第一篇《尧典》，讲的就是尧如何选择舜为接班人的故事。《史记·五帝本纪》中说："禹亦乃让舜子，如舜让尧子。诸侯归之，然后禹践天子位。尧子丹朱，舜子商均，皆有疆土，以奉先祀。服其服，礼乐如之。"舜禅位于禹，禹一再谦让给舜的儿子，就像舜曾经谦让给尧的儿子一样。禹登基后，厚待舜的儿子，也像舜厚待尧的儿子一样，描绘出一副和平过渡的"其乐融融"。这些对上古禅让的歌颂，客观上成为王莽行禅让的理论根据。然而《竹书纪年》却说，上古禅让都是在后继者的强力威逼之下完成的。《三国志·魏志·文帝纪》记曹丕受禅一事，后有裴松之注："《魏氏春秋》曰：帝升坛礼毕，顾谓群臣曰：'舜、禹之事，吾知之矣。'"舜禅位给禹是怎么回事，我算是知道了。曹丕此言，可谓一语道破天机。

无论史家如何评价，禅让实为中国古代政权更迭的重要形式之一。皇帝在生前自愿将帝位让给贤能者，以求国家得到更好的治理，一种是让给同姓血亲，自任太上皇，史称内禅，不发生朝代更替；另一种是让给异姓，任其建立新朝，史称外禅。同姓内禅姑且不论。异姓禅让完成的改朝换代，并不少见，其沿袭时久、事涉多朝的，至少有两次。一次是汉献帝禅让给魏文帝曹丕，魏至元帝禅让给晋武帝司马炎，晋至恭帝禅让给南朝宋武帝刘裕，宋至顺帝禅位给齐高帝萧道成，齐至和帝禅让给梁武帝萧衍，梁至敬帝禅让给陈武帝陈霸先。自三国魏立迄南朝陈亡，前后六朝历369年。另一次是西魏恭帝禅让给北周孝闵帝宇文觉，北周至静帝禅让给隋文帝杨坚，隋至恭帝禅让给唐高祖李渊，唐至哀帝禅让给后梁太祖朱温，其间还有女皇帝武则天所建的周，被归为内禅。自北周立迄后梁亡，前后四朝历366年。直到后周恭帝禅让给宋太祖赵匡胤后，异姓禅让的历史才未再重演。

在南京建都的王朝，开国皇帝们对禅让似乎有着特别的爱好，其实这是时代形势所造成的。从汉末到唐代，是中国历史上一个大分裂、大动荡的时期，群雄割据，都冀望以"正统"号令天下，禅让这一形式，恰好可以满足需求。然而"正统"并不能保障皇权的长期延续。与"王与马，共天下"一样，"皇帝轮流做"，也成为一种特殊的政治景观。东晋南朝相继禅代，袭用前朝的都城和皇宫，任用前朝的士族和官吏，除了皇帝的姓氏，余无多变，可谓最标准的禅让。到五代时期，又有杨吴睿帝禅让给南唐烈祖李昪。此外已完成禅让仪式而迅速亡结的政权，在南京发生的还有两次，一是桓玄受晋禅建楚，一是侯景受梁禅建汉。

日本汉学家宫崎市定在《宫崎市定中国史》中，对禅让有着这样的评价：

即使在表面上伪装成古代的禅让，但终归是依靠武力的篡夺。据说在当时，实施篡夺的魏文帝曾叹息：经书中说的尧舜禅让原来是这么一回事！不过考虑到事情能够和平进行，避免了武力革命之际必然发生的血腥牺牲，这其实是非常合理的做法。如果政权交替是在光天化日和任何人都没有异议的情况下进行的，那它就是最光明正大的政权授受了。这恰好与现在通过总选举来决定最高领导人一样。

这未免将禅让过于理想化了。无论禅让的礼仪如何隆重、形式如何和平，"血腥牺牲"在此前与此后依然发生。我们看禅位者的谥号，献、恭、顺、和、敬、睿，都是服从与配合的形象，但宋武帝刘裕仍然杀掉了晋恭帝。此例一开，相沿成习。

齐、梁相继

东晋孝武帝振兴皇权的愿望，在南朝宋成为现实。

宋武帝虽然维持着门阀士族的既得利益，但士族大臣所任已多为虚职，权力高度集中在皇帝一人手中。像东晋那样士族与皇权、士族与士族之间的制约关系不复存在，独断专行的帝王尤其顾忌权力遭受侵蚀，更担心别人仿效自己取而代之。宋武帝三年而逝，继位的少帝刘义符因对顾命大臣不满，暗中培植自己势力，仅两年就被徐羡之、傅亮、谢晦、檀道济等权臣策划政变，废为营阳王，不久杀害。徐羡之等又杀刘裕次子刘义真，立其三子刘义隆，史称宋文帝。

宋文帝继位时虽然只有十八岁，但心思缜密，得以在元嘉三年（426年）清除了徐羡之、傅亮、谢晦等权臣。元嘉年间继续实施宋武帝宽役息民的经济政策，《宋书·列传第十四》中，赞其时"兵车勿用，民不外劳，役宽务简，氓庶繁息，至余粮栖亩，户不夜扃，盖东西之极盛也"，史称元嘉之治。但是文帝接受乃兄的教训，对权臣过度戒备，肆行屠戮，先以皇族子弟担任各州刺史，牵制朝中异姓大臣，继而对亲兄弟也不能放心，痛下杀手。檀道济被杀前怒斥其"自坏长城"。由于刘氏出身寒微，在处理宗族关系方面，远不及皇族司马氏那样善于周旋，所以动辄残杀。重臣名将被清洗的结果，是国家实力受损，元嘉年间三次征伐北魏，都未能取胜，而且丢失了黄、淮之间的大片国土。

此时宗室相残发展到极端，太子刘劭以巫蛊之术诅咒父亲，宋文帝发现后，与王僧绰、徐湛之等谋废太子，而又迟疑不决。元嘉三十年（453年）二月，得到消息的刘劭率军入宫杀死父亲，自立为帝，随即又被其弟刘骏杀死。时有民谣："遥望建康城，小江逆流萦。前见子杀父，后见弟杀兄。"然而这才是开头。刘骏登基，史称孝武帝，又杀宗室四王。刘骏重用寒门士子，形成全面的"寒人掌机要"局面，真正实现了"主威独运，官置百司，权不外假"，被史家视为魏晋南北朝历史的一个转折点。刘骏死后，其子刘子业继位仅一年，杀宗室七人，后被其叔刘彧废杀，史称前废帝。刘彧登基，史称宋明帝，为防其他宗室子弟争位，竟杀尽孝武帝十余子及自家兄弟四人。罗振玉《补宋书宗室世系表》载："容甫先生谓：自宋武受终晋室，迄于昇明之末，凡五世六十年。本支百二十九人，其被杀者百二十有一，而骨肉自相屠害者八十。"泰豫元年（472年）明帝死，十岁的儿子刘昱继位，元徽二年（474年）其仅存的叔叔江州刺史刘休范举兵反叛，顺流而下直逼建康，在新亭垒被右卫将军、侍中萧道成打败，刘休范被杀。其余党虽攻入建康，旋被平定。

萧道成以平叛之功，得以参预朝廷中枢，不久迁任尚书左仆射。元徽五年（477年）刘昱被杀，仍被追废为苍梧王，史称后废帝。萧道成立刘准为帝，刘准是明帝刘彧第三子，也有人说他是刘休范之子，史称宋顺帝，改元昇明。萧道成以拥立之功辅政，进位司空、录尚书事、骠骑大将军，后又加太傅。在镇压了各方反抗力量后，昇明三年（479年）三月，以萧道成为相国，总领百官，拨地十郡建齐国，封齐公，颁九锡。四月初八，萧道成晋爵齐王，加殊礼，即剑履上殿、入朝不趋、赞拜不名，增封十郡。四月十六，宋顺帝禅位于萧道成。

《资治通鉴·齐纪》中，对此事做了绘声绘色的描写。十三岁的小皇帝刘准，在被迫移住丹阳宫时哭道："愿后身世世勿复生天王家。"右光禄大夫王琨，在晋末任郎中，曾亲见刘裕逼晋恭帝禅让，时隔六十年，又见这一幕，拉着宋顺帝的车尾恸哭，说："人都以长寿为乐，我以长寿为悲，居然让我一再看到这样的事情！"在场的百官都泪如雨下。

萧道成登基，国号齐，改元建元，史称齐高帝，废宋顺帝为汝阴王，仅二十天后就杀了他，所有的步骤都与宋武帝如出一辙。相比此前的受禅者，曹丕、司马炎运作数代，王莽、刘裕经营数十年，萧道成在短短几年中就能做到，实因宋皇室自相残杀致后继无人。

萧道成号称萧何二十四世孙，实出身寒族，以军功渐次升迁。他也没有刘裕开疆拓土的勋业，主要是平息内乱，在刘宋皇家骨肉相残中坐大。齐高帝常说："使我临天下十年，当使黄金与土同价。"（《南史·齐本纪》）但他仅在位四年，太子萧赜继位，改元永明。武帝永明年间是南朝齐政局相对稳定的时期，但宗室间的猜忌杀戮已经开始。永明十一年（493年）初，文惠太子萧长懋病死，七月武帝病重，传位于皇太孙萧昭业，即引发内乱。武帝次子竟陵王萧子良争位，被武帝堂弟萧鸾挫败，忧郁而死。一年之内，辅政大臣萧鸾先后废杀萧昭业及其弟萧昭文，建武元年（494年）自立为帝。为巩固权位，齐明帝萧鸾诛杀萧道成直系子孙约三十人。永泰元年（498年）明帝病死，太子萧宝卷继位，连续诛杀辅政大臣，致内乱不断。平叛最力的尚书仆射萧懿被毒杀后，其弟雍州刺史萧衍举兵讨伐萧宝卷，永元三年（501年）三月扶立萧宝卷之弟、南康王萧宝融在江陵称帝，改元中兴，十月兵抵建康，十二月攻入台城。萧宝卷被杀，又被追废为东昏侯。

萧衍以拥立之功为大司马、录尚书事、骠骑大将军、扬州刺史，封建安郡公，总揽政务。在好友沈约、范云的筹划下，禅让之谋紧锣密鼓。中兴二年（502年）正月，宣德太后临朝称制，十三日命萧衍都督中外诸军事，加殊礼，二十五日萧衍进位相国，封十郡，为梁公，领九锡。二月初九晋封梁公萧衍为梁王，增封十郡。三月自江陵迎齐和帝萧宝融东归，但至姑孰（今当涂）即止，二十八日齐和帝禅位给萧衍，立国仅二十三年的南朝齐亡。萧衍夺位，只用一年。

天监元年（502年）四月初八日萧衍登基称帝，国号梁，史称梁武帝，初九日废齐和帝为巴陵王，驻姑孰，但第二天就派人杀了他。

侯景之乱

萧衍与齐皇室同宗，其父萧顺之是齐高帝萧道成堂弟，也是南朝齐开国功臣。萧衍博学多才，文学天赋尤高。齐武帝永明年间，竟陵王萧子良通经史、崇佛道，其西邸汇聚大批文士，最著名者有萧衍、沈约、谢朓、王融、范云、萧琛、任昉、陆倕，史称"竟陵八友"，此外还有柳恽、王僧孺、江革、范缜、孔休源等，不仅于文学发展多所促进，对齐、梁两朝的政局也生重要影响。萧子良争位有王融力挺，萧衍夺位有沈约、范云鼎力相助。萧衍晚年佞佛，也有永明年间所受的影响。

梁武帝在位四十八年，是南北朝时期执政最久的皇帝。他早期励精图治，对于前朝更迭之际诛杀过甚不以为然，又能不拘门第拔擢贤才，实施促进社会安定和经济发展的政策，以诸子镇守长江中上游各州，带来了南北朝时期难得的太平岁月，国家财力之富为魏、晋以来所未有。《资治通鉴·梁纪》胡三省注引《金陵记》："梁都之时，户二十八万，西石头城，东至倪塘，南至石子冈，北过蒋山，南北各四十里。"建康居民一度达到二十八万户,是当时世界上唯一人口约百万的都市。但他晚年佞佛,以慈悲的名义宽纵罪孽,政务荒怠,四次舍身同泰寺,朝臣一再耗资上亿为他赎身,致国库空虚。尤其是在处理侯景投靠一事上严重失策,引发侯景之乱,致建康城遭到前所未有的浩劫,江南社会经济受到巨大破坏,八十六岁的萧衍竟至饿死。

侯景之乱爆发于南朝,起因则在北朝。与南朝对峙的北魏,孝文帝拓跋宏推行"太和改制",太和十八年(494年)迁都洛阳,在政治、经济、文化等各方面实施全盘汉化,禁穿胡服,禁说胡语,改鲜卑复姓为单音汉姓,自名元宏,对民族融合起到积极作用。但汉化的上层贵族日渐腐败,与下层民众、北方镇守边关军人的矛盾激化,反叛动乱不断。豪族军将趁机崛起,终于导致北魏分裂为高欢专权的东魏和宇文泰专权的西魏,两边的元氏皇帝都成了傀儡。

侯景是鲜卑人,本姓侯骨,出身于北魏北方怀朔镇镇兵,精于谋略,在平乱中立功升迁,投奔高欢后颇受重用,官至司徒、河南道大行台,拥兵十万,盘踞河南十余年。梁太清元年(547年)东魏丞相高欢病死,高澄继任。侯景素轻蔑高澄,高澄亦忌惮侯景,召侯景入京,欲削其兵权。侯景当即生变,同时向西魏和南朝梁投降,受西魏封为上谷公,受梁封为河南王。东魏派慕容绍宗征讨侯景,西魏与梁贪图荆、襄疆土,皆出兵支援侯景。但宇文泰在与东魏对峙征战中对侯景有所了解,亦召侯景进京。侯景不从,复叛西魏。梁武帝派侄儿、豫州刺史萧渊明领水、陆十万大军接应侯景,北伐东魏,哪知才过淮河就被东魏军击败,萧渊明被俘。

东魏因南有侯景、西有西魏、东有南朝梁,自己处于三面受敌的不利局面,遂善待萧渊明及梁军战俘,让他写信给梁武帝表示愿意议和。太清二年(548年)正月,东魏军与侯景在涡阳决战,慕容绍宗大胜。侯景困守绝粮,而北军皆不愿南渡,四万大军溃散,仅剩八百人随其渡过淮河,进入梁寿阳(今寿县)城。梁武帝也有意与东魏议和,以侯景换回萧渊明。《南史·侯景传》中对此有生动的描写:侯景得到消息,不能确定,遂伪造东魏要求以萧渊明换侯景的书信,派人冒充东魏使者送到建康:

帝将许之,舍人傅岐曰:"侯景以穷归义,弃之不祥。且百战之余,宁肯束手受絷?"谢举、朱异曰:"景奔败之将,一使之力耳。"帝从之,复书曰:"贞阳旦至,侯景夕反。"

萧渊明早晨回到建康,侯景当晚就会被送回东魏。这封回信落到侯景手中,侯景恨萧衍薄情,再作试探:

又请娶于王、谢。帝曰:"王、谢门高非偶,可于朱、张以下访之。"景恚曰:"会将吴儿女以配奴。"王伟曰:"今坐听,亦死,举大事,亦死,王其图之。"于是遂怀反计。

侯景积蓄力量,又与有篡位之心的临贺王萧正德勾结,八月在寿阳举兵叛梁。叛军避开梁军主力,轻骑直袭建康,十月进抵秦淮河南,有萧正德为内应,顺利破朱雀门,渡秦淮河,进宣阳门,围攻台城。

太清二年(548年)十一月初一,侯景拥戴萧正德称帝,改元正平,侯景自为丞相。台城自东晋以来增修,有内外两重城垣,易守难攻。中游各州诸王救兵渐至,交战各有胜负,遂隔秦淮河与叛军对峙。侯景筑长围将台城困死,纵火烧尽城外民居营舍,在当年十二月和次年三月两次决破十里长堤,引玄武湖水淹台城。

与此同时,建康百姓也惨遭蹂躏。《梁书》卷五十六载:"初,景至,便望克定京师,号令甚明,不犯百姓。既攻城不下,人心离阻,又恐援军总集,众必溃散,乃纵兵杀掠,交尸塞路,富室豪家,恣意哀剥,子女妻妾,悉入军营","又烧南岸,民居营寺,莫不咸尽"。《建康实录》卷十七载:侯景"烧劫府寺、营卫、市肆,郭区内外,居人略尽"。

叛军前后围困台城达一百三十天,城内军民绝粮多日,尸横遍野,兵力不足,在叛军连续猛攻之下,终于不守。梁武帝只得与侯景和谈,侯景恢复太清年号,降萧正德为大司马,矫诏解散诸王援军,但随即将梁武帝和太子萧纲囚禁,独揽朝廷大权。侯景派兵攻夺三吴,肆行劫掠。三吴守军与民众虽然顽强抵抗,但江南社会经济仍遭受巨大破坏。

太清三年(549年)五月,被囚禁在台城的梁武帝饿死。南朝梁的争位之乱由此开启。

侯景让太子萧纲继位,史称简文帝,明年改元大宝。萧正德继位希望破灭,怨愤溢于言表,不久被侯景所杀,史称前废帝。

《南史·侯景传》记载,大宝元年(550年)七月:

景又矫诏自进位相国,封泰山等二十郡为汉王,入朝不趋,赞拜不名,剑履上殿,依汉萧何故事。十月,景又矫诏自加宇宙大将军、都督六合诸军事,以诏文呈简文。简文大惊曰:"将军乃有宇宙之号乎!"

侯景的野心，已不满足于当中国的领袖，要当宇宙之王者了。

大宝二年（551年）八月，侯景废梁简文帝为晋安王，改立昭明太子之孙、豫章王萧栋为帝，改元天正。十月杀晋安王萧纲及梁宗室二十余人。十一月，侯景又矫诏自加九锡，不久"又矫萧栋诏禅位，使伪太宰王克奉玺、绂于己"。侯景称帝，国号汉，建元太始，废萧栋为淮阴王并幽禁于密室。像侯景这样反复无常、杀人如麻、扫荡数百年士族门阀的"宇宙大将军"，要当皇帝，居然也得走一走禅让的虚套，行礼如仪，可见当时的世风。或许侯景也想以此改变他在人们心目中的"野蛮人"形象？

梁武帝的不肖子

与此同时，梁武帝子孙纷纷割据长江中上游各州。但他们并没有同心协力征讨侯景，报仇雪耻，首先考虑的是如何圆自己的皇帝梦，攻杀有可能争夺帝位的兄弟子侄。

侯景之乱时，梁武帝以密诏授荆州刺史、湘东王萧绎为侍中、假黄钺、都督中外诸军事。萧绎是梁武帝第七子，他受命执掌军权，兵力强盛，却没有积极勤王，而是放任侯景攻破台城，致父兄被害，江南遭劫。

太清三年（549年）六月，梁武帝死后，萧绎行使权威，以诸王不听自己号令为由，杀信州刺史、桂阳王萧慥，以亲信鲍泉任信州刺史，同时派世子萧方率军讨伐湘州刺史、河东王萧誉。其真实原因，是萧誉系昭明太子萧统次子（长子萧欢已死），其皇太孙的身份很容易得到朝野拥戴，而信州（今上饶）与湘州（今长沙）成掎角之势。萧方兵败身死，萧绎又先后派信州刺史鲍泉和领军将军王僧辩领兵征讨。萧誉迎战不利，固守湘州。大宝元年（550年）二月，萧绎在西魏大军压境时，与西魏缔结盟约，称臣为附庸，割让国土、送子为质，以求西魏支持他消灭六兄邵陵王萧纶。四月，萧誉见形势严峻，打算突围，却遭部将出卖，城破被杀。萧誉三弟雍州刺史、岳阳王萧詧在萧誉危困时，领两万大军进攻江陵，试图迫萧绎退兵。萧绎坚守江陵，萧詧攻城不破，又遇天灾，部下叛乱，只得退守襄阳。萧誉被杀后，萧詧为求自保，竟投靠西魏。大宝元年六月，西魏封萧詧为梁王。

大宝元年，侯景率军西进，攻夺江州（今九江）、豫章（今南昌）。萧绎攻杀萧誉后，方派兵迎战侯景，在黄冈一线相持。九月，萧绎又命王僧辩领军进攻时在郢州（今武昌）的邵陵王萧纶，萧纶弃城北逃。时东魏丞相高洋已称帝，改国号齐，史称北齐。萧纶投奔北齐，受封为梁王，后被西魏捕杀。

大宝二年（551年）侯景率军袭取郢州（今武昌）。萧绎派王僧辩为大都督征讨侯景，王僧辩固守巴陵（今岳阳）。侯景攻巴陵不下，至五月因疫病流行而退兵。王僧辩乘机反攻，直至江西。梁交州刺史陈霸先率军北上亦至江西。侯景退回建康，称帝建汉。大宝三年（552年）二月萧绎发动大军讨侯景，三月王僧辩、陈霸先攻破建康，侯景东奔吴（今苏州），不久被部下所杀。侯景虽死，但动乱并未结束，都城再一次遭到破坏。《建康实录》卷十九注文中说："侯景作乱，王僧辩下平之，纵军士入宫探取，火烧宫及太极殿兼西堂省寺。"也就是纵军抢掠，然后放火灭迹。在江陵继位的梁元帝萧绎虽然派人到建康主持重建工作，自己却不愿回到凋残的建康，迁都江陵。官军对老百姓的搜刮竟比叛军更厉害，《梁书·王僧辩传》载"时军人卤掠京邑，剥剔士庶，民为其执缚者，袒衣不免，尽驱逼居民以求购赎"，将老百姓剥得连内衣都不留，还扣为人质迫其家人拿钱来赎回。"自石头至于东城，缘淮号叫之声，震响京邑。于是百姓失望"。

历时四年的侯景之乱，不仅是南朝梁由极盛向极衰的历史转折点，对于江南社会经济以至南北文化交流，都产生了深远的影响。

《南史·梁武帝诸子传》记载，王僧辩发兵之前，问萧绎："平贼之后，嗣君万福，未审有何仪注？"如果萧纲、萧栋还活着，不知该用什么礼节会见他们。萧绎明确回答："六门之内，自极兵威。"因建康都城初无城垣，仅建六门，故以六门代指建康，萧绎让他痛下杀手：

僧辩曰："平贼之谋，臣为己任。成济之事，请别举人。"由是帝别敕宣猛将军朱买臣使行忍酷。会简文已被害，栋等与买臣遇见，呼往船共饮，未竟，并沉于水。

成济遵照司马昭授意杀死魏主曹髦，后被当替罪羊抵罪。王僧辩不愿为萧绎背骂名，萧绎遂另命朱买臣将萧栋及两个弟弟淹死。

萧绎八弟、武陵王萧纪，自大同三年（537年）赴成都任益州刺史，十余年来治理有方，兵精粮足。侯景叛乱，萧纪准备发兵救驾，萧绎担心萧纪与自己争夺皇位，遂写信以"蜀人勇悍，易动难安"为由阻止萧纪出蜀，又说他与萧纪"地拟孙、刘，各安境界。情深鲁、卫，书信恒通"，像三国孙权和刘备那样相安无事。萧纪信以为真，派两个儿子支援萧绎，长子萧圆照被萧绎阻拦在白帝城，次子萧圆正被囚禁于岳阳。

大宝三年（552年）四月萧纪在成都称帝，改元天正。十一月，萧绎在江陵（今荆州）称帝，改元承圣，史称梁元帝，定都于他经营二十余年的江陵。萧纪得讯，遂督师东下征讨萧绎。萧绎派人向西魏求援，西魏趁机出兵直攻成都。萧纪将士多蜀人，一时军心涣散。萧纪转向萧绎求和，被萧绎断然拒绝。承圣二年（553年）七月，萧纪败死，被萧绎开除族籍，改姓饕餮，史称后废帝。

梁宗室诸王在内斗中不择手段，甚至招引敌国北齐和西魏为援，以致大片国土被两国趁机侵占，仅存江南疆域。梁元帝萧绎虽然获胜，国力已大大削弱。承圣三年（554年），萧绎向西魏要求按照旧时版图重新划定疆界，西魏不满，十月发兵攻梁，梁王萧詧出兵相助，十一月破江陵，萧绎战败投降，被萧詧以土袋闷死。据《资治通鉴》记载，萧绎在投降前命人将所藏古今图籍十四万卷全部焚烧，叹息道："文武之道，今日尽矣。"又说："读书万卷，犹有今日，故焚之。"这是中国文化史上继秦始皇焚书之后又一次浩劫，史家论其罪孽当在失国之上。

承圣四年（555年）正月，西魏扶持萧詧在江陵称帝，改元大定，史称西梁或后梁，是西魏的傀儡政权。萧詧居住江陵东城，仅管领荆州，其原辖地襄阳被并入西魏。西魏又设江陵防主一职，领兵驻江陵西城，名为助防，实为监控萧詧。同时，北齐立早年俘获的萧渊明为帝，派兵护送回国，以图借此控制江南。

同年二月，王僧辩、陈霸先等在建康奉梁元帝之子、晋安王萧方智为梁王。五月，王僧辩迎萧渊明回建康即位，改元天成，以萧方智为太子。陈霸先不愿做北齐的藩国，一再苦争劝阻，王僧辩不听。陈霸先遂在九月袭杀王僧辩，废萧渊明，十月立萧方智为帝，改元绍泰，史称梁敬帝。陈霸先以拥立之功任尚书令，都督中外诸军事，扬州、南徐州刺史，大权独揽。王僧辩余党几度反叛，都被其平定。其时北齐已占有淮南之地，与梁仅一江之隔，十一月北齐淮州刺史柳达摩趁陈霸先东征叛军之际，渡江进据石头城，被陈霸先杀败，只得求和，退归江北。

绍泰二年（556年）三月，北齐毁盟，又发大兵攻建康，六月至钟山，陈霸先大胜，俘获齐将四十六人。陈霸先以此功劳，大得人心，八月任太傅、加殊礼。九月改元太平，以陈霸先为丞相、录尚书事。太平二年（557年）四月，北齐遣使议和。陈霸先又平定广州刺史萧勃叛乱，击退湘、郢二州刺史王琳。九月,陈霸先进位相国,封陈公,十月封陈王,受禅称帝,国号陈,改元永定,史称陈武帝,废梁敬帝为江阴王,不久杀害,梁亡。

自侯景叛乱至此,前后不过十年间,或禅代或自封或为人卵翼,真真假假十来个皇帝争相登台。"皇帝轮流做,明年到我家",在《西游记》里是一句戏言,而在梁、陈更替之际,却成为惨烈的现实。

第三节

胭脂井

陈宫风波

　　陈霸先是吴兴（今湖州）长城下若里人，早年家境贫寒，打鱼为生，从人习武，结交豪强，成年才求学，后被吴兴太守、新喻侯萧暎看中，跟随他到建康做了管油库的小吏。梁武帝大同六年（540年）萧暎任广州刺史，提拔陈霸先为中直兵参军。大同十年（544年）广州兵变，陈霸先率军讨平，得任振远将军、高要太守。侯景叛乱，陈霸先起兵投湘东王萧绎麾下，受命为交州刺史，随着战线向东推进，先后任豫州刺史、南江州刺史、东扬州刺史，势力日盛，与王僧辩结盟合兵，平定侯景之乱，拥立梁敬帝，终于取而代之。

　　陈霸先虽然也以受禅继位，但根基声望远不及前代，其时长江以北的土地尽被北齐占据，蜀地又被北周夺取，且国内动乱不断。他苦心经营，争取江南豪强势力的支持，实施恢复经济的政策，较快地稳定了局势，且趁北齐与北周争战之际北伐，收复淮南失地。建康都城也开始重建。

　　永定三年（559年）武帝病逝。此前太子陈昌在西魏攻灭萧绎时被俘往长安，西魏虽被北周取代，但北周仍以陈昌为人质不肯放回。遂由其侄陈蒨继位，史称陈文帝。文帝天嘉年间励精图治，注重经济，整顿吏治，收复江州（今九江）、郢州（今武昌），平定各地割据势力，江南得以统一，国力渐趋强盛，百姓生活安定富裕，向被史家赞誉为贤明之君。然而，当北周将太子陈昌放回时，陈蒨却派人在途中杀了陈昌，怕他回国会与自己争位。

　　天嘉七年（566年）文帝病逝，十五岁的太子陈伯宗继位，改元天康，以皇叔安成王陈顼辅政。陈顼曾与陈昌一起被俘往西魏，很清楚陈蒨的皇位是怎么坐稳的，两年后废陈伯宗为临海王，自立为帝，史称陈宣帝，改元太建，当时就杀了陈伯宗的弟弟始兴王陈伯茂，第二年陈伯宗亦无因而亡。宣帝承文帝余荫，国泰民安。太建五年（573年）趁北齐内乱之机北伐，攻取淮、泗，但在太建九年（577年）北周灭北齐后，淮南之地尽入北周之手。

陈顼夺位之举，为其子侄做了榜样。太建十四年（582年）正月，宣帝陈顼病重，太子陈叔宝和众兄弟都在宫中侍疾。宣帝次子始兴王陈叔陵素性强梁横暴，不能甘居人下，遂与堂兄弟陈伯固共谋不轨。他见宫内只有典药史手中切药刀可作武器，遂说切药刀太钝，命典药史去磨快。宣帝临终之际，陈叔陵吩咐身边随从去取剑。随从不明其意，取来了上朝礼仪用的木佩剑，气得叔陵大发雷霆。这就引起了四弟陈叔坚的警觉，陈叔坚也是个狡黠凶虐的人，他不动声色，暗中盯住二哥。

第二天宣帝入殓，陈叔宝率弟兄们伏地哀哭尽礼之际，陈叔陵却暗中取了切药刀，凑近前去，一刀斩在大哥的后颈上。陈叔宝顿时栽倒在地。幸亏叔宝生母宣帝柳皇后抢上前护住儿子，叔陵又挥刀砍向柳皇后，乳母吴媪从后面抱住了叔陵的胳膊。叔坚夺了叔陵手中的刀，拉着他的长衣袖绕在柱子上，暂时困住了叔陵。叔坚不敢随便杀叔陵，要向叔宝请示处置办法，可吴媪已扶着叔宝避开。陈叔陵乘乱脱身，逃到宫外，与陈伯固一起聚众反叛。陈叔坚和柳皇后假传陈叔宝的旨意调兵击败叛军，陈叔陵和陈伯固都被杀。

陈叔宝继位登基，史称陈后主。与他同时登上历史舞台的，还有一个女人，张丽华。在你死我活的宫廷内乱中，张丽华显示出了非同寻常的魄力。受伤的陈叔宝躺在张丽华的承香殿中养伤。切药刀毕竟不是利器，他受伤并不重。然而，当亲兄弟出刀相斩之际，还有谁是信得过的人呢？陈叔宝首先想到的肯定就是张丽华。这就给了张丽华一个脱颖而出的绝好机会。无论陈叔宝是不是自觉地意识到了这一点，张丽华都成功地造就了这样一个事实，那就是只有她一个人守在承香殿陪侍陈叔宝，姑不论各位嫔妃，就连皇后沈婺华都进不了承香殿。这表面上不是一个争宠的问题，保证皇帝安全是一个冠冕堂皇的理由。然而当时有皇后在，有太后在，在中国这种强调名正言顺的国度里，即使有皇帝的旨意，连贵妃都还不是的张丽华，能做到封锁承香殿，也是很不简单的事。敢于并且善于充分利用机遇的张丽华，成功地借此确立起自己与众不同的特殊地位。果然，陈叔宝一即位，就封张丽华为贵妃，使她成了仅次于皇后的后宫领袖。

平民的女儿张丽华，实际上已战胜了士族出身的沈皇后。

平民女儿张丽华

史载张丽华是兵家女，家里十分贫穷，父兄都以织席为业。张丽华被选入宫时只有十岁，在太子陈叔宝的龚良娣身边做侍儿。大约在太建六年（574年），陈叔宝注意到了她。出身贫寒、身居侍婢的张丽华知情识趣，很会讨皇帝的欢喜，她的肚子又很争气，很快为陈叔宝生了个儿子，就是后来被立为太子的陈深。

张丽华赢得后主宠爱，并不是靠相貌出众。史籍中对她的描绘，突出的只有头发和气质。《南史·陈后主张贵妃传》中说，张贵妃"发长七尺，发黑如漆，其光可鉴"，此外就是"特聪慧，有神彩，进止闲华，容色端丽"了。中国的史官善于玩弄文字，他们说张丽华"每瞻视眄睐，光彩溢目，照映左右。尝于阁上靓妆，临于轩槛，宫中遥望，飘若神仙"，这些看似赞扬的语言，翻译出来，就是"狐媚"两个字。只要与他们对沈皇后雍容端静的描写一对照，意思就很清楚。

张丽华"特聪慧"，至少表现在两个方面。一是"才辩强记，善候人主颜色"，二是懂得笼络人心，"后主每引贵妃与宾客游宴，贵妃荐诸宫女预焉，后宫等咸德之，竞言贵妃之善"。上下两头的关系都能处理得好，张贵妃的"爱倾后宫"也就不奇怪了。

史载陈后主怠于政事，平素不肯上朝，百官启奏，都由宦官蔡临儿、李善度转达。后主斜倚着丝绸靠枕，把张贵妃揽在膝上，一块儿处理。有时候事情多，后主搅混淆了，张贵妃便一一为他条理清楚，毫无错漏。其时后主的年纪并不大，他三十岁登基，做了七年皇帝，亡国时不过三十七岁，看他所做的诗歌，也不是个蠢笨的人。他的糊涂于国事，实在是心思没用在上面。而张丽华恰恰要利用这个机会在后主面前显示才能、巩固地位，当然会一条条记得清楚。

因为张丽华能善待人，宫里的人听到外面的新闻、故事，都会对她说起。凡是与国事有关的，她就及时报告后主。《陈书·后主张贵妃传》载："人间有一言一事，贵妃必先知之，以白后主。"后主更以为有张贵妃共理朝政，大有裨益。张丽华自然就"冠绝后庭"。

史官们并不认为这是好事，所以加了张丽华两条罪状。一说张丽华"好魇魅之术"，并在宫中设置"淫祠"，聚合"妖巫"入宫活动，利用这一渠道"参访外事"。后妃干预国政，已是冒天下之大不韪，更何况以"魇魅之术"惑主。其实陈之将亡，怪异丛出，后主梦见黄衣人围城，有血沾阶，至卧床头而火起，又梦见有狐入床下，召人来捕却踪影全无。后主厌恶且恐惧，将自己卖给佛寺为奴，以为魇镇。由此可以想见，行"魇魅之术"的未必只是张丽华，肯定还有陈后主。另一条则说，妃嫔家属不遵国家法令，触犯刑律，只要哀求张贵妃，贵妃就会代为谋划，为之开脱。反过来，朝中大臣不与其同流合污，则遭诬蔑陷害，以致朝廷赏罚无章，纲纪督乱。也就是说，陈后主以为于君有利者，史官则以为于国有害，无论外臣还是内戚的过恶，都要由张丽华来负责任。

东晋南朝，干预朝政甚至参与废立的后妃不在少数。前文说到东晋明帝司马绍皇后庾文君，在成帝即位时以太后身份临朝摄政。晋康帝皇后褚蒜子，四十年间三度临朝称制，前后扶立六个皇帝。南朝齐前废帝萧昭业皇后何婧英，史称"禀性淫乱"，与女巫之子杨珉之私通，乐府西曲歌中《杨叛儿》的本事，据说就是何婧英与杨珉之。萧昭业的母亲宣德太后王宝明，成为权臣手中的傀儡，不但两个儿子被废都是以她的名义，而且齐、梁更迭也是由她临朝称制完成的。然而，张丽华却成了第一个要为亡国负责的女人。其原因或在于，此前的皇位更迭以至王朝更迭，都还是在江南王朝的舞台上，及至陈亡，近三百年的江南王朝，亦随之终结。

陈叔宝的悲喜剧

陈后主登基的第二年，在光昭殿前建造临春、结绮、望仙三阁，阁高数十丈，连延数十间。其门窗、栏槛，用的都是海外输入的沉檀木，饰以金玉，间以珠翠。阁门垂着珠帘，内有宝床、宝帐及各种器具珍玩，瑰奇华丽，古所未有。"每微风暂至，香闻数里。朝日初照，光映后庭"。阁下积石为山，引水为池，杂植奇花异卉。后主自居临春阁，张贵妃居结绮阁，龚、孔二贵嫔居望仙阁，阁与阁之间有复道交相往来。此外又有王、李二美人，张、薛二淑媛，及袁昭仪、何婕好、江修容等七人，都为后主所宠爱，时常进阁游宴。后主又在宫人中选择有文学才能的袁大舍等封为"女学士",有她们凑趣,宫廷游宴自是有声有色。相比史籍中武帝、文帝、宣帝的节俭形象,这自然要算亡国之君的罪孽,所以被描写得十分详细。

尚书令江总也是一个被千古唾骂的角色。他位居宰辅,同样不理政务,每日与陈暄、孔范、王瑗等文士十余人,陪侍后主饮宴游乐,时人称之为"狎客"。妃嫔、女学士与"狎客"共赋新诗,互相赠答。《南史·后主纪》载,陈后主君臣宴会,先命张丽华等八妃嫔"襞彩笺制五言诗",这可能是彩笺见于正史的最早记载。选其中最香艳冶丽者为歌词,如"璧月夜夜满,琼树朝朝新",谱上新曲调,再挑选容貌姣好的宫女,成百上千,习而歌之,以为娱乐。据说陈后主创制《黄骊留》《玉树后庭花》《金钗两鬓垂》《临春乐》等乐曲。说不清有多少人在诗文中提到过《玉树后庭花》,但很少有人引出全诗,使读者总以为那诗是如何的不堪。其实它未必比《玉台新咏》中的其他作品更香艳:

丽宇芳林对高阁,新妆艳质本倾城。
映户凝娇乍不进,出帷含态笑相迎。
妖姬脸似花含露,玉树流光照后庭。

史传中指责陈后主"荒淫",实则说他"荒唐"或更恰如其分。身为皇帝,他确实没有尽责。但对于女性,他并非作为泄欲工具,而是将她们的地位提高,作为一种有资格与男性大臣公开交往的"诗友"或游伴。如果找现成的比喻,陈后主很有点像《红楼梦》中的贾宝玉。以他的经历与性情,如果不做皇帝,而是生在富贵之家,分明就是又一个贾宝玉。贾宝玉如果做了皇帝呢,想必也会是另一个陈后主。

这样的人做了君王,更希望得到别人美好的评价。只是这"美好"的标准,对于普通人和对于皇帝来说,是大不相同的,好人和好皇帝,甚至可以说是两不相容。陈叔宝最多只能做一个"好人",而肯定不是一个好皇帝。他只想按自己的愿望生活,生活在他所能接受的圈子里。用他自己的话说,他希望做一个"无愁天子"。

这也成为后世文人讥刺他的重要口实。元人白朴有一首《夺锦标》曲:

霜水明秋,霞天送晚,画出江南江北。满目山围故国,三阁余香,六朝陈迹。有庭花遗谱,惨哀音、令人嗟惜。想当时天子无愁,自古佳人难得。

惆怅龙沉宫井,石上啼痕,犹点胭脂红湿。去去天荒地老,流水无情,落花狼藉。恨青溪留在,渺重城,烟波空碧。对西风谁与招魂,梦里行云消息。

将南朝的落花流水,归结在"天子无愁"和"佳人难得"上,可说是千年来有代表性的口吻。

陈后主未必意识到自己是一个不称职的皇帝。他不是那种清醒的暴君,明知自己的所作所为将遗臭万年而毫无顾忌。所以他特别容不得别人指出他的过失,做了错事,必定要巧为文饰。群臣中敢于进谏的人,总是被他加个罪名,贬得远远的,眼不见为净。当然也有闹僵了的,比如傅縡,上书指斥陈叔宝荒淫,"恐东南王气自斯而尽",可谓字字痛切。陈叔宝的面子上实在过不去了,他的对策也简单得完全不像一个政治家,就是杀了上书人。

陈后主的沈皇后,名婺华,出身豪门,母亲是陈霸先的二女儿会稽公主,算起来是陈叔宝未出五服的表姊妹,真正的门当户对。其父沈君理与陈霸先是同乡,早年即被看重,在文帝朝屡任高官,与宣帝又成了儿女亲家。太建三年(571年)太子陈叔宝纳沈婺华为妃,即帝位后立沈妃为皇后。

《陈书·后主沈皇后传》中说沈皇后"性端静,寡嗜欲,聪敏强记,涉猎经史,工书翰"。身为"一人之下,万人之上"的国母,却学着寒酸秀才的模样清心寡欲,攻书练字,恐怕也未必是她的本心。实则因为"后主遇后既薄,而张贵妃宠倾后宫,后宫之政并归之",沈皇后只好摆出一副超脱姿态,"澹然未尝有所忌怨,而居处俭约,衣服无锦绣之饰,左右近侍才留五人,惟寻阅图史、诵佛经为事",不得不在寒卷青灯间消磨青春年华了。

陈朝初建,北齐因内争激烈而衰败,故武帝、宣帝尚能北伐,一度收复淮南失地。到后主临朝,形势大不相同,永定元年(557年)北周代西魏,太建九年(577年)北周灭北齐,太建十三年(581年)隋代北周,后主面对的,已是统一北方的强盛敌国。

祯明二年(588年)冬,后主登基的第六年,做好充分准备的隋军八路齐发,五十余万大军压境,同时公布陈后主的二十大恶行,诏写三十万份散发。江北隋军准备渡江之际,江南陈王朝却在筹备"元会",也就是来年元旦的群臣朝会活动。为了向本国的臣民显示威仪,后主特将沿江的防卫船舰全部召回都城。得知隋军已经兵临城下,陈后主仍不以为意，豪气十足地说："王气在此。齐兵三来，周人再至，皆并摧没，今来者必自散。"既有冥冥中的"王气"护佑，也有父、祖辈抗击北兵的经验，隋军再来，也一定自取其败。

皇帝如此，大臣也不示弱。佞臣孔范亦口出大言："长江天堑，虏军难道能飞渡么？不过是守边的将领想建功立业，故意把军情说得很紧急罢了。我常常不满意于自己的官小，就是没有建立战功的机会，如果早有敌军渡江，我一定已经是太尉了。"

然而，陈国"元会"未毕，隋将贺若弼已自广陵（今扬州）渡江到了京口（今镇江），韩擒虎也在采石登岸。数日之间，韩擒虎即在陈朝降将任忠的引导下，进入台城皇宫。

战不能战、走不能走的陈后主，不顾大臣反对，领着张丽华、孔贵嫔藏进了景阳宫中的一口井，也就是后人所说的胭脂井，当晚即被隋军发现，三人一块儿做了俘虏。"天子龙沉景阳井，谁歌玉树后庭花。"李白《金陵歌》中的这两句，说的就是这段史实。据说张丽华腮边的胭脂印到了石井栏上，此后用白绢能从井栏上擦下胭脂红来。

胭脂井，成了陈氏天下、整个南朝的句号，也成了千古文人墨客不解的情结。

唐代以善谏著称的魏征在《陈书·后主纪》中评价，后主生于深宫之中，长于妇人之手：

既属邦国殄瘁，不知稼穑艰难。初惧贻危，屡有哀矜之诏，后稍安集，复扇淫侈之风。宾礼诸公，惟寄情于文酒，昵近群小，皆委之以衡轴。谋谟所及，遂无骨鲠之臣，权要所在，莫匪侵渔之吏。政刑日紊，尸素盈朝，耽荒为长夜之饮，嬖宠同艳妻之孽。危亡弗恤，上下相蒙，众叛亲离，临机不寤。

于是只剩下自投于井一条路。

南朝的尾声

陈朝灭亡，被隋军抓住处死的陈朝要人，只有两个女人，张贵妃与孔贵嫔。

张丽华的死，并不是因为她犯下了什么不可饶恕的弥天大罪，而是有人担心她会成为隋王朝的新宠。孔贵嫔实际上是张贵妃的陪葬品。

《隋书·高颎传》中说，隋晋王杨广率师平陈，韩擒虎在景阳井中擒获了陈后主和张丽华、孔贵嫔,"晋王欲纳陈主宠姬张丽华,颎曰,武王灭殷,戮妲己,今平陈国,不宜取丽华。乃命斩之。王甚不悦"。

高颎是隋朝有名的"正人君子"。

这位晋王杨广,就是后来的隋炀帝。他的这一"欲",对于战胜国的将领,并不是什么稀罕事。破陈战役中立下首功的韩擒虎,就因"放纵士卒,淫污陈宫"事后遭到弹劾。直到20世纪的阿Q公,"革命"尚未成功,就已经在盘点未庄女人的好丑了。

杨广爱的是美人,高颎爱的是美名。高颎让杨广大不痛快了一回,因此也埋下了自己身败名裂的祸根。隋炀帝其人其事,是非自有公论。但高颎引经据典的一番话,将亡殷之责,归于妲己,亡陈之责,归于张丽华。这对张丽华的"盖棺定论",左右舆论一千余年,或许还将继续左右下去。

当然也有人唱反调。清代南京诗人丁峻飞有诗:

朱雀门前战鼓挝,摧残玉树后庭花。

高公枉自持师律,不斩蛮奴斩丽华。

蛮奴,就是引韩擒虎入景阳宫的陈朝叛将任忠。可以为此作注脚的是,隋文帝后来常常对群臣说:"我常恨初平陈日,不先斩任蛮奴,以惩不忠。"

清人沙张白在《秦淮竹枝词》中,也表示了相同的意思:

擒虎精兵踏晚潮,迎春阁上沸笙箫。

丽华岂便能亡国,孙策宫中有大乔。

东吴的开创者孙策,夫人大乔是江东著名的美女,并没有影响他的成功。

清中期诗人陈文述《秣陵集》中说,"丽华虽擅宠后宫,实后主耽于声色,有以致之",所谓妃嫔乱国,都是君王所致。他还强调,隋军南渡,后主不肯死,一时文武重臣如江总、孔范、鲁广达、萧摩诃、樊毅、任忠诸人皆未死,"而贵妃身蹈胥井,与绿珠坠楼何异,继死青溪,并无乞怜免死之语,不谓之为国捐躯不可也"。张丽华的死,是可以视为以身殉国的,不管是殉得值还是殉得不值。

张丽华被杀的地点,有说桃叶渡头的,有说青溪中桥(今四象桥)的,传说中的青溪小姑祠就在那附近。民国年间夏仁虎撰《秦淮志》称,青溪小姑祠中"复有二女像,俗传炀帝平陈,斩张丽华、孔贵嫔于青溪栅口。土人哀之，为附祀于小姑祠"。

老百姓对她的同情，代表了南京人对张丽华的一种态度。这与南京人对统治阶层一贯的疏离情绪是相符合的。青溪小姑祠原在青溪栅口，后移至桃叶渡东金陵闸旁，始终保持着三人同祀的格局，晚清被毁，还有人大为不满。

当张丽华在青溪柳岸逼仄的祠庙里享用冷饭团之际，陈叔宝正在隋朝的都城里做着"长城公"。隋文帝会给陈叔宝这样一个封号，当是因其祖籍为吴兴（今湖州）长城下若里，陈霸先曾被梁封为长城侯。其地因春秋时吴王阖庐筑狭长之城而得名。然而，自从秦始皇修长城，长城在中国文化中的象征意义就十分明确。将陈叔宝与长城相联系，颇有反讽的意味。

江总、孔范等陈朝的文武重臣，也都被隋文帝"随才擢用"，各得其所。他们过去与陈叔宝是诗友、酒友，现在成了同僚，却好像不再有一道诗酒风流的事情。做了俘虏的陈叔宝，也没有放弃他的唯美主义，努力要做好一个奴隶。他每天跟着隋朝的臣子一起上朝，山呼万岁，还正式向隋文帝提出申请，希望得到一个实在的官职，以便名正言顺地来做这一切。

隋文帝因此大发感慨，说"陈叔宝全无心肝"。这自是从他的皇帝立场做出的评判。后代文人屡屡跟着学舌，自觉不自觉地把自己高抬到皇帝的立场上，一股子"代圣贤立言"的头巾气。

第四节
"金陵王气"

东吴尚无王气之说

陈后主口中的"王气在此",是东晋、南朝的另一种标配。

南京人口中的六朝,指东吴、东晋,南朝宋、齐、梁、陈。历史上讲南北朝,更将南朝作为一个历史时期。实际上所谓六朝,是一加五的态势。这不仅因为东吴与东晋之间,隔着一个西晋,时间上有三十余年的中断,更重要的是地域文化发生了重要的变化。东吴定都,南京是从吴文化区的边缘转为中心,而东晋、南朝,则是强势中原文化进入,使南京逐渐脱离吴文化区。

东晋以下,与东吴不同的另一点,便是"金陵王气"之说愈演愈烈。

"钟山龙蟠,石头虎踞""金陵王气"之说,自六朝以来常在人口。"王濬楼船下益州,金陵王气黯然收。"刘禹锡信其曾有。"三百年间同晓梦,钟山何处有龙盘?"李商隐疑其无。千余年来众说纷纭,成为南京历史上一个不容忽略的文化现象,直至当代仍有人以此图解南京的城市文化。

对于这样的文化现象,简单地加以肯定和否定,都是没有意义的,只有通过认真切实的分析探究,厘清其来龙去脉。其究竟在何时产生,为什么会产生?其盛衰起落,有着怎样的背景?尤其是,这一文化现象的存在,对于南京城市人文历史的发展,产生过什么样的影响?

东吴时期,已有政事预言式的谣谶流传,其命意在"孙氏当兴",并没有与南京这一特定地域相联系。如郦道元《水经注》记浙江永兴县得名:"汉末童谣云:'天子当兴东南三余之间。'故孙权改曰永兴。"永兴县在会稽(今绍兴)东北六十公里。《艺文类聚》引东晋张僧鉴《浔阳记》:

溢城，灌婴所筑。孙权经此城，自摽井地，令人掘之，正得故井铭，曰颍阴侯所开，云："三百年当塞，塞后不满百年，当为应运者所开。"权忻悦，以为己瑞。

溢城，即江州（今九江）。孙权自作标置，令人掘井，可以想见那井铭正是孙权所埋下的。《三国志·吴主权传》引献帝兴平年间吴中童谣："黄金车，班兰耳。阊阖门，出天子。"裴松之注："昌门，吴西郭门，夫差所作。"阊门是苏州的西门，当时孙权正驻在苏州。这类"天子气"的说法，尚属偶发的、短期的事件，可视为江南自然崇拜的余韵，并没有出现特定的"金陵王气"之说，更没有与秦始皇、楚威王等发生联系。

此类谣谶不仅现于东吴，曹魏、蜀汉皆甚多。魏因所据中原即历来政治中心，所以强调的是"圣人出""真人出"，旨在以曹氏代刘氏。蜀汉则有"益州分野有天子气""必有天子出其方"之类谶言。

后主孙皓时，"天子气"仍不一定在建业。《三国志》卷四十八《吴志·三嗣主传》：

（宝鼎元年）冬十月，永安山贼施但等聚众数千人，劫皓庶弟永安侯谦出乌程，取孙和陵上鼓吹曲盖，比至建业，众万余人。丁固、诸葛靓逆之于牛屯，大战，但等败走。获谦，谦自杀。

裴松之注引《汉晋春秋》：

初望气者云："荆州有王气破扬州，而建业宫，不利。"故皓徙武昌，遣使者发民掘荆州界大臣名家冢与山冈连者以厌之。既闻但反，自以为徙土得计也。使数百人鼓噪入建业，杀但妻、子，云"天子使荆州兵来破扬州贼"，以厌前气。

金陵不但没有王气，还要被荆州的"王气"破杀。西晋末年陈敏占据建康作乱，术士陈训断言"陈家无王气，不久当灭"（《晋书·陈训传》）。

直到西晋，"东莞有天子气""广陵有天子气""豫章有天子气"等说法不断。刘宋时所见尚多，如"西方有天子气""钱唐当出天子""江州应出天子""湘州出天子""东城出天子"等。梁武帝时还有童谣："鸟山出天子。"朝廷下令将以鸟命名的山都凿破，以厌天子气，却没想到陈霸先家乡有座雉山。

西晋的王者气

"金陵王气"之说,始见于西晋张勃所撰《吴录》。

《吴录》在隋后已散佚,元代陶宗仪《说郛》中辑出的《吴录》,只有寥寥几条,其究竟是晋人的原文,还是经过了辑录者的修改,现在已无从查考。

《吴录》的作者张勃是东吴遗民,其父张俨为东吴高官,秋风起兴"莼鲈之思"的张翰是他的兄弟。尽管三家归晋,晋承魏统,张勃以纪传体作《吴录》三十篇,仍主张三国时期应以东吴为正统。书中列举"王者气""帝王宅",就是试图证明东吴孙权立国是上应天命。《江表传》作者虞溥也是东吴遗民,同样对东吴大加赞美。江南文人的这一种气性,始终令人瞩目,并未像某些人所断言入晋以后即趋于柔弱。直到明亡于清,以遗民自居的吴人顾炎武,还在强调"亡国"与"亡天下"的区别。

三家归晋,蜀汉被灭,几乎没什么人反抗。而东吴被灭,吴人心里一直不平。前文说过,晋末中原乱起,东吴世族便纷纷谋求复国。《吴录》反映的正是这样一种社会心理。然而晋承魏统,都城洛阳,决不会承认东吴正统与"金陵王气"。况且"王者气"本属虚妄,秦始皇"掘断连冈"于史无据,诸葛亮又没有到过金陵。所以《吴录》在西晋并不被重视。

晋人陈寿《三国志》中也讲东吴境内出现的符瑞,则是晋平吴之兆。《吴志·三嗣主传》载:

> 天玺元年,吴郡言临平湖自汉末草秽壅塞,今更开通。长老相传:"此湖塞,天下乱。此湖开,天下平。"又于湖边得石函,中有小石,青白色,长四寸,广二寸余,刻上作"皇帝"字。于是改年,大赦。

这是年号天玺的来由。这年号才用半年,又出了新花样:"鄱阳言,历阳山石文理成字,凡二十,云:'楚九州渚,吴九州都。扬州士,作天子。四世治,太平始。'"东吴自孙权至孙皓正是四世,孙皓认为自己将一统天下,次年即改元天纪(277年),以符合石文。不过三年,晋灭吴,天下太平。

西晋左思《吴都赋》中,写东吴王孙讥笑西蜀公子:"玩其碛砾而不窥玉渊者,未知骊龙之所蟠也,习其敝邑而不睹上邦者,未知英雄之所躔也。"这里虽说到金陵的蟠龙,但不是蟠于钟山,而是蟠于深渊。

"五百年后"天子气

西晋时吴人口中的"金陵王气",有若纸上谈兵,东晋立国后就不同了,能直接影响到国家的重大决策。《建康实录》卷七载,苏峻之乱平定后,建康宫室毁坏,朝中众臣多打算放弃建康,为迁都至何处争执不下:

> 温峤议迁都豫章,朝士及三吴之豪议都会稽。司徒王导独曰:"建康,古之秣陵,帝王所居,孙仲谋、刘玄德皆云王者之宅,不可改。"遂定议焉。

王导固然是当朝士族领袖,也须有"王者之宅"这样令人信服的理由,才能一槌定音。

《太平御览》卷六十六载:"徐爰《释问》曰:'玄武湖,本桑泊,晋元帝创为北湖。……'永嘉末有龙见于湖内,故改为玄武湖。"永嘉七年(313年)初晋怀帝被杀,司马睿离帝位又进了一步。桑泊中适逢其时地出现了龙,正好改北湖为玄武湖。"钟山龙蟠,石头虎踞",东边的青龙,西边的白虎,早已在传说中。南边有孙权晚年所建朱雀航。现在宫城北方又有了玄武湖,正好凑齐建康的四灵之象。

东晋史家不满足于旧有的说法,要让"金陵王气"能为当朝政治服务,所以增加了一个时间限制。唐房玄龄等《晋书·元帝纪》载:

> 始秦时望气者云,五百年后金陵有天子气,故始皇东游以厌之,改其地曰秣陵,堑北山以绝其势。及孙权之称号,自谓当之。孙盛以为,始皇逮于孙氏四百三十七载,考其历数,犹为未及。元帝之渡江也,乃五百二十六年,真人之应在于此矣。

"五百年后"是一个重要的时间概念,即秦时望气者确指金陵有天子气在"五百年后","金陵王气"的预言,正应在晋元帝身上。这就道破了作者宣扬"五百年后"有天子气的真实意图。此说一出,即为东晋南朝人士所乐道。

孙盛是东晋前期官员,《世说新语》中记载他的事迹不少。他所著《晋阳秋》《魏氏春秋》等几种史著已散佚,现在只能看到其他书中的引文。

孙盛的这一说法,正是为王导提供理论依据。王导所坚持的理由,仍限于《江表传》的内容,而孙盛对"五百年后"的具体分析,足以将东吴建都排除在外,至少可免除两方面的顾虑:一是"金陵王气"已经应在了孙权身上，二是东吴立国短暂，说明"金陵王气"确实已被秦始皇所破坏。以所见史料看，这很可能就是孙盛的发明。

唐欧阳询撰《艺文类聚》卷九十八载：

《晋中兴书》曰：昔秦始皇东游，望气者云，五百年后，东南金陵之地有天子气。于是始皇改为秣陵，堑北山，绝其势。今建康即秣陵西北界，所堑即建康南淮中也。按始皇东游之岁，至孙权僭号，四百三十七年，考之年数既不合，校之基宇又非伦，岂应帝王之符而见兆于上代乎？有晋金行，奄君四海，金陵之祥，其在斯矣。且秦政东游至今五百二十六年，所谓五百年后，当有王者也。

《晋中兴书》的作者，通常说是何法盛，也有人说是郗绍。《南史》卷三十三载：

时有高平郗绍，亦作《晋中兴书》，数以示何法盛。法盛有意图之，谓绍曰："卿名位贵达，不复俟此延誉。我寒士，无闻于时，如袁宏、干宝之徒，赖有著述流声于后，宜以为惠。"绍不与。至书成，在斋内厨中，法盛诣绍，绍不在，直入窃书。绍还，失之，无复兼本。于是遂行何书。

认定何法盛盗窃了郗绍的书稿。这是晋安帝义熙年间的事，无论作者是何是郗，其生活于晋、宋之间是无疑的。此书名为《晋中兴书》，其旨意正是为东晋的中兴制造理论依据。

这样的预言，在东晋非此一例。干宝《搜神记》卷八载：

都水马武举戴洋为都水令史。洋请急还乡。将赴洛，梦神人谓之曰："洛中将败，人尽南渡。后五年，扬州必有天子。"洋信之，遂不去。既而皆如其梦。

戴洋是当时有名的术士，王导生病时请教戴洋，戴洋教他将冶山上的兵工厂迁走，王导另立东冶，果然病就好了。又如南朝梁沈约《宋书·符瑞志上》所载："初，武帝太康三年，建邺有寇。余姚人伍振筮之，曰：'寇已灭矣。三十八年，扬州有天子。'至元帝即天位，果三十八年。"晋武帝太康三年（282年）到司马睿称帝，改元大兴（318年），实三十七年，不知道沈约是怎么算的。

黄旗紫盖

《宋书·符瑞志》中有关金陵王气的记载颇多，如"汉世术士言：黄旗紫盖，见于斗、牛之间，江东有天子气"。又载："吴亡后，蒋山上常有紫云，数术者亦云：江东犹有帝王气。"在"五百年后"的时间点之外，又增加了几个要素。一是汉代术士仍说江东有天子气，东吴亡后，"江东犹有帝王气"，也就是说，金陵的帝王气自秦至汉至东吴，始终蕴而未发。二是明确将"天子气""帝王气"与蒋山上的"紫云"相联系。"气"无色无形，本不可见，所以"望气"显得玄奥莫测，而钟山上的"紫云"人人可见。因为山顶附近有紫色岩层袒露，在阳光照射下闪耀出紫红色光芒。古代术士将其说成"紫气""紫盖"，作为帝王出现的征兆。

同时，《宋书》《晋书》《晋中兴书》中，都把秦始皇的"掘断连冈"，确指为"凿北山"。北山，即钟山、蒋山，这很可能就是因为"蒋山上常有紫云"，正应了术士们爱说的"黄旗紫盖"。既然王气在蒋山，那么秦始皇欲破王气，自然就应该凿蒋山。

"黄旗紫盖"，见于《三国志·吴志·三嗣主传》。孙皓建衡三年（271年），"春正月晦，皓举大众出华里，皓母及妃妾皆行。东观令华核等固争，乃还"。裴松之注：

《江表传》曰，初丹阳刁玄使蜀，得司马徽与刘廙论运命历数事，玄诈增其文以诳国人曰："黄旗紫盖，见于东南，终有天下者，荆、扬之君乎。"又得中国降人言，寿春下有童谣曰："吴天子当上。"皓闻之喜曰："此天命也。"即载其母、妻子及后宫数千人从牛渚陆道西上，云"青盖入洛阳，以顺天命"。

结果遭遇大雪封路，几乎造成兵士哗变，不得不狼狈退回。但黄旗紫盖的说法，可以肯定不是刁玄的发明，应该在当时已经为人所熟知，否则不会有这样大的影响力。

东晋庾阐《扬都赋》中，也曾写到"土映黄旗之景，峦吐紫盖之祥"。唐欧阳询《艺文类聚》卷七引《庾阐扬都赋注》："建康宫北十里有蒋山，《舆地图》谓之钟山。元皇帝未渡江之年，望气者云，蒋山上有紫云，时时晨见。"这一段文字，研究者多认为可能是庾阐自注。庾阐的生活时代，与孙盛差不多。

从南朝梁沦落北周的庾信，在《哀江南赋》中写道："昔之虎踞龙盘，加以黄旗紫气，莫不随狐兔而窟穴，与风尘而殄悴。"已是借此表达对南朝衰亡的哀伤了。待到"王气在此"的陈后主做了俘虏，金陵王气的这一轮演绎，暂时画上了句号。

金陵王气仿佛成为南京历史的一种镜像。凡建都南京之际，金陵王气之说必然大肆张扬,南唐如此,明初如此,希望建都南京的南宋亦如此。而非建都时期,舆论一定倾向于贬抑、破除金陵王气。这一种循环,直到孙中山就任中华民国临时大总统才被打破,他以世界眼光评价南京:"其位置乃在一美善之地区,其地有高山,有深水,有平原,此三种天工,钟毓一处,在世界中之大都市,诚难觅如此佳境也。"

第五节
三朝元老与九品中正

三朝元老

沈约历仕宋、齐、梁三朝，皆任高官，是典型的"三朝元老"。他的《君子行》读来比曹植的同题诗大气且深刻：

良御惑燕楚，妙察乱渑淄。

堤倾由漏壤，垣隙自危基。

嚣途或妄践，谈议勿轻持。

"三朝元老"的出处见《后汉书·章帝纪》："行太尉事节乡侯熹三世在位，为国元老。"代行太尉职事的节乡侯赵熹，历仕东汉光武帝、明帝、章帝三朝，称为国家的元老。此语后衍为两义，一为褒义，指同一王朝中受三世皇帝重用的大臣，如汉代陈平、霍光，曹魏陈群，东晋王导，北魏崔浩，唐代李勣、郭子仪，宋代文彦博、李纲。甚至还有延续四世的，如周代姜尚、汉代王莽、曹魏司马懿、唐代颜真卿、宋代司马光。

在改朝换代的几个王朝中任职，就未必是褒义了。《二十四孝》中"卧冰求鲤"的王祥，因"孝圣"之名为世所重，由魏入晋，皆任高官。因其是王导的伯祖，魏、晋琅琊王氏门户兴盛之第一人，史家努力为他洗白，描绘他的"不拜晋王"与"屡次辞官"。但看他在晋官居太保、封睢陵公，死谥"元"，即可知真相如何。登峰造极的是五代冯道，历仕后唐、后晋、后汉、后周四朝，前后侍奉了十个皇帝，其间还曾向辽太宗称臣，始终身居宰相、三公、三师之高位，最为后世史家所不齿。欧阳修指其"视丧君亡国亦未尝以屑意"（《新五代史·冯道传》），司马光直斥其为"奸臣之尤"（《资治通鉴》卷二百九十一），直到20世纪，范文澜《中国通史》中仍对其大加挞伐。

《旧五代史》中收有冯道的《长乐老自叙》：

余先自燕亡归晋，事庄宗、明宗、闵帝、清泰帝，又事晋高祖皇帝、少帝。契丹据汴京，为戎主所制，自镇州与文武臣僚、马步将士归汉朝，事高祖皇帝、今上。顾以久叨禄位，备历艰危，上显祖宗，下光亲戚。

津津乐道，引以为荣。而欧阳修不得不承认，在五代之际，确是"当世之士无贤愚，皆仰道为元老，而喜为之称誉"。司马光也说到当时有人为冯道辩护："或以为自唐室之亡，群雄力争，帝王兴废，远者十余年，近者四三年，虽有忠智，将若之何？"

与五代相类，南北朝时期，王朝更迭频繁，为时短暂。尤其东晋南朝皆以禅让传承，其时三朝元老、两朝元老，比比皆是。即以文士论，谢灵运仕晋、宋两朝，孔稚珪、张融仕宋、齐两朝，江淹、任昉仕宋、齐、梁三朝，范云仕齐、梁两朝，阴铿、徐陵仕梁、陈两朝，魏收仕北魏、东魏、北齐三朝，庾信仕梁、西魏、北周三朝，江总仕梁、陈、隋三朝。堪与冯道相比肩的是颜之推，历仕梁、西魏、北齐、北周、隋五朝，不过职位远不及冯道。前文说到的王琨，自晋入宋，虽在宋、齐更迭之际痛哭流涕，感慨"寿则多悲"，但以八十高龄，仍不放弃入齐任官。《南齐书·王琨传》记载："太祖即位，领武陵王师，加侍中，给亲信二十人。"齐武帝驾崩，八十四岁的王琨得到消息，因为驾车的牛不在家里，遂步行数里赶赴台城奔丧，被人指责有损国家体面，不久病亡。这也是一位堪为典型的"三朝元老"。

鲁迅曾说："例如看北朝的墓志，官位升进，往往详细写着，再仔细一看，他是已经经历过两三个朝代了，但当时似乎并不为奇。"南朝同样如此，宋、齐、梁、陈皆以禅让得国，新朝皇帝对于不反对更替的官员全盘接收，以求保持政权的稳定，是一个重要的因素。但更重要的，是当时人的观念，并不以此为耻。

《梁书·谢朏传》中写到宋、齐更迭之际，侍中谢朏拒不合作：

及齐受禅，朏当日在直，百僚陪位，侍中当解玺。朏伴不知，曰："有何公事？"传诏云："解玺授齐王。"朏曰："齐自应有侍中。"乃引枕卧。

侍中的任务是从宋顺帝身上解下玺印转授给齐王，完成禅让的仪式，谢朏却装糊涂。然而齐高帝登基，他不仅入齐历任高官，而且在齐、梁更迭之后，又入梁任司徒、尚书令，也成为三朝元老。

若从家族角度考察，这一趋向更为明显。即如琅琊王氏，王导是东晋开国第一功臣，晋、宋更替之际的王弘（王导曾孙），本为司马道子心腹，后转投刘裕，在刘裕北伐胜利后即上奏章，要朝廷为刘裕加九锡，拉开改朝换代的序幕，成为刘宋开国功臣。宋、齐更替之际，身居高位的宋明帝驸马王俭（王导五世孙）却为萧道成谋划，"礼仪诏策，皆出于俭"，成为萧齐开国功臣。齐、梁更替之际，又有王莹（王导六世孙）效命新朝。最为人所非议的，是侯景称帝时，尚书仆射王克（王导七世孙）竟夺萧栋玺绶奉于侯景，以成禅让之礼，且官至侍中、录尚书事，可谓"一人之下，万人之上"。侯景败后，王僧辩讥诮他说："王氏百世卿族，便是一朝而坠。"陈霸先攻杀王僧辩，王克又坦然入陈，官至尚书右仆射。

南朝梁萧子显《南齐书·褚渊、王俭传》后有"史臣曰"：

魏氏君临，年祚短促，服褐前代，宜成后朝。晋氏登庸，与之从事，名虽魏臣，实为晋有，故主位虽改，臣任如初。自是世禄之盛，习为旧准。羽仪所隆，人怀美慕，君臣之节，徒致虚名。贵仕素资，皆由门庆。平流进取，坐至公卿。则知殉国之感无因，保家之念宜切。市朝亟革，宠贵方来，陵阙虽殊，顾眄如一。

宋明帝生前托孤于褚渊、袁粲等，袁粲父子尽忠宋室而死，褚渊却因助齐高祖开国而位极人臣。

清赵翼《二十二史札记》中亦论及此：

所谓高门大族者，不过雍容令仆，裙屐相高，求如王导、谢安柱石国家者，不一二数也。次则如王弘、王昙首、褚渊、王俭等，与时推迁，为兴朝佐命，以自保其家世，虽朝市革易，而我之门第如故，以是为世家大族，迥异于庶姓而已。

在他们心目中，"君臣之节，徒致虚名"，门第具有维系家族利益的功用，"门第如故"远比忠于一朝天子更重要。

九品官人法

南朝时人的讲究门第，已经不同于东晋那种门阀政治，而是与九品官人法，或称九品中正制相关。

九品官人法始于魏、晋。

三国时期，曹操"挟天子以令诸侯"，后被晋封魏王，在邺城自立朝廷，所以中原地区实际形成洛阳东汉官僚贵族集团和邺城曹魏官僚新贵集团并立的局面。东汉官僚贵族集团的存在，无疑是曹魏改朝换代的重大障碍。建安二十五年（220年）正月曹操去世，曹丕袭爵魏王、继任丞相，汉廷改元延康。二月，尚书陈群献策实行九品官人法，重新构建官僚体制，实际上是以曹魏官员为主体，吸纳拥曹的原东汉官员，排除"身在曹营心在汉"者，消解东汉官僚贵族集团。在这一变革完成之后，曹丕于十月称帝，废汉献帝为山阳公，改元黄初。

《三国志·魏志》对这一政策有明确记载。《陈群传》中说曹丕即魏王位，"封群昌武亭侯，徙为尚书。制九品官人之法，群所建也。"《常林传》裴松之注引《魏略》："国家始制九品，各使诸郡选置中正，差叙自公卿以下，至于郎吏。"这里所说的"九品"，因涉及在任官员，故包括乡品的九品和官品的九品，"中正"是品评人才、决定乡品的官职，其属下的访察人员称"访问"。因九品官人法与中正制度密切相关，宋代以后，学界通称其为九品中正制。

陈群的九品官人法，一是将现任百官按职务重要性分为九品，称为官品。二是由各郡的中正主持，对本郡出身的官员及候补官员依门第、才德分为九品，称为乡品。朝廷任命官员时，即授予符合其乡品的官品。一方面，乡品高于官品者可升迁，乡品低于官品者当黜降；另一方面，已定乡品也会因本人成就或过失而有所升降。汉代实行的察举制，在东汉末年因被门阀士族操纵，弊端丛生，此时也被包容进来，即州、郡举荐的秀才、孝廉，须到朝廷接受考试，根据考试成绩由中正认定乡品。这一政策的实施，保证了汉、魏更替之际官僚集团的稳定，此后成为制度，屡经变革，延续两晋南北朝，直到隋代，随着门阀制度的完全衰落才最终被废除。

魏、晋时期，因现任官员已是按照九品官人法任命的，中正的考察对象主要是未出仕的后备官员，所定乡品，也就是预测其将来可能成为几品官。虽然此人初次任职，不可能就达到乡品的等级，但是乡品的高低确实影响着初任官品。看六朝人传记，常见"起家某职"的说法，"起家"即初任官职，也称"出身"，文雅的说法为"释褐"，即可以脱下平民的粗布衣服换穿官服了。"起家"现在多被用于经济活动范畴，如"白手起家"。"出身"作为社会学概念一直沿用到当代，填写个人履历表，尚有"家庭出身"一栏，虽然内涵已经变化，但仍与家庭地位、后代前途密切相关。

　　前辈史家对此多有深入研究。周一良《魏晋南北朝史札记》说："或谓魏晋时起家之官品大致与中正所定之品相差约四级，如中正上为二品者，起家官即为六或七品，其说未见确据。"日本史学家宫崎市定在《九品官人法研究》中，根据《晋书》列传中人物履历分析，起家官品多低于乡品四个等级，也会有上、下浮动。从理论上讲，官员起家任职，经过若干次升迁，即可达到与其乡品相同的官品。这虽是可预期的上升空间，但往往需要一定的时间过程，所以进入这一机制的官员，也都会希望这一制度能够长期持续。而考虑到这个时间过程可能漫长，起家自是越早越好，一般都是在达到朝廷规定的二十岁即起家。司马懿五十五岁生下儿子司马骏，因自己年老，让他八岁时就起家。另一个特殊的例子是谢安，他的乡品是二品，但他一直不愿出仕，直到四十岁才受聘担任桓温军府司马，相当于四品起家。

　　设立九品中正制的初衷，是以才德和门第为标准确定个人乡品，再据乡品授予相应官职。然而，魏、晋时担任中正者通常是二品官员，推举中正也是高层官员的事情，所以在实施之初就染上了权贵色彩。高官的子弟无论才德如何都能得到高乡品，起家既高，升迁又快，很容易又成为高官，即所谓"公门有公，卿门有卿"。乡品七品以下的，实际上已没有任官资格。低级士族和寒门子弟通过被举荐为秀才、孝廉，虽说考试甲等可得乡品二品，乙等可得乡品三品，但实际上他们应试的成绩多被压抑在丙等，乡品四品，起家只能是八品官。到晋惠帝继位，由出身高门的王戎与王衍堂兄弟先后担任司徒，主持人才选拔，更强化了门阀在乡品中的决定作用。王隐《晋书》载："自戎居选，未尝进一寒素，退一虚名，理一冤枉，杀一疽痕，随其沉浮，门调户选。"原本应考察人才、判定乡品的是各郡中正，现在只需查考门阀家世即可，掌握门阀档案的尚书就更有发言权。

　　高门子弟展示才华的方式是清谈，清谈的重心在有无、本末之辨，其指归是《周易》《老子》《庄子》，独抒己见、令人信服便成名士，在辩难中取胜更为人所崇敬。经过几代熏陶的贵族子弟，显然更容易掌握清谈的技巧。西晋时已形成"上品无寒门，下品无士族"的局面，也就是民间常说的"龙生龙，凤生凤，老鼠生儿会打洞"。其间又派生出若干等级，被称为"门地"，门地高下称为"流品"。中正在这新的贵族制度形成过程中起了重要作用，但贵族制度确立后，中正也就成了种虚饰。

门阀由长期积累而成，任官越高、任期越久，门阀越高。远溯魏、晋高门的"旧族门户"，往往以此傲视新起门户。《世说新语·简傲》载："谢万在兄前，欲起索便器。于时阮思旷在坐，曰：'新出门户，笃而无礼。'"陈郡谢氏是西晋末年才兴起的新贵，陈留阮氏在东汉已是望族，但阮氏在东晋地位远不及谢氏，所以阮裕抓住谢万失礼的小过失贬低谢家。换个角度说，改朝换代越多，"旧族门户"的地位就越高。

在这样的背景下，高门贵族视维护门第为第一要务，也就不奇怪了。

高门与寒士

社会阶层固化，最为既得利益集团所拥护。九品官人法不断贵族化、门阀化，变质为高门贵族世袭的保障。东晋立国之初，最先追随晋元帝南渡的北方名士百余人成为骨干队伍，史称"百六掾"。这些人的家世多可上溯西晋、魏甚至汉代，其子弟的乡品一律定为二品。在同一品级的官职中，又分化出"清官"和"浊官"之别。当官而无须负责具体事务，悠闲自在又易于升迁的属清官，反之则为浊官。高门子弟可以选择最利于发展的官职起家，选择最便捷的途径上升，从清官到清官，甚至可以"一岁数迁"，在较短时间内达到顶层。朝廷的权柄也就长期垄断在这些人手中。吴地贵族被视为低人一等，北方南渡的下层贵族也只能从浊官到浊官，难以进入官僚上层，更不用说庶民子弟了。当矛盾积累到一定程度，便会激化为动乱，东晋末年之所以内争不断，这也是一个重要因素。

在镇压动乱的战事中，军人领袖刘裕脱颖而出。

南朝刘宋代晋，与曹魏代汉，虽然形式都是受禅，但面临的朝中形势大不相同。曹操、曹丕所立魏王朝廷早已与汉廷分庭抗礼，其时是将拥曹的汉廷官员吸纳进来。刘裕虽有自己的武装力量，但在接受东晋政权时，也不得不接受在朝执政的东晋官僚集团。琅琊王氏与陈郡谢氏率先选择了刘裕，尽管两家已没有王导、谢安这样安邦定国的人物，贵族领袖的影响尚在。东晋官僚集团拥戴刘裕称帝，是希望新朝能比旧朝更好地维护官僚集团既得利益，包括延续九品官人法。禅让进程，实际上完成的是一种权力的交易。

刘裕出身贫寒，既成皇族，自属高门。东晋旧族没有当年东吴贵族的勇气，凡被刘家公主看中的，不得不去当乘龙快婿。《南史》里记载了琅琊王氏两驸马的故事，王偃娶了宋武帝二女儿吴兴长公主，常常被剥光衣服绑在院中树上作为惩罚，大雪天也不例外，几乎冻死。王藻娶了宋文帝六女儿临川长公主，听说王藻别有所爱，公主告到皇帝那里，将王藻下狱论死。宋孝武帝的长女会稽长公主刘楚玉，据说曾向她的皇帝弟弟索要三十个面首，后见尚书吏部郎褚渊貌美，就让皇帝命褚渊去侍奉她十天。诸渊是宋文帝女儿的驸马，按辈分是刘楚玉的姑夫，屡遭刘楚玉逼迫，终不屈从，最后才被放回家。

联姻并不能让贵族集团和寒族皇帝真正成为"一家人"。刘裕也不打算与前朝贵族共同治国，当即着手重振皇权。在当时的形势下，他虽然有权处置个别贵族，但无力摧毁贵族制度。某个贵族没落所空出的位置，马上就会被新的贵族占据。刘裕的办法，是保持高门贵族的名位，釜底抽薪，与中书省属官、位居七品的中书舍人议决重大事务，使中书省的主官监、令形同虚设。中书舍人因官品太低，为高门子弟所不屑，向由门第较低、难以升迁的寒士担任，此时却得到皇帝的信用，进入了权力中枢。清赵翼《二十二史札记》有"南朝多以寒人掌机要"一条：

宋、齐、梁、陈诸君，则无论贤否，皆威福自己，不肯假权于大臣。而其时高门大族，门户已成，令、仆、三司，可安流平进，不屑竭智尽心，以邀恩宠。且风流相尚，罕以物务关怀。人主遂不能藉以集事，于是不得不用寒人。人寒则希荣切而宣力勤，便于驱策，不觉倚之为心膂。

他所说的寒人，实是寒士，即下层士族，并不是平民。

这办法也不是刘裕的发明，而是皇帝与重臣争权时的惯用手段。

秦、汉中央政府的顶层，是总理政务的丞相、掌管军事的太尉、负责监察的御史大夫，号称"三公"，其下分担政务的是九寺的长官"九卿"。丞相的权势尤其是官员任免权引起皇帝不安，东汉光武帝刘秀便强化秘书官尚书机构，皇帝与尚书们决策，交三公九卿依此实施。然而这是强势皇帝才玩得起来的把戏，东汉末年的小皇帝无此能耐，重臣如曹操们便自任"录尚书事"，代替皇帝领导尚书，权势凌驾于皇帝之上。如前所述，东晋的王敦、桓温、南朝的开国皇帝，都担任过录尚书事。

在尚书成为朝廷的正式机构后，皇帝的新选择是中书和门下。中书如前所述是秘书官。门下原是侍奉皇帝日常起居的人，有侍中、给事中、散骑侍郎等。所谓"中"即"殿中"，南朝齐王珪之《齐职仪》记载："汉侍中掌乘舆服物，下至亵器虎子之属。"汉代的侍中负责掌管皇帝乘坐的车轿和衣物，包括给皇帝端尿壶。散骑常侍类似现在领导干部的专车驾驶员。这些人因为经常在皇帝身边，只对皇帝负责，没有其他事务，而且可以向皇帝进言，"一言兴邦"，可算是皇帝的顾问，身份日渐高贵，侍中、散骑常侍已是三品高官，给事中稍低，也是五品。所以与中书不同，南朝时的门下职位已被贵族把持，成为高门子弟争相竞逐的"清官"。

六朝以降的官名，不再像秦、汉那样庄重，而带有明显的侍从性质，其原因就在这里。进入权力中枢的中书舍人，在南朝仍被认为并非正途出身，只是由于皇帝的恩宠而得势，所以《宋书》和《南史》都将他们列入《恩倖传》，《南齐书》列《倖臣传》。但到了唐代，朝廷三省六部的三省，就是中书省、门下省、尚书省，原来的幕后机构堂而皇之地登上了前台。

刘宋诸帝任用寒门子弟以取代贵族，目的在于强化皇帝的独裁权。同时采取的措施，是开设学校，培养与选拔人才。但门阀士族与寒门庶族的此消彼长，不是短时期内能够完成的。贵族势力之强盛，仍为皇室所忌惮。如陈郡谢氏子弟，谢安之孙谢琨被宋武帝杀害，谢玄的孙子谢灵运被宋文帝杀害。如宋明帝娶琅琊王贞凤为皇后，病逝前，以皇子年幼，将由皇后临朝称制，担心其兄扬州刺史王景文以国舅而成宰相，其家族强盛，难免有异图，遂将王景文赐死，手诏说："与卿周旋，欲全卿门户，故有此处分。"（《资治通鉴·宋纪》）在残酷的权力斗争中，贵族的门户待遇可以保留，但权力绝不容分享。

梁武帝改革官制

南朝梁开国皇帝萧衍，与军伍出身的宋武帝、齐武帝不同，是前朝皇族子弟，受到良好教育，不仅精于武略，而且博学多才，有很高的文学造诣。年轻时他是六朝最重要的文学社团"竟陵八友"的成员。他在位时间长达四十八年，为六朝之最，即在中国历代帝王之中，也可以排入前十名。

梁武帝登基当年，针对宋、齐官制紊乱、阶层固化的局面，即着手制定律令，进行整顿。天监七年（508年）更对九品官人法大动手术。

首先是将原九品官制中的七品以下取消，而将原六品以上重新划分为十八班，一班最低，十八班最高，称为"流内十八班"。也就是十八、十七两班对应一品，相当于后世的正一品和从一品，下至二班、一班对应正九品和从九品。另将原七品以下官职重新划分为"流外七班",以七班为最高,上接流内一班。同班官员亦有顺序,以居先者为优。各班首列职位皆为"清官",居后者多为"浊官"。

这样做的原因,是晋、宋以来阶层固化。正如沈约在《恩倖传序》中所说:

岁月迁讹,斯风渐笃,凡厥衣冠,莫非二品,自此以还,遂成卑庶。周、汉之道,以智役愚,台隶参差,用成等级。魏、晋以来,以贵役贱,士庶之科,较然有辨。

高门子弟的乡品几乎都为二品,即以六品官起家,七品以下职位则为寒士起家官。六品与七品之间形成明显的断层。高门贵族一直希望与寒士之间划清界限,显示自己的特权,这一改变满足了他们的优越感。换个角度说,以流内官起家还是以流外官起家,从此成为高门与寒士间的界限。必须说明,所谓寒士,并不是贫寒的读书人,而是低层贵族,仍属于"士"的范围。平民庶人子弟,则被称为"寒素"或"寒人"。

在南朝,寒素成为官员,另有一个系列,即三品蕴位、三品勋位至六品勋位,共五个等级,大致相当于流外七班。如果说流外七班尚有希望升入流内,蕴位即使能够进入流内,也多局限于底层的班次。贵族子弟凭出身就可获得乡品,庶民则须凭应试成绩或战功才能够获得勋位,而且,蕴位与勋位所能担任的官职,都是各部门中繁忙琐杂的一类。但是这些繁琐事务通常具有较强的专业性,往往连高门子弟担任的部门主官都未必能掌握,所以也会形成别人难以进入的领域。这类低层官员逐渐演化成后世的胥吏,而胥吏一词正是产生于南北朝时期。官、吏分途,尽管胥吏由官员选任,官员因专业知识的缺乏而受制于胥吏的情况却屡屡出现。双方发生冲突之际,因为官员掌握话语权,所以受到谴责的多是"恶吏"。

梁武帝变革的另一方面,是把军事官员从上述文官系列中排除,另成将军系列。自宋、齐以来,将军名号即已泛滥。梁朝的将军号名目繁多,列入流内十八班的,就有十品二十四班一百二十五号,有的是中央直属军队的指挥官,有的则是对并不指挥军队的文臣的加衔,也就是虚名。其次有流外将军八班十四号。读六朝史时,常会看到一个官员有文、武各种头衔,其中就不乏这种将军虚衔。此外,梁朝还专为附庸国官员制定了十品二十四班将军号。如天监元年(502年)四月,梁武帝登基,对各附庸国王也都有晋升：

> 车骑将军高句骊王高云进号车骑大将军。镇东大将军百济王余大进号征大将军。安西将军宕昌王梁弥进号镇西将军。镇东大将军倭王武进号征东将军。镇西将军河南王吐谷浑休留代进号征西将军。

梁武帝萧衍一族，自宋、齐以来已臻高门，在齐朝已能与琅琊王氏联姻，萧衍之妹义兴长公主嫁给王琳，新安穆公主嫁给王茂璋。天监十一年（512年）他又为十岁的儿子萧纲娶了琅琊王氏八岁的王灵宾，女儿永嘉公主则嫁给了王琳之子王铨。他建立新朝，也希望得到贵族集团的支持，对九品官人法的这一调整，显然可以起到安抚朝中贵族集团的作用。但他也认识到，治理国家必须建立一个有效率的官僚队伍，所以他针对清官、浊官分流的现实，明确提出"官以人而清，岂限于甲族"的见解，即官职本身无所谓清、浊，清流所任即为清官，而且清流也不限于高门，只要能有清流的修养，就是清流。

梁武帝虽在天监三年（504年）舍道事佛，他用以培养和发现人才的举措，仍重在儒学，一是设立国学五馆和国子学，二是设立试经制度。《南史·儒林传序》载：

> 天监四年乃诏开五馆，建立国学，总以五经教授，置五经博士各一人。于是以平原明山宾、吴郡陆琏、吴兴沈峻、建平严植之、会稽贺玚补博士，各主一馆。馆有数百生，给其饩廪，其射策通明经者，即除为吏。于是怀经负笈者云会矣。

国学五馆的培养对象是寒士。天监七年（508年）又为高门贵族子弟设立国子学，"诏皇太子、宗室、王侯始就学受业，武帝亲屈舆驾，释奠于先师先圣，申之以宴语，劳之以束帛，济济焉，洋洋焉，大道之行也如是。"并多次亲临国子学策试贵胄子弟。中大通四年（532年）又专设《孝经》助教一人，专讲梁武帝所著《孝经义》。

天监四年（505年）又有诏令颁布试经制度："今九流常选，年未三十，不通一经，不得解褐。"取消了高门子弟二十岁即可起家的特权，不论贵族、庶民，起家年龄一律规定为三十岁。只有经儒学考试证明精通一经的人，才可以提前。实践证明，这一措施对于促进社会读书风气相当有效。而在朝廷这一面，一方面是提升了高门子弟的修养，使其树立以学问为荣的观念，另一方面又使寒士、寒素得到了崭露头角、进入仕途的机会。真正的人才能够早日进入官员队伍，对国家自是幸事。

这种试经制度的雏形早在汉代就已出现，两晋、宋、齐各有继承，但在南朝梁达到兴盛。尽管作为一种制度尚不够完善，但确实是后世科举制度的源头之一。

尽管科举制度意在平等，应试者并非没有条件限制，简单说，就是鲁迅所言有钱与有闲，没有足够的财力难以供养子弟专事读书，即使在雕版印刷术成熟后，书价之高也非平民所能承受，而士大夫的家庭文化氛围肯定更有助于子孙成才。不过书香世家与贵族世家毕竟有着本质的差异，书香子弟必须凭借个人的努力才可能进入官僚队伍，延续家族兴盛，不像贵族子弟单凭门第身份就可以享有特权。

梁武帝推行的九品官制，在九品官人法被废除后，仍在变更完善中延续，直到清代以至民国初年。这一制度还传到日本，演变为沿用至今的位阶制度。

九品十八班等作为品评高下的标准，延伸到社会生活的诸多方面。如南朝梁谢赫所撰《画品》中，将二十七位画家分列六品，可能受旧制七品之下为不入流的影响。晚唐五代张翊撰《花经·九品九命》，从一品九命到九品一命，序次花卉为九等。明末清初金圣叹评点《水浒》人物，以武松、鲁达、李逵为"上上人物"，卢俊义、史进为"上中人物"，燕青、石秀"中上"，戴宗、杨雄"中下"，时迁、宋江"定考下下"，亦源出九品。至今常被人挂在口边的"上流社会""下流""不入流"，其本源盖在于此。成语"按部就班"的"班"，解释为梁武帝所立十八班之班，或者更为合理。后世文献多见此例，如唐韩愈《唐故银青光禄大夫太原郡公神道碑文》中"岁余超居上班"，宋王谠《唐语林·雅量》中"省郎班内第某人"，宋韩淲诗："有孙才九品，本拟上朝班。"《红楼梦》第九十三回中"倒不如趁着老爷上班儿"等。现代人的"上班""下班"，当初也是将平民的工作奉承为当官的意思。

门第意识更成为中国文化的一种传统，根深蒂固，一得合适气候即会死灰复燃。"文革"初嚣张一时的对联"老子英雄儿好汉，老子反动儿混蛋"，即是沉滓之浮起。"臭老九""黑九类"，以至当下风行的"某二代"，论其本质，皆属此类。

第六节

立号都建康

晋成帝营建苑城

宋人杨简有诗咏东晋立国:"夷狄隐河洛,元帝南渡江。宣帝之曾孙,立号都建康。"晋宣帝司马懿的曾孙司马睿南渡建康,虽已有立国之图谋,但因战事频繁,前途未卜,无心也无力于城市建设。宫室仍只能因陋就简,沿用东吴遗存的太初宫。

不过,为宣示自己是晋王朝的正统继承人,司马睿在建武元年(317年)即晋王位之际,就"立宗庙、社稷于建康"。《建康实录》卷五注文引《图经》:"晋初置宗庙,在古都城宣阳门外,郭璞卜迁之。左宗庙,右社稷。""社立三坛,帝社、太社各一,稷一",完全仿照旧都洛阳的礼制规范。同年十一月又"立太学",致力于后备官员人才的培养。晋元帝大兴二年(319年)"作南郊,在宫城南十五里,郭璞卜立之"。南郊坛是帝王祭天的场所,也就是后世天坛的前身。郭璞是当时最有名的术士,深受晋元帝和王导器重,所以宗庙、郊坛都要由他占卜择址。

与东吴的重在实用不同,东晋建都之始,即注重中原旧有的礼制规范,意在利用各种庄严仪式,作为最高权力的标志和特定意识形态的象征,打造都城神圣感。空间与秩序,于统治者运用权力都必不可少,礼制建筑正好是二者的理想结合。

东晋号称"中兴",但立国之初,外有强敌环伺,内有权臣作乱。尤其是王敦、苏峻相继反叛,都城建康一再沦为战场。晋成帝咸和四年(329年)平定苏峻之乱,"兵火之后,宫阙荒残,帝居止兰台,甚卑陋"(《建康实录》卷七),以至"不蔽寒暑"(《晋书·王彪之传》),朝廷不得不考虑营建新宫。因为原有"宫室焚毁,化为污莱"(《宋书·五行志》),

难以收拾，晋成帝司马衍打算在原东吴苑城重建宫城。其时朝中迁都之议纷纭，直到王导定策，第二年九月才正式兴工。由于经济困难，物资匮乏，宫殿只能用茅草编织的草帘充作墙壁。同时还出台了一个新政策，每份官员任职文书要收费二千钱，作为修建宫城的资金。这一政策一直维持到南朝齐武帝才废除。

晋成帝的都城建设有一个范本，即中原魏晋旧都洛阳的规制。所以改变了东吴多宫制的零散状态，主要建筑依南北中轴线分布，奠定了宫城、都城、外郭三重城垣的格局。大司马门前东西向横街尤具重要意义，首次将建康都城明确划分为南、北两个功能区，宫城区居北，居民区在南，开创了中国都城布局的新风貌，对后世都城规制产生重大影响。

咸和七年（332年）十一月新宫建成，"署曰建康宫，又名显阳宫"。因魏、晋谓皇帝所居禁省为台，亦称台城。台城周长八里，筑有两重土墙，后改砌砖墙，四面辟有五门：南面二门，东、西、北各一门。南面正中的大司马门，仍在东吴苑城南门的位置上，正当都城南北御道的北端点，与都城南门宣阳门相距约二里。台城的中心在今大行宫一带。苑城内仍保留了原有的仓库，次年定名太仓，位置在台城西门内，运渎可以直达，便于物资转运。

建康城与东吴建业城一样没有围墙，但环城四面，在南门宣阳门之外，又新设五门，宣阳门东设开阳门、西设广阳门，正东建阳门，东南清明门，西面西明门，与建阳门相对。北面利用宫城北墙，由宫城北门平昌门出入。史称建康"六门城"，实际上四面共有七座门。都城与宫城城门的命名，都沿用洛阳的城门名，以示承袭西晋正统。

东晋都城"本吴旧址"的重要原因，是不能突破四周的水系，放弃这重要的自然屏障。受东、西两面水道走向的限制，都城中轴线并不是正南北走向，而是北偏东二十五度。《建康实录》说建康城周长"二十里一十九步"，应是南朝宋元嘉年间营建都城北墙之后的长度，东晋都城要稍小一些。

由都城六门的设置，可以看出城内宫署、道路的设置。在东、南、西三面，都城各门与方位相近的宫城门之间，都有道路相通。宣阳门北距台城南门大司马门二里。近年考古发掘证明，台城南垣在今游府西街一线，都城南垣约在今白下路、建邺路一线偏北，张府园一带确曾发现建康城西南角遗址。东吴所开运河秦淮中支成为都城南垣的护壕。宣阳门南距秦淮河上朱雀桥五里,其间御道两边开御沟排水,同时统一种植槐、柳作为行道树。这也是中原都城建设的规制之一,由此形成南京街道绿化的传统。20世纪80年代,在明、清历史街巷仍常看到老槐树,秦淮河两岸多植柳树。民国年间开辟的中山大道等新干线则统一为悬铃木,俗称法国梧桐。

咸和八年(333年)"作北郊于覆舟山之阳,制度一如南郊",以完善王朝的礼制建筑。南郊坛祭天,北郊坛祭地,亦称地坛,位置在覆舟山南麓。咸康三年(337年)正月迁太学于淮水南,可能即今夫子庙地区。此外依照《周礼》,在都城之北设置帝王陵区。又有皇家园林,鸡笼山麓有华林园,山上有上林苑,覆舟山上有乐游苑。

东晋建康城第一次有了外郭的建设,在秦淮河南、北两岸编竹篱为篱门五十六所,实即军事据点,构成一道新防线,加强对都城外围的控制。南篱门约在今镇淮桥附近,三桥篱门在赤石矶北麓光宅寺侧,东篱门在古肇建市东、菰首桥西,北篱门在覆舟山东,西篱门在石头城东,白杨篱门在瓦官寺北。南面的国门,即都城中轴线南端朱雀门,这时已推进到秦淮河南岸。

军垒拱卫

建康周边的钟山、石头山及长江、玄武湖、秦淮河、青溪等山水固然形成自然屏障,尚不足以保障都城的安全。历次战争中发挥重大作用的,是建康城周边的城堡、军垒。在前人所建越城、石头城、丹阳郡城之外,东晋南渡以来又新建了西州城、冶城、白石垒、金城、药园垒和东府城等。

永嘉三年(309年)王敦任扬州刺史,驻建邺,在冶山东麓建治所,当时应称州城或扬州城,后因与新立东府城对应而称西州城。

冶城位于冶山上,本为东吴冶铸兵器之地,东晋初年王导在今通济门附近另立东冶,冶城遂成为扬州城西的军垒。

白石垒,咸和三年(328年)苏峻叛乱,挟持晋成帝据石头城,义师建白石垒与之相持,后在白石陂岸杀了苏峻。白石垒的位置,前人说法不一。卢海鸣撰《六朝都城》中认为在金川河边象山一带的可能最大。它是建康城北面的军事堡垒,也是重要水军基地。

金城据说始建于东吴,在栖霞山麓江乘,东晋时为南琅琊郡治。《世说新语·言语》："桓公北征，经金城，见前为琅邪时种柳，皆已十围，慨然曰：'木犹如此，人何以堪。'攀枝执条，泫然流泪。"桓温于咸康七年（341年）任琅琊内史，驻金城，太和四年（369年）北征前燕，经过金城，看到当年所种的柳树粗已十围，不禁感慨。

药园垒，义熙六年（410年）叛军卢循兵逼建康，太尉刘裕筑药园、廷尉、查浦三垒拒敌。药园垒在覆舟山南药园，南朝宋改建乐游苑。廷尉垒即台城北廷尉署，查浦垒即越城一带。可见当时除固定军垒之外，也会根据需要随时设立新军垒。类似的还有王含五城，王敦叛乱时，其兄王含在倪塘（今江宁上坊泥塘村）西筑五城以屯兵。

东府城最初是晋简文帝司马昱的府第。《建康实录》卷十载，晋安帝义熙十年（414年）冬，刘裕"城东府"，注文引《图经》：

今县城东七里，青溪桥东，南临淮水，周三里九十步。今太宗旧第，后为会稽文孝王道子宅。谢安薨，道子领扬州刺史，于此理事，时人呼为东府。至是筑城，以东府为名。其城东北角有灵秀山，即道子宅内，嬖臣赵牙所筑。

司马昱的旧府第，后来成了会稽王司马道子之宅。谢安去世，司马道子任扬州刺史，权倾当朝，在私宅中处理公务，因其地在台城之东，约当今通济门附近，所以称为东府。原冶山东麓扬州城遂被称为西州城。司马道子死后，刘裕以军功崛起，大权独揽，东府也为其所据，此时更修筑东府城墙，以为军政基地。西州城与东府城也都成为拱卫建康的军垒。

其中最重要的是石头城。建康城外郭"西篱门在石头城东"，所以石头城是位于都城之外的另一个建筑群，两者唇齿相依，其间有道路相联系。石头城周长七里一百步，与台城周长八里相差无几，一个是政治中心，一个是军事重地。

东晋南朝定都建康，面临的都是南北对峙的分裂局面，长江天堑被江南王朝倚为屏障，凡江边有警，必先据石头城以为捍御。东晋南朝内部的叛乱和兵变力量，多半是以长江中游荆州为根据地，挥师顺流而下，同样会先攻取石头城立足，再进而夺取台城。石头城遂成交战双方竭力争夺的军事要塞。同时，石头城又是建康都城与外界联系的生命通道，失去了石头城，台城便成了进退失据的孤城。

六朝帝王都把石头城守御作为国家的重要事务。东吴、东晋时领军驻守石头城的，皆是心腹重臣。南朝更是常以太子、王子驻守石头城。南朝宋元嘉七年（430年）十月派竟陵王刘义宣戍守石头城。元嘉二十七年（450年）冬，北魏太武帝率军侵占江北瓜步，扬言渡江，宋文帝急令太子刘劭率军镇守石头城，总统水军，前将军徐湛之守石头仓城。元嘉三十年（453年）又以南平王刘铄驻守石头城。宋孝武帝大明年间，将石头城仓城作为离宫，皇帝经常驻跸于此。前废帝景和元年（465年）以石头城为长乐宫，命司徒袁粲镇守。宋末萧道成封齐王，以石头城为世子宫，由世子萧赜驻守。萧道成称帝后，又以石头城作为太子的东宫。南朝齐建元二年（480年）以南郡王萧长懋镇守石头。此后形成惯例，石头城多由诸王镇守。石头城周围陆续修建起一些辅助设施，城内又有重要的粮食、军械仓库，军备充足。石头仓，东晋南朝亦称常平仓。东晋庾翼曾揭露石头仓贪污黑幕，说有石头城守将盗窃储粮百万石，把管仓库的人打死以塞责。由此可见其存粮数量之巨。

石头城内东南角盝山上有烽火楼，城北山冈上也立有烽火台。石头城烽火一举，半天之内，就可以经由沿江险隘之处的座座烽火台，东抵苏州，西抵宜昌，传遍东吴全境，可以算是古代最快捷的通讯联络手段。东晋又在石头城东部建造入汉楼，以加强防卫能力。

六朝时期攻守都城的大小数十起战事，几乎无不与石头城相关，亦往往以夺取石头城决定胜负。王敦、苏峻叛乱时，都曾夺取石头城为基地。南朝宋、齐、陈的开国皇帝，都是在石头城的激战中，取得了决定性的胜利，奠定了改朝换代的基础。

城市比王朝更长久

东晋与南朝宋、齐、梁、陈之间的改朝换代，都采取了禅让形式，新朝既宣称自己为前朝的合法继承者，所以也都继承、利用了前朝的都城空间，以此作为最显著的象征。城市因此比王朝存在得更长久。即使旧的都城已经残破不堪，宫殿已经无法居住，统治者也不会轻易放弃，因为这块土地所具有的优越自然地理条件和各种配套设施，更因为前朝建都所赋予它的影响力、号召力以至某种神圣感。

直到南朝末年，建康城格局大体未变，但渐趋坚固完备，皇家园囿日渐奢靡，佛教寺庙蓬勃兴盛，帝王陵寝渐成制度。南朝陵墓石刻流传千古，成为国宝级的艺术品。同时，繁华区域也从都城向四郊扩展。

《宋书·礼志》载，刘宋对东晋南、北郊坛都有改作。这当是改朝换代的一种象征，让天、地都可以知道人间的变化。大明年间一度将南郊坛迁至牛首山西，后又迁回旧址。北郊坛几经变动，最远曾迁至紫金山中。1999年考古发现于紫金山的六朝坛类建筑遗址，据专家考证即南朝宋北郊坛的遗址，也是全国现存时代最早的北郊坛遗存。

刘宋时期的建康城建设，最重要的一项，是元嘉年间新建都城北垣，都城与宫城不再共用北墙。由于北垣新开四门，东垣与西垣延长后各增开一门，所以建康都城由过去的"六门城"变成了十二门。大明年间又在宫城南、北新筑两条专供皇家使用的驰道，原宣阳门至朱雀航御道东侧，新筑阊阖门至朱雀航驰道，都城北部首次修筑了承明门抵玄武湖驰道。同时还在覆舟山北建造阴室（冰井）以藏冰，以备炎热夏日供皇家取用。

南朝齐可能对建康城建设作出了一项重大贡献，即将东吴建都以来的篱门改建为城墙。《南齐书·高帝纪下》载，建元二年（480年）五月"立六门都墙"。因为齐高帝宣称要做一件后世无以复加的事情，所以研究者多认为，所立应该就是都城的全部城墙，而不仅于六座城门，并且推测城墙的建筑形式是在夯土墙外包砌城砖。

然而令人生疑的是，此后建康的重大战事中，都不见有攻守都城城墙的记载。迄今为止南京地区的考古发掘，也未见建康都城城墙遗迹。所以，或者齐高帝并未能够建成都城城墙，或者这城墙的规格太低，不能承担军事防御功能。

齐武帝永明年间，北魏孝文帝为重建洛阳都城，特别派遣建筑工程学家蒋少游到建康，"模写宫掖"，"图画而归"。《北史》《南史》和《魏书》中，都记载了这件事。近半个世纪的研究也证明，北魏洛阳宫室制度明显模仿了南朝建康宫殿，御道两侧分列府署的格局，也源自建康。北魏的宫室制度又为隋、唐两代的洛阳和长安都城部分承袭。当然，建康的宫室制度，从根本上说，是以魏晋洛阳为范本的，但在北方都城被战乱毁坏殆尽之后，南朝建康城反成为延续中华礼制与宫室制度的一个不可或缺的过渡，成为华夏文脉传承中重要一环。

东昏侯萧宝卷当政三年间，大兴土木，营造宫室园囿，极尽侈靡之能事。相较于东晋初年的以草帘为殿壁，江南经济恢复，富庶程度可见一斑。

梁武帝在位四十八年，适逢北魏内乱分裂，无力南侵，使梁朝得到和平发展的时机。长期的政权稳定，也使建康都城的繁盛达到了六朝时期的顶峰。

天监七年（508年）正月，在端门外建神龙阙，大司马门外建仁虎阙，二月，"新作国门于越城南"，以显示宫城和都城的庄严威仪。国门位置从朱雀航向西南移至越城之南，拉长了建康城的南北中轴线。同时也标志着都城南北中轴线的偏移。此后南唐建金陵城，沿用六朝中轴线，其南门即在今镇淮桥南。2017年以来的西街考古中，发现了这一条御道遗迹，紧邻越城东垣，宽达二十三米，且两侧有砖砌的排水沟，其方位呈"东北—西南"走向，北偏东约三十度，北指今大行宫一带的台城。其跨越秦淮河之处，正在今镇淮桥稍偏西位置。此后又在越城以南发现了高规格的国门遗址。

天监九年（510年），"新作缘淮塘，北岸起石头迄东冶，南岸起后渚篱门，迄于三桥"（《健康实录》卷十七）。梁朝重视水利，此后尚有浮山堰、寒山堰等工程。

天监十年（511年），"初作宫城门三重及开二道"，宫城门上始建三重楼，下开两个门道。天监十二年（513年）将原太极殿改作明堂，"新作太极殿，改为十三间"。东晋新建太极殿面阔十二间，象征一年有十二个月，改为十三间，表示连闰月都包括在内了。这一规制影响深远，后世宫殿都采用了十三间的格局。

侯景叛乱是南朝建康最为惨烈的一场浩劫，攻守双方出于战争需要不断放火烧城，放水淹城，对都城的破坏是毁灭性的。建康外郭以内包括秦淮河南岸的居民区，也第二次遭到毁灭性的破坏。

陈朝肇始，就不得不忙于重建宫殿，但工程进展并不快，且建筑材料缺乏。建康城周围虽多山，但没有大山。山上的原始森林，经过此前五朝建设宫城时的砍伐，尤其是齐、梁两代的大兴土木，已难觅大材。自东晋以来数以万计移民的急遽涌入，建造住房都需木材，数十万居民中，相当一部分依靠砍树烧柴，对于树木的消耗也是巨大的。《梁书·康绚传》载，梁武帝时，为了筑长堤拦截淮水以淹魏军，"伐树为井干，填以巨石，加土其上，缘淮百里内，冈陵木石无巨细必尽"，也可见当时滥伐滥采之一斑。六朝建都，山林植被不断遭受野蛮砍伐，而完全没有意识到需要保护培植，仅仅三数百年，建康城周边的自然生态已大大改变。

因为国弱民贫，陈朝初年仅限于恢复宫室。此后十几年间，对内促进经济发展，对外逐渐扩充疆土，直到陈宣帝太建年间，才开始重建都城的工作，但已无法恢复到梁代全盛时期的规模。

陈后主当政，宫室又追求豪奢，至德二年（584年），建临春、结绮、望仙三阁，"其下积石为山，引水为池"，"复道交相往来"。复道，指将楼阁间的通道造成上下两层。此前宫府中所造假山，都是堆土夯实（版筑）而成，规模较大。这一回改变为积石为山，可能已类似后世的石假山，小巧灵秀，反映出审美情趣的转变。至德年间兴建宫室，诏令新平（今景德镇）烧制雕镂精巧的陶瓷柱，促进了陶瓷技艺的发展，据传"镇陶自陈代以来名天下"。

而建康作为都城的历史，也就在陈后主的豪奢中告一段落。

第六章

骑鹤上扬州

第一节
侨人与土断

侨县、侨州与侨郡

东晋南朝时期,有一个特有的历史现象,即为安置中原南迁移民而设置的侨州、侨郡与侨县,多达数百处,或为虚设,或有实土,形态各异,而且时分时合,屡屡易名或改变隶属关系,行政建制十分复杂。受其影响,南京地区这一时期的行政建置也最为混乱。

北方世家士族南迁的原因,主要是逃避战乱。但他们的追随和支持,对于东晋王朝巩固政权、确立正统,都有重要意义,所以南迁被视为忠贞之举,受到朝廷格外的优待。《宫崎市定中国史》中说:

(东晋王朝)带着官僚、军队,从华北流落到江南的新天地,怀抱着终有一天恢复中原的理想而暂住下来。为此,与皇家一同南下的官僚和人民都被赋予了莫大的特权。首先,官僚垄断了中央政府的要职,将本地的贵族当作比自己低一等的阶层来对待,不让他们参与显贵地位的分配。此外北方流民的户籍被称为"白籍",与本地居民的"黄籍"相区别,冠以原籍的州、郡名,他们拥有的土地被免去租税。换言之,北方流民拥有所有权利,却几乎不用承担任何义务。

设置侨州、侨郡与侨县,用原地士族领袖担任官员,实际上是以一种虚幻的故土标志,抚慰南迁侨人的思乡之情,同时又给予其经济上的实惠,增强其对东晋王朝的归属感,以便吸引更多的北方居民继续南渡。

晋元帝大兴三年(320年)最先设立怀德县,用于安置随晋元帝(原封琅琊王)司马睿南渡的千余户琅琊国人,其中大族就有百余户。琅琊国是司马睿的封国,所谓"龙兴之地",自然最受重视。孔子说"君子怀德,小人怀土",县名怀德,立意在此。《建康实录》卷五注文说,初置的怀德县隶属丹阳郡,"在宫城南七里,今建初寺前路东。后移于宫城西北三里耆阇寺西,帝又创已北为琅琊郡,而怀德属之,后改名费县"。建初寺位于凤台山南麓、大市之北,面对繁盛的长干里商区,"寺前路东",紧邻大市,生活最为便利,东距丹阳郡城、北距都城都不远,以示皇帝对旧国人的厚爱。因其东邻宽阔的秦淮河,扩展空间有限,所以后将怀德县移至鼓楼冈南麓,其北设琅琊郡,怀德县改隶琅琊郡。费县是原琅琊国属县,同为琅琊国属县的阳都、即丘、临沂等也先后设置了侨县。这当是琅琊国人南迁建康的越来越多,所以分归各县,怀德也就被分解了。咸康三年(337年)又分江乘县浦州金城一带为琅琊郡实际领地。南朝宋改称南琅琊郡,齐永明年间移治白下。

江乘县因离江岸近,又有古来港口,遂成为南渡移民最重要的立足点,同在江乘县境内,又设置了东海、东平、兰陵等侨郡。大量移民进入,促进了南京城北沿江地带的开发。

建康都城内,陆续设置了魏、广川、高阳、堂邑等侨郡和肥乡、元城、广川、北新城、博陆、堂邑等侨县。都城范畴并不大,也不可能实际分割为数郡数县,可见相当一部分侨郡和侨县,不过是治所设在都城之中而已。尽管其徒有其名,并无实地,侨民散处于江南旧有行政区划内,但肯定使建康人口大为增加,经济随之繁荣。有实际辖地的侨郡、侨县,对建康的发展自能产生更大的影响。

从区域发展的角度看,众多移民成为开发建康的新生力量。有专家考证,西晋末到南朝宋,南渡人口多达九十余万人,占东晋南朝人口总数的六分之一,仅建康及京口(今镇江)、晋陵(今常州)一带就安置了二十余万人。建康作为都城,移居于此的世家豪门尤多,而依附于这些世家豪门的族人,加上部曲、宾客、僮仆奴婢以至佃户,动辄数以千计,总数自然更大。到了南方以后,他们仍然像在家乡一样聚族而居,并且"占山护泽",形成一种特殊的群体。

当时建康地区,北方移民的数量已经与本地居民相当,尤其是都城之内和北部沿江地区,北方移民数量超过本地居民。同时,以统治阶层为代表的外来文化占据着社会主流文化地位,也使南京地区逐渐脱离吴文化区,转而趋向中原文化,语言、风俗等方面的改变尤为明显。聚居于秦淮河南的本地居民,也不能不受其影响。《世说新语》中就记录了江南土著欣羡北方文化的事实。

人是文化的基本载体。人群的流动自然导致文化的流动，不同文化碰撞融合，促进着社会的创新。相对于封闭、专制、单一性的文化形态，开放、宽容、多样性的移民城市，具有更大的竞争优势。东晋南朝时期南北交融、多方会聚，是南京地区形成文化多元特色的一个重要时期。

侨居与置产

陈寅恪在《述东晋王导之功业》一文中，分析南渡的北方侨民，大体分为三个层面：

其上层阶级为晋之皇室及洛阳之公卿士大夫，中层阶级亦为北方士族，但其政治、社会、文化地位不及聚集洛阳之士大夫集团，除少数人如徐澄之、臧琨等外（见《晋书》九一《儒林传·徐邈传》），大抵不以学术擅长，而用武勇擅战著称，下层阶级为长江以北地方低等士族及一般庶族，以地位卑下及实力薄弱，远不及前二者之故，遂不易南来避难，其人数亦因是较前二者为特少也。

同为侨民，在江南的现实处境也并不相同。

公卿士夫多集中于新都城建康，成为东晋王朝依赖的基本力量。不过，他们的族人和家园产业，不可能都安顿在人口已经密集的建康，也难以在吴地士族强盛的吴郡（今苏州）插足，所以多选择了浙东会稽郡。即如王、谢这样的士族领袖，后人因了刘禹锡一句"旧时王谢堂前燕，飞入寻常百姓家"，往往误认为王、谢两大家族都聚居建康。其实两家固然有子弟住在乌衣巷，但家族产业主要在会稽，出仕前和卸任后亦多在彼隐居。所以才会有王羲之兰亭书序、谢安东山再起的佳话流传。南渡侨人在会稽兴修水利，开垦湖田，土质肥沃且便于灌溉，宜于水稻生长，而耕作技术的改进和粪肥的使用，都促进了农业生产的发展。会稽成为东晋的经济腹地，晋元帝曾将其比拟为西晋时的关中。

上层士族在江南"占山护泽"，其规模虽不及北方之宏大，但也非常人所能想象。谢灵运洋洋万言的《山居赋》，描绘自谢玄起其家族三代经营的始宁墅，南北长约四十里，东西宽十余里，名山胜水，奇花异树，飞禽走兽，难以尽举。《宋书·谢弘微传》载，谢安之孙谢混因与刘毅图谋不轨被杀，其妻晋陵公主也被迫改嫁，"以混家事委之弘微……弘微经纪生业，事若在公，一钱、尺帛出入，皆有文簿"，九年后"室宇修整，仓廪充盈，门徒业使，不异平日，田畴垦辟，有加于旧"，晋陵公主去世时"资财钜万，园宅十余所"，"奴僮犹有数百人"。《宋书·沈庆之传》记沈庆之"居清明门外，有宅四所"。《宋书·孔季恭传》载其子孔灵符：

自丹阳出为会稽太守，寻加豫章王子尚抚军长史。灵符家本丰，产业甚广。又于永兴立墅，周回三十三里，水陆地二百六十五顷，含带二山，又有果园九处。为有司所纠，诏原之。而灵符答对不实，坐以免官。后复旧官……

占据大量土地被揭发出来，皇帝下诏赦免他，只因为他不据实对答才罢了他的官。也就是说，经济问题再大都可以宽恕，但对皇帝不诚实必须处罚。东晋至南朝宋初，朝廷虽屡有禁止"燔山封水""占山护泽"的诏令，但法不治众，难收实效。宋孝武帝曾颁布"占山格"，但直到南朝齐仍未能完全解决。《梁书·顾宪之传》载，竟陵王萧子良"于宣城、临城、定陵三县界立屯，封山泽数百里，禁民樵采"，经顾宪之劝说，才不再禁止百姓砍柴。

南迁的中层士族数量最大，他们既无能力与东吴士族和南渡上层士族相竞争，多选择距建康不远而地广人稀的京口（今镇江）、晋陵（今常州）一带立足，所以东晋王朝在京口设置侨州徐州，至南朝宋称南徐州。《宋书·州郡志》载：

晋永嘉大乱，幽、冀、青、并、兖州及徐州之淮北流民，相率过淮，亦有过江在晋陵郡界者。晋成帝咸和四年，司空郗鉴又徙流民之在淮南者于晋陵诸县，其徙过江南及留在江北者，并立侨郡、县以司牧之。

晋安帝义熙七年（411年）"始分淮北为北徐，淮南犹为徐州。后又以幽、冀合徐，青、并合兖。武帝永初二年，加徐州曰南徐，而淮北但曰徐"。宋文帝元嘉八年（431年）以"江南为南徐州，治京口，割扬州之晋陵、兖州之九郡侨在江南者属焉，故南徐州备有徐、兖、幽、冀、青、并、扬七州郡邑"，成为举足轻重的侨州。更重要的是，聚居在这一带的北方移民多"武勇擅战"，即史籍所称北府兵，屡屡以战功崛起。南朝宋、齐的开国皇帝，都是由此出身。

侨人的特权

《隋书·食货志》记载："晋自中原丧乱，元帝寓居江左，百姓之自拔南奔者，并谓之侨人。皆取旧壤之名，侨立郡、县，往往散居，无有土著。"侨郡、侨县多无实土，移民虽在侨县登记户籍，居住却分散在各地，难以管理。

居留建康的世家豪族，不但本身免除赋役，而且可以庇护一大批人。《隋书·食货志》载："都下人多为诸王公贵人左右、佃客、典计、衣食客之类，皆无课役。"朝廷虽有明确规定，"官品第一第二，佃客无过四十户，第三品三十五户"，以下依次递减，至"第九品五户"，"其佃谷皆与大家量分"。典计、衣食客亦按品级各有定数，每户最多不过三人。实际上远超出这个标准。如《晋书·陶淡传》载，陶侃之孙陶淡"家累千金，僮客百数"。《宋书·蔡兴宗传》，其虽出身庶族，但身居高位后"门徒、义附，并三吴勇士，宅内奴僮，人有数百"。《梁书·沈众传》载，侯景围攻台城时，沈众得梁武帝允许，"率宗族、义附五千余人入援京邑"。《宋书·武帝本纪》载："晋自中兴以来，治纲大弛，权门并兼，强弱相凌。百姓流离，不得保其产业。"东晋政权需要豪门的支持，遂任由其霸凌百姓。农民因不堪重负，日趋贫困，不得已，纷纷投奔豪门，成为义附、部曲、僮客、家奴。周谷城《中国政治史》中说："富者尝招纳贫者，为之生产；贫者尝投奔富者，以图托命。贫者借富者的保护，富者借贫者的劳力，互相维系，造成一种秩序"，"东汉末年和三国两晋南北朝时代，贫者投奔富者的风气特别发达。在这时贫富分化已到了极端，贫者的生存方法以此为最便捷"。

汉、晋以来的"送故"陋习，至此大为兴盛。《晋书·范宁传》载："方镇去官，皆割精兵器仗，以为送故。米布之属，不可称计"，"送兵多者至有千余家，少者数十户，既力入私门，复资官廪布。兵役既竭，枉服良人，牵引无端，以相充补"。郡守以至县令离任，不但将部属带走，甚至军队士兵也成为送行的礼物。社会劳动力流入私门，国家又不得不另行征兵。沈宁说，即使是功勋之臣，也已得到了国家的封赏，"岂应封外复置吏兵乎？"，并指出其性质与兼并相同，"非力不足以厚身，非禄不足以富家，是得之有由，而用之无节"，虽有规定以三年为期，但人性的贪婪没有止境，往往超过三年。周一良《魏晋南北朝史札记》中说："此种送故制度，反映当时封建人身依附关系强烈，实是豪门大族与政府争夺劳力、荫庇民户之一种方式。"南朝送故风气仍盛，但转以送钱财为主，未见再送吏兵。

东晋王朝流寓江南，"恢复中原"遥遥无期，南渡侨人的状况已发生很大的变化。他们初到江南时并无产业，但居处日久，其中的高官贵族既有免税特权，又兼并土地，强占山水，隐匿户口。下层也通过开垦荒地等途径取得一定土地，成为自耕农，且无须像江南原住民那样承担赋税。因为南渡人口数量巨大，定居后往往与原住民发生利益冲突，以致影响到黄籍居民的赋税交纳，对国家财政收入更为不利。

为了改变这一状况，东晋南朝一再实行"土断"，目的就是将居民无论原住民还是南迁侨人，都按照实际居住地编定户籍，以此征收赋税，取消侨人的优待，也避免世家大族隐匿人口。其前提，一是划定郡、县疆界，撤销一些侨郡、侨县，同时从原有郡、县中划出一部分土地作为侨郡、侨县的实土，并理顺隶属关系，二是清查户口，将豪强隐匿的劳动力和逃亡农民清查出来，增加国家赋役来源。土断的目的虽然明确，但实现并非易事，一再受到贵族豪强的种种阻挠抵制，所以东晋南朝前后竟实行了约十次土断。

晋成帝咸和年间，第一次实行土断。此次土断记载不多，《陈书·高祖本纪》中记载，"咸和中土断，故为长城人"，陈霸先的先祖陈康在这次土断中被编入吴兴县长城里户籍。正因为此，陈后主降隋后才会被封为长城公。

《晋书·成帝纪》载，咸康七年（341年）再行土断，"实编户，王公已下皆正土断白籍"，诏命为王公以下的南迁侨民建立户籍。但许多侨民不愿意在江南入籍，仍期待收复中原，重归故土。朝廷只好将户籍分为两种，江南本土居民为"黄籍"，须按规定交赋税与服劳役。不愿在江南入籍的北方移民称为"浮浪人"，其户口为临时性的"白籍"，没有明确的赋税标准，称为"乐输"，愿交多少就交多少，往往低于正常的赋税率。

晋哀帝兴宁二年（364年）由权臣桓温主持的"庚戌土断"，是比较严厉的一次。其时桓温两次北伐获胜，正处在权力上升的势头上，他裁并大量侨置郡、县，将白籍与黄籍统一编户入册，取消白籍侨人的优待政策。面对世家士族的抵制，桓温杀鸡吓猴，将隐匿五户人口的彭城王司马玄逮捕，交付廷尉治罪，因此土断得以顺利推行。随着国家控制的户口增加，税源和兵源也都相应增加，还得到了黄籍土著的拥护。然而桓温篡权不成，在宁康元年（373年）去世，他所推行的政策也被废除。

刘裕推行土断

为了应对豪强兼并大量土地的形势，晋成帝咸和五年（330年）改变按户征收赋税的政策，实行度田收租制，规定征收每亩收成的十分之一。但此法受到豪强抵制，欠税不交，积欠至五十余万斛。晋孝武帝太元元年（376 年），谢安为缓和社会矛盾，改为"口税法"，又称"按丁税米"，即按成年男子计税，王公以下，无论士族、庶民，一律按丁纳税，每丁三斛，服兵役者可免税。此举相对减轻了农民的负担，提高了发展生产和开垦荒地的积极性，也解决了兵源不足的难题。淝水之战和北伐的胜利，都是得益于此。《晋书·食货志》载，太元末年，"天下无事，时和年丰，百姓乐业，谷帛殷阜，几乎家给人足矣"。但东晋的成丁年龄是十六岁，远低于汉代的二十三岁，也低于隋代的十八岁、唐代的二十一岁。税额后又增至五石（一斛等于一石），此外还要加禄米二石，共计每丁七石。农民负担仍高于汉、唐。

如此反反复复，直到东晋晚期，土断问题仍未能得到彻底解决。《晋书·范宁传》记载，孝武帝时范宁议论时政："自古分土割境，以益百姓之心，圣王作制，籍无黄、白之别。昔中原丧乱，流寓江左，庶有旋反之期，故许其挟注本郡。"籍分黄、白原是一种权宜之计，指望着短期内能重返中原，然而经过几十年的定居江南，南渡侨人的状况已经大为变化："自尔渐久，人安其业，丘垄坟柏，皆已成行，虽无本邦之名，而有安土之实。"人们安居乐业，先人坟墓上的树都已成行，所以"今宜正其封疆，以土断人户，明考课之科，修闾伍之法"，并且引经据典，论证"随世迁移"自古有之，迁到哪里就归入哪里的户籍，为什么今天就不能这样做呢。

孝武帝虽然赞成他的意见，并没有采取有力措施。直到晋安帝义熙八、九年（412、413 年），刘裕以"杂居流寓，闾伍弗修，王化所以未纯，民瘼所以犹在"，推行严厉的"义熙土断"，才有了进一步的成效。《宋书·武帝本纪》记载："会稽余姚虞亮复藏匿亡命千余人，公诛亮。"虞氏是会稽四大家族之一，对出身低微的刘裕不放在眼下，而刘裕也趁此机会打击高门士族，树立自己威望。虞氏遭此一劫的后果，是终刘宋一朝，没有一人成为高官。正是这一次土断的成功，使刘裕大得人心，也保证了财源与兵源，"财阜国丰"，为他取晋而代之奠定了经济基础和民意基础。

不过，义熙土断同样不彻底。《宋书·武帝本纪》："于是依界土断，唯徐、兖、青三州居晋陵者，不在断例。"保留徐、兖、青三州侨人的白籍不改，因为这是刘裕北府兵的根基所在。直到南朝宋政权巩固之后，宋文帝元嘉八年（431年）以后，才着手解决这三州的土断事宜。此后，由于陆续有新的南渡人口进入，江南黄籍人户也有迁往别地以图逃避赋役的情况，南朝齐、梁、陈都有过清查户籍的土断，但规模就比较小了。

　　士族豪强占山封水的问题，在宋孝武帝大明七年（464年）才得到切实处理。《宋书》卷五十四《羊玄保传附羊希传》载，羊希在宋孝武帝大明初年任尚书左丞，扬州刺史、西阳王刘子尚上书说，"燔山封水"虽然早有禁令，但豪门多不遵从，近年来愈演愈烈："富强者兼岭而占，贫弱者薪苏无托，至渔采之地亦又如兹。"这实在是治国的大害，为政者当严肃处理，根据以前的禁令和今天的实情，制定相应政策。官员查看此前的诏令，"占山护泽，强盗律论。赃一丈以上皆弃市"，将占山护泽者视为强盗，占一丈就处死。羊希认为这过于严刻，难以实施。而且为时既久，有些已经成为家族产业，强令剥夺，很可能引起怨恨抗拒。所以他重行制定了五条办法，"凡是山泽，先常燔燎种养竹木杂果为林芿，及陂湖江海鱼梁鳅鲎场，常加工修作者，听不追夺"，已作为产业经营的不追夺。又按官品高低规定所可占山亩数，从一、二品三顷到九品及百姓一顷。此前已占足额的不得再占。"有犯者，水土一尺以上，并计赃，按依盗律论"。

　　晋成帝咸康二年（336年）虽然颁布"壬辰诏书"，以死刑相威胁，但其时士族强势，致其沦为一纸虚文。宋武帝刘裕打击的豪强，在他去世后又有反复。宋孝武帝刘骏依靠地方武装和幕府寒士夺取天下，孝建初年即有诏令限制士族封山占水，但未能收效。此后他推行一系列政治变革，削弱士族权势，加强皇帝权威，直到大明七年（463年）才算确立了山泽产权管理制度"占山格"，促进了南方开发和经济发展。事实证明，经济变革必须与政治变革相辅相成，才能取得成果，得到保障。

第二节

六朝金粉

经济因商业而繁荣

"六朝金粉"一词，始见于元曲。无名氏《醉花阴·秋怀》中《古水仙子》一曲有"他、他、他，把六朝金粉收拾去，单、单、单，留下写恨几行书"。王实甫《西厢记》中《仙吕·混江龙》有句："香消了六朝金粉，清减了三楚精神。"后人常以之借喻明、清秦淮河畔的烟花奢靡，其本意则是形容六朝建康的绮丽繁华。

不过，具体讨论东晋南朝的经济状况，历来史家可谓众说纷纭、评价各异。吕思勉《两晋南北朝史》中说："东渡以后，荆、扬二州，农业大盛。此盖社会生计自然之演进，而政府之南迁，或亦有以促之也。"引《宋书·孔季恭传论》，说扬州的丹阳郡"地广野丰，民勤本业，一岁或稔，则数郡忘饥"，会稽郡"带海傍湖，良畴亦数十万顷，膏腴上地，亩直一金"。他又说其时商业也"随时而日盛"。周谷城《中国政治史》则说：

> 自两汉以后，直到东晋，以至宋、齐、梁、陈，私有土地制的畸形发展，从未间断过。……南朝方面，豪强兼并之风仍继续发展。凡可耕之田，及山泽之利，多被豪强占去。地主的封建势力，凶不可挡，贫民几无以为生。

《宫崎市定中国史·总论》中说：

> 根据以往的历史观，中世是古代没落之后出现的黑暗时代。但近来发现，人类的文化在中世也取得了扎实的进步，因而对中世重新进行定位，将其视作比古代发展阶段更高社会的想法逐渐得势。

他还认为："人类智慧和文化的进步，与经济情况的改善并不一定是一致的。中世虽然有中世的进步，但在经济上却是退步和恶化的时代。"

其时文化确有进步，并不等于经济也有相应发展。

钱穆《中国经济史》中指出：

南朝是金粉世界，较意大利中古时期之大城市出色。当时可派官员到安南，二万斛大商船可直达成都。但仍为中国人所看不起，称其为黑暗时期，因为，这是站在儒家和老庄思想的观念来批评历史的。其实，南朝在生活及文化上是相当有趣味的。比起西方文化，有过之而无不及。

文中的"中国人"，实指中原人。钱穆的立论与宫崎市定正好相反，他认为：

南朝之所以不受世人重视，主要乃在政治上、制度上、人格上及社会各方面。在经济上而言，南朝是相当富庶。南朝经济旺盛，主要不靠农业，乃靠商业。

观察同一时期经济状况，会得出截然相反的结论，是因为双方的评判标准不同。东晋南朝时期，长江流域社会较北方为安定，经济发展亦相对稳定，而后世所说的"六朝金粉"，主要体现为商业的繁盛。沈约在《宋书·孔琳之传论》中说到当时社会上弃农从商的情况：

昏作役苦，故稼人去而从商，商子事逸，末业流而浸广。泉货所通，非复始造之意。于是竞收罕至之珍，远蓄未名之货，明珠翠羽，无足而驰，丝罽文犀，飞不待翼。天下荡荡，咸以弃本为事。

务农劳苦，经商利大，农民多转业经商。从中国重农轻商的传统观念出发，自然会得出经济衰退的结论。沈约的意见是停用货币以抑制交换，将大家赶回去种田，"驱一世之民，反耕桑之路"，这在实践中是行不通的。《南史·循吏·郭祖深传》载："今商旅转繁，游食转众，耕夫日少，杼轴日空。"《隋书·地理志下》也做了客观评判："丹阳旧京所在，人物本盛。小人率多商贩，君子资于官禄。市廛列肆，埒于二京，人杂五方，故俗颇相类。"南京地区市场的繁盛不亚于长安和洛阳，商人在市民中占有相当高的比例，且不乏外来移民。

建康里坊与商街

《商贸繁盛长干里》一节中，讲述从越城北到凤台山东再到秦淮北、冶城东的商业街市发展脉络。在六朝建康，这种商业街市的发展，对于传统里坊制形成了相当大的冲击。

里坊制的历史，几乎可以追溯到中国城市形成的源头。据文献记载，周代城市即已实行闾里制。天子王城附近的"郊区",居民组织方式是五户为"比"、五"比"为"闾",稍远的"甸区"则是五户为"邻"、五"邻"为"里"。两者合称王畿。今天尚在使用的郊区、邻里、比邻等词,即源于此。这种组织形式,与田制、军制、赋税制等密切关联,使政府管理工作简单划一。

闾里的周围都设有围墙,实际上成为一种城中之城,围墙内大致相等的方块土地,被称为"里"或"坊"。里、坊的门开向大街,但居民住宅只能把门开在坊内的巷里。能向大街开门的,在汉代只有万户侯的府第,在唐代只有三品以上的大官或者寺庙。唐代以前,坊门的管理非常严格,每天夜间都要关闭,禁止通行,以限制居民行动,加强防卫。《考工记》中载有周代王城闾里示意图,从平面上看去很像魔方的侧面,这当然只是理想化的城市模型。比较典型的是唐代长安城图,那百余个里坊排列规矩严整,街道纵横平直,轴线对称,显示出雄浑厚重的气派。

这种布局不仅影响着后世的中国都市,甚至影响到日本京都的建设。京都营建之时,正是日本遣唐使往来两国的高峰,所以新京都完全仿照唐都城格局,以皇宫前南北干道朱雀路为中轴,西部的右京称长安,东部的左京称洛阳。因右京地势低洼建设迟缓,左京成为京都的主体,江户时期幕府将军上京都朝见天皇,仍习称为上洛。

宋代以后,随着商业和手工业的发展,打破里、坊围墙开设店铺的事不断发生,很有点像20世纪八九十年代的"破墙开店"风潮。政府不得不做出让步,城市里坊管理体制也就逐渐被街巷制所取代。从封闭走向开放,是社会发展的重大进步。但帝王和官员们在城市规划中,只要自然条件许可,仍然会仿效古代都城这种规范化的格局。北京古城至今还能依稀看出方格式规划的痕迹。21世纪初"老城改造"中出现的封闭式住宅小区,恰恰又像从街巷退回为里坊,在街区形式与管理方式上,都属于一种倒退。

南京城市早期里坊的状况,与中原城市里坊不尽相同,有着明显的个性:一是分布不规则,二是形态不规整,三是管理不规范。其原因,一则在南京地区,承载经济功能的"市",即居民区与商业区形成在前,而承载政治、军事功能的"城"建设在后。一则"市"的形成又受到丘陵、水网地区自然地理条件的制约,必须依山建房、沿水辟街,随形就势,难以方正。

在城市形态中，作为政治权力象征的"城"，有明确的指导思想与规范，可以说是统治者按照自己意志强加给这块土地的。基于经济发展形成的"市"，则具有自然生长的形态。在农业生产达到一定的发达程度，剩余产品转化为商品和手工业原料，商业与手工业具有一定的规模，形成相对稳定的经营区域后，"市"便出现了。

长干里，即这样的"市"。

城市并不是"城"与"市"的机械组合，"市"与"城"的关系，不决定于其位置在"城"内还是在"城"外，而决定于它与"城"是不是构成一个统一体。东吴建都，建业城是在军事据点基础上发展而成的政治中心，对于千百年间逐渐形成的长干里居民商业区，无力甚或无意加以规范，只以大市对长干里商区进行有效管理。东晋建都后，建康城内虽有里坊设置，同样没能改变原有居民区的散乱格局，新设里坊也未能如中原都市那样做到环绕皇城、规格齐整。

《世说新语·言语》中有一个小故事：

宣武移镇南州，制街衢平直。人谓王东亭曰："丞相初营建康，无所因承，而制置纡曲，方此为劣。"东亭曰："此丞相乃所以为巧。江左地促，不如中国。若使阡陌条畅，则一览而尽，故纡余委曲，若不可测。"

桓温在南州（今当涂）建造了平直的街衢，有人对王导的孙子王珣说，你祖父当初营造建康城，没有可以仿照的样板，街道纡曲，比不上桓温的规划。王珣辩解说，这正是王导的巧妙啊。江南地面狭小，没有中原那样宏阔，如果道路笔直，就让人一览无余了。所以王导故意设置成"纡余委曲"的形式，便显得深不可测。王珣巧言维护祖父，然而并没有说到点子上。王导在西晋时已成重臣，自会了解中原都城规制，不存在"无所因承"的问题。事实上建康城承袭了中原都城的礼制规范，"纡余委曲"的实是秦淮河两岸居民区，它并非出于王导规划，而是顺应南京自然地理条件，在数百年间自然形成的。

因秦淮河常生水患，居民不得不选择近水台地置业，也就是山冈间的"干"，所以只能依山就势，难求规整平直。"纡余委曲"的街道还有一个好处，就是保暖，使冬日的寒风不易畅行肆虐。在南京生活过的人都很清楚，南京是个夏季酷热、冬季严寒的城市，冬日寒风之烈不亚于北方，所以这种街区格局能够长期延续。

今天已经无法看到六朝里坊的实况。但比较一下中国地图上犬牙交错的省界与美国地图上几何线条的州界，就可以大致了解，这种自然形成的居民区域，与规划之下形成的行政区域，会有多么大的差别。

东晋南朝建康的里坊管理，也没有中原都市那样严格。从前代史志中所能看到的里坊数，只有二十个左右，而各书记载的市场数就有十几个，不能排除有些里坊与市场混为一体或难以区分。市场的管理与里坊的管理是不一样的。《世说新语·规箴》中有这样一个故事。晋元帝时，廷尉张闿住在小市，私自做了里巷门，关得早开得晚，使做生意的商户大为不便。由此可见，这小市原来虽有围墙，但没有门禁，或者因成为小市而废除了门禁。商户们到州府去告状，甚至到朝廷去击鼓鸣冤，各级政府都不受理。这似不能简单地归为官官相护，而是因为居民里坊设置门禁，夜闭晨开，是政府的规定。司空贺循是率先辅佐晋元帝的江南士族领袖之一，既了解建康商市的情况，说话又够分量，所以众人向他诉说。听说贺循要干预，张闿不得不拆掉了巷门。贺循见到张闿，婉转解释，这本不关他的事，但想到贺家与张家的世代交情，不免为他的声名惋惜。张闿也装糊涂，说百姓的意见他本不知道，现在已经把门拆掉了。一面是法规，一面是民情，张闿尽管于法有据，但难免舆情谴责，家族声名受损。而编纂《世说新语》的刘义庆，对于张闿拆除里门是持赞赏态度的。

溯江涉海估客乐

建康的商业繁盛，主要不在于城市内部的交易，更重要的是对外贸易，跨江而北，溯江而西，南取交、广之异物，甚而"直挂云帆济沧海"，北上辽东半岛、朝鲜半岛以至日本，南下东南亚和南亚。秦淮河入江口的石头津，在战争期间固为兵家所必争，但在更为长久的和平时期，则是重要的交通枢纽和商用良港。

其时南北对峙，战事频繁，但各朝之间仍有商贸往来。《资治通鉴·晋纪》载，后赵王石勒写信给东晋将领祖逖，"求通使及互市。逖不报书，而听其互市，收利十倍"。祖逖的策略是只做不说，将主动权抓在自己手里。南朝齐武帝萧赜登基前，游历长江中游襄樊一带，常听到《估客乐》的歌唱，永明年间他试作二首，但不合曲调，伶人无法歌唱，遂召诗僧释宝月另作。释宝月先作二首，表现楚地商人妇思夫之情，反映了当时商贾纷纷前往扬州经商的现实：

郎作十里行，侬作九里送。
拔侬头上钗，与郎资路用。

有信数寄书，无信心相忆。
莫作瓶落井，一去无消息。

释宝月后又续作二首，似为一问一答的形式：
大艑珂峨头，何处发扬州。
借问艑上郎，见侬所欢不？

初发扬州时，船出平津泊。
五两如竹林，何处相寻博。

妇人问扬州来的贾客，有没有见到自己的郎君，商人回答说，从扬州出发时，港口的船桅像竹林一样，没办法互相问讯啊。五两，古代航船系于桅杆顶端的测风扇，因用五两鸡毛制成而得名。"五两如竹林"，形象地描绘出石头津船桅的密集。

据《晋书·五行志》记载，晋安帝元兴三年（404年）二月，"涛水入石头，商旅方舟万计，漂败流断，骸胔相望"，虽然是灾难记录，但印证了石头津停泊商船数量之巨。

石头津既是重要的交通口岸，也就成为税关的所在地。当时建康都城"西有石头津，东有方山津"，各设置津主一人，贼曹一人，直水五人，其职责，一方面是检查违禁物品及逃亡叛变的人员，另一方面是对过境的各种商品，征收十分之一的关税，作为官府财政收入。东路方山津所管理的，是沿秦淮河流域而来的船只，即使来自吴（今苏州）、会（今绍兴），也是本国内地，所载多生产、生活物资，没有什么违禁品，检查工作相对简单。石头津管理的不但有长江上、下游往来的船只，而且有敌国以至海外贸易船只，面广量大，情况复杂，检查相对严格，工作十分繁重，所征收的税金也更多。

此外，东晋南朝对商品交易另征收百分之四的交易税，其中卖家承担百分之三，买家承担百分之一。因为税率不高，所以激发了民间从商的积极性。加上盐、铁官营，酒专卖，商业收入成为国家的重要财源。钱穆《中国经济史》中说：

南朝田租，征收困难。收租首要在调查户口，但户口混乱，查核不易。桓帝时虽竭力调查，仍无结果。"土断政策"推进亦不易。国家税收遂以商业为主，官僚商业尤为发达。

豪门和侨人免税的特权，导致农业赋税难以征收，政府不得不以商业税作为补充，也就提高了发展商业的积极性。这是东晋以降江南商业繁荣的重要因素。

石头津既是建康都城商品集散的重要门户，也是对外交往的重要窗口。东晋南朝对外交往远过于东吴时期，不仅有大量海外商船进出交易，而且迎来了许多外国使臣。仅据正史统计，六朝时期来到建康的就有二十多个国家和地区的一百多批使臣，除向中国购求佛教和儒家经典外，还聘请中国的学者、高僧、工匠、画师去外国。南朝宋疆域远达今越南中部一带，与东南亚诸国及印度洋关系密切。据日本文献记载，宋泰始年间，雄略天皇派使者赴建康朝贡，返国时不但带去纺织品，而且有"织缝女工"。当时自建康输出的货物主要是丝织品、陶瓷、铜镜、铁制农具、金银器及各种工艺品。此外还有茶叶。《三国志·吴志·韦曜传》记后主孙皓设宴，不管酒量大小每人要喝七升，韦曜连二升都喝不了，孙皓对他特别照顾，"常为裁减，或密赐茶荈以当酒"。这是以茶为饮料的确切记载。由东魏杨炫之《洛阳伽蓝记》中描绘的"茶、酪之争"，可见茶饮风习从江南传到北方的时间，不会晚于南朝梁。日本流传饮茶源于达摩禅定，同样也是南朝梁时故事。

海外输入建康的商品，有琉璃器皿、鹦鹉螺杯、金刚指环、佛像、象牙、犀角、珍珠、古贝、珊瑚、玳瑁、木棉、香料、檀香木，以至狮子、大象、犀牛、鸵鸟、孔雀等珍禽异兽。诚如《宋书·夷蛮传》所言："商货所资，或出交部，泛海陵波，因风远至。又重峻参差，氏众非一，殊名诡号，种别类殊，山琛水宝，由兹自出，通犀翠羽之珍，蛇珠火布之异，千名万品，并世主之所虚心，故舟舶继路，商使交属"，"未名之宝，入充府实"。

联系最密切的朝鲜半岛，高句丽使臣到访建康不下三十次，并多次贡献战马，仅宋元嘉十六年（439年）一次就多达八百匹。百济使臣到访也有十余次。《南史·萧子云传》载，齐高帝之子萧子云书学钟繇、王羲之：

百济国使人至建邺求书，逢子云为郡，维舟将发。使人于渚次候之，望船三十许步，行拜行前。子云遣问之，答曰："侍中尺牍之美，远流海外。今日所求,唯在名迹。"子云乃为停船三日,书三十纸与之,获金货数百万。

南朝亦多次派遣使臣前往朝鲜半岛,授予高句丽王征东大将军称号,授予百济王镇东大将军称号。

东晋义熙至南朝宋昇明七十余年间,倭国(今日本)遣使朝贡就有十次,宋帝多次授予倭王封号和安东大将军称号。日本习称六朝中国为吴,日语中常见以吴命名的词汇,如吴织、吴服、吴音、吴乐、吴桥、吴竹、吴牛等,东渡的中国移民被称作吴人,而吴人的定居地称作吴原,可见吴文化在日本文化中的深远影响。南朝齐、梁亦曾赐予倭王爵号。南朝梁时的对外交往规模超迈前代,《梁书·诸夷传》的记载也更为详备。梁武帝普通三年(522年)司马达去倭国,建造精舍崇佛,是佛教进入日本的最早记载。

东晋南朝与东南亚、南海诸国也常相往来。东晋时扶南国(今柬埔寨)两次进贡驯象,南朝时扶南使节到建康不下十五次。梁大同五年(539年),扶南国派使者到建康献生犀,并且宣传该国有佛的头发,长一丈二尺,崇佛的梁武帝十分高兴,当即派沙门释云宝随使者到扶南国去迎取佛发。他还聘请扶南高僧前来讲经传法,在建康建立译经道场扶南馆。此外还有远处南海的干陁利国、狼牙修国、婆利国等地使者前来建康。

西域波斯萨珊王朝时传入中国的有翼兽石雕艺术,影响了南朝陵墓石刻的创作。梁思成在《中国雕塑史》中肯定:

考古艺术以石狮为门卫者,古巴比伦及阿比西亚皆有之。……中国六朝石兽之为波斯石狮之子孙,殆无疑义。所未晓者,则其流传之路径及程序耳。至此以后,狮子之在中国,遂自渐成一派,与其他各国不同,其形制日新月异。

朱希祖在《六朝陵墓调查报告·序》中写道:

一物之微,考其制作,各有其历史之根据,文化之渊源。例如六朝陵墓之神道石柱、天禄、辟邪,一经考古者详为考核,精为比较,则与希腊、波斯、印度之文化,颇有息息相关。

朱偰在《建康兰陵六朝陵墓图考》中说:

六朝陵墓建筑,最引起人注意者,厥为希腊式之石柱及古代美索不达米亚(Mesopotamia)地方亚述(Assyria)式有翼石兽。……考此种作风,中国未之前有，或传自希腊，或来自西亚，亦未可知。

滕固在《六朝陵墓石迹述略》中说："梁代石柱上承汉制又或掺以波斯和印度的风尚，所以显示出分外的华美和装饰上的技巧。"他们是能以广阔视野探究六朝石刻的先行者。简而言之，经西域传入中原的有翼石兽，经印度传入中国的希腊多立克石柱，流传过程中与中国本土艺术交融、演化，最终形成南朝陵墓石刻的风格。

梁朝皇帝画家萧绎画有《职贡图》，画面中有滑国、波斯、百济、龟兹、倭国、狼牙修等数十国使臣形象，是当时与海外交往的直观反映，也是现存职贡图中时代最早的一种。南宋郑樵《通志·图谱略》记载有"梁元帝二十八图《职贡图》"，可见其时尚存二十八国，现仅存十二国。《职贡图》中的图像和题记，成为《梁书·诸夷传》的重要材料来源。此外，《晋书》有《四夷传》，《宋书》有《夷蛮传》，《南齐书》有《蛮东南夷列传》，记载了当时对海外各国政治、经济、文化、风俗的了解，尤以《梁书·诸夷传》为后世所重。

当年建康居民，对洋人和异物习以为常，且常模拟外国人形貌制作日常器具、手工艺品。六朝青瓷器和陶俑中，皆出现过外国人物造像，这是当时与海外交往的切实反映。双方通过贸易互通有无，不仅满足南朝统治者的享乐需要，也丰富了建康市民的物质和精神生活，开阔了他们的视野，促进了商业经济与手工业技艺的发展。建康商人与海外商人的平等交往、互利贸易，是可贵的开放姿态。

造船业的发达

六朝金粉，商业兴盛，与当时手工业的发达是分不开的。

最为突出的是造船业。"南船北马"，船是江南的重要交通工具，从行军作战到商贸往来、旅人出行，都离不开船。南京地区造船的传统悠远，早在青铜文化初期，湖熟人就能够越过宽阔的长江，抵达六合、扬州，可见其造船与航行能力。《太平御览》卷七百七十引《吴历》："少帝于宫内作小舡三百余艘，饰以金银，师工昼夜不息。"东吴建业宫中就能造出几百艘装饰华丽的船来。东晋庾阐《扬都赋》里写道：

西岨石城，则舟车之所混并，东尽金塘，则方驾之所连箱。其中则有龙甿华屋，晨凫之舸，青雀飞舻，舣艎鼓栧，鹢首铺于黄宫，盘蛟缠于赤马。

石头津是"舟车混并"的水陆交通枢纽，各种船舰都汇聚于此。《初学记·器用部》引南朝陶季直《京邦记》："《西巡记》曰：'宋孝武度六合，龙舟翔凤以下，三千四十五艘。舟航之盛，三代二京无比。'"孝武帝北征战舰多达三千余艘，可见当时的造船产业规模。《颜氏家训》有言："昔在江南，不信有千人毡帐，及来河北，不信有二万斛船。皆实验也。"当时已有载重二万斛（一斛等于十斗）的大船。而重在速度的快船，一船所用棹手可多达百人。祖冲之设计制造的"千里船"，一天能行百余里。南朝宋夏侯弼《吴都赋》描绘"严严舡舻，泛泛杨舟，权河高峙，风骇云浮，坚壁金扶，有若高楼"，大船上建楼可达数层。《释名》载：船上"屋曰庐，像庐舍也。其上重屋曰飞庐，在上故曰飞也。又在其上曰爵室，于中候望如鸟爵之警视也。"船楼达三重，所以能令人生"风骇云浮"之感。《初学记》又引《义熙起居注》："卢循新作八槽舰九枚，起四层，高十余丈连营。《缮令》曰，诸私家不得有战舰等舡。"八槽舰是世界上最早的船用水密舱技术，将船体分隔成八个互不相通的船舱，即使其中一个漏水，也不会导致船只沉没。同时水密舱的隔板加强了船体横向结构强度，并为采用多桅、多帆提供了可能。西方有意识地采用水密舱装置已是18世纪。朝廷下令禁止私家制造战舰，可见当时民间造船技术水平也已很高。到了隋代，朝廷更将这种大船视为威胁，以没收入官来加以控制。《隋书·高祖纪下》：

　　（开皇）十八年春正月辛丑，诏曰：吴越之人，往承弊俗，所在之处，私造大船，因相聚结，致有侵害。其江南诸州人，间有船长三丈已上，悉括入官。

　　六朝航运技术还有一项重大进步，即船帆的使用。有了帆就可以借助风力航行，比单纯依靠人力行船更为便利。江河行船多为一船一帆，如前文说到顾恺之借官府船帆的故事。海船已有四帆，《南州异物志》说到四帆的运用："不正前向，皆使邪移相聚，以取风吹。"通过调整船帆的角度，即使不是顺风也能向前航行。有的大船多达七帆，如逢季风，一个月左右就能从建康抵达大秦国（罗马帝国）。

　　军用与商用船只之外，六朝时期，常有人以船为屋，就住在船上。《世说新语》中留下了不少与"船居"相关的故事。

　　《世说新语·文学》中记载，张凭被举为孝廉，从苏州来到建康，去拜访丹阳尹刘惔，相谈甚欢，留宿在刘府。次日早晨张凭回船不久，刘即派人"觅张孝廉船"。《世说新语·赏誉》中说,曾雄踞凉州的张天锡初到建康,"犹在渚住",就有人去拜访他。《世说新语·德行》载:

周镇罢临川郡,还都,未及上住,泊青溪渚。王丞相往看之。时夏月,暴雨卒至,舫至狭小,而又大漏,殆无复坐处。王曰:"胡威之清,何以过此。"即启用为吴兴郡。

临川郡守周镇任满回建康,还没来得及上岸居住,丞相王导就到小船上去看他,结果淋了一场雨,认为西晋有名的清官胡威也无过于此,当即委任他到富庶的吴兴去当郡守。这是初到建康的人住在船上。

《世说新语·文学》载:

袁虎少贫,尝为人佣载运租。谢镇西经船行,其夜清风朗月,闻江渚间估客船上有咏诗声,甚有情致,所诵五言,又其所未尝闻,叹美不能已,即遣委曲讯问,乃是袁自咏其所作《咏史》诗。因此相要,大相赏得。

袁虎为佣,就住在商人船上,镇西将军谢尚乘船经过江边洲渚,听到他咏诗,意外地发现了人才。袁虎,即"倚马可待"的袁宏。《世说新语·政事》载:"谢公时,兵厮逋亡,多近窜南塘下诸舫中。或欲求一时搜索,谢公不许,云:'若不容置此辈,何以为京都?'"谢安执政时,逃亡的兵士和仆佣多隐匿在南塘一带船中,因船舶流动性大,不易被发现。有人要求同时行动大搜捕,谢安不同意,认为京师要有包容之量,为政宜从宽。这些人当是长住在船上的了。

又有装饰华丽的游船,专供帝王贵族、文人雅士乘坐出游。《宋书·少帝纪》载少帝"夕游天渊池,即龙舟而寝",龙舟上有帝王寝处之室。《梁书·陆云公传》载:"天渊池新制鯿鱼舟,形阔而短,高祖暇日,常泛此舟,在朝唯引太常刘之遴、国子祭酒到溉、右卫硃异,云公时年位尚轻,亦预焉。"梁武帝常和心腹亲信泛舟游华林园天渊池。《梁书·昭明太子传》中记其"尝泛舟后池"。《南史·昭明太子传》说萧统所乘是上有雕饰的"雕文舸"。

《世说新语·任诞》中记载了王徽之泊船青溪岸邀桓伊吹笛故事,这个故事很有名,还留下了邀笛步的古迹。《南史·羊侃传》:"初赴衡州,于两艦舳,起三间通梁水斋,饰以珠玉,加之锦缋,盛设帷屏,陈列女乐,乘潮解缆,临波置酒,缘塘傍水,观者填咽。"羊侃居然在船上建起了一个游宴之所。《世说新语·任诞》载:

温太真位未高时,屡与扬州、淮中估客樗蒲,与辄不竞。尝一过大输物,戏屈,无因得反。与庾亮善,于舫中大唤亮曰:"卿可赎我!"庾即送直,然后得还。经此数四。

估客们不但住在船上,还在船上开赌场。输了钱的人被扣在船上,无处可逃,只能等人拿钱来赎。

六朝建康发达的造船业,提升了南京人溯江泛海、往来商贸的能力,也打开了南京人的视野。而六朝南京的海洋情怀,又为隋、唐长安与海外各国的友好交往,奠定了良好的基础。

百工昌盛

建安四年(199年),孙策和周瑜袭取庐江皖城,得到原属袁术的百工和鼓吹、部曲三万余人。所谓百工,就是各行业的手工业者。当时中原的手工业水平相对高于南京地区,这样一大批手工业者来到东吴,也将北方的手工业技艺带到了建业。永安六年(263年),交趾郡太守孙谞"科郡上手工千余人送建业",又将南方的手工业技艺带入了建业。南、北手工艺的交流与互补,显然是大有利于发展的因素。

东吴宫内已有专门的纺织宫女。《三国志·吴志·陆凯传》载陆凯谏后主疏,其中提到孙权时"后宫列女及诸织络,数不满百",孙权死后,会稽王和景帝在位时,"闻织络及诸徒坐乃有千数",增加了十几倍。陆凯认为这是宫廷奢侈的表现,但也从侧面反映出纺织业的兴盛。

东晋义熙十三年(417年),刘裕北伐攻占长安灭掉后秦,迁关中百工于建康,并设立专门的织锦机构——斗场锦署。《太平御览》卷八百一十五引《丹阳记》:"斗场锦署,平关右,迁其百工也。"这是南京手工业发展史上又一大事件。长安久为帝都,汇聚全国各地能工巧匠,是技艺传承的重地。南北交融,兼收并蓄,建康的手工业应该也达到了较高的水准。

东晋南朝时对各种手工业,都已设置专门的管理职官。《宋书·百官志》载,有"左尚方令、丞各一人,右尚方令、丞各一人","并掌造军器",大致相当于汉代的考工令,"主作御刀、绶剑诸玩好器物",主要制作宫廷用兵器及玩赏器物。又有"东冶令一人、丞一人,南冶令一人、丞一人","掌工徒鼓铸"。都城之外,地方郡县有冶铸业的,"或置冶令,或置丞,多是吴所置",说明江南冶铸业在东吴已发展到相当规模。当时的冶铸能力已相当强,《梁书·康绚传》载,梁武帝时"堰淮水以灌寿阳",筑长堤拦截淮水去淹魏军,不能合龙,"或谓江、淮多有蛟,能乘风雨,决坏崖岸,其性恶铁。因是引东、西二冶铁器,大则釜、鬵,小则锄、锄,数千万斤,沉于堰所",一时竟能筹集数千万斤铁器。由此可知其冶铸器具不仅限于官方所用的礼器或兵器,也有大量民用农具,以满足农业生产需要。冶铜、铸钱技艺也有发展,下有专文另说。又有"平准令一人、丞一人,掌染",染业的兴盛与纺织业密切相关。又有"将作大匠一人、丞一人,掌土木之役",及"材官将军一人、司马一人,主工匠土木之事",也都是东晋就有的职官。《南齐书·百官志》中,除上述各官,又增设了"锻署丞一人"。《建康实录》卷八载,晋哀帝兴宁二年,"诏移陶官于淮水北,遂以南岸窑处之地施僧慧力,造瓦官寺"。可知时有管理砖瓦陶器烧造的陶官。在南京考古中经常发现的六朝青瓷器皿,则不是本地生产,来自浙江越窑、江西洪州窑、湖南湘阴窑等不同窑口,可能还有出自两广地区的。《六朝事迹编类》引《舆地志》又有纸官署:"宋永初中旧立,齐高帝于此造银光纸。"

东晋南朝,正是纸张取代简牍、绢素的转折时期,其间固然有思想意识的转变,但基础一定是纸张质量与产量的提高。造纸术是中华民族引以为自豪的发明之一,据文献记载始于东汉,但是东汉的纸还比较粗糙,主要用于物品包装,不宜于书写,只有买不起绢素的人才会使用。《北堂书钞》载有东汉后期崔瑗写给葛元南的信:"今送《许子》十卷,贫不及素,但以纸耳。"崔瑗虽是书香世家,又擅书法,家境并不宽裕,但用纸抄书给朋友,也要特别加以说明。《三国志·魏志·文帝纪》裴松之注引胡冲《吴历》:"帝以素书所著《典论》及诗赋饷孙权,又以纸写一通与张昭。"魏文帝曹丕抄写自己的得意之作给东吴君臣,给张昭的可以用纸,给孙权的必须用绢素。直到东晋,官方的正式文书仍然使用木简。成语"入木三分"典出张怀瓘《书断·王羲之》:"晋帝时祭北郊,更祝版,工人削之,笔入木三分。"祭神的祝文用木版书写,隔年更换祝文,须削去先前文字,发现王羲之书写的墨迹深入木中。

造纸技术进入江南,应该不会晚于东吴。晋时纸张质量与产量都已足以保证书写使用。大量生产的麻纸质地坚韧,晋人染以黄檗汁防蠹,故称"硬黄纸"。当时人没有桌椅,席地而坐,往往左手持纸,右手秉笔,故以纸张较硬为方便。裴启《语林》载:"王右军为会稽内史,谢公就乞笺纸。库中唯有九万枚，悉与之。桓宣武云：'逸少不节。'"会稽下辖剡溪有古藤可造纸，见张华《博物志》："剡溪古藤甚多，可造纸，故即名纸为剡藤。"王羲之能举库存九万枚送人，可见藤纸产量之大，而成本相应也会比较低。纸以"枚"称，是因为当时技术限制，纸张尺幅都较小，长约二尺，宽不逾尺。

有些研究者认为其时纸张贵重，只能供应朝廷，不能普及民间，实则相反，是有条件的人不接受黄麻纸。王隐《晋书·刘卞传》载：刘卞到洛阳入太学，通过试《经》，被定为乡品四品。中正手下的访问以一鹿车黄纸命他抄书，刘卞拒绝，说："刘卞非为人写黄纸者也。"访问大怒，告到中正那里，把刘卞的乡品降低为六品，只能担任尚书令吏。徐坚《初学记·纸》引东晋秘书丞虞预《请秘府纸表》："秘府中有布纸三万余枚，不任写御书而无所给。愚欲请四百枚付著作史，书写起居注。"布纸不能写诏旨，没什么用，他想要一些做记事纸。又引崔鸿《前燕录》："慕容儁三年，广义将军岷山公黄纸上表。儁曰：'吾名号未异于前，何宜便尔？自今但可白纸称疏。'"前燕开国皇帝慕容儁认为用黄纸写呈文是对朝廷的简慢。前燕元玺三年（354年），与虞预时代相近。

《太平御览·文部》载："范宁教曰：'土纸不可以作文书，皆令用藤角纸。'"这已经是东晋后期，质量更高的纸，可以用来写作公文。藤角纸，即藤纸，纸质较麻纸好，据说当时销售到中原洛阳、长安。《初学记》引晋张敞《东宫旧事》："皇太子初拜，给缥、红纸各一百枚。"又引《桓玄伪事》："诏命平准作青、赤、缥、绿、桃花纸，使极精，令速作之。"平准令本掌管染丝绢事宜，此时也负责染纸，既能"速作"，可见技术已很成熟。

也就是桓玄，改变了公文必须用简帛的规定。他在篡晋称帝后下诏："古无纸，故用简，非主于敬也。今诸用简者，皆以黄纸代之。"古人用简，是因为没有纸，并不表示用简就显得敬重，所以明确提出以黄纸代木简。这种随时代进步的思想是值得肯定的。晚清机器印刷取代雕版印刷，当代电子读物替代纸本读物，都有人不愿接受，其思维方式还不及桓玄。不过桓玄很快就被推翻，这一诏命未必能得到落实。简、帛完全被纸取代，当是南北朝时期的事了。

东晋南朝的造纸技术已经相当普及，不少文人能自己造纸。沈约《宋书》载曾任建康令的张永故事：

永涉猎书史，能为文章，善隶书，晓音律，骑射杂艺，触类兼善，又有巧思，益为太祖所知。纸及墨皆自营造。上每得永表启，辄执玩咨嗟，自叹供御者了不及也。

张永造纸质量超过了专供皇室使用的纸张。元嘉二十三年（446年）扩建华林园就是由他主持。

为文人雅士所喜爱的花笺，很可能即肇始于南朝。南朝文学家徐陵在《玉台新咏序》中，曾提到以"河北、胶东之纸"制作的"五色花笺"。梁江洪有《为传建康咏红笺》诗：

杂彩何足奇，唯红偏作可。
灼烁类蕖开，轻明似霞破。
镂质卷芳脂，裁花承百和。
且传别离心，复是相思里。
不值情牵人，岂识风流座。

于彩笺中尤推重红笺。前述陈后主命张丽华等八妃嫔"襞彩笺制五言诗"，也是一例。有人认为花笺的出现可能早到东晋，宋代高承在《事物纪原》中引前《桓玄伪事》"玄令平准所作青、赤、缥、绿、桃花纸"，说这就是花笺，只是当时尚没有花笺之名。

第三节
"富贵在钱"

腰缠十万贯

南朝梁殷芸《小说》中收录了一个小故事:

有客相从,各言所志,或愿为扬州刺史,或愿多赀财,或愿骑鹤上升。其一人曰:"腰缠十万贯,骑鹤上扬州。"欲兼三者。

六朝扬州是京师所在,扬州刺史可以参与朝廷重要事务,若非皇族,即是重臣,常常就由丞相兼任,可谓"一人之下,万人之上",所以作为高官的代称。多财不用解释。骑鹤升天是仙人的形象。几个人一块儿谈理想,升官、发财、得道成仙,最后一个人总而言之,道"腰缠十万贯,骑鹤上扬州"。这两句话遂成了千古名言,不断为诗人所吟咏,现在还被扬州人引为骄傲。其实这故事与今天的扬州无关。东吴以来,扬州刺史治所即在建业(今南京),两晋南朝相沿不变。直到唐武德八年(625年),才最终将扬州治所迁离南京,移往广陵(今扬州)。

殷芸奉梁武帝的旨意编撰这部《小说》,以琐言和逸事为主,兼及地理、杂记、别传等。此书在明初已散佚,现在可见的都是后人辑本。"骑鹤上扬州"故事被列在《吴、蜀人》一卷的末尾,孙皓故事之后,未必妥当。这故事的主人公固然没有明显的时代标志,但仙人骑鹤的故事,最早见于南朝祖冲之《述异记》:

荀瑰字叔玮,事母孝,好属文及道术,潜栖却粒。尝东游,憩江夏黄鹤楼上,望西南有物飘然,降自霄汉,俄顷已至,乃驾鹤之宾也。鹤止户侧,仙者就席,羽衣虹裳,宾主欢对。已而辞去,跨鹤腾空,眇然烟灭。

又《南齐书》卷十五载:"夏口城据黄鹄矶,世传仙人子安乘黄鹄过此上也。"后世有关仙人骑鹤传说多由此敷演而成。由此可见,"骑鹤上升"成为一种社会理想,当是晋、宋以降的事情。扬州刺史权倾当朝固是东晋史事,但晋成帝时新建的宫殿,还只能用草帘充当墙壁,建康趋于繁华,也要到东晋中期。《晋书·谢混传》载:"元帝始镇建业,公私窘罄,每得一豚,以为珍膳。项上一脔尤美,辄以荐帝,群下未尝敢食,于时呼为'禁脔'。"北方人本以羊肉为美,江南少羊,只能以猪代。难得杀一头猪,猪头肉一定要留给晋元帝,如此没有油水的城市,必不会为人所向往。

"腰缠十万贯,骑鹤上扬州。"多财的仙人还要飞往扬州,反映的正是东晋后期以至南朝的社会意识形态。

六朝时期,是中国历史上继汉开唐的一个重要过渡时期。这一论断,就文化角度而言,容易为人接受,从经济角度说,则难免引起疑问。因为后人对于六朝社会,往往有着某种程度的误解,以为"六朝烟水"间人,都"口不言阿堵物",是不食人间烟火之辈。连江户时期的日本诗人大沼枕山也写出这样的诗:

未甘冷淡作生涯,月榭花台发兴奇。

一种风流吾最爱,南朝人物晚唐诗。

实则明人何良俊《语林》中就已指出,被作为六朝士人风习标本的《世说新语》,其记事择言"以玄虚简远为宗旨,失之偏颇,范围亦狭"——就算它说的都是真话,也绝不是社会的全貌。

即如被视为东晋士人领袖的王导,就颇善于营销。《晋书·王导传》载:

时帑藏空竭,库中惟有练数千端,鬻之不售,而国用不给。导患之,乃与朝贤俱制练布单衣,于是士人翕然竞服之,练遂踊贵,乃令主者出卖,端至一金。

本来卖不掉的白绢,做成单衣,朝中权贵一穿,遂成时尚,价格高涨。所以说,那种盲目崇尚"玄虚简远"的心理,恰恰反映了文化人面对商品经济和拜金主义大潮的消极与无奈。东晋干宝《搜神记》中有一个"青蚨还钱"的故事,说:

汉时南方有虫,其形如蝉而大,其子著草叶如蚕种。得子以归,则母飞来就之。杀其母,以血涂八十一文,又以其子涂八十一文,凡市物,或先用子,皆复飞归,循环无已,故淮南子术,以之还钱,名曰青蚨。

取母虫的血涂在八十一枚钱币上，再取幼虫血涂在另八十一枚钱币上，然后将涂了母血的钱留在家里，用涂了子血的钱去买东西，这些用掉的钱一定会飞回来，据说这是当年淮南子的法术。这种神话，实际上是商品经济的一种镜像，反映了在商品交换中，以最小付出换取最大利润的幻想。

干宝时代的这一幻想，在南北朝时成为现实。因为从帝王到平民对佛教的崇信，供奉的香火钱积为雄厚资产，佛寺有足够的流动资金可以借贷给他人，遂经营质库，即堪称现代金融业鼻祖的典当业。人们急需用钱时，可以各种物品质押贷款，到期归还本息。《南齐书·褚澄传》载：

渊薨，澄以钱万一千就招提寺赎太祖所赐渊白貂坐褥，坏作裘及缨。又赎渊介帻、犀导及渊常所乘黄牛。永明元年，为御史中丞袁彖所奏，免官禁锢，见原。

南朝齐开国元老褚渊去世后，其弟褚澄以钱赎回他向招提寺典当的物品，不但有貂褥、犀导，而且有黄牛。这是中国典当业有准确年代可考的最早纪录。寺庙以母金生子息，有如"青蚨还钱"。所以寺庙质库在唐代称无尽藏院，宋代称长生库。出家人尚且如此牟利，更不用说在家的俗人了。

后世关于魏晋风流的大量文字，都未免带着过于强烈的文化浪漫色彩。

君子爱财

《隋书·地理志下》说建康君子"资于官禄"，不过"资于官禄"的君子并非不参与商业活动。秦汉以来"士农工商"的位序，视农业为本、商业为末的观念，在六朝虽仍被视为正统，朝廷也时有"崇本抑末"之令，但国家财政对商业的依赖，使其兴盛之势无可阻挡，士人以至王公贵胄参与商业经营也成常态。

早在东吴时期，从三吴地区长途运输政府和军队所需物资供应都城时，就允许、鼓励官员和军人参与商贸活动，以补充都城的物资不足。南朝时对于军人和士人贩运商品仍不抽关税。官员任职期间经商屡禁不绝，尤其是堪比一方诸侯的各州刺史，更是依势发财。《资治通鉴·晋纪》载，晋成帝时江州刺史刘胤"矜豪日甚，专务商贩，殖财百万"。《宋书·文九王传》载，晋平王、荆州刺史刘休祐放高利贷，"以短钱一百赋民，田登，就求白米一斛，米粒皆令彻白，如有破折者，悉删简不受。民间籴此米一升一百。至时又不受米，评米责钱"。借给百姓一百钱，到秋收要还一斛米，而且要求米粒洁白，不能破损。民间卖这样的米一升就要一百钱，而一斛是一百升。到了百姓还米时，他又不收米了，按照这米的市价让百姓还钱，也就是一万钱。"凡诸求利，皆悉如此"。

《宋书·少帝传》载："时帝于华林园为列肆，亲自酤卖。"皇帝在华林园中摆摊做生意，虽有游戏性质，也可反映当时风习。《宋书·沈怀文传》载：

（豫章王刘子尚等）诸皇子皆置邸舍，逐什一之利，为患遍天下。怀文又言之曰："列肆贩卖，古人所非。故卜式明不雨之田，弘羊受致旱之责。若以用度不充、顿止为难者，故宜量加减省。"不听。

宋孝武帝的儿子们都经商牟利，沈怀文引古人之例，认为像卜式、桑弘羊那样追求商业利益会给国家带来灾难，钱不够用应该减省开支。但皇帝不听。《宋书·谢庄传》载，孝武帝登基之初，"欲弘宣风则，下节俭诏书"。谢庄向皇帝进言：

诏云："贵戚竞利，兴货廛肆者，悉皆禁制。"此实允惬民听。其中若有犯违，则应依制裁纠。若废法申恩，便为令有所屈。此处分伏愿深思。无缘明诏既下，而声实乖爽。

诏书所说深得民心，但应该落到实处，违法必究，不能说得好听，言行不一。他并且强调"大臣在禄位者，尤不宜与民争利"。此事可能就与沈怀文所言相关。

《宋书·邓琬传》载，邓琬父子贪吝过甚，"使奴仆出市道贩卖"，命奴仆到街道上贩卖货物以牟利。《宋书·孔觊传》载，他的弟弟孔道存、堂弟孔徽在外做官，某年相约请假东归，"辎重十余船，皆是绵、绢、纸、席之属"，带了十几船当地特产转卖。孔觊让他们把货物都搬上岸，一把火烧了，教训他们说："你们既然身为士族，怎么还能做商人呢！"后来孔道存接替孔觊任江夏（今武昌）内史，得知江东大旱，京城米贵，担心孔觊没饭吃，派属吏"载五百斛米饷之"。孔觊说：我在那里三年，离任的时候，连路上吃的干粮都没有着落，他去了没多久，哪里来的这么多米？坚持让属吏把米带回去。文章意在表彰孔觊的廉洁，但他连弟弟都管不住，自更难挽当时的世风。

他们只能用文字鼓吹品格境界,如《世说新语·德行》载:"管宁、华歆共园中锄菜,见地有片金,管挥锄与瓦石不异,华捉而掷去之。"以此判两人优劣,认为管宁的品格高于华歆。又如《世说新语·雅量》载:

祖士少好财,阮遥集好屐,并恒自经营。同是一累,而未判其得失。人有诣祖,见料视财物,客至,屏当未尽,余两小簏,著背后,倾身障之,意未能平。或有诣阮,见自吹火蜡屐,因叹曰:"未知一生当著几量屐。"神色闲畅。于是胜负始分。

祖约、阮孚同样为身外之物所累,阮孚能从中得人生无常之感悟,时人由此评定人物优劣,可见其标准不在于对物的占有与否,而在于对物的态度,亦即精神境界。

六朝官僚,不乏商人出身。《南史》列传载南朝宋重臣戴法兴出身贫苦,"少卖葛山阴市"。南朝梁金紫光禄大夫傅昭,十一岁时曾随外祖"于朱雀航卖历日"。官至御史中丞的王僧孺"幼贫,其母鬻纱布以自业,尝携僧孺至市,道遇中丞卤簿,驱迫坠沟中"。朝中权贵以至皇族同样热衷于聚财。《南史·萧宏传》载,梁武帝之弟萧宏,"性爱钱,百万一聚,黄榜标之,千万一库,悬一紫标。如此三十余间"。由于钱库深藏密锁,被人误以为是武器库,怀疑他要造反,小报告打到皇帝那里。梁武帝也很紧张,当即找了个由头跑来查看,结果不是兵器而是钱。一向节俭的梁武帝忍不住叹息:"老弟,你的日子过得很不错呀!"武帝的小儿子萧综,因此作了一篇《钱愚论》,讥刺这位敛财成性的叔叔。

南朝齐东昏侯的故事,各史籍都有记载,最详细的是《南史·齐本纪下》:

于苑中立店肆,模大市,日游市中,杂所货物,与宫人、阉竖共为裨贩。以潘妃为市令,自为市吏录事,将斗者就潘妃罚之。帝小有得失,潘则与杖。……又开渠立埭,躬自引船,埭上设店,坐而屠肉。于时百姓歌云:"阅武堂,种杨柳,至尊屠肉,潘妃酤酒。"

潘妃出身于市井小贩家,东昏侯将阅武堂改建成芳乐苑,在苑中模仿建康大市开设市场,并设置市场管理机构。《南史·恩倖传》载,东昏侯与宠臣茹法珍等到潘妃父亲家中,"帝躬自汲水,助厨人作膳,为市中杂语以为谐谑"。论者多以此为东昏侯荒淫之证。然而,东昏侯登基时才十六岁,还是个大孩子,被杀时也只有十九岁。他久居深宫,因口吃不愿与别人交流,不明世事,听潘妃说市井趣闻,遂对商市经营产生浓烈的兴趣，喜欢出宫游玩，其实也是当时社会商业兴盛的一种反映。南朝陈后主，人们只记得他写了《玉树后庭花》，其实他也写过《估客乐》：

> 三江结俦侣，万里不辞遥。
>
> 恒随鹢首舫，屡逐鸡鸣潮。

这排场一看就不是普通商贾。

西晋人鲁褒写过一篇《钱神论》，假托一个有钱的司空公子，在京城市上遇见头发斑白、空手而行的綦母先生，听说他要去拜访贵人谋取进身之道，却打算"以清谈为筐篚，以机神为币帛"，便讥笑这位綦母先生"遗剑刻舟，胶柱调瑟"，不懂得顺应时势，现在已经到了"死生无命，富贵在钱"的时代了。鲁褒借题发挥，说钱"难朽像寿，不匮像道，故能长久，为世神宝，亲之如兄，字曰孔方。失之则贫弱，得之则富昌，无翼而飞，无足而走"，"京邑衣冠，疲劳讲肆，厌闻清谈，对之睡寐，见我家兄，莫不惊视。钱之所佑，吉无不利，何必读书，然后富贵"。

这篇八百余字的《钱神论》，实际上是一篇文学作品，在经济学并没有提出什么新见。司马迁在《史记·货殖列传》中已说过："'天下熙熙，皆为利来；天下攘攘，皆为利往。'夫千乘之王，万家之侯，百室之君，尚犹患贫，而况匹夫编户之民乎。"然而《钱神论》中对钱币作用的描述，对中国人金钱观的描述，一千七百年来，影响之大，罕得其匹。文中创造的"孔方兄"这个新词，演化成的"钱能通神""有钱能使鬼推磨"这些俗语，沿用至今不废。唐人李峤诗云："九府五铢世上珍，鲁褒曾咏道通神，劝君觅得须知足，虽解荣人也辱人。"宋人黄山谷自叹贫困说"孔方兄有绝交书"，都是由此化出。

《钱神论》中所讽刺的拜金主义，到了东晋南朝时期，成为典型的恰恰是高官显贵。

《世说新语·俭啬》中，记述了六个人物的俭啬故事，无一不是高门贵族。最突出的是王戎，"司徒王戎既贵且富，区宅、僮牧、膏田、水碓之属，洛下无比。契疏鞅掌，每与夫人烛下散筹算计"，刘孝标注引《晋阳秋》："戎多殖财贿，常若不足"。"王戎俭吝，其从子婚，与一单衣，后更责之"，"王戎女适裴頠，贷钱数万。女归，戎色不悦。女遽还钱，乃释然"，"王戎有好李，卖之，恐人得其种，恒钻其核"。王家李树上结的李子很好吃，他卖李子时定要把核钻坏，唯恐别人得了种子去种，以后他的李子卖不出好价钱。无独有偶，官至中书令的和峤家有好李树，他的几个弟弟在园中吃李子，他都要按核收钱。无论这些故事是不是确实，都体现了当时人对待财富的态度。同时学者杜预说和峤有"钱癖"。南朝梁宗懔编撰的《荆楚岁时记》中，记牛郎织女故事，说"牵牛娶织女，借天帝二万钱下礼，久不还，被驱在营室中"，所以夫妇每年只能在七月七日相会一次。这当是牛郎织女故事的本来面目，不知道故事中天帝的原型，会不会就是王戎。今人多熟悉《欧也妮·葛朗台》，不知道巴尔扎克在描写老葛朗台时，是不是读到过这些中国古代纪事。

王戎的身份非同寻常，他不仅是西晋末年高官，琅琊王氏的领袖，而且是"竹林七贤"之一，也即东晋南朝以至历代士人崇仰敬慕的偶像。这些故事肯定不是刘义庆的编造，因为此前东晋王隐《晋书》中已有记载。房玄龄《晋书·王戎传》中，还提到王戎的财富来源问题："南郡太守刘肇赂戎筒中细布五十端，为司隶所纠，以知而未纳，故得不坐。然议者尤之。"南郡太守的行贿被发现，王戎虽未受牵连，但未被发现的贿赂一定会有，故而引发朝中非议。皇帝出面为他辩解都没有用。

刘义庆重述这些生动的故事，并不是跟王戎过不去，而是因为这样的思想行为已成风气。即如东晋官至司空的郗愔，《世说新语·俭啬》记载其"大聚敛，有钱数千万"，连他的儿子郗超都不以为然。一天早晨郗超去请安，与父亲说到钱财的事。郗愔说，你不过是想要我的钱罢了，"乃开库一日，令任意用。郗公始正谓损数百万许，嘉宾遂一日乞与亲友，周旋略尽。郗公闻之，惊怪不能已已。"本以为郗超不过用个几百万钱吧，哪知郗超将所有的钱都分给了亲友，令郗愔骇怪不已。

王戎的堂弟王衍，同是西晋末年重臣、玄学清谈领袖，更是东晋立国的最初谋划者。《世说新语》中着力营造他的清廉形象，然而又不得不写出其夫人郭氏的贪鄙。《世说新语·规箴》中与王衍相关的记载有三条，其一说："王夷甫雅尚玄远，常嫉其妇贪浊，口未尝言钱字。妇欲试之，令婢以钱绕床，不得行。夷甫晨起，见钱阂行，呼婢曰：'举却阿堵物。'"刘孝标注引《晋阳秋》："夷甫善施舍，父时有假贷者，皆与，焚券，未尝谋货利之事。"又引王隐《晋书》："夷甫求富贵得富贵，资财山积，用不能消，安须问钱乎。而世以不问为高，不亦惑乎。"无须过问，钱财已多到用不完，王衍的"口不言钱"，并不能证明他的为人高洁。王隐的见识显然高出一头。

其二说："王夷甫妇，郭泰宁女，才拙而性刚，聚敛无厌，干豫人事。夷甫患之而不能禁。"位极人臣的王衍，能够洞察一切、治理大国，却管不了一个夫人？夫人强势，多依仗娘家为后援，郭夫人之父官不过七品，但她与贾皇后算是中表姊妹，仅凭这一层关系，王衍真要想管，也没有什么"不能禁"。自己以"雅尚玄远"出镜，放任夫人干政、收受贿赂，真相败露了朝夫人头上一推，是中国历来圣君贤士的惯伎。

其三说：王平子年十四五，见王夷甫妻郭氏贪，欲令婢路上儋粪。平子谏之，并言诸不可。郭大怒，谓平子曰："昔夫人临终，以小郎嘱新妇，不以新妇嘱小郎。"急捉衣裾，将与杖。平子饶力，争得脱，逾窗而走。

郭氏命婢女到大路上拾粪，王衍的弟弟王澄劝阻，并说起嫂嫂的种种不是。郭氏大怒，说婆婆去世时嘱托她管教小叔子，而不是让小叔子管教嫂子，扯住衣襟举杖要打，王澄挣脱，跳窗逃走。

有趣的是，粪便常常被作为财富的象征。东晋时的名士殷浩，不仅留下了"咄咄书空"这个成语，还留下了一句名言。《晋书·殷浩传》载，有人问殷浩："将莅官而梦棺，将得财而梦粪，何也？"殷浩回答："官本臭腐，故将得官而梦尸。钱本粪土，故将得钱而梦秽。"后世的释梦者，索性就以梦到粪便作为发财的征兆。无独有偶，古罗马皇帝韦斯帕西安曾下令征收厕所税，连他儿子都说，以这种名义收税太臭了，他却说："金钱没有臭味！"金钱不管通过什么途径得来，都有同样的效用。与六朝知识分子的假惺惺相比，那样一种堂而皇之，反而令人无言以对。

拜金主义两面观

鲁褒的身世已没有人能说得清，通常认为他是一位避世的隐士，《晋书》将他归入《隐逸传》中。可以肯定，若没有这篇《钱神论》，他在历史上就不会留下什么痕迹。

一千二百年后，西方戏剧大师莎士比亚在《雅典的泰门》一剧中，借悲剧人物泰门之口对黄金进行讽刺，许多词句几乎就是《钱神论》的诗化：

金，黄的，光泽的，宝贵的金，有了它，黑的会变白，丑的会变美，邪的会变正，贱的会变贵，老的会变少，怯的会变勇……它可以在你旁边，引走你的牧师和仆人，把逞强者头下的枕头抽去。这个黄色的奴隶，会弥缝宗教，打破宗教，会向被诅咒者祝福，会使白癞者变为高人,揖盗贼入座,给他地位,给他跪拜,给他名誉,使他与元老院议员同坐……

莎士比亚未必读到过鲁褒的《钱神论》,时间与空间相隔如此遥远的两个人,会对金钱得到如此相近的认识,原因只有一个,那就是无论古今中外,金钱的本质都是相同的。马克思曾多次引用泰门的这段独白,并且引出如下结论:"正如商品的一切质的差别在货币上消灭了一样,货币作为激进的平均主义者,把一切的差别都消灭了。"套用一句名言,"在金钱面前人人平等"。

1912年伦敦出版英国汉学家翟理斯所编《华英字典》(增补版),其中关于钱的俗语,就有如下条目:"钱能通神""瞎子见钱,眼也开""和尚见钱,经也卖""有钱使得鬼推磨""无钱唤不得人来""用钱犹如水冲沙""火到猪头烂,钱到公事办""文籍虽满腹,不如一囊钱""有钱盖百丑""有钱道真语""有钱始作人""有钱堪出众""有钱高三辈""钱眼当枷戴""钱财如粪土""有钱难买亲生子""一文钱逼倒英雄汉""到处不用钱,到处惹人嫌"等。这位"老外"对于汉语词汇的把握,会让许多中国人自惭不如。而这些俗语生动地反映出钱对中国社会文化各个层面的深切影响。

正如每一枚钱币都有两面,金钱对于人类社会的作用也有两面。在莎士比亚的时代,金钱的这种"消灭功能",对驱逐中世纪的专制和愚昧起了推波助澜的作用。然而在鲁褒的时代,金钱的功能不但不会撼动专制统治,反而提升了统治者的聚敛欲望。如果说拜金主义在以求利为本能的商业人口间流行,尚属题中应有之义,那么,拜金主义在上层统治阶级中的盛行,则是毋庸置疑的腐败。

莎士比亚之后,马克思面对的是成熟的市场经济的种种弊端,因而提出社会主义作为解决的途径。而鲁褒之后的一千多年,中国的知识分子面对的,始终是金钱作用的消极一面,是崇奉拜金主义的统治阶层腐败,而不是经济发展对于社会的推进。所以他们总是过分强调金钱作用中的消极成分,不敢大张旗鼓、堂堂正正地追求财富,而试图以"洁身自好"或"愤世嫉俗"为标榜,拉开自己与拜金主义的距离。直到近现代,不但中国的市场经济严重落后,中国知识分子对市场经济的认识同样严重落后。清同治十一年(1872年)底,在商品经济最为发达的上海,《申报》上还登过一位文人所作的《孔方兄传》,文中说:

孔方兄所最恶者，仁义廉耻也，最喜者，奸刁巨滑也。见慷慨之徒则嫉之如仇，遇鄙吝之辈则麋之不去。交刻薄不交忠厚，交谄媚不交刚直。吾等多方钻刺，百计哄骗，遇懦弱者狐假虎威，逢显赫者奴颜婢膝，由是大得孔方兄之欢心，自源源而来矣。

比之鲁褒，可说毫无进步。比之敢于放言"腰缠十万贯，骑鹤上扬州"的南朝人物，尤不可以道里计。

正如马克思和列宁所说过的那样，中国受市场经济不发达之苦，要远远超过受市场经济发达之苦。

第四节

缤纷南朝钱

混乱的东晋币制

说到市场经济,不能不涉及货币制度和货币形态。然而,与东晋南朝商业繁盛相关联的,却是混乱的货币制度,甚至连要不要使用货币、货币应由官铸还是允许私铸,都成为问题。南北朝各家史书,除了《魏书》,干脆就没有《食货志》。就货币形态而言,这也是一个空前繁复的时期。按史家的说法,自汉武帝元狩五年(前118年)铸制五铢钱,到唐高祖武德四年(621年)铸制开元通宝,七百余年都属沿用五铢钱的时期。晋和南朝齐、梁、陈确曾铸制五铢钱,但是南朝宋、齐、梁、陈也都铸制过其他钱币。吕思勉《两晋南北朝史》中说:

晋南北朝,为币制紊乱之世,其所由然,则以钱不足用,官家乏铜,既不明于钱币之理,政事又不整饬,铸造多苟且之为,有时或且借以图利,私铸因之而起,遂至不可收拾矣。

这一时期的货币制度与钱币形态,也是一个难以收拾的话题。

西晋承续曹魏,使用五铢钱。《文献通考》卷八载:"晋用魏五铢钱,不闻有所更创。"东晋所用则是东吴旧钱和新铸沈郎钱,《晋书·食货志》记载:"元帝过江,用孙氏旧钱,轻重杂行,大者谓之比轮,中者谓之四文。吴兴沈充又铸小钱,谓之沈郎钱。钱既不多,由是稍贵。"钱币分为"比轮""四文""小钱"三等,似乎有规律可循,然而从古迄今,没人见过这几种钱文的钱币。"比轮"钱,《文献通考》只含糊为"孙氏旧钱",《通典》《通志》肯定是"孙氏赤乌旧钱",孙权赤乌年间所铸以大泉当千为多,但此钱有重至十余克的,有轻至三克的。至于赤乌年间流通的钱,名目就更多了。"四文"钱,有人认为此钱一枚当"小钱"四文,有人说是指钱文四个字的钱。彭信威《中国货币史》中说，南朝梁《顾烜钱谱》有太平四文钱和四文龟背钱的名目。《南齐书·祥瑞志》中有永明十年（492 年）"齐安郡民王摄掘地得四文大钱一万二千七百十枚，品制如一"的记载，可见当时确有将钱文四个字的钱简称"四文"的用法，只是从大泉五十、大泉五百到大泉五千，钱文都是四个字，而大小参差不同。只有"小钱"明确是沈郎钱，因为官、私史籍上都说到晋元帝时沈充曾在会稽大量铸钱，钱币史上有"沈郎五铢"的诨名，也有人说沈充还铸过半两钱。问题是"沈郎五铢"上并未铸出"沈郎"二字，在品类繁多的五铢钱中，难以判识。前人根据唐李贺诗句"榆荚相催不知数，沈郎青钱夹城路"和王建诗句"绿榆枝散沈郎钱"，断其必定薄小，于是将绍兴一带曾有出土的一种铜色发白、重不足二克、钱文简化为"五朱"的钱定为沈郎钱。不过，"五朱"钱中有相当精整美观的，且东汉墓中就曾出土过"五朱"钱，故也不能将"五朱"钱都定为沈郎钱。

东晋初年，因为物资匮乏，流通不畅，沿用旧钱尚能维持。待到经济恢复，商品流通增加，货币不足便导致物价持续下跌，旧称钱贵货贱，相当于现代的通货紧缩。政府不得不采取应对措施，找到的原因竟是南方少数民族将钱币改铸了铜鼓。孝武帝太元三年（378 年）有诏："广州夷人宝贵铜鼓，而州境素不出铜，闻官私贾人皆于此下，贪比轮钱斤两差重，以入广州，货与夷人，铸败作鼓。其重为禁制，得者科罪。"就算这是一个因素，也只能说是众多因素之一吧。钱穆《中国经济史》中分析，当时江苏、湖北、四川等地区都产铜，冶铜业亦已相当兴盛，常在矿区设炉冶炼。南方政权缺铜的原因，一是众多佛教寺庙需要大量铜佛、铜钟，耗铜量很大，二是受采矿技术限制，只能开采较浅矿藏，三是政府更重视铸制兵器所需的冶铁工业，对冶铜业有所忽视。其实还有两个原因他没有说到：一是豪门聚敛无度，使大量钱币闲置，不能进入流通领域。二是魏、晋一度废钱不用，民间多将钱币改铸成铜器，既可自用，也可用以交易谷、帛。

晋安帝元兴年间，桓玄辅政，打算废除钱币，改用谷、帛交易，以求解决货币不足的困难。西阁祭酒孔琳之不同意，他指出谷、帛的功能是"充衣食"，如果用其作为货币，必须搬运、割截，就会出现不必要的损耗。而且历史上有教训，投机取巧的人，将谷物浸湿以增加重量，织出的薄绢不能做衣裳，利之所在，严刑不能禁止。所以如曹魏司马芝所言"用钱非徒丰国，亦所以省刑"。况且"致富之道，实假于钱，一朝断之，便为弃物"，人们积累的财富都化为乌有，必然影响社会稳定。俗话说，"利不百，不易业"，没有百倍的利益，不要轻易改变职业。"圣王制无用之货，以通有用之财，既无毁败之费，又省运置之苦"，所以钱币才能长远流通，"今用钱之处，不以为贫，用谷之处，不以为富"，"救弊之术，无取于废钱"，何必改变人们已经形成的习惯呢。朝中众臣多赞同孔琳之的意见，废钱之议才没有付诸实行。

南朝宋钱币多变

宋武帝刘裕登基，仍然面临货币短缺的困难。《宋书·范泰传》记载，"时言事者多以钱货减少，国用不足，欲悉市民铜，更铸五铢钱"，打算收买民间全部铜器改铸五铢钱。国子祭酒范泰进谏："货存贸易，不在少多，昔日之贵，今者之贱，彼此共之，其揆一也。但令官民均通，则无患不足。"他认为货币多少不影响经济发展，国家的要务是发展作为根本的农业："百姓不足，君孰与足？未有民贫而国富、本不足而末有余者。"

退回到自给自足的农业经济中，减少手工业生产和商业往来，对于货币的需求自会降低。崇本抑末的理论虽然政治正确，但解决不了货币短缺的实际困难。换个角度说，正是因为东晋南朝商品经济发达，货币短缺才会成为巨大的社会问题。

宋文帝元嘉七年（430年）十月立钱署，铸制四铢钱。这是南朝的第一种铸币，其轮郭形式与五铢钱相同。

元嘉二十四年（447年）六月，有过一次币制改革，《宋书·文帝纪》《南史·宋本纪》均有记载："以货贵，制大钱，一当两。"这里的"货"不是指货物，而是指货币，币值高，却制造以一当二即币值更高的大钱，岂非南辕北辙？《宋书·何尚之传》记载此事比较明确：

先是患货重，铸四铢钱。民间颇盗铸，多剪凿古钱以取铜，上患之。二十四年，录尚书事、江夏王义恭建议，以一大钱当两，以防剪凿。议者多同。尚之议曰："伏鉴明命，欲改钱制，不劳采铸，其利自倍，实救弊之弘算，增货之良术。"

国家不费分毫，民间财富就能增加一倍。何尚之不相信有这等好事，他认为"凡创制改法，宜从民情，未有违众矫物而可久也"，违背民众意愿的变革一定不能持久,"若今制遂行,富人赀货自倍,贫者弥增其困",按照这个办法,有钱人的财富平空倍增,相应加剧了穷人的贫困程度。中领军沈演之则以为,"采铸久废,兼丧乱累仍","用弥广而货愈狭,加复竞窃剪凿,销毁滋繁,刑禁虽重,奸避方密","若以大钱当两,则国传难朽之宝,家赢一倍之利,不俟加宪,巧源自绝。施一令而众美兼,无兴造之费,莫盛于兹矣"。"不劳采铸""无兴造之费",意思很清楚,当时并没有另行铸制大钱,而是打算通过行政命令规定一个比价,将实重与名重相符的四铢和五铢钱作为"以一当二"的大钱,试图让民间停止剪凿。然而正如何尚之所预言的"公私交乱,争讼必起",到次年五月,就因为"公私非便","罢大钱当两",取消了这个比价。

孝建元年(454年)正月,铸孝建四铢,钱面上铸年号"孝建"二字,钱背铸"四铢"二字。孝建四铢初铸时重二点四克,但不久就减重,边廓平夷,文字不清,有的省去钱背四铢二字,最小的竟轻到零点五克。因为原料缺乏,孝建三年(456年)尚书右丞徐爰建议"以铜赎刑,随罚为品",犯罪的人可以用铜抵罪。孝武帝同意。据《宋书·颜竣传》载:

铸钱形式薄小,轮郭不成。于是民间盗铸者云起,杂以铅锡,并不牢固,又剪凿古钱以取其铜。钱转薄小,稍违官式,虽重制严刑,民、吏、官长坐免、死者相系,而盗铸者弥甚,百物腾贵,民人患苦之。乃立品格,薄小无轮郭者,悉加禁断。

没有轮郭的钱币,铸造大为简便,所以私铸成风,严禁不止。如大明四年(460年),吴兴太守顾琛因郡内剪凿钱铜及盗铸严重而免官。同在大明年间,武康县令刘亮捕杀境内盗铸钱币者不下千人。

始兴郡公沈庆之遂提议"听民铸钱",各郡、县设置钱署,凡愿意铸钱的人都安置在署内,按照官府提供的标准铸钱,每一万钱交官府三千,增加财政收入。几年后民间的铜都用完了,盗铸自然就停止了。孝武帝让众臣讨论,江夏王刘义恭、吏部尚书颜竣都认为不可行。又有人提议铸二铢钱,颜竣认为铸制薄小的钱币,"于官无解于乏,而奸巧大兴",对解决财政困难没有帮助,反而让私铸小钱的人得到机会,"不过一二年间,其弊不可复救"。

然而到前废帝即位,这两项举措竟都得以实施。《南史·宋本纪》载,永光元年(465年)二月,"铸二铢钱",同年八月改元景和,九月"开百姓铸钱"。这一年还有第三个年号,晋明帝泰始元年(465年)

十二月,"罢二铢钱",二年(466年)三月"罢新钱,专用古钱",新铸的几种钱币都被废除。

二铢钱历来有发现,但直到20世纪末,在重庆忠县刘宋墓考古中与四铢、孝建四铢、永光、景和等钱同时出土,才确认为前废帝所铸。虽然永光、景和是前废帝的年号,但史籍中并未说到铸制这两种钱币。景和钱始见于南朝梁顾烜《钱谱》:"宋中废帝景和元年铸,重二铢,文曰景和。其年还用古钱。"与景和钱形制相同的永光钱,因此也得以确认。

永光、景和钱重只有一克左右,直径约十六毫米,但面、背轮郭精整,文字笔画清晰,铸制水准较高。因铸制时间太短,薄小难以保存,现在成了钱币收藏家眼中的大珍品。

晋、宋以来币制的混乱,官铸的粗滥,导致民间盗铸的盛行。私铸与盗铸,成为平民百姓对抗统治者掠夺性经济政策的手段。尽管官方严刑重罚,也吓不退盗铸大军。朝廷正式开放民间铸钱后,钱币日趋薄小,名目之多,令人咋舌。《文献通考》卷八载:

官钱每出,人间即模效之,而大小厚薄皆不及也,无轮郭,不磨𨱆。如今之剪凿者,谓之"耒子",尤轻薄者谓之"荇叶",市井通用之。永光元年,沈庆之启通私铸,由是钱货乱败,一千钱长不盈三寸,大小称此,谓之"鹅眼钱",劣于此者谓之"綖环钱",入水不沉,随手破碎,市井不复断数,十万钱不盈一掬,斗米一万,商贾不行。

"綖环"钱的钱面窄如一线,又称"线环",当时有"风飘水浮"的描绘,说它"贯之以缕,入水不沉"。市面上收钱不再一枚枚数,而是用手抓,据说十万钱还不满一把。进入流通的古代钱币如五铢等,几乎全被剪凿破坏,一化为几,很少能看到完整的古钱。

梁武帝大铸铁钱

南朝齐代宋而立,缺钱、缺铜仍是大问题。《南齐书·高帝纪》载,齐高帝"后宫器物、栏槛以铜为饰者,皆改用铁"。建元四年(482年)奉朝请孔觊提出铸钱不可"惜铜、爱工"、偷工减料,被后世尊为"不易之论",而当时无从落实。《南齐书·武十七王传》载,永明四年(486年)竟陵王萧子良密报武帝:"泉铸岁远,类多剪凿,江东大钱,十不一在。公家所受,必须轮郭完全,遂买本一千,加子七百,犹求请无地。"官府收税只收轮郭完好的钱币,商民收买一千文这样的钱币,须付一千七百文，还不一定买得到，每被官府责打。所以当年下诏，扬州和徐州的户租，三分之二交布，三分之一交钱。以后各州户租"钱、帛相半，以为永制"。《南齐书·刘悛传》载，永明八年（490年）刘悛报告四川蒙山有铜矿，齐武帝派人到四川铸钱，"得千余万，功费多，乃止"。成本过高，得不偿失，只好停铸。后世钱币学家估计所铸是五铢钱，而且有"稚钱"或"雉钱"的名目，据说古人行射雉游戏时以这种钱做目标，现已无从分辨。

天监元年（502年）梁武帝立国，为了改变齐末的货币混乱局面，铸制了"天监五铢"和"公式女钱"。《隋书·食货志》载：

武帝乃铸钱，肉好周郭，文曰"五铢"，重如其文。而又别铸，除其肉郭，谓之女钱，二品并行。百姓或私以古钱交易，有直百五铢、五铢、女钱、太平百钱、定平一百、五铢稚钱、五铢对文等号，轻重不一。天子频下诏书，非新铸二种之钱并不许用，而趋利之徒私用转盛。

天监五铢的钱文并无"天监"二字，但它面、背皆有轮、郭，在五铢钱中是一个特例。汉代以来的五铢钱型制，都是钱面没有内郭。这种五铢的精整也是汉末以来所罕见，前辈钱币学家多怀疑其非梁钱，但近年在镇江出土的萧梁五铢钱范，证实其确为梁铸。

所谓"公式女钱"，要从"女钱"讲起。据说古人把厚重端庄的钱币称为"男钱"，轻小薄弱的钱币称为"女钱"。有人以为男钱特指王莽所铸的"布泉"，"妇人佩之，即生男也"，妇女佩带它可以生男孩，唐人段成式有诗曰："私带男钱压鬓低"。也有人说男钱指后赵石勒的"丰货"。女钱则指没有外郭的五铢，也就是被剪边取铜的五铢，较正常五铢要小一圈。梁时官方正式铸行没有外郭的五铢，故冠以"公式"的尊称。顾烜《钱谱》记载，天监五铢"径一寸，文曰五铢，重四铢三絫二黍，每百枚重一斤二两"，当时衡制，一斤合十六两，一两合二十四铢。公式女钱直径、重量皆同天监五铢，只是没有轮郭。梁武帝铸制这样两种钱币的目的，是统一币制，但不合规制的各种旧钱仍然无法禁绝，所以梁五铢也渐趋薄小。《南史·梁本纪中》载，普通四年（523年）十二月，"用给事中王子云议，始铸铁钱"。不知道王子云用什么理由，说动了梁武帝"尽罢铜钱，更铸铁钱"。

顾烜《钱谱》记载梁五铢铁钱型制："径一寸一分，文曰五铢，背文四出。"一寸一分约合今二十六毫米，但常见背四出铁五铢直径多在十八毫米上下，所以此说亦为研究者所怀疑。20世纪末，江、浙地区出土大批梁代铁钱，直径从十六毫米到二十六毫米不等，始证实顾烜之说不误。《钱谱》又说同时铸造了大吉五铢、大富五铢、大通五铢等铁钱。但迄今未见有此三种钱出土，传世大吉五铢、大富五铢仅见数枚，也难以确定是梁钱，很可能是后代藏家伪作。

铸制铁钱，因为原料易得，官方大量滥铸，民间也纷纷仿铸，废旧农具都被改铸成钱。没几年铁钱"遂如丘山"，"交易者以车载钱，不复计数，而惟论贯"（《隋书·食货志》）。一贯是一千文，从以文计量到以贯计量，等于贬值千倍。商人图利，竟以八十甚至七十文充一百文。中大同元年（546年），武帝下诏要求用足百钱，无人理会，至其末年竟有以三十五为一百的。梁武帝四次舍身佛寺，朝廷为其赎身，动辄一亿、两亿，用的就是这种铁钱。

梁朝末年还铸有三种新钱。梁武帝太清年间（547—549年）铸太清丰乐钱，因史无明证，前人争执不定。21世纪初在江苏一次出土数千枚，且似未曾使用，故可定为梁钱。梁元帝承圣年间（552—554年）铸"二柱五铢"，面文"五铢"，面穿上下各有一凸起的星号，故名为"二柱"，星号也有在钱背穿上下或左右的，此钱面无内郭，铜色昏暗，制作粗糙，却要当女钱十枚。梁敬帝太平二年（557年）铸"四柱五铢"，面穿上下有二星，背穿左右有二星，制作更为粗陋，而官方规定以一当女钱二十，但这个比价只维持了十三天，便改为一当十，仅仅四天以后，就又改为一当一了。

南朝钱币中，陈文帝天嘉三年（562年）所铸五铢钱与陈宣帝太建十一年（579年）所铸"太货六铢"钱是一个异数。面对梁末铁钱泛滥、杂钱混乱的局面，陈五铢十分精整，重达三点四克，接近标准的汉五铢，外郭粗壮，钱文篆法有明显特点，"五"字中间两划交笔平直，形如两个对顶等腰三角形，"铢"字的"朱"上部圆折且高出"金"字。"太货六铢"重约三克，初行时规定一当五铢钱十，引起普遍不满，不久只得改为与五铢等值。此钱轮郭精整挺拔，钱文玉箸篆，匀称舒展，素为收藏家所爱。

与此同时，北朝所铸钱币日趋精整，所以私铸之弊远没有南朝严重。成为南北朝钱币之冠的是"北周三钱"，即武帝保定元年（561年）所铸布泉、建德三年（574年）所铸五行大布和静帝大象元年（579年）所铸永通万国。北周三泉书体都为玉箸篆，面背都有内郭，铸制十分精整，尤其是永通万国，直径约三十毫米，重约六克，铜色青白，轮郭峻峭，书法华丽，形制端庄，神韵典雅。这不仅与当时造型艺术的发达相关，也与北周的国力相关。后来隋受周禅而统一天下，不是没有原因的。

璀璨的钱币文化

东晋南朝时期，经济与货币理论的争论，延续了数百年。争论的焦点是要不要使用钱币，连带产生的重要问题，一个是政府要不要垄断铸币权，一个是铸钱能不能使国家富裕。

早在西汉年间，就有人提出废止钱币。三国时期魏国一度停用钱币，但由此产生的一系列弊端，又使这一主张被否定。东晋南朝，主张禁用钱币的经济学家，认为钱币饥不能食、寒不能衣，徒然诱惑人的聚财欲望。如沈约就明确提出应该废止钱币，用谷帛为交换媒介，他以为"虽钱盈尺，且不疗饥于尧年，贝或如山，信无救渴于汤代"，遇到灾荒，钱再多也解不了饥渴，却使人放弃了耕田织布的根本。

主张使用钱币的经济学家，意见也不统一，有的认为钱币的价值在金属本身，只要不减重，钱币的价值是不会变动的，铸钱就是创造财富，所以主张国家多铸钱、铸好钱。有的则认为，钱币本身没有价值内涵，"圣王制无用之货，以通有用之财"，圣王发明钱币的目的就在于用没有价值的钱币去换取民间有用的物资，所以他们认为钱币的价值是法律（信用）问题而非经济问题，没有必要计较钱币的大小轻重，只要统治者规定某种钱币的价值，它就体现那一价值。值得注意的是，这已经涉及信用货币的理论，然而当时不具备完善实施这一理论的条件，政府只想以此摆脱困境，无意为信用负责，所以这遂成为实践中铸制劣币的理论根据。

各种意见此消彼长，此起彼伏，并直接影响到货币政策的实施，造成了南朝币制的严重混乱。

货币史范畴中的混乱，在钱币学范畴中，却成为丰富多彩。在中国钱币发展史上，六朝是一个不可忽略的过渡时期，许多重要的变化都发生在这一时期。

大约因为六朝文化过于缤纷璀璨，研究者很少顾及钱币文化。中国古代钱币映现出古人的宇宙观、历史观、审美观和艺术观，是传统文化的重要载体之一，也是东方钱币文化的代表，在世界四大历史货币体系中独具一格。与古钱相关的典章制度以至故事传说体现当时的社会文化心理，古钱上丰富的语言种类印证多民族汇聚融合的历史，钱面文字按时代排列，就是一部活生生的文字发展史和书体书法史，其冶铸水平是不同时代、不同地区冶铸技术发展的实证……六朝钱币文化同样不乏可圈可点之处。

首先是钱币命名原则的变化。从秦到汉、晋，除了两汉之交的一个短暂时期，都以重量为钱名，钱币的名实不符也就一望可知。一方面，钱币减重几乎是无法避免的，招牌印在脸上，就格外令人尴尬。另一方面，其时频繁的王朝更迭，也使统治者感到需要为本国钱币打上特定记号。最后，正由于这一时期的思想活跃，人们开始寻找为钱币命名的新形式。北方后赵的石勒作了打破五铢体系的最初尝试，将所铸新钱命名"丰货"，字面取吉祥语，当时被人叫作"富钱"，以为收藏它可以让人丰裕。接着，汉李寿在成都铸"汉兴"钱，这是中国最早的年号钱。这一创造当即引起各国统治者的关注，南朝宋孝武帝铸行孝建四铢，年号"孝建"在钱面上，纪重的"四铢"已经退到了钱背上，后期铸的孝建钱成为标准的年号钱。宋前废帝所铸永光、景和都是年号钱。梁武帝太清年间铸太清丰乐钱，是一种年号与吉语相结合的例子。诸如此类，最终动摇了钱币的纪重命名制，为唐代通宝钱制的登台打开了通道，也可以说迈出了脱离实物货币的一小步。

其次是钱币计量单位的变化。汉代通常直接说"钱"若干或若干"万钱"，但"钱"似乎还不能定义为货币的专用量词。南北朝时开始使用"文"和"贯"为计算钱的专门量词，一贯合一千文，这一用法持续千余年，直到方孔圆钱时代终结，并演化出"一文不值""不名一文"等俗成语。"文"会成为钱币的专用量词，有人认为是当时的钱币上都铸有文字，并引《魏书·高崇传》所言"改铸大钱，文载年号，以记其始"为例证。不知这说法是不是靠得住，但此外未见别的解释。"贯"从"贯穿"义转而来。从贝币开始，货币就是用绳子串起来使用的。《魏书·食货志》中说，"钱之为用，贯繦相属，不假斗斛之器，不劳秤尺之平"，钱币以绳穿成串，无须称量。《史记》中就将穿钱的绳子称作"贯"，《汉书》的注文中已有"一贯千钱"的说法，但没有南北朝时使用普遍。"贯"取代"万钱"被普遍使用，透露出的信息是钱币计量基数的缩小，与晋代黄金的计量单位从"斤"转为"两"是一致的。

再次是钱文书体的变化。东晋南朝，正当中国文字书体大变化之际，楷书的出现，行书的流行，章草化为今草，隶书进一步艺术化，绚丽多姿的书法艺术，也反映到钱币文字上，打破了钱文篆书的一统天下。丰货钱的篆书中已见隶意，汉兴钱便采用了隶书。唐、宋钱币文字多采用隶书与楷书，正是肇端于南北朝。仍采用篆书的六朝钱文，也多突破了秦代小篆的格局。如孝建四铢的薤叶篆，纤细绵长，让人联想到六朝文风的纤巧绮丽，联想到六朝画风的风流飘逸。有人认为吴道子的兰叶描就是从这里得到的启发。如太货六铢和北周货泉、五行大布、永通万国不约而同采用了玉箸篆，俊逸华美，舒展有力，达到很高的艺术水准，成为这一时期最精美的钱币。

最后是钱币收藏与研究的开端，南朝梁顾烜所撰《钱谱》，是我国最早的钱币学专著。顾烜，字信威，是东吴丞相顾雍后裔，其子顾野王为梁、陈之际文字学名家。《陈书·顾野王传》载，其父"以儒术知名"，死于侯景之乱，其墓尚存苏州。南宋钱币学家洪遵《泉志》中对顾烜《钱谱》作了高度评价："梁顾烜始为之书，凡历代造立之原，若大小重轻之度，皆有伦序，使后乎此者可以概见。"《钱谱》含钱谱一卷、钱图一卷，因时代切近，对南北朝钱币的记述弥足珍贵，唐、宋钱币学著作多有引证，明中期尚存，后失传，今人辑佚编入"中国钱币文献丛书"。

第七章

魏晋风流与南朝文运

第一节
服石与清谈

魏晋风流的背后

  "烟水气"被视为南京文脉的象征,其源头在六朝。脍炙人口的"六朝烟水气",同样不是无根之木,须从魏晋风流说起。鲁迅在《魏晋风流及文章与药及酒之关系》一文中,将其时奇奇怪怪的人物故事,信手拈来,点到为止,让读者懵懂中只觉大不过瘾,忍不住要去读《世说新语》。《世说新语》版本众多,须得读好的笺注本,才会明白,魏晋名士饮酒服药、扪虱清谈的旷达只是表象,是他们面对暗黑现实,精神压抑痛苦的扭曲反映。魏晋风度在后世的浪漫化,诚如鲁迅所说:"不过何晏王弼阮籍嵇康之流,因为他们的名位大,一般的人们就学起来,而所学的无非是表面,他们实在的内心,却不知道。"

  魏晋风度产生的时代背景,一方面,是东汉末年士人公开抨击朝政、臧否人物,遂遭党锢之祸,延及魏晋,残害士人屡见不鲜。一方面,因董卓与黄巾之乱,饥荒瘟疫蔓延,安定繁荣的庞大帝国崩溃,继之以三国割据争战,西晋八王之乱,异族趁机入侵,北方少数民族趁机入侵中原"人多相食,饥疫总至,百官流亡者十八九"(《晋书·食货志》)。在天灾人祸的连续冲击下,旧有的儒家道德、礼法失去约束力,社会陷入严重的混乱无序状态,无数人死于非命。危机感促使了生命意识的觉醒。汉末《古诗十九首》中密集地出现叹喟人生短促如寄的诗句:"人生天地间,忽如远行客""人生寄一世,奄忽如飚尘""人生忽如寄,寿无金石固""人生非金石,岂能长寿考"。英雄如曹操,"对酒当歌"之际,也会感慨"人生几何"。

  当此之际,真正逃避入深山老林的隐士毕竟是极少数,大多数人仍不得不在社会生活中面对现实，忍受煎熬。《晋书·文苑·袁宏传》载："时方颠沛，则显不如隐。万物思治，则默不如语。"话虽这么说，即如社会极度动荡的西晋，被视为士人精神偶像的竹林七贤，并没有真的隐于林下，仍都在朝中任职，山涛、王戎且位极人臣。东晋南朝时人爱将其绘为图画，如《南史·齐本纪·废帝东昏侯》载，东昏侯为潘妃作玉寿殿，"窗间尽画神仙，又作七贤，皆以美女侍侧"。尤其是以图画为底本制成砖饰，嵌入陵墓。江南考古发掘中，发现大量图案精美的六朝画像砖，最典型的"竹林七贤与荣启期"题材画像砖曾在宁、镇等地墓葬数次出土。

按照陈寅恪的研究，七贤的得名源出《论语·宪问》："子曰：'贤者辟世，其次辟地，其次辟色，其次辟言。'子曰：'作者七人矣。'"七人指古之贤者伯夷、叔齐、虞仲、夷逸、朱张、柳下惠、鲁少连。七贤与竹林并无关联。到东晋初年佛教信徒取天竺"竹林"冠于七贤之上，反映了佛学对儒学的浸染。从砖画上看，作为人物间隔的是银杏、槐、松、柳、竹等单株植物，确实没有出现竹林。

汉代"罢黜百家，独尊儒术"，可孔子说"未知生，焉知死"，儒家思想对生死问题采取了回避态度。回避并不能让问题消失，在社会大动荡的激化下，文人学士不能不向其他方向寻求解脱生死问题的锁钥。道家的老、庄学说成为他们新的精神寄托，以一种永恒的、超凡脱俗的玄远理想自我满足。老子认为世间有一个超越生死局限的"道"，死是向自然回归、向生命之道回归，人的精神可以超越生死而永存。庄子认为生死之变取决于非人所能抗拒的"道"，"万物一府，生死同状"，生与死只是"道"的形态之异，没有本质区别，各有其价值，所以应该坦然面对，顺其自然。人应该明白自己的智慧极限，不必汲汲求知，而要注意养护精神，享受生命。于是我们看到了魏晋士人的超脱尘俗、蔑视礼法、返归自然、崇尚玄学。然而"一死生、齐彭殇"的旷达，并不能让他们完全摆脱衰老将至、人之将死的苦闷，有的人便沉湎于及时行乐。《世说新语·任诞》载：

张季鹰纵任不拘，时人号为"江东步兵"。或谓之曰："卿乃可纵适一时，独不为身后名邪？"答曰："使我有身后名，不如即时一杯酒。"

这位张季鹰就是秋风起兴莼鲈之思的张翰。"毕茂世云：'一手持蟹螯，一手持酒杯，拍浮酒池中，便足了一生。'"《世说新语·文学》载：

"刘伶著《酒德颂》，意气所寄。"刘孝标注引《名士传》，说刘伶"常乘鹿车，携一壶酒，使人荷锸随之，云：'死便掘地以埋。'"。

更多的人则试图通过某种道术强身健体，延年益寿。曹操《步出夏门行·龟虽寿》有言："盈缩之期，不但在天。养怡之福，可得永年。"阮籍《咏怀诗》中，在不胜枚举的生死感慨之余，明确写下了"独有延年术，可以慰我心"。陶渊明固然明白"老少同一死，贤愚无复数""人生似幻化，终当归空无"，同样也表示"世短意常多，斯人乐久生"。竹林七贤中的嵇康著《养生论》：

> 夫神仙虽不目见，然记籍所载，前史所传，较而论之，其有必矣。似特受异气，禀之自然，非积学所能致也。至于导养得理，以尽性命，上获千余岁，下可数百年，可有之耳。

所谓导养，即导气养性。尽管《古诗十九首》中已有"服食求神仙，多为药所误"的认识，嵇康的本意也不在于服食丹药，但到了东晋士人那里，就是服食五石散。

与此同时，佛教的影响日渐扩大，普度众生，往登极乐世界成为新的精神追求。佛教面对生死难题的解答与道教不同，它用轮回之说，"此生行善，来生受报"的因果报应，减轻了人们对死亡的恐惧感。行善就可以在死后重新做人，所以它更容易赢得信众。死亡的威胁得以解脱，感慨生死无常的诗文作品也就少了。《世说新语·文学》载："王孝伯在京行散，至其弟王睹户前，问：'古诗中何句为最？'睹思未答。孝伯咏'所遇无故物，焉得不速老'，此句为佳。"服食五石散后必须行走发散，王恭一边忍受着药力发出、冷热交逼的痛苦，一边又有感于眼前事物的荣枯变化，对延年益寿不免发生怀疑。"所遇无故物，焉得不速老"出于《古诗十九首》，表达人生无常、生命短促之感悟。这是东晋晚期的事情。所以佛教兴盛的南朝，很少再有人愿意服食五石散。

五石散的功用

五石散的主要成分是紫石英、白石英、赤石脂、石钟乳、石硫黄等五石，因为服药后必须吃冷食，穿薄衣，只有酒须微温，所以又称寒食散。服后且须行走使药性发散，谓之行散，亦称行药。这是一种毒性很重的药物，本用于治病，后来曹操的女婿、吏部尚书何晏率先用以养生。《世说新语·言语》载："何平叔云：'服五石散，非唯治病，亦觉神明开朗。'"刘孝标注引秦丞祖《寒食散论》："寒食散之方，虽出汉代，而用之者寡，靡有传焉。魏尚书何晏首获神效，由是大行于世，服者相寻也。"然而服食之后，若措置不当，便会有生命危险。魏晋名医皇甫谧作《寒食散论》，自言："服寒食药，违错节度，辛苦荼毒，于今七年，隆冬裸袒食冰，当暑烦闷，加以咳逆，或若温疟，或类伤寒，浮气流肿，四肢酸重。"隋太医博士巢元方《诸病源候论·寒食散发候篇》中说："寒食之疗者，御之至难，将之甚苦。"引皇甫谧说服散有"十忌"，日本丹波康赖《医心方》引皇甫谧说服散须饮醇酒，又说有"六反、七急、八不可、三无疑"。所以鲁迅说："可知吃这药是非常麻烦的，穷人不能吃，假使吃了之后，一不小心，就会毒死。"晋人身穿宽大的衣裳，脚踏木屐，坐牛车出行，被后人视为高标逸韵，其实是因为服药后发热，皮肤易擦伤，不能骑马，不能穿窄衣，不能系腰带。《宋书·周朗传》载："凡一袖之大，足断为两，一裾之长，可分为二。"《世说新语·贤媛》载车骑桓冲不喜欢穿新衣，"浴后，妇故送新衣与。车骑大怒，催使持去。妇更持还，传语云：'衣不经新，何由而故？'桓公大笑，着之。"后人以为桓冲俭朴，其实也是服药的原因。旧衣比新衣软和，久穿不换，遂易生虱，痒不能耐，才会当众扪虱。种种"风流""风雅"，实皆出于无奈。

服食五石散是否延年益寿，未见史籍确切记载，但很可能有美容效果。何晏的皮肤白到令人生疑的程度。《世说新语·容止》载："何平叔美姿仪，面至白，魏明帝疑其傅粉，正夏月，与热汤饼，既啖，大汗出，以朱衣自拭，色转皎然。"一碗热面条吃得大汗淋漓，更见其肤色之美。

"疑其傅粉"，并非明帝多疑。东汉末年以来，男性傅粉不足为奇，如作《洛神赋》《七步诗》的曹植。《三国志·魏志·王粲传》注引《魏略》，说曹植初见邯郸淳："甚喜，延入坐，不先与谈。时天暑热，植因呼常从取水，自澡讫，傅粉，遂科头拍袒，胡舞五椎锻，跳丸击剑，诵俳优小说数千言讫……"洗澡抹粉，光着头赤大膊，舞蹈杂耍，唱曲说书……邯郸淳惊为"天人"。此风延及南朝齐、梁不衰，《颜氏家训·勉学篇》中说，梁朝贵游子弟"无不熏衣剃面，傅粉施朱，驾长檐车，跟高齿屐，坐棋子方褥，凭斑丝隐囊，列器玩于左右，从容出入，望若神仙"。

竹林七贤的放浪形骸为人所津津乐道，然而这在晋、宋名士间只能算异类，蔚为风气的则是讲究姿容之美。《世说新语》中专列《容止》一篇，收录三十九个故事，多半描绘男性有如女子的婉丽。如说太尉王衍："王夷甫容貌整丽，妙于谈玄，恒捉白玉柄麈尾，与手都无分别。"可见其肤白如玉。侍郎潘岳、夏侯湛"并有美容，喜同行，时人谓之'双璧'"。中书令裴楷"有俊容仪，脱冠冕，粗服乱头皆好，时人以为'玉人'"。有人拜访王衍，恰好王戎、王敦、王导在座，到了另一处，又见到王诩、王澄，回去后对人说："今日之行，触目见琳琅珠玉。"太子洗马卫玠到建康，"人久闻其名，观者如堵墙。玠先有羸疾，体不堪劳，遂成病而死。时人谓'看杀卫玠'"。《晋书·卫玠传》也将卫玠喻为"玉人"。他的舅舅骠骑将军王济"隽爽有风姿"，可见了卫玠便叹息："珠玉在侧，觉我形秽。"《南史·谢晦传》："晦美风姿，善言笑，眉目分明，鬓发如墨……时谢琨风华为江左第一，尝与晦俱在武帝前，帝目之曰：'一时顿有两玉人耳。'"后世多以"玉人"喻女性，而这里以"玉人"为男性美的最高赞誉。"王右军见杜弘治，叹曰：'面如凝脂，眼如点漆，此神仙中人。'时人有称王长史形者，蔡公曰：'恨诸人不见杜弘治耳。'"王羲之形容当阳侯杜乂"面如凝脂"，完全是美女的形象。刘孝标注引《江左名士传》："永和中，刘真长、谢仁祖共商略中朝人士。或曰：'杜弘治清标令上，为后来之美。'又'面如凝脂，眼如点漆，粗可得方诸卫玠'。"可证这不是王羲之一人的审美标准。无独有偶，又有人形容王恭貌美"濯濯如春月柳"。

王羲之也是热衷服药的一员，《法书要录》卷十载王羲之书：

民以倾情事不可不勤，思自补节，勤以食啖为意，乃胜前者，而气力所堪不如。自丧初不哭，不能不有时恻怆，然便非所堪。哀事损人故最深，益知不可不豁之。

居丧不哭，勤于饮食，就是因为服散忌愁忧、忌哭泣、忌忍饥，食不厌多。而"飘如游云，矫若惊龙"本是形容王羲之体貌风采，至唐人《晋书》中才以之比喻书法的笔势。后世有人以为刘义庆误将此条收在《容止》篇中，也是出于不了解当时风习的想当然。

男性追求仪容之美无可非议，但不以威武雄豪为荣，而以纤弱女子的形象相矜夸，不能不说是一种病态。这些人地位既高、名声又大，成为人们追慕的偶像，当时流行的人物品题，也就不论政事，专注于审美，以外貌的"清""朗""神"为标准。

这一风气之所以盛行于世，服食五石散造成的皮白肤嫩、体质孱弱固然重要，九品官人法的中正品级也有很大关系。决定乡品的中正对初出茅庐的士人未必熟悉，往往只凭门阀、声誉和印象定品级，所以能不能得到名人的品题、得到什么样的品题，会直接影响个人的流品。粉饰出一副好皮囊，以"一见即识"的纤美娇柔，给名人留下良好的第一印象，也就成了后生晚辈的梦想。

清谈与玄学

崇尚魏晋风流的人，有一种说法，谓其始于中原，到东晋南朝的建康才真正发扬光大。唐人杜牧有诗："大抵南朝皆旷达，可怜东晋最风流。"鲁迅的看法不同：

刘勰说："嵇康师心以遣论，阮籍使气以命诗。"这"师心"和"使气"，便是魏末晋初的文章的特色。正始名士和竹林名士的精神灭后，敢于师心使气的作家也没有了。

不但"师心使气"，连做文章的人都少了，"东晋以后，不做文章而流为清谈，由《世说新语》一书里可以看到，此中空论多而文章少"（《魏晋风度及文章与药及酒之关系》）。在《中国小说史略》第七篇中也有诠释：

汉末士流，已重品目，声名成毁，决于片言。魏晋以来，乃弥以标格语言相尚，惟吐属则流于玄虚，举止则故为疏放，与汉之惟俊伟坚卓为重者，甚不侔矣。盖其时释教广被，颇扬脱俗之风，而老庄之说亦大盛，其因佛而崇老为反动，而厌离于世间则一致，相拒而实相扇，终乃汗漫而为清谈。

清谈，无疑是了解东晋南朝文化的关键词。

清谈论辩的内容是玄学，即幽深玄远之学，典出《老子》第一章中的"玄之又玄，众妙之门"。《老子》也最为清谈家所重视。《世说新语·文学》载："殷仲堪云：'三日不读《道德经》，便觉舌本间强。'"殷浩是东晋善空谈而乏实用的典范。玄学是魏晋时代的主要思想潮流，以《周易》《老子》《庄子》为"三玄"，讨论的中心是"有无""本末""体用"等哲学问题，由此阐发，兼及佛理。

史家常说六朝儒学式微，其实是不准确的。式微相对强盛而言。但汉代"罢黜百家，独尊儒术"主要在中原地区，对边缘地区的南京影响甚微。六朝文脉肇端，儒学确处于一种相对弱势地位。东晋南朝研究老、庄的学者也会研究"圣教",讨论两者的关系,"玄、儒异同"亦清谈命题之一。《世说新语·文学》载:"阮修子有令闻,大尉王夷甫见而问曰:'老、庄与圣教同异?'对曰:'将无同?'太尉善其言,辟之为掾。世谓'三语掾'。""将无同",或许没有什么不同吧?老、庄的自然和周、孔的名教是可以相通的。曾经被独尊的"圣教",如今只能与老、庄平起平坐了。再加上佛教的兴盛,形成促使思想活跃、文化发展的良好氛围。

这并没有影响孔子的圣人地位大受崇敬。《建康实录》卷五记载,晋元帝大兴三年(320年)八月,"皇太子释奠于学"。释奠,即以酒食供祭孔子。《礼记·文王世子》:"凡学,春官释奠于其先师,秋、冬亦如之。凡始立学者,必释奠于先圣先师。"初入学的人必须先祭拜孔子。可见东晋太学中已有祭拜孔子的场所。《建康实录》卷九,记晋孝武帝太元十年(385年)事:"十年春,尚书令谢石以学校陵迟,上疏请兴复国学于太庙之南。"后有注:"案《舆地志》:在江宁县东南二里一百步古御街东,东逼淮水,当时人呼为国子学。西有夫子堂,画夫子及十弟子像。"国子学内专设夫子堂供祀孔子及其十位弟子。太元十一年(386年)八月,"诏封孔靖之为奉圣亭侯,奉宣尼祀。立宣尼庙,在故丹杨郡城前隔路东南",后有注:"案《地志》:齐移庙过淮水,北蒋山置之,以其旧处立孔子寺,亦呼其巷为孔子巷。在今县东南五里二百步,长乐桥东一里。"南朝齐一度迁孔子庙到乐游苑(今覆舟山)东,原址改建孔子寺,地名也被叫成孔子巷。孔子巷位于丹阳郡城南侧、赤石矶北麓,大致在今三条营左近。梁武帝天监四年(505年)六月重立孔子庙,又回到了孔子巷。陈受梁之禅,也承袭了梁的太学和孔庙。

值得注意的是,有研究者认为,在中央官学内建置孔庙,始于北魏孝文帝太和十三年(489年)平城所建孔子庙,平城孔庙且被认为是孔子故乡曲阜之外的第一座孔庙。实则东晋建康太学与孔庙并建,由孔子后裔奉祀,早于北魏平城孔庙百余年,不但是江南最早的孔庙,或也是曲阜之外时代最早的孔庙。真正开全国及世界各地广建文庙之先河的,是南京。《至正金陵新志》卷九叙历代儒学教育:"晋都江左,历宋、齐、梁、陈,日寻干戈,而其衣冠礼乐,盛于诸国。"无论南京文化史,还是中国文化史,这都值得大书一笔。

名教即以三纲五常为核心的道德准则与伦理规范,为入世求官者所奉行,与老、庄之道崇尚自然、无视世俗观念与清规戒律,显非一途,这在魏晋、在竹林七贤本是没有疑问的。嵇康《释私论》中明确宣称：

> 矜尚不存乎心，故能越名教而任自然。情不系于所欲，故能审贵贱而通物情。物情通顺，故大道无违。越名任心，故是非无措也。是故言君子，则以无措为主，以通畅为美。

在个体与社会、个体与宇宙两个层面，做到顺应本性、通达物情，不受他人非议的影响。然而七贤中的山涛、王戎后来变节，入朝当了大官，不免要为自己的行为找个借口。《世说新语·政事》中说："嵇康被诛后，山公举康子绍为秘书丞。绍咨公出处，公曰：'为君思之久矣。天地四时犹有消息，而况人乎？'"天地四时尚有阴晴寒暑的变化，人怎么能不顺应时势呢？投靠有杀父之仇的朝廷，也无不可。尤其王戎一脉，在东晋成为与皇帝分庭抗礼的重臣，清高名士与显贵达官集于一身，既享朝廷之权势，又不失林下之风流，可谓古往今来名利双收的典范。

研究清谈者，多追溯其源头至魏晋甚而东汉。实则东晋的清谈，不论立场、不涉时政，专谈玄理，与魏晋的清谈貌合而神异。陈寅恪就《世说新语·文学》中钟会撰《四本论》一条所作的具体分析，最为透彻。"钟会撰《四本论》始毕，甚欲使嵇公一见，置怀中，既定，畏其难，怀不敢出，于户外遥掷，便回急走。"刘孝标注引《魏志》："会论才、性同异，传于世。四本者，言才性同、才性异、才性合、才性离也。尚书傅嘏论同，中书令李丰论异，侍郎钟会论合，屯骑校尉王广论离。文多不载。"《四本论》在西晋即已失传。其背景是曹操三次发布求才令，主旨在"有行之士，未必能进取，进取之士，未必能有行"，也就是德、才不必兼备，并明确提出可推举"负污辱之名、见笑之行，或不仁不孝而有治国用兵之术"者。李丰、王广是曹氏一党，所以主张才与性可异、可离，傅嘏、钟会是司马氏一党，所以论同、论合。嵇康是拥曹士人的精神领袖，钟会既想以自己的观念影响嵇康，又不愿与他正面争执而冲突，遂有遥掷急走的举止。嵇康终因钟会构陷而丧身。陈寅恪说：

> 当魏末西晋时代即清谈之前期，其清谈乃当日政治上之实际问题，与其时士大夫之出处进退至有关系，盖藉此以表示本人态度及辩护自身立场者，非若东晋一朝即清谈后期，清谈只为口头或纸上之玄言，已失去政治上之实际性质，仅作名士身份之装饰品者也。（《陶渊明之思想与清谈之关系》）

鲁迅也说：

因为只学他们的皮毛，于是社会上便很多了没意思的空谈和饮酒。许多人只会无端的空谈和饮酒，无力办事，也就影响到政治上，弄得玩"空城计"，毫无实际了。（《魏晋风流及文章与药及酒之关系》）

更值得探究的，是清谈为什么能够长期居于社会主流地位。

首先是有帝王和权臣的支持。东晋立国的谋划者王衍及其诸友，即是清谈领袖，影响深远。所以东晋一朝，王导、桓温、谢尚、谢安，简文帝司马昱等，帝王将相均热衷于清谈，士人仿效，相互仰慕，流为风尚。

《世说新语·文学》载：

殷中军为庾公长史，下都，王丞相为之集，桓公、王长史、王蓝田、谢镇西并在。丞相自起解帐带麈尾，语殷曰："身今日当与君共谈析理。"既共清言，遂达三更。丞相与殷共相往反，其余诸贤略无所关。既彼我相尽，丞相乃叹曰："向来语，乃竟未知理源所归。至于辞、喻不相负，正始之音，正当尔耳。"

殷浩任荆州刺史庾亮的长史，到下游建康时，丞相王导为他举办清谈沙龙，桓温、王濛、王述、谢尚等在座。王导与殷浩反复辩难，余人并不参与。结束后，王导感慨道，过去的清谈，居然都没像今天这样明白义理、本源之所归。正始之音就是这样吧。在王导这里，已经将正始之音的灵魂剥离了。

谈玄甚至可以完全成为一种表演形式，人们的欣赏并不需要理解。《世说新语·文学》载：

支道林、许掾诸人共在会稽王斋头，支为法师，许为都讲。支通一义，四坐莫不厌心，许送一难，众人莫不抃舞。但共嗟咏二家之美，不辩其理之所在。

司马昱登基之前为会稽王，他在静室里组织讲经活动。许询担任唱经提问的都讲，支道林为解经的法师。众人对他们讲唱的姿态音容、美妙风度大为赞叹，并不思考所说的义理何在。同书又载裴遐娶王衍女儿，婚后三日"诸婿大会"，并邀请当时名士清谈，裴遐沉着应对。刘孝标注引邓粲《晋纪》："遐以辩论为业，善叙名理，辞气清畅，泠然若琴瑟。闻其言者，知与不知，无不叹服。"不知者也叹服，正说明这种清谈内容的无意义。唯其如此，才便于流行。

其次是与九品官人法的选官制度相表里。门阀士族子弟乡品既高，又没有那么多实际官职可授,便出现了滥授冗散官的倾向,至东晋立国,欲以官位笼络贵族争取支持,此风愈盛。高门子弟从散骑侍郎、秘书郎、著作郎、奉朝请等虚职起家,担任的多是无须负责具体事务、悠闲自在又易于升迁的"清官",自然可以身居高位而沉湎于清谈。他们也因此能将清谈的学问做得很深很细,清谈又成为中正认定乡品的依据。寒门士子固难以企及,但全社会的倾慕则是无疑问的。《正德江宁县志》卷二引杜佑《通典》:

> 江宁古扬州地,永嘉之后,帝室东迁,衣冠避难,多所萃止。艺文儒术,斯之为盛。今虽闾阎贱隶,处力役之际,吟咏不辍,盖因颜、谢、徐、庾风扇焉。

如此循环,清谈之风遂愈演愈烈。

高门子弟即使被派任实职,也能不过问政事。《世说新语·简傲》载:

> 王子猷作桓车骑骑兵参军。桓问曰:"卿何署?"答曰:"不知何署,时见牵马来,似是马曹。"桓又问:"官有几马?"答曰:"不问马。何由知其数?"又问:"马比死多少?"答曰:"未知生,焉知死。"

"不问马"典出《论语·乡党》,孔子上朝回来,听说马棚失火,"曰:'伤人乎?'不问马",首先关心的是人的安危。"未知生,焉知死"典出《论语·先进》,孔子认为死后的事情难以明了,讨论无意义,故不正面作答。王徽之断章取义,强词夺理为自己玩忽职守辩护,在清谈家眼中却被视为高妙。

清谈之风盛行的另一个条件,是朝廷之中毕竟尚有务实的人。《世说新语·言语》载:

> 王右军与谢太傅共登冶城,谢悠然远想,有高世之志。王谓谢曰:"夏禹勤王,手足胼胝,文王旰食,日不暇给。今四郊多垒,宜人人自效,而虚谈废务,浮文妨要,恐非当今之宜。"谢答曰:"秦任商鞅,二世而亡,岂清言致患邪?"

今人说起王羲之,只晓得《兰亭集序》,其实书法不过是旧时文人的一种基本技能,王羲之更是一个政治家。谢安的回答恰是清谈的精神,看似有理,实为诡辩,秦严刑苛法,二世而亡,并不能反证清谈不误国事。

《世说新语·政事》载:

> 王、刘与林公共看何骠骑,骠骑看文书,不顾之。王谓何曰:"我今

故与林公来相看,望君摆拨常务,应对玄言,那得方低头看此邪?"何曰:"我不看此,卿等何以得存。"诸人以为佳。

王濛、刘惔是当时人眼中的风流人物代表,支道林是善谈玄理的高僧。刘孝标注引《晋阳秋》:"何充与王濛、刘惔好尚不同,由此见讥于当世。"何充的做法在当时是被人看不起的。无独有偶,《世说新语·排调》载:

桓大司马乘雪欲猎,先过王、刘诸人许,真长见其装束单急,问:"老贼欲持此何作?"桓曰:"我若不为此,卿辈亦那得坐谈。"

刘孝标注:

《语林》曰:宣武征还,刘尹数十里迎之。桓都不语,直云:"垂长衣,谈清言,竟是谁功?"刘答曰:"晋德灵长,功岂在尔。"二人说小异,故详载之。

两种说法虽不同,但意思明确,正是有何充、桓温这样的人办实事,才容诸人坐而论道。然而勤于政事者不但得不到赞许,反被讥为俗吏。

建安风骨,到了东晋南朝,遂变成为这样的"魏晋风流"。《世说新语》从历史大环境中剪切出零散的人物故事,已难完整、全面呈现当时社会历史。今人又从中挑选少量篇章,使读者对魏晋风流的了解愈见虚诞。

《兰亭集序》与兰亭诗

六朝是一个众说纷纭的历史时期,有人爱说"六朝烟水",有人爱说"六朝金粉",也有人强调六朝的偏安一隅、王霸更迭。然而,正因为中国社会面临大动乱、大分裂,中华民族处于危难之中,使专制一统的社会秩序削弱破坏,旧有的道德行为规范失去支配力量,人的思想意识因此得到某种程度的解放。固有的丰厚文化传统与不断涌入的外来文化成分两相激荡,融为潮流,给人以千变万化、异彩炫目的感觉。哲学、史学、文学、书法、绘画、雕塑、音乐舞蹈,以至自然科学领域的天文历算、医药化学,都有令人瞩目的成就。以建康为中心的东晋南朝,不仅是中华文明发展史上继春秋战国之后又一个百家争鸣的时期,而且是存亡续绝、使文明传承免于断裂危险的不可或缺环节。

六朝的文采风流,真正出成果的时期,还是南朝。魏晋以道家自然为本体的玄学在文化史上的意义,是对两汉经学的扬弃,一方面促进了士人个体意识的觉醒，另一方面为道学、儒学、佛学的融合打开了空间，不失为一个承前启后的环节。随东晋南渡流播建康的玄学，继续影响当时士大夫的世界观、价值观和生活方式。东晋清谈在玄学理论上没有特殊建树，但其时佛教流播渐广，名僧加入清谈，佛义渗入玄理，以佛义解《庄子》，以清谈辩佛经，遂成一时风气。《世说新语》中记录了不少高僧名士同席清谈的故事。

东晋的文章，现下最为脍炙人口的，大约要数《兰亭集序》。因为欣赏王羲之的书法之妙，顺便也推崇其文章之美。实则王羲之诗文在六朝时的评价并不高，《文心雕龙》和《诗品》中都没有提到王羲之，《昭明文选》中也没有选王羲之的诗文，包括《兰亭集序》。王羲之自己对此有清醒的认识。《世说新语·企羡》载："王右军得人以《兰亭集序》方《金谷诗序》，又以己敌石崇，甚有欣色。"有人将《兰亭集序》与石崇的《金谷诗序》相提并论，他很开心。

今人于石崇，记得的多是他与王恺斗富，王恺虽得外甥晋武帝相助仍略逊一筹，再就是他为宠妾绿珠建金谷园，却淡忘了《金谷诗序》。钟嵘《诗品》中将石崇与曹摅、陆云等并列为中品，"季伦、颜远，并有英篇"，石崇（字季伦）和曹摅（字颜远）是有佳作的。《兰亭集序》有明显模仿《金谷诗序》的痕迹，是学界的共识。

宋人张淏《云谷杂记》载：

韩子苍云："《兰亭记》萧统不取，以序为记，皆承袭谬误之过也。"予尝得兰亭石刻一卷，首列羲之序文，次则诸人之诗，末有孙绰后序。其诗四言二十二首，五言二十六首，自羲之而下凡四十有二人，成两篇者十一人……成一篇者一十五人……一十六人诗不成，各罚酒三觥……

文中列出了各人姓名官职，兹不赘。成两篇者皆为一首四言诗，一首五言诗，成一篇者或四言或五言，以王羲之所作五言诗为最长，计二百六十字，几乎与序文相当，让人怀疑作为主人的王羲之先有成稿在。但是张淏算了一笔糊涂账，实际只有四言诗十四首、五言诗二十三首，共三十七首。而且孙绰所作，也不是什么"后序"，而是五言诗的序。王羲之所作则是四言诗的序。

有趣的是，以《兰亭集序》影响之大，这些诗竟没有一首能广为流传。书写过《兰亭集序》的书法家不胜枚举，而《兰亭诗》只有《宣和画谱》著录传为柳公权书的一种，且只是"裁其佳句"的选抄。周亮工《书影》

卷八引谢肇淛言："兰亭之贤，皆一时之选，赋诗只四句六句，亦有不成者，真咄咄怪事。"周亮工说谢肇淛有此误会，是因为他看到的不是全文，而是柳公权的摘抄："近见宣和中内府拓本，始知今世所传兴公序与诗，皆经柳所栽，俱非全篇也。"兰亭诗的全篇，连谢肇淛这样的博学文士也没见过。可见千篇一律、"淡乎寡味"的玄言诗，确实缺乏生命力。

所谓玄言诗，源出于玄学清谈。刘勰《文心雕龙·时序》中指出："自中朝贵玄，江左称盛，因谈余气，流成文体。是以世极迍邅，而辞意夷泰，诗必柱下之旨归，赋乃漆园之义疏。故知文变染乎世情，兴废系于时序。"也就是石涛所说的"笔墨当随时代，犹诗文风气所转"。诗歌专写对"柱下之旨归"（指《老子》）、"漆园之义疏"（指《庄子》）或其他圣经哲理的感悟，毕竟是死路一条。

《世说新语·赏誉》载：

许掾尝诣简文，尔夜风恬月朗，乃共作曲室中语。襟怀之咏，偏是许之所长，辞寄清婉，有逾平日。简文虽契素，此遇尤相咨嗟，不觉造膝，共叉手语，达于将旦。既而曰："玄度才情，故未易多有许。"

东晋简文帝崇尚清谈，君臣促膝握手而语，通宵达旦，全非政事，尽是虚言。他又盛赞许询的玄言诗，《世说新语·文学》载："简文称许掾云：'玄度五言诗，可谓妙绝时人。'"刘孝标注引《续晋阳秋》：

正始中王弼、何晏好庄、老玄胜之谈，而世遂贵焉。至过江佛理尤盛，故郭璞五言，始会合道家之言而韵之。询及太原孙绰转相祖尚，又加以三世之辞，而《诗》《骚》之体尽矣。询、绰并为一时文宗，自此作者悉体之。至义熙中，谢混始改。

纵然有皇权的支持，晋末诗风已出现转变的苗头，到钟嵘作《诗品》，孙绰、许询等都被归入下品："永嘉时贵黄、老，稍尚清谈。于时篇什，理过其辞，淡乎寡味。爰及江表，微波尚传。孙绰、许询、桓、庾诸公，诗皆平典似道德论，建安风力尽矣。"《诗》《骚》之体尽"，"建安风力尽"，诗歌的好传统都被毁弃殆尽。

还应说明的是，书法在六朝并不成为职业，也不为人看重。《世说新语》中将书法与绘画、骑射、围棋、弹棋、建筑等统归于《巧艺》，对善书的韦诞、钟会、羊忱也没有什么好评语，更是完全没有提到王羲之、王献之父子。自唐太宗酷爱王羲之书法，《兰亭集序》被誉为"天下第一行书"，王羲之被奉为"书圣"。唐宋八大家之一的曾巩，在《墨池记》

中说"爱人之善,虽一能不以废","夫人之有一能而使后人尚之如此",认为王羲之所长只有书法一能。王应麟为他抱不平,在《困学纪闻》卷十三中写道:

> 愚谓右军所长不止翰墨:其劝殷浩内外协和,然后国家可安;其止浩北伐,谓力争武功,非所当作;其遗谢万书谓随事行藏,与士卒同甘苦;谓谢安"虚谈废务,浮文妨要,非当世所宜"。言论风止,可著廊庙,江左第一流也。不可以艺掩其德,谓之"一能",过矣。

王羲之更值得赞誉的身份还是"江左第一流"的政治家。

由于玄学之风的影响,东晋诗文,受赞誉者只有陶渊明。钟嵘《诗品》将陶渊明列为中品,定为"古今隐逸诗人之宗",后人多为陶渊明抱不平。萧统《陶渊明集序》中说:"其文章不群,辞彩清拔,跌宕昭彰,独超众类,抑扬爽朗,莫之与京。"没有人能同他相比。又说"余素爱其文,不能释手,尚想其德,恨不同时",《昭明文选》选东晋诗文甚少,独陶渊明入选九篇。

徐骏《诗文轨范》说:"魏晋而降,则世降,而诗随之。故载于《文选》者,词浮靡而趋卑弱。……其间独陶渊明淡泊渊永,夐出流俗,盖其情性然也。"都穆《南濠诗话》引苏轼、黄庭坚、王安石对陶诗的评价:

> 如《归田园居》云:"暧暧远人村,依依墟里烟。狗吠深巷中,鸡鸣桑树颠。"东坡谓如大匠运斤,无斧凿痕。如《饮酒》其一云:"衰荣无定在,彼此更共之。"山谷谓类西汉文字。如《饮酒》其五云:"结庐在人境,而无车马喧,问君何能尔,心远地自偏。"王荆公谓诗人以来,无此四句。

蔡绦《西清诗话》说:"陶渊明意趣真古,清淡之宗。诗家视渊明,犹孔门视伯夷也。"

陈沆《诗比兴笺》谓读陶诗之蔽:

> 惟知《归园》《移居》及田间诗十数首,景物堪玩,意趣易明,至若《饮酒》《贫士》便已罕寻,《拟古》《杂诗》意更难测,徒以陶公为田舍之翁,闲适之祖。

对于将陶渊明的成就仅限于田园诗大为不满。欧阳修甚至说:"晋无文章,唯陶渊明《归去来兮》一篇而已。"(《东坡志林》卷七)林庚、陈贻焮、袁行霈等主编的《魏晋南北朝文学史参考资料》中,《东晋诗文》仅选陶渊明一家,其推崇之意,不言而喻。

第二节

文脉：继汉开唐

山水诗引领新风

陶渊明已是晋、宋之交的人物。而六朝诗风的转变，也正在这一时期。钟嵘《诗品序》说：

先是，郭景纯用俊上之才，变创其体，刘越石仗清刚之气，赞成厥美。然彼众我寡，未能动俗。逮义熙中，谢益寿斐然继作，元嘉中，有谢灵运才高词盛，富艳难踪，固以含跨刘、郭，陵铄潘、左。

西晋末年，郭璞、刘琨已有山水诗的写作，被玄言诗的大潮淹没。东晋末年，被时人誉为"风华江左第一"的谢混提倡山水诗，但成就不大。直到南朝宋谢灵运异军突起，以清新的山水诗取代虚浮的玄言诗，才完成诗风的转变，所以谢灵运被奉为山水诗的鼻祖。《文心雕龙·明诗》说："宋初文咏，体有因革。庄、老告退，而山水方滋。俪采百字之偶，争价一字之奇，情必极貌以写物，辞必穷力而追新，此近世之所竞也。"反映的就是这一变化。

其实文学中的山水因素，未必始于郭璞、刘琨，《庄子》里面就有山水情怀。魏晋士人崇尚自然，超脱凡俗，以山水为心灵寄托之所。玄学以为山水包孕玄趣，玄言诗中亦不乏借山水以言玄之作。

《晋书·王羲之传》载："会稽有佳山水，名士多居之。谢安未仕时亦居焉。孙绰、李充、许询、支遁等皆以文义冠世，并筑室东土，与羲之同好。"会稽的青山绿水，秀媚远过于中原，尤其是冬天，与北方的一片枯寂成为鲜明对比。《世说新语·言语》载："顾长康从会稽还，人问山川之美，顾云：'千岩竞秀，万壑争流，草木蒙胧其上，若云兴霞蔚。'""人问"一语，说明会稽山川美名远播。又一条记王献之的说法：

"从山阴道上行,山川自相映发,使人应接不暇。若秋冬之际,尤难为怀。"如前所述,上层世家士族在江南的产业,亦多在会稽,所以兰亭雅集才会有四十余人参与。这些人也有吟咏山水的诗文,但仍不免概念化,更不是时风主调,就像闹市中的鸟鸣,必然湮没在市声之中。

　　玄言诗的大合唱喧闹百年,因思想受束缚,后继者学力、才力每况愈下,僵滞的诗坛令人窒息。同样作为士人精神寄托的自然山水,遂成为孕育新诗风的土壤。此消彼长之间,需要一位"才高词盛"之人领异标新,此人即被奉为"山水诗鼻祖"的谢灵运。

　　谢灵运是东晋名将谢玄的孙子,出生于会稽,袭封康乐公,永初三年(422年)在政争中失意,出任永嘉太守,这给了他遍览名山胜水的机会:"郡有名山水,灵运素所爱好,出守既不得志,遂肆意游遨,遍历诸县,动逾旬朔。民间听讼,不复关怀。所至辄为诗咏,以致其意焉。"(《宋书·谢灵运传》)不久干脆辞官,回到父、祖葬地始宁,经营祖业,大兴园墅,"傍山带江,尽幽居之美。与隐士王弘之、孔淳之等纵放为娱,有终焉之志。每有一诗至都邑,贵贱莫不竞写,宿昔之间,士庶皆遍,远近钦慕,名动京师"。后得宋文帝欣赏,招任侍中,仍不得重用,依然醉心游览,遂称病归乡。他与堂弟谢惠连及何长瑜、荀雍、羊璿之等为文字交,共作山川之游,时人称为"四友"。六朝人所穿的木屐,底部有前后两齿,谢灵运巧为运用,上山去其前齿,下山去其后齿,人称"谢公屐"。荒无人烟的深山,他能率数百人开辟山道,以便游赏。其所历山水之多远非常人所可比,又能自由兴发,以贴切的譬喻,精巧的对偶,自铸新词,曲写入微,使读者如同身临其境。谢灵运的贡献,一是使山水摆脱玄言,成为独立的审美主体,二是以高超的创作技巧和表现力,完成了诗风的变革,使南朝诗风遥接建安文学的精神,重归抒情言志的传统。

　　谢灵运的诗风,正合钟嵘论诗的宗旨。他在《诗品序》中强调"吟咏性情"的诗无须用典:"'思君如流水',既是即目,'高台多悲风',亦惟所见,'清晨登陇首',羌无故实,'明月照积雪',讵出经史?"以徐干、曹植、张华和谢灵运的佳句说明"古今胜语,多非补假,皆由直寻",作诗宜直接从现实生活中寻找审美对象,直抒胸臆以为表达。清代王士禛《戏仿元遗山论诗绝句》之二:"五字'清晨登陇首','羌无故实'使人思。定知妙不关文字,已是千秋幼妇辞。"诗意在反用事,"幼妇辞"

还是用了曹娥碑"绝妙好辞"之谜的典。

钟嵘《诗品》中将谢灵运列入上品:"名章迥句,处处间起,丽典新声,络绎奔会。譬犹青松之拔灌木,白玉之映尘沙,未足贬其高洁也。"沈约《宋书·谢灵运传论》将谢灵运与颜延之并举:"爰逮宋氏,颜、谢腾声。灵运之兴会标举,延年之体裁明密,并方轨前秀,垂范后昆。"南朝宋时将颜延之、谢灵运并称"颜、谢",后人加上鲍照,称"元嘉三大家"。

颜延之很在意别人的评价。《南史·颜延之传》载:

> 延之与陈郡谢灵运俱以辞采齐名,而迟速悬绝。文帝尝各敕拟乐府北上篇,延之受诏便成,灵运久之乃就。延之尝问鲍照己与灵运优劣,照曰:"谢五言如初发芙蓉,自然可爱。君诗若铺锦列绣,亦雕缋满眼。"延之每薄汤惠休诗,谓人曰:"惠休制作,委巷中歌谣耳,方当误后生。"是时议者以延之、灵运自潘岳、陆机之后文士莫及,江右称潘、陆,江左称颜、谢焉。

他看不起汤惠休的原因,钟嵘《诗品》中有说明:"汤惠休曰:'谢诗如芙蓉出水,颜如错彩镂金。'颜终身病之。"汤惠休的评语与鲍照的评语,异曲同工,可见谢灵运诗鲜丽清新是时人的共识。不知道颜延之为什么会记恨一辈子。

不论颜延之如何计较,不及百年,钟嵘《诗品》中,即以谢灵运入上品,颜延之、鲍照入中品。"情过其才"且有剽窃行为的汤惠休只能入下品。当然下品也不容易,自两汉至南朝梁,七百年间,得入三品者不过一百二十二人,"预此宗流者,便称才子"(《诗品序》)。

鲍照虽在中品,但钟嵘对他评价相当高,说他:"善制形状,写物之词,得景阳之诙诡,含茂先之靡嫚,骨节强于谢混,驱迈疾于颜延。总四家而擅美,跨两代而孤出。"得张协之奇矫,含张华之妙曼,骨力强于谢混,豪放过于颜延之,融汇四家之长,横跨晋、宋两代,独此一家。他也感慨鲍照"才秀人微,故取湮当代",由于出身寒微,生前得不到应有的重视。钟嵘将鲍照列入中品,或许也有这个因素。然而后世对鲍照评价日高,渐至谢灵运之上。

诗人世家首推谢

在钟嵘《诗品》中,可以看到不少诗人世家。"曹、刘殆文章之圣,陆、谢为体贰之才"，这里的"曹、刘"不是"天下英雄谁敌手"的曹操和刘备，而指曹植和刘桢。曹操、曹丕、曹叡、曹植父子四人，以曹植文学成就最高。"自陈思已下，桢称独步"曹植之下首推刘桢。太康中兴，"三张、二陆、两潘、一左"，三张、二陆是兄弟齐名，两潘是叔侄，其中以陆机成就最高，可以与他相提并论的是谢灵运。

谢灵运对曹植极为推崇，李瀚《蒙求集注》中记谢灵运之言："天下才共有一石，曹子建独得八斗，我得一斗，自古及今同用一斗。奇才敏捷，安有继之。"由此也可见出谢灵运的自负。

谢家以东晋士族，历南朝而不衰，其间诗人辈出，谢灵运之外，见于《诗品》中品的还有谢世基："世基横海，顾迈鸿飞。""横海"出世基之诗。他是谢绚之子，因受叔父谢晦谋反牵连被杀，死前有诗："伟哉横海鳞，状矣垂天翼，一旦失风水，翻为蝼蚁食。"谢瞻、谢混，"豫章、仆射，宜分庭抗礼"。谢惠连，"小谢才思富捷……又工为绮丽歌谣，风人第一"。谢朓，"一章之中，自有玉石，然奇章秀句，往往警遒"。见于《诗品》下品的还有谢庄、谢超宗，一家多达八人。《文选》选谢混、谢灵运、谢瞻、谢惠连、谢朓等诗作达七十一首，所占比例甚高。

《宋书·谢弘微传》载：

混风格高峻，少所交纳，唯与族子灵运、瞻、曜、弘微并以文义赏会，尝共宴处，居在乌衣巷，故谓之乌衣之游。混五言诗所云"昔为乌衣游，戚戚皆亲侄"者也。

谢混不但在转变玄言诗风中有开创之功，在谢氏家族文风维系中也有承前启后的作用。当谢安、谢玄、谢瑶、谢琰等相继去世，辈分最大、地位也最高的谢混召集子侄辈在建康乌衣巷祖宅作"乌衣游"，承续谢安"与儿女讲论文义"的传统，有意识地培养下一代子弟。后辈中青出于蓝的是"大小谢"：谢灵运、谢惠连、谢朓。钟嵘称谢惠连为"小谢"，李白称谢朓为小谢，"蓬莱文章建安骨，中间小谢又清发"，又有"解道澄江静如练，令人长忆谢玄晖""三山怀谢朓，水澹望长安""明发新林浦，空吟谢朓诗"之语。王士禛《论诗绝句》，说李白"一生低首谢宣城"。李白同样看重谢惠连，在《春夜宴从弟桃花园序》有道："群季俊秀，皆为惠连。吾人咏歌，独惭康乐。"宋人还从《文选》中选出一部《三谢诗》，虽然谢惠连的诗只有五首。

谢灵运欣赏的是谢惠连。《宋书·谢灵运传》载，谢惠连虽然"幼有才悟"，因行为不检点，任会稽太守的父亲谢方明并不喜欢他。"灵运尝自始宁至会稽造方明，过视惠连，大相知赏"，爱屋及乌，教惠连读书的何长瑜也被他比之为建安七子中的王粲，"以为绝伦"。谢灵运对谢方明说："阿连才悟如此，而尊作常儿遇之。何长瑜当今仲宣，而饴以下客之食。尊既不能礼贤，宜以长瑜还灵运。"竟将两人都带走了。《诗品》中引《谢氏家录》："康乐每对惠连，辄得佳语。后在永嘉西堂，思诗竟日不就。寤寐间忽见惠连，即成'池塘生春草'。故尝云：'此语有神助，非吾语也。'"

"江南佳丽地，金陵帝王州。"谢朓这两句诗，几乎成了南京的标配，也是南京人的自豪，脱口而出，即使记不住作者的名字。谢朓是南朝影响最大的文学社团"竟陵八友"成员，与沈约共创永明体，是较自由的古体诗走向格律严整的近体诗的重要过渡，南朝诗人具有了掌握与运用声律的自觉意识，才能开唐代格律诗之先河。钟嵘虽然对永明体和"四声八病"不以为然，说"千百年中，而不闻宫商之辨，四声之论"，但对谢朓仍给予高度评价。

谢氏一族中，为世人传为佳话的，还有一位"咏絮才女"谢道韫。《世说新语·言语》载：

谢太傅寒日内集，与儿女讲论文义，俄而雪骤，公欣然曰："白雪纷纷何所似？"兄子胡儿曰："撒盐空中差可拟。"兄女曰："未若柳絮因风起。"公大笑乐。即公大兄无奕女，左将军王凝之妻也。

谢安在家里组织文学沙龙，即景提问，二哥谢据的长子谢朗以盐喻雪，长兄谢奕之女谢道韫以为风飘柳絮更贴切。刘孝标注引《妇人集》："谢夫人名道韫，有文才，所著诗、赋、诔、颂传于世。"《三字经》中有"蔡文姬，能辨琴。谢道韫，能咏吟"，作为女子聪敏的代表。

《世说新语·贤媛》中记谢道韫轶事三则。一则说：

王凝之谢夫人既往王氏，大薄凝之。既还谢家，意大不说。太傅慰释之曰："王郎，逸少之子，人才亦不恶，汝何以恨乃尔？"答曰："一门叔父，则有阿大、中郎。群从兄弟，则有封、胡、遏、末，不意天壤之中，乃有王郎。"

阿大或指谢尚，中郎系谢据。封谓谢韶，胡谓谢朗，遏谓谢玄，末谓谢琰，都是小名。谢道韫看不起王凝之，是因为看惯了家族中出类拔萃的叔伯弟兄，换个角度说，也正是这个群体，托起了谢道韫。另一则说："'王江州夫人语谢遏曰："汝何以都不复进？为是尘务经心，天分有限？"'"她问弟弟谢玄为什么学业没有长进，可见责人之严，正可以成为她不满于王凝之的注脚。又一则说："谢遏绝重其姊，张玄常称其妹欲以敌之。有济尼者，并游张、谢二家，人问其优劣，答曰：'王夫人神情散朗，故有林下风气。顾家妇清心玉映，自是闺房之秀。'"以别人的评判肯定谢道韫的名士风度。

《晋书·列女·王凝之妻谢氏传》中，说谢道韫"聪识有才辩"，又增加了几个故事。"叔父安尝问：'《毛诗》何句最佳？'道韫称：'吉甫作颂，穆如清风。仲山甫永怀，以慰其心。'安谓有雅人深致。"这几句诗出于《大雅·烝民》，正符合谢安的身份。"凝之弟献之尝与宾客谈议，词理将屈。道韫遣婢白献之曰：'欲为小郎解围。'乃施青绫步障自蔽，申献之前议，客不能屈。"又为谢道韫增添了清谈家的身份。只是这两个故事中的才女形象，都不及《世说新语》中的真率。

谢道韫传世之诗只有二首，能让今人琅琅上口的，还是那一句"未若柳絮因风起"。因为故事中三个人的对话都是七个字，常有人以此为七言诗的"联句"，其实是误会。古时虽有七言句式，但多属谣谚歌行，为魏晋文人所不屑，东晋以至南朝前期，五言诗仍是一枝独秀，尚没有确立七言诗这一诗体。《世说新语·排调》："王子猷诣谢公，谢曰：'云何七言诗？'子猷承问，答曰：'昂昂若千里之驹，泛泛若水中之凫。'"语出屈原《卜居》："宁昂昂若千里之驹乎，将泛泛若水中之凫乎？"王徽之改这两句为七字句，意在调侃，一望可知不属七言诗。

刘勰《文心雕龙·明诗》中说"诗有恒裁"，诗的形式有一定的体裁："四言正体，则雅润为本。五言流调，则清丽居宗。……至于三六杂言，则出自篇什。离合之发，则萌于图谶。回文所兴，则道原为始。联句共韵，则柏梁余制。"四言诗是"正体"，五言诗最流行。南朝梁钟嵘《诗品》也专论五言诗，《诗品序》中明确宣称：

夫四言，文约意广，取效风、骚，便可多得。每苦文繁而意少，故世罕习焉。五言居文词之要，是众作之有滋味者也。故云会于流俗，岂不以指事造形，穷情写物，最为详切者耶？……

故知陈思为建安之杰，公干、仲宣为辅。陆机为太康之英，安仁、景阳为辅。谢客为元嘉之雄，颜延年为辅。斯皆五言之冠冕，文词之命世也。

后世公认鲍照成就最高的作品是乐府歌行，尤以《拟行路难》为代表，因多为七言诗，所以不入钟嵘法眼，仅举其入中品。宋《许彦周诗话》说："明远《行路难》壮丽豪放，若决江河，诗中不可比拟。"明钟惺《古诗归》说："鲍参军灵心妙舌，乐府第一手，五言古却又沉至。"王夫之《古诗评选》说："明远乐府自是七言至极。"又说："七言之制，断以明远为祖何？前虽有作者，正荒忽中乌径尔。柞械初拔，即开夷庚，明远于此，实已范围千古，故七言不自明远来，皆荑稗而已。"鲍照不仅在诗歌内容上有大拓展，尤其是将七言古诗的每句用韵改变为隔句用韵，且可以换韵，为七言诗体的完善开了新途径。六朝文化继汉开唐，这也是一例。此后七言作者渐多。《陈书·江总传》中说江总"少好学，能属文，于五言、七言尤善"，始将七言诗与五言诗并举。直到唐代，七言已成为诗歌创作的重要形式，仍有议论认为其地位低于五言诗，如《本事诗》引李白之语："兴寄深微，五言不如四言，七言又其靡也。"据此而言，"未若柳絮因风起"，倘若真属七言诗，当时一定不会得到好评。

《世说新语》：文学与史学

南朝宋文帝元嘉年间，政权渐趋稳定，经济日益繁荣，史有"元嘉之治"的赞誉。贵胄士族为维持门第不衰，十分重视后代教育，常开设家馆，延请著名学者教授子弟。这往往使妇女也得到受教育的机会，出现了女诗人谢道韫、鲍令晖、刘令娴等，有些学者文士就是由母亲启蒙。私学教育家中不乏著名学者，其教学内容也突破了经学的一统天下，广涉佛学、道学、玄学、文学、历史、地理、天文、历算、医学、律学以至书法、绘画、音乐等领域。朝廷官学的进步，民间私学的兴盛，都为人才培养创造了有利条件，也促进了文学创作。郭璞的游仙诗、陶渊明的田园诗、鲍照的边塞诗、大小谢的山水诗、梁陈间的宫体诗等，承汉开唐，各呈异彩。文艺理论亦并驾齐驱，催生出《文心雕龙》《诗品》等一系列开创性的文化经典。

《建康实录》卷十二载，元嘉十五年（438年）十月：

> 立儒学于北郊，延雷次宗居之，辞入宫掖，乃自华林东阁入讲于延贤堂。明年，丹阳尹何尚之立玄学，著作郎何承天立史学，司徒参军谢元立文学，各集门徒，多就业者。时上好儒雅，朝臣嘉俭素之风，乡间耻轻薄之行，江左风俗，于斯为美。

儒学馆先立，玄学、史学、文学三馆的设立是元嘉十六年（439年）的事。

常引起误会的是《宋书·隐逸·雷次宗传》记载：

元嘉十五年，征次宗至京师，开馆于鸡笼山，聚徒教授，置生百余人。会稽朱膺之、颍川庾蔚之并以儒学监总诸生。时国子学未立，上留心艺术，使丹阳尹何尚之立玄学，太子率更令何承天立史学，司徒参军谢元立文学，凡四学并建。

其实这里说四学之建，并未明确在同一年。《宋书·何承天传》明确记载：

（何承天元嘉）十六年，除著作佐郎，撰国史。承天年已老，而诸佐郎并名家年少，颍川荀伯子嘲之，常呼为奶母。承天曰："卿当云凤凰将九子，奶母何言邪。"寻转太子率更令，著作如故。

何承天任著作佐郎和太子率更令，都在元嘉十六年（439年），所以无论他以著作佐郎还是太子率更令的身份立史学，都应在此年。据《宋书·何尚之传》，何尚之元嘉十三年（436年）任丹阳尹："立宅南郭外，置玄学，聚生徒，东海徐秀、庐江何昙、黄回、颍川荀子华、太原孙宗昌、王延秀、鲁郡孔惠宣，并慕道来游，谓之南学。"很可能就是何尚之此举，启发了宋文帝的分科立学。后权臣徐湛欲自领丹阳尹，"徙尚之为祠部尚书，领国子祭酒"。徐湛在元嘉十七年（440年）为乱被诛，领丹阳尹当在十五、十六年间。《江苏省通志稿·大事志》第六卷，亦将"上好儒雅，又命丹阳尹何尚之立玄学，著作佐郎何承天立史学，司徒参军谢元立文学，各聚门徒就业者"归入元嘉十六年（439年）。元嘉十九年（442年）四月立国子学，以何尚之为国子祭酒，裴松之、何承天为国子博士，是对儒、玄、史、文四馆的整合，并不是在四馆之外另立国子学。

南朝宋国子学实行儒、玄、史、文"四学并建"，是世界史上最早的大学分科雏形。而设立有史以来第一个文学馆，文学与儒学、史学、哲学分离且并列，是体现文学自觉的一个重要标志。同时期问世的《世说新语》中专设《文学》一篇，共一百零四条，如果说前半的清谈故事，尚存续着"文章博学"旧说的影响，自六十六条曹植七步诗起，则都是纯粹的文学作品纪事，这也是文学标准明确的例证。可以说，南朝建康，是为中国文学创立早期规范的城市，而这种规范，无疑又是那一时期中国文学的正统。

南朝宋临川王刘义庆撰著的《世说新语》，是流传至今的重要文学经典之一，也是中国第一部志人小说集。

明代嘉靖年间陆师道《〈何氏语林〉序》中赞许《世说新语》"纪述汉晋以来佳事佳话，以垂法戒，而选集精英，至为精绝，故房、许诸人收晋史者，往往用以成篇，不知唐《艺文志》何故乃列之小说家"。《汉书·艺文志》对小说家的定义是"小说家者流，盖出于稗官，街谈巷语、道听途说者之所造也"。陆师道说："义庆去晋未远，其所述载，要自有据，虽传闻异词、抑扬缘饰不无少过，至其言世代崇尚，人士风流，百世之下，可以想见，不谓之良史，不可也。"为《世说新语》未被列为史籍抱不平。

唐刘知几《史通·杂述篇》中说："国史之任，记事记言，视听不该，必有遗逸。于是好奇之士，补其所亡。"小说和历史一样，都在搜集史事，可以作为历史的一种补充。史传注重于历史进程中有大影响的事件与人物，而小说则偏重于故事本身的"奇"。这里所说的小说，与今天盛行的通俗白话小说，不是一个概念，是自成系统的文言笔记小说。《世说新语》的体例与风格，对后世笔记小说发展有着深远影响，直接模仿其体例的作品已难以枚举，形成"世说体"。通俗白话小说源出宋、元话本，自20世纪初新文化运动受到西方小说作品与理论的冲击浸染，形成多元化的现代小说，也就是当今文学四大体裁中首屈一指的小说。

但是陆师道对刘义庆的著作权提出疑问，《〈何氏语林〉序》中说："抑义庆宗王牧将，幕府多贤，当时如袁淑、陆展、鲍照、何长瑜之徒，皆一时名彦，为之佐吏，虽曰笔削自己，而检寻赞润，夫岂无人？"怀疑刘义庆宗室子弟、行伍出身，此书撰著或得到幕府贤才的襄助。清代康熙年间毛际可在《〈今世说〉序》中也有"予谓临川宗藩贵重，缵润之功，或有藉于幕下袁、鲍诸贤"的说法。鲁迅《中国小说史略》第七篇中亦说："《宋书》言义庆才词不多，而招聚文学之士，远近必至，则诸书或成于众手，未可知也。"但都没有举出有力的证据。至于说《世说新语》中间或取材于裴启《语林》、郭澄之《郭子》，"乃纂缉旧文，非由自造"，则文证俱在，为世所公认。正因为语出多源，有时同一件事会有不同的说法，刘义庆的办法是并存，所以书中屡见一事两说的情况。其中有些内容可能出于刘义庆自撰，且他对采缉的材料也作了文字加工，所以全书的语言风格大体统一。南朝梁刘孝标为《世说新语》作注，则完全是引录旧籍，但引用之书达四百余种，如今十九都已散佚，所以成为重要的文献补充，于今人准确理解文义大有裨益。《四库全书总目》将刘孝标《世说新语注》与裴松之《三国志注》、郦道元《水经注》、李善《文选注》并举，以为后世注疏典范。

文言笔记小说的创作，可以说实始于晋人。鲁迅在《中国小说史略》第四篇中指出：

> 现存之所谓汉人小说，盖无一真出于汉人，晋以来，文人方士，皆有伪作，至宋明尚不绝。文人好逞狡狯，或曰夸示异书，方士则意在自神其教，故往往托古籍以衒人。

东晋南朝文士撰著小说的风气，既受当时选官制度的影响，也与同时期官、私修史盛极一时有密切关系。按魏晋以来的九品官人法，寒士起家，多为佐著作郎。《史通·覈才》有记："《晋令》云：'国史之任，委之著作。每著作郎初至，必撰名臣传一人。'斯盖察其所由，苟非其才，则不可叨居史任。"所以下层士人多习练人物传记写作，以求晋升。这是用人制度对社会文化风气的影响。撰《博物志》的张华，撰《搜神记》的干宝，共撰《晋史》的郭璞和王隐等，都曾担任过佐著作郎。《世说新语·排调》载："干宝向刘真长叙其《搜神记》，刘曰：'卿可谓鬼之董狐。'"董狐被孔子称为良史，"书法不隐"，能坚持原则，直言不讳。在名士刘惔眼中，小说家也是一种史官，且不失为良史。

南朝的史学确实取得了很高的成就。被列为正史的二十四史中，有三部产生于南朝建康。宋元嘉年间，范晔撰写《后汉书》，吸取前代史家所长，保存大量珍贵资料，全面总结东汉盛乱治衰的历史经验，而且创立了《文苑传》《列女传》《逸民传》《方术传》等七种新列传，首次将民间文人、女性、隐士、方士等载入史册，完善了纪传体史书的体例，对中国史学有重大贡献。范晔《后汉书》与《史记》《汉书》《三国志》并列为"前四史"，而此前各家后汉史书遂逐渐废佚不传。

齐永明年间，沈约奉诏编撰《宋书》，在前人撰述基础上去粗取精，很快完成了纪和列传七十卷，至梁天监年间完成志三十卷，全书一百卷。沈约《宋书》保存了大量经济、军事史料，所载侨置郡、县情况，弥补了前史之缺，且收录众多名人奏章和书札，尤其是具有鲜明的时代特色，对当时所重的门阀士族谱系作了较全面的反映。志的体例得到进一步完善，并有所创新。沈约另撰有《晋书》一百余卷、《齐纪》二十卷、《梁武纪》十四卷等,惜已散佚。

梁萧子显修撰《南齐书》六十卷,是中国历史上唯一由前朝帝王后裔修撰的正史。萧子显是齐高帝萧道成之孙,文才卓识,受梁武帝重用,天监年间主动请求编撰齐史。他以当代人编当代事,能借鉴前辈史家的经验,保存史料相对完整,可信度也较高,同时发挥自己的文学才能,较系统地论述了文学创新的体系,对唐、宋文学的发展有很大影响。萧子显另撰有《后汉书》一百卷、《晋史草》三十卷、《贵俭传》五十卷、《普通北伐记》五卷等,均已散佚。

其时南北分立对峙,朝代更迭多变,一方面,统治者欲借助史书标榜王朝或民族的正统,如吴大帝孙权曾命丁孚、项峻撰著本朝史,晋元帝即位之初即命干宝掌修国史。另一方面,文人学士不能不关注时局的兴衰治乱,也常以总结历史经验供统治者借鉴为己任,所以形成一个史学热潮。除了上述三部正史,还有许多史学著作出现,如东晋干宝撰写编年体国史《晋纪》,何法盛撰《晋中兴书》,南朝宋何承天、山谦之、苏宝生、徐爰等都曾修宋史,山谦之所撰《丹阳记》是南京最早的方志著作,南朝齐熊襄撰《齐典》,齐、梁间陶季直撰《京都记》,梁吴均奉敕撰《通史》并注范晔《后汉书》,萧子显之兄萧子云撰有《晋书》,任昉著有《地记》,梁、陈间顾野王著有《舆地志》《通史要略》《国史纪传》等。宋元嘉年间,裴松之奉诏为陈寿《三国志》作注,打破前人旧法,注重史实考订与增补,博采众书达一百五十余种,以补缺、备异、纠谬、评论等开创注史新例,所成《三国志注》内容超出原著三倍,为后世研读《三国志》者所必读。

南京的史学传统由此奠定,历代佳作不胜枚举。

《世说新语》中的记载,也可以成为研究正史的一种验证材料。即如常常被人引用的"淮流竭,王氏灭"一语,见于唐李延寿《南史·王裕之等传赞》:

> 昔晋初渡江,王导卜其家世,郭璞云:"淮流竭,王氏灭。"观夫晋氏以来,诸王冠冕不替,盖亦人伦所得,岂唯世禄之所专乎。及于陈亡之年,淮流实竭,曩时人物,扫地尽矣。斯乃兴亡之兆,已有前定。天之所废,岂知识之所谋乎。

《世说新语·术解》一篇记事十一条,与郭璞相关的四条,未见此事。且其中确有为王导卜卦一条:

王丞相令郭璞试作一卦，卦成，郭意色甚恶，云："公有震厄。"王问："有可消伏理不？"郭曰："命驾西边数里，得一柏树，截断如公长。置床上常寝处，灾可消矣。"王从其语。数日中，果震柏粉碎。子弟皆称庆，大将军云："君乃复委罪于树木。"

同为郭璞占卜，此条既得收入，则关系王氏家族命运的"淮流绝，王氏灭"为什么会遗漏？

"淮流竭，王氏灭"的句式，其实另有来历。《史记·灌夫传》载：

夫不好文学，好任侠，已然诺，诸所与交通，无非豪杰大猾，家累数千万，食客日数十百人，陂池田园，宗族宾客为权利，横于颍川。颍川儿乃歌曰："颍水清，灌氏宁。颍水浊，灌氏族。"

这位仿作者，更可能是强调"兴亡之兆，已有前定"的李延寿。

《世说新语》中包含丰富的人物写真、生活风貌材料，且有强烈的现场感，研究六朝历史文化固不可不读。换个角度说，阅读《世说新语》，也须对六朝社会有一个基本的了解，否则很难正确理解其意义。如果只就字面讲故事，可谓买椟还珠，且难免易对那个时代产生误解。

《诗品》与《文心雕龙》

魏晋以来，辞赋、乐府、诗歌、小说等多种体裁的文学创作都取得了很高的成就，理论研究也随之兴起，至南朝极一时之盛。南朝文学理论的成就，尤其令人瞩目。

前文较多涉及《诗品》。《诗品》是中国第一部诗歌评论专著，被后人誉为"百代诗话之祖"。著者钟嵘是南朝齐、梁间人，其晚年所作《诗品》，序言部分勾勒出梁以前历代诗歌传承发展的脉络，品评部分专论当时蓬勃兴盛的五言诗及已不在世的诗人，重视作品的美学价值，按艺术成就高低，分隶上、中、下三品。入选的东晋以后诗人大都在建康生活过，钟嵘与其中多位曾共同切磋诗艺。钟嵘善于概括各家独特的艺术风格，从论赋比兴、论风骨词采、重视诗味、摘引和称道佳句四方面着眼，运用比喻描绘诗人的特色，新鲜贴切。他倡导建安文风，主张音律和谐、直抒胸臆，尤其是注意揭示诗人风格的继承关系，对后人划分诗歌流派提供了启示和线索。《诗品》在观念、方法、词句形式上，都对后世诗论有相当影响。

《南史·文学·钟嵘传》中记载了他与沈约的一桩笔墨官司：

嵘尝求誉于沈约，约拒之。及约卒，嵘品古今诗为评，言其优劣，云："观休文众制，五言最优。齐永明中，相王爱文，王元长等皆宗附约，于时谢朓未遒，江淹才尽，范云名级又微，故称独步。故当辞密于范，意浅于江。"盖追宿憾，以此报约也。

意指沈约享盛名是"世无英雄，遂使竖子成名"。其实《诗品》原文，钟嵘对沈约的评语中尚有一句："虽文不至其工丽，亦一时之选也。见重闾里，诵咏成音。嵘谓约所著既多，今翦除淫杂，收其精要，允为中品之第矣。"平心而论，将沈约列入中品并无不当。《南史》此说，未免唐突前贤。

钟嵘不以为然的，是沈约提倡的"四声八病"说，《诗品序》中明确地说：

王元长创其首，谢朓、沈约扬其波，三贤或贵公子孙，幼有文辩，于是士流景慕，务为精密，襞集细微，专相凌架。故使文多拘忌，伤其真美。余谓文制本须讽读，不可蹇碍，但令清浊通流，口吻调利，斯为足矣。至平、上、去、入，则余病未能，蜂腰鹤膝，闾里已具。

声律说与永明体在文学史上自有其地位，但沈约诗作过于强调声律、对仗的形式，而苦于内容狭隘、意境平庸，也是有公论的。首创者王融，也是"竟陵八友"之一，只得入下品。同属"竟陵八友"、后来做了皇帝的萧衍，亦不赞成声律过严。《梁书·沈约传》说沈约：

又撰《四声谱》，以为在昔词人，累千载而不寤，而独得胸衿，穷其妙旨，自谓入神之作，高祖雅不好焉。帝问周舍曰："何谓四声？"舍曰："天、子、圣、哲，是也。"然帝竟不遵用。

周舍即撰《四声切韵》的周颙之子，他用"天子圣哲"四字来表明平、上、去、入的发音，可谓煞费苦心，然而梁武帝仍不接受。

章学诚《文史通义》卷五《诗话》中说："诗话之源，本于钟嵘《诗品》"，"《诗品》之于论诗，视《文心雕龙》之于论文，皆专门名家勒为成书之初祖也。《文心》体大而虑周，《诗品》思深而意远，盖《文心》笼罩群言，而《诗品》深从六艺溯流别也（如云某人之诗其源出于某家之类，最为有本之学，其法出于刘向父子）。论诗、论文而知溯流别，则可以探源经籍，而进窥天地之纯、古人之大体矣。"

《文心雕龙》著者刘勰与沈约也有一段故事。《梁书·刘勰传》中说刘勰著《文心雕龙》：

既成，未为时流所称。勰自重其文，欲取定于沈约。约时贵盛，无由自达，乃负其书，候约出，干之于车前，状若货鬻者。约便命取读，大重之，谓为深得文理，常陈诸几案。

在士、庶门第森严之际，对于刘勰这样的寒门子弟，沈约并没有排斥，钟嵘出身士族，入建康国子学，后顺利踏入仕途，沈约为什么一定要排拒他呢？当然也有人说，沈约欣赏《文心雕龙》，是因为其中的《声律篇》，与沈约的《四声谱》两相契合。纪晓岚在《沈氏四声考》中就肯定这一点："休文四声之说，同时诋之者钟嵘，宗之者刘勰。嵘以名誉相轧，故肆讥弹。勰与宗旨相同，故蒙赏识。文章门户，自昔已然。"然而沈约对《文心雕龙》的评价是"深得文理"，并非"深通声律"。且沈约当时实有奖掖文学后进之美誉，史籍明载，王筠、何逊、吴均、王籍、何思澄、刘杳等人，都曾得沈约赞赏。

《文心雕龙》成书在南朝齐末年，是中国第一部体大思精的文学理论专著，对大量文学现象进行了具体而细致的分析，内容丰富，结构严谨，论述系统，全面总结了齐、梁以前的文学理论和美学成果，探索和论述了语言文学的审美本质及创造、鉴赏的美学规律，建构起作品体裁分类系统，提出了许多独到的真知灼见，而且是以骈文写成，可谓前无古人，后无来者。

刘勰出身寒门，生平记载很少，《梁书·刘勰传》只有寥寥数语："勰早孤，笃志好学。家贫不婚娶，依沙门僧祐，与之居处，积十余年，遂博通经论。因区别部类，录而序之。今定林寺经藏，勰所定也。"清人刘毓崧在《书文心雕龙后》（《通义堂文集》卷十四）中，根据《文心雕龙·时序》中提供的信息，考定书成于齐中兴元年、二年（501、502年）间，范文澜《文心雕龙注》据此考定刘勰约生于南朝宋泰始元年（465年），杨明照认为稍晚一两年。刘勰幼年丧父，因家贫无力娶妻，二十来岁从京口（今镇江）到建康，寄住钟山定林上寺，依凭高僧僧祐。钟山定林寺原有上、下二寺，齐、梁时定林下寺已废圮，仅存上寺，故亦简称定林寺。僧祐与王族如齐竟陵王萧子良、梁武帝、临川王萧宏、南平王萧伟，名士如何点、周颙、沈约、明僧绍、吴苞、张融、袁昂、何胤等交好，僧、俗门徒多达一万余人，是《弘明集》的编纂者，也是中国第一位搜集佛教典籍建立经藏者。刘勰协助他做了定林寺经藏的整理编定的工作，且僧祐所编《出三藏记集》《法苑记》《世界记》等书的序言，很可能也出于刘勰手笔。僧祐去世后，碑文也是刘勰所撰。

刘勰寄身佛寺，其主要原因，并不是对佛教的信仰，一方面是定林寺中有丰富的藏书，高僧常与士族、文人交游，有潜心学习的条件，更重要的是寄身佛寺可以免除税赋。前文说过，东晋南朝赋役繁重，士族可以免除，庶族则无此特权。很多人只得投靠士族豪门，或者寄身寺庙以逃避。所以到了梁武帝天监初年，一得到出仕的机会，刘勰就走马上任了。他初任的奉朝请，是专门用于安置闲散官员的，在南朝齐一度多达六百多人。对于刘勰而言，既得以提高社会地位，又不必操劳实际政务，倒也是个好差事。

《文心雕龙》第五十篇《序志》中，刘勰说到他的心路历程："予生七龄，乃梦彩云若锦，则攀而采之。齿在逾立，则尝夜梦执丹漆之礼器，随仲尼而南行，旦而寤，乃怡然而喜"，"敷赞圣旨，莫若注经"，但前贤注经"弘之已精，就有深解，未足立家"，注经不容易脱颖而出。历来文论虽多，都不能令人满意，"并未能振叶以寻根，观澜而溯源"，所以他决定来撰著这部《文心雕龙》。这也说明当时文学的地位，已足以令人成名。

刘勰在这里写了两个梦。一个是小时候的采锦，典出《南史·江淹传》：

淹少以文章显，晚节才思微退，云为宣城太守时罢归，始泊禅灵寺渚，夜梦一人自称张景阳，谓曰："前以一匹锦相寄，今可见还。"淹探怀中得数尺与之，此人大恚曰："那得割截都尽。"

可见刘勰自小就有以文章立身的理想。禅灵寺渚，是六朝运渎的南端，在今升州路陡门桥一带，沿运渎北上可至台城。另一个是三十来岁，也即寄身定林寺十年以后，他梦见的仍是追随孔子，而非佛祖，《文心雕龙》全书所论亦完全不涉佛理，可知其真实信仰。

有趣的是，沈约与僧祐也有渊源。僧祐师事的法献，在齐永明年间与长干寺玄畅同为僧主，分别管理秦淮河北、南两岸的佛寺。法献在齐末圆寂，其墓碑为僧祐所造，碑文即沈约所撰。但刘勰因身为庶族，竟不能利用这一层关系与沈约交往。才华横溢而无进身之道的刘勰，只好扮作书商，守候在路边，待沈约出门时拦下车驾，向他推荐自己的书。因为士族不愿与庶族交往，却可以与商人交往。

因为沈约的肯定，《文心雕龙》不致泯灭无闻。自唐迄清，《文心雕龙》版本数十种,品评近百家,历代学人对其认识越来越深入,评价也越来越高。现当代更形成《文心雕龙》研究的热潮,鲁迅以《文心雕龙》与亚里士多德《诗学》并举,作为东、西方文学理论的"楷式"。

很可能因沈约荐举,刘勰在南朝梁天监初年得以出仕,遂有机会得到昭明太子萧统的赏识,兼任东宫通事舍人,即其文学侍从。萧统编纂《文选》,刘勰不但参与其事,而且对编选宗旨有重要影响。《文选》与《文心雕龙》的"选文定篇"多有契合。有研究者统计,《文选》选录的作家,见于《文心雕龙》的多达五分之四。又如两书对当代健在作家的作品都不评、不选,而稍后的《玉台新咏》则多选时人之作。黄侃《文选平点》中说,读《文选》必须先领会《文心雕龙》,"持观此书,乃有真解"。中大通三年(531年)萧统去世,东宫旧人例应遣散。刘勰未得新职,奉敕与沙门慧震在定林寺撰经证,事成后请求出家,得到梁武帝允许,即在定林寺当了和尚,大约在大同四、五年(538、539年)去世,年过七旬。在南朝文学家中,刘勰要算难得的高寿。

《文选》选文有范式

《诗品》与《文心雕龙》,并称中国文学批评史上的"双璧"。《文选》则是中国现存时代最早的一部文学总集。

魏晋南朝赓续春秋战国,成为中国文化史上第二个百花齐放时期,葛洪有言:"魏代以来,群文滋长,倍于往者。"(《抱朴子外篇·自叙》)。《隋书·经籍志》中说:"建安之后,辞赋转繁,众家之集,日以滋广。"林林总总的文学作品,粲然大备的文章体裁,令读者目不暇接。披沙淘金、汰劣存优,分门别类,编选佳作选集的任务,同样被提到了学人的面前。曹丕、应璩、綦毋邃、荀勖、张湛等已有诗文集之编纂。西晋挚虞类编古文为《文章流别集》三十卷,并作"辞理惬当"的品评,被视为文学总集的滥觞。东晋李充任大著作郎,受命以荀勖《中经新簿》为蓝本,校对藏书,整理旧籍,编成《晋元帝四部书目》,以五经为甲部,史记为乙部,诸子为丙部,诗赋为丁部,"自是厥后,世相祖述"(《七录序》)。《隋书·经籍志》即依经、史、子、集为序,四部分类定型,为中国目录学、图书分类学做出重要贡献。李充又著《翰林论》五十四卷,略述各种文体的写作要求,并举作家作品为典范。只是这些书籍均已散佚。《翰林论》至唐初仅存三卷,现散见于各书的只有十三条。

李充这个名字不大为人提起，他的母亲则大大有名，即王羲之曾从之学书的卫夫人卫铄。传说卫夫人与王羲之的母亲是亲戚，王羲之《姨母帖》中姨母即卫夫人。卫铄嫁江州刺史李矩，卫家与李家都是书法世家，李充的楷书也写得很好。李充少年丧父，与母亲相依为命，起家任丞相王导掾、记室参军，后任中书令褚裒记室参军，是掌管文书的下层官员。《世说新语·言语》载："李弘度常叹不被遇。殷扬州知其家贫，问：'君能屈志百里不？'李答曰：'《北门》之叹，久已上闻。穷猿奔林，岂暇择木。'遂授剡县。"古代县域约百里，故以"百里"喻一县之长。《北门》是《诗经·邶风》之一篇，咏小官吏的困苦："出自北门，忧心殷殷。终窭且贫，莫知我艰。"《晋书·李充传》则说助李充出任剡县县令的不是扬州刺史殷浩，而是中书令褚裒。这应该是永和初年的事情。《晋书·王羲之传》载："会稽有佳山水，名士多居之。谢安未仕时亦居焉。孙绰、李充、许询、支遁等皆以文义冠世，并筑室东土，与羲之同好。"卫夫人于永和五年（349 年）去世，王羲之永和七年（351 年）任会稽内史，正是李充居丧期间。但永和九年（353 年）的兰亭雅集李充没有参加，大约是服丧期满，已回朝任大著作郎了。

　　梁昭明太子萧统主持编选的《文选》（又称《昭明文选》），当属同时期文学总集最高水准的代表。萧统身为太子，自小接受最好的皇家教育，东宫中收藏大量图书典籍，身边聚集着当时最优秀的学者文士，这是继竟陵八友之后又一个重要的文学集团。南朝时私家藏书已成风气，《梁书·任昉传》载："任昉博学，家虽贫，聚书至万余卷，率多异本。卒后，武帝使学士贺纵共沈约勘其书目，官无者，就昉家取之。"与任昉同居竟陵八友之列的沈约，"好坟籍，聚书至二万卷，京师莫比"（《梁书·沈约传》）。比他多的人不是没有，萧绎在《金楼子·聚书》中说："吾今年四十六岁，自聚书来四十年，得八万卷。"正是丰富的公私藏书，成为编纂《文选》的基础。《文选》选编有着明确的审美理念。不但对文学与非文学作了范畴区分，阐述了各种文体发展的脉络，所选一百三十位作者的七百余篇诗文至今仍不失为经典佳作，为后人研究六朝以前的文学史保存了可贵资料。

　　编纂上下近千年的文学总集，必须有提纲挈领的部类区分。在《文选序》中，萧统辨析文体流变，提出了明确的选录标准。周公、孔子的书作为"准式"不可"剪截"，是敬而远之的含蓄说法。此外：

老、庄之作，管、孟之流，盖以立意为宗，不以能文为本，今之所撰，又亦略诸。若贤人之美辞，忠臣之抗直，谋夫之话，辩士之端，冰释泉涌，金相玉振，所谓坐狙丘，议稷下，仲连之却秦军，食其之下齐国，留侯之发八难，曲逆之吐六奇，盖乃事美一时，语流千载，概见坟籍，旁出子史，若斯之流，又亦繁博，虽传之简牍，而事异篇章。今之所集，亦所不取。至于记事之史，系年之书，所以褒贬是非，纪别异同，方之篇翰，亦已不同。若其赞论之综缉辞采，序述之错比文华，事出于沉思，义归乎翰藻，故与夫篇什，杂而集之。

他一再强调的是"篇章""篇翰""篇什"，"事出于沉思，义归乎翰藻"，"以能文为本"，将经、史、子三部排除在外，以作品的文学性作为唯一标准。

辨析文体和品评作家，是中国古代文学批评相辅相成的两大要素。刘勰《文心雕龙·序志》列举曹丕、曹植、应场、陆机、挚虞、李充等所作文论，"或臧否当时之才，或铨品前修之文，或泛举雅俗之旨，或撮题篇章之意"，但都有不足之处："魏《典》密而不周，陈《书》辩而无当，应《论》华而疏略，陆《赋》巧而碎乱，《流别》精而少巧，《翰林》浅而寡要。"所以《文心雕龙》五十篇中以二十篇分论三十四类文体，远远超过曹丕的八体，陆机的十类，以及挚虞、李充的十余种。

整理文学作品以便学习的需要，促进了文学理论的发展，而理论的发展又引领了编纂文学总集的实践。《文选》分文体为三十八类，同样可以看出《文心雕龙》的影响，也有更为细化的发展，如"七"体在《文心雕龙》中归于杂文，《文选》中则以其文体特色单立一体。同一文体之中以时代先后为序，内容多的再以题材内容划分子目，如赋分十五小类，诗分二十三小类。篇目较多的小类可再细分，如京都之赋分上、中、下，赠答之诗分一、二、三、四。如此条分缕析，使读者一目了然。

《文选》作为一部优秀的文学总集，促进了文学的独立发展，在文学史上占有重要的地位。隋、唐以诗赋取士，承六朝文学遗风，《文选》成为学习诗赋最适用的范本，甚至被与经、传并列，所以注家蜂起。唐高宗显庆年间学者李善为《文选》作注，博采众家之长，引书达一千五百余种，使全书篇幅大为增加，故重编为六十卷，研究《文选》遂成为专门学问，世称"选学"，李善也被尊为"选学"的开山鼻祖。唐玄宗时吕延济、刘良、张铣、吕向、李周翰等重注刊行《五臣注文选》。至北宋将李善注与五臣注合刻为《六臣注文选》，成为流传后世的定本，中华书局1987年以宋版为底本影印出版。按中华书局1977年曾影印李善注《文选》，以清嘉庆胡克家刻本为底本，胡克家虽对此前刻本作了校订，但又增添了新的错误，如对《吴都赋》"长干延属，飞甍舛互"的注解，将晋人刘渊林注、唐六臣注及李嵩《建康实录》中的几段文字删并、移入，取舍不当，遂致混乱。

《文选》不仅在中国传诵不衰，并且对日本古典文学产生了深刻影响。萧统也被视为善于读书的象征，江南各地建有多处"昭明太子读书台"，甚至有萧统在镇江招隐山编纂《文选》的传说。

萧统生于齐末中兴元年（501年），次年梁武帝登基，立为太子，天监五年（506年）出居东宫，天监十四年（515年）行成人礼，此后即协助梁武帝处理政务。《梁书·昭明太子传》载：

> 太子自加元服，高祖便使省万机，内外百司，奏事者填塞于前。太子明于庶事，纤毫必晓，每所奏有谬误及巧妄，皆即就辨析，示其可否，徐令改正，未尝弹纠一人。平断法狱，多所全宥，天下皆称仁。

据此可知萧统必须定居建康，不可能四处游玩。《景定建康志·儒学志四》记载，昭明太子读书台"在定林寺后"，即钟山中。他虽"性爱山水"，也只是"于玄圃穿筑，更立亭馆，与朝士名素者游其中"。玄圃在今玄武湖畔，萧统也常泛舟游湖。《南史·萧统传》说他在中大通三年（531年）三月"游后池，乘雕文舸摘芙蓉，姬人荡舟，没溺而得出，因动股"，宫姬嬉闹，在他摘芙蓉时晃动了船，萧统落水，虽被救出却留下病患，隔月即因此去世。南京虽在江南，三月亦无芙蓉可摘，此说诚不可信。

政务之余，萧统醉心文学：

> 引纳才学之士，赏爱无倦，恒自讨论坟籍，或与学士商榷古今。闲则继以文章著述，率以为常。于时东宫有书几三万卷，名才并集，文学之盛，晋、宋以来未之有也。

他也不可能把三万卷书和一大批文士都带到镇江去，所以编纂《文选》的工作只能是在东宫完成的。

《文选》也不收在世作者的作品，现书中最后去世的是陆倕，时在普通七年（526年），五年后萧统去世，所以《文选》成书的时间当就在这五年间。

同在南朝梁，太学博士顾野王所撰《玉篇》，是《说文解字》和《字林》之后一部承前启后的重要文字学著作。全书三十卷，所分部首五百四十二部，与《说文解字》相较有增有减，总数多出两倍，收字比《字林》增加四千多，达一万六千余字。《玉篇》的宗旨是综合众书，辨别汉字形体意义的异同，网罗训释，以成一家之言。全书按照义类相近排序，每字下不仅注明字义，而且举出见于古籍的例证和前人的注解，先经、传，后子、史、文集，最后是字书、训诂书，极为详备，字有异体也分别注明。只是经过后人的增删修编，现传本较原本体例已有相当变异。

《玉台新咏》与宫体诗

萧统去世后，其弟晋安王萧纲被立为太子。据研究者考证，萧纲命东宫学士徐陵编撰《玉台新咏》十卷，中大通六年（534年）编成，收东周至南朝梁诗歌七百余篇，是继《诗经》《楚辞》之后的一部诗歌总集，也是第一部以张大宫体诗为主旨的诗歌集。

宫体诗，也即刻画闺闼之情的艳歌，正是以萧纲为首的晋安王文学集团所倡导。《南史·梁简文帝纪》说萧纲"雅好赋诗，其自序云七岁有诗癖，长而不倦。然帝文伤于轻靡，时号宫体"。《隋书·经籍志·集部序》说：

梁简文之在东宫，亦好篇什，清辞巧制，止乎衽席之间，雕琢蔓藻，思极闺闱之内。后生好事，递相放习，朝野纷纷，号为宫体。

《隋书·文学传序》载：

梁自大同之后，雅道沦缺，渐乖典则，争驰新巧。简文、湘东启其淫放，徐陵、庾信分道扬镳，其意浅而繁，其文匿而彩，词尚轻险，情多哀思，格以延陵之听，盖亦亡国之音乎。

中大通六年（534年）后即大同元年（535年），宫体诗在太子萧纲、湘东王萧绎、徐陵、庾信等人的积极推崇之下已成一时风尚。

徐陵在《玉台新咏序》中说到编撰此书的目的与选录标准，是因为：

往世名篇，当今巧制，分诸麟阁，散在鸿都，不籍篇章，无由披览。于是燃脂暝写，弄笔晨书，撰录艳歌，凡为十卷。曾无忝于《雅》《颂》，亦靡滥于风人。泾、渭之间，若斯而已。

艳歌一体，古已有之，于今为盛，但是缺少汇编，不便阅读。其实这也有为艳歌正名的意思。所选艳歌不像《雅》《颂》那样典雅，也不如民间谣曲那样俚俗，介于此二者之间。

晋安王文学集团，在萧纲成为太子后，成为继萧统之后的又一个东宫文学集团。南朝文学团体，常被提起的是宋临川王刘义庆文学集团，编纂《世说新语》，齐竟陵王萧子良身边的"竟陵八友"，开创永明体，梁昭明太子萧统文学集团，编纂《文选》。萧纲文学集团声名不著，可能是因为萧纲最后当了侯景的傀儡皇帝，湘东王即梁元帝萧绎同样史评不佳，更可能是因为宫体诗声誉扫地，在唐代已被视为"亡国之音"，现当代更被一些名人深恶痛绝。

萧纲文学集团的核心人物，首推徐摛、徐陵父子与庾肩吾、庾信父子。徐摛在天监八年（509年）萧纲七岁时即已入其幕府，担任侍读，且追随终身，直到大宝二年（551年）与萧纲同年离世。《梁书·徐摛传》说他"属文好为新变，不拘旧体"，所以萧纲从小所受就是这样的影响。同时入幕的还有张率。《南史·张率传》载，天监初年，梁武帝命待诏张率"抄乙部书，又使撰妇人事二十余条，勒成百卷"，"以给后宫"，即从历代史书中抄录与女性有关的内容，并新撰二十多条，作为后宫读本。这无疑也会成为写作宫体诗的一种素养。他在幕府十年，萧纲待他"恩礼甚笃"。萧纲十一岁任丹阳尹，庾肩吾等入幕府，二十一岁后任雍州刺史七年，陆杲、刘遵、刘孝仪、刘孝威等入幕，二十九岁入主东宫，麾下文士更是人才济济，徐陵、庾信正是此时充任东宫学士，不但宫体诗创作大为兴盛，文学理念也更为明确。

湘东王萧绎时任荆州刺史，与萧纲气味相投，遥相唱和。萧纲曾有言："立身之道，与文章异。立身先须谨重，文章且须放荡。"萧绎《金楼子·立言》也说："文者，惟须绮縠纷披，宫徵靡曼，唇吻道会，情灵摇荡。"文学作品，应该辞藻华美，音调悦耳，能令人心旌动摇。萧纲《与湘东王书》中，表达了对当时京城建康文风的不满："比见京师文体，儒钝殊常，竞学浮疏，争为阐缓。玄冬修夜，思所不得，既殊比兴，正背《风》《骚》"，"若以今文为是，则古文为非，若昔贤可称，则今体宜弃"，明确提出变革文体的意图。又说：

近世谢朓、沈约之诗，任昉、陆倕之笔，斯实文章之冠冕，述作之楷模，张士简之赋，周升逸之辩，亦成佳手，难可复遇。文章未坠，必有英绝领袖之者，非弟而谁？每欲论之，无可与语，思吾子建，一共商榷，辨兹清浊，使如泾渭。

尽管沈约在世时尚无宫体诗之名，但其诗中不乏此类作品。可见萧纲所说的今文，就是宫体一脉。他并且比萧绎为曹植，希望能一同振兴当代文风。

另一位重要人物是萧子显。萧子显《南齐书·文学传论》中将"今之文章"分为三体，一是模仿谢灵运而不得其精华，"托辞华旷"，"酷不入情"。另一类是一味用典，"博物可嘉，职成拘制"。还有一类是学鲍照的，"操调险急，雕饰淫艳"。在这三体之外，他提出自己的见解："若夫委自天机，参之史传，应思悱来，勿先构聚，言尚易了，文憎过意，吐石含金，滋润婉切，杂以风谣，轻唇利吻，不雅不俗，独中胸怀。"所以萧纲将萧子显引为知音，《梁书·萧子显传》中说，萧纲素重萧子显："在东宫时，每引与促宴。子显尝起更衣，太宗谓坐客曰：'尝闻异人间出，今日始知是萧尚书。'"两人亦有宫体诗唱和之作。

《玉台新咏》对确立宫体诗地位的意义毋庸多言，历代品评亦无须多说。所选作品主要反映女性生活，表现女性情思，描绘女性柔美，吐露女性心声，同时呈露了男性对女性的欣赏和爱慕，刻画了男女之间的爱恋与相思，自可一目了然。魏晋以来社会审美意识觉醒，抒写对女性美的爱慕，成为表达美学追求的重要方式。不过，在字面的欢愉之外，往往也寄寓着难解的人生烦恼和感叹。

即就题材而言，《玉台新咏》中也有约十分之一并非艳歌，如陆机《拟庭中有奇树》，左思《娇女诗》，谢朓《金谷聚》，鲍照《赠故人》等，又如乐府民歌《陌上桑》、长篇叙事诗《孔雀东南飞》《上山采蘼芜》等，亦因《玉台新咏》选录而得以流传。

宫体诗同样是文学发展求新求变的产物。即就东晋南朝而言，从玄言诗到田园诗、永明体、宫体诗，内容与形式的演进，符合文学发展规律。刘勰《文心雕龙·通变》中说到自黄帝、唐尧、虞夏、商周以来文风的变化："黄、唐淳而质，虞、夏质而辨，商、周丽而雅，楚、汉侈而艳，魏、晋浅而绮，宋初讹而新。"南朝宋以降，追求辞藻声调的形式美，而不在乎语法的乖谬。文学既从经学、史学中独立出来，就不得不遵循自己的规律。

《玉台新咏》与《文选》不同，大量收录在世诗人的作品，梁代中叶的诗人比永明体更讲究声律与对仗，可以看出从古体诗向近体诗转变的历程。尤其是第十卷全卷收录新兴的五言四句两韵新体，对于唐代五言绝句的发展，有重要推动作用。可以说，《玉台新咏》在文学史和美学史上都有着非同寻常的价值。

萧纲文学集团中，庾信与徐陵齐名，世称"徐庾体"。论文学成就，自以"为梁之冠绝，启唐之先鞭"的庾信为高，但由梁入陈，徐陵仍是一棵无人能及的常青树。他在梁末出使东魏，也像庾信一样被扣留，却留下一节佳话。《南史·徐陵传》：

> 魏人授馆宴客，是日甚热，其主客魏收嘲陵曰："今日之热，当由徐常侍来。"陵即答曰："昔日王肃到此，为魏始制礼仪。今我来聘，又使卿复知寒暑。"收大惭。齐文襄为相，以收失言，囚之累日。

魏收是"北地三才"之白眉，尚难敌徐陵的口才。这大约也是排调的尾声了。徐陵后随萧渊明回梁，王僧辩以其掌诏诰，任尚书吏部郎。陈霸先攻杀王僧辩，又以徐陵为尚书左丞，升给事黄门侍郎、秘书监，掌机要文字。陈受梁禅，加散骑常侍，文帝时为五兵尚书领大著作，升吏部尚书领大著作。陈宣帝时屡参国政，领国子祭酒，加侍中，又任中书监，领太子詹事。后主陈叔宝继位，徐陵升左光禄大夫、太子少傅。《南史·徐陵传》说：

> 自陈创业，文檄、军书及受禅诏册，皆陵所制，为一代文宗。亦不以矜物，未尝诋诃作者。其于后进，接引无倦。文、宣之时，国家有大手笔，必命陵草之。其文颇变旧体，缉裁巧密，多有新意。每一文出，好事者已传写成诵，遂传于周、齐，家有其本。

不但盛于南朝，而且流传北方。

对于同属宫体诗人的陈叔宝，徐陵并不欣赏。陈叔宝拿自己的文章给他看，徐陵嗤之以鼻："都不成辞句。"后主怀恨在心。就在后主登基的至德元年（583年），徐陵以七十七岁高龄去世，也算是给南朝文事画了一个句号。

艺术的自觉

文学之外，六朝也是一个艺术自觉的时代，书法、绘画、雕塑、园林建设等方面都有里程碑式的成就。打开中国书画史，魏晋南北朝时期的重要书画家，主要活动于南京的约占三分之二。

东吴书法家皇象等被葛洪尊为"一代之绝手"。《抱朴子外篇·讥惑》

中说:"吴之善书则有皇象、刘纂、岑伯然、朱季平,皆一代之绝手,如中州有钟元常、胡孔明、张芝、索靖,各一邦之妙。并用古体,俱足周事。"皇象尤善章草,天玺年间书《天发神谶碑》,在书体上别具一格,与曹不兴的绘画、严武的棋艺、刘敦的天文等并称"八绝"。《法书要录》载窦臮《述书赋》,说皇象书法"朴质古情,难以穷真,非可学成,似龙蝯蛰启,伸盘复行"。王僧虔《论书》,以陆机书法为"吴士书",可见东吴确有不同于中原书法的独特面貌。

东晋书法更是大放异彩,书艺中心也从洛阳转移到建康。王羲之、王献之父子创造了中国书法史上无与伦比的高峰。王羲之博采众长,开创新体,尤以正书、行书为古今之冠,被后世奉为"书圣"。王羲之妻郗氏也有书名,其子涣之、徽之、操之、献之都有法书传世,而献之尤佳,与乃父合称"二王"。王羲之的叔辈王导、王敦、王廙及堂弟王洽等亦善书,王洽之子王珣书名尤高,清高宗得其《伯远帖》,与王羲之《快雪时晴帖》、王献之《中秋帖》并藏于三希堂。直至南朝,尚有王昙首、王僧虔、王慈、王志等一脉绵延。《南史·王僧虔传》中有齐高帝与王僧虔比书法的故事:

高帝素善书,笃好不已。与僧虔赌书毕,谓曰:"谁为第一?"对曰:"臣书第一,陛下亦第一。"帝笑曰:"卿可谓善自为谋。"或曰帝问:"我书何如卿?"答曰:"臣正书第一,草书第二。陛下正书第二,而草书第三。臣无第三,陛下无第一。"帝大笑曰:"卿善为辞。然天下有道,丘不与易也。"

正是"二王"为代表的建康书法,以充分的艺术自觉,将中国书法提升为一门真正的艺术。

梁萧憺墓前的《始兴忠武王碑》,系贝义渊所书,尤被视为"异宝"。康有为《广艺舟双楫》一再高度评价贝义渊:"南碑所传绝少,然《始兴王碑》戈戟森然,出锋布势,为率更所出,何尝与《张猛龙》《杨大眼》笔法有异哉?故书可分派,南北不能分派。"指出阮元"北碑南帖"的论点,是因为"见南碑犹少,未能竟其源流"。

在南京及其周边地区出土的东晋墓志,据知有三十余方,除反映当时社会风尚和志主生平外,更是研究书体书法史的珍贵材料。东晋早期墓志仍是规范的隶书,中期至晚期流行介于隶、楷之间的书体,或隶书已有楷意,或楷书尚存隶意,也有少量楷书和行书。到南朝时期,墓志和碑刻已是工整的楷书。可见由隶而楷的书体变化，正是发生于东晋。这一时期多种书体并存的情况，说明各体均已为世人所接受，而采用某一种决定于书手个人的喜好。六朝墓葬中出土的大量纪年砖上的文字，可以作为佐证。

赤乌十年（247年）康僧会来建业，以佛像吸引信众，曹不兴开始以中国笔墨摹写"西国佛画"，被誉为"佛画之祖"。他所创"白画"，成为后世卫协、吴道子白描画法的先驱。东晋南朝佛教愈盛，寺院壁画风行一时，许多艺术家借此展示才华。顾恺之兼擅书、画，精于人物，主张"以形写神""迁想妙得"，尤重视点睛。兴宁二年（364年）他在凤台山麓瓦官寺壁绘维摩诘像，光彩夺目，轰动一时，时有"才绝、画绝、痴绝"之誉。后世将顾恺之与南朝宋陆探微、南朝梁张僧繇并称"六朝三大家"，也有人再加上唐代吴道子合称"画家四祖"。陆探微画学顾恺之，着力表现人物眉眼神态，塑造"动与神会"的秀骨清相。张僧繇变顾、陆的密体为疏体，开创写意画风，又用色彩绘染山水，不施勾勒，形成独特的没骨画法。他还吸收天竺画技，大同三年（537年）在建康一乘寺门画出有立体感的花卉，时称"凹凸画"。山水画与花鸟画也是萌芽于六朝。法国汉学家谢和耐《中国社会文化史》中说：

中国出现风景画比欧洲在不同环境中发展起来的风景画早一千多年。汉代时期，绘画仍是工匠之作，而这时已成为知识界喜爱的艺术之一，与书法紧密结合。自此，绘画方面的进展更为迅速，色彩愈加多样化，出现可以表达更为复杂现象的表现新程式（角度多样化，以不同景面重叠法表现远近……）。

当代考古发现于南京、镇江的东晋南朝墓室砖画，是研究当时绘画与工艺的珍贵材料。纪年明确时代最早的是东晋隆安二年（398年）画像砖墓，一砖一画，现存五十四枚以阴范模印高浮雕图案于砖面，砖长三十一点五厘米，宽十八厘米。画面承袭汉代画像石神异传统，有青龙、白虎、朱雀、玄武等四灵，有兽首人身、兽首鸟身、兽首噬蛇、虎头戴人首蛇等怪兽，都属保护死者的神物。

南朝陵墓中出现了大幅镶拼砖画，以数十甚至数百枚砖砌成一幅完整图案。如"羽人戏虎""羽人戏龙""骑马鼓吹""三天人"及武士、侍从、狮子、日月等。这种多砖镶拼画的难度远高于单砖画，先须将画稿分解成数十上百图案，分别雕出阴范，模印于砖的一侧或一端，烧成之后不变形，才能镶砌得严丝合缝，组合成完整画面。当时的制砖工艺已经相当发达，所造之砖质量坚固，历经一千五六百年尚能保存完好，砖面图案清晰，线条分明，具有很高的艺术性。

堪为典型的是"竹林七贤与荣启期"砖画，八个人物分两组砌在墓道东、西两壁。尤其是南京西善桥太岗寺南朝墓出土的一组，两幅各长二点四米，高零点八米，由约三百枚砖组成，已是国宝级的文物。

中国的人物画正是在六朝趋于成熟。过去说六朝人物画，都举顾恺之《女史箴图》《洛神赋图》为例，但今人所见实为唐、宋人的摹本。脍炙人口的"竹林七贤与荣启期"画像砖，制作时一定是有画稿的，可以让今人更准确地了解东晋南朝绘画的题材、技法和风格，也使今人能够看到当时的社会生活、思想风尚。

"竹林七贤与荣启期"画面的布局，承袭了汉代以来壁画的对称分隔形式，间以银杏、槐、松、柳、竹等单株植物，使每个人物所处空间相对独立，通过各人的动作神态表现其性格气质：嵇康旁若无人，阮籍忘形长啸，山涛举杯招饮，王戎悠然自乐，向秀倚树沉思，刘伶醉意蒙眬，阮咸抱阮轻拨，荣启期鼓琴而歌。画家的高明之处，正在以人物精神风貌的交相呼应，构成画面的内在统一。

据张彦远《历代名画记》记载，顾恺之、戴逵、陆探微、宗炳等都画过《七贤图》《竹林图》，顾恺之和陆探微也都画过荣启期像。虽然画像砖的粉本未必出自他们之手，但受到他们画作的影响完全可能。张怀瓘《画断》载："像人之美，张得其肉，陆得其骨，顾得其神。神妙亡方，以顾为最。"画像砖较之唐人摹本《女史箴图》更好地显示了重在其"神"的特色。

书画艺术的成就，成为艺术理论发展的坚实基础。而艺术理论又指引了书画创作实践的提升，形成一种比翼齐飞的局面。《世说新语·巧艺》记顾恺之绘画特别注重眼睛："顾长康道：画手挥五弦易，目送飞鸿难"，"顾长康画人或数年不点目睛。人问其故，顾曰：'四体妍蚩，本无关于妙处。传神写照，正在阿堵中。'"。殷浩因一目失明，不愿被画像，顾恺之知道他的顾虑，"明点瞳子，飞白拂其上，使如轻云之蔽日"，既不失真，又巧妙地掩饰了人物的缺陷。他给谢鲲画像时，能运用适当的环境背景体现人物性格。顾恺之的画论现存《魏晋名臣画赞》《论画》《画云台山记》三篇。《魏晋名臣画赞》提出的评画标准，为南朝谢赫的"六法论"打下了基础,《论画》中所讲的传移模写技法也为谢赫所采用。南朝宋画家宗炳的《画山水序》和王微的《叙画》都是早期的山水画论,在绘画史上有填补空白之功。

谢赫是技法精妙的肖像画家,他在南朝梁初所著《古画品录》,第一次系统地为画家评定品级,将三国以来二十七位画家分列六品,有如钟嵘《诗品》,开创之功甚伟,但品评未必恰当。其绘画理论"六法论",即以气韵生动、骨法用笔、应物象形、随类赋彩、经营位置、传移模写六法衡量绘画的高低优劣,成为后世绘画创作和批评的准则,堪比《文心雕龙》,是艺术理论具有划时代意义的里程碑。其后姚最作《续画品录》,评论二十位画家而不分品级。他承续六法论,但对谢赫将顾恺之列在第三品中极为不满,序言中说:"至如长康之美,擅高往策,矫然独步,终始无双。有若神明,非庸识之所能效,如负日月,岂末学之所能窥。荀、卫、曹、张,方之蔑矣,分庭抗礼,未见其人。"认为谢赫列在第一品中的荀勖、卫协、曹不兴、张墨根本无法与顾恺之相比。

六朝时的雕塑,与人物画一样源于佛像制作,采用了木雕、铜铸、石刻等多种材料和工艺。《世说新语·巧艺》载:"戴安道中年画行像甚精妙。"行像即可以移动的佛像。《法苑珠林》卷二十四载:

晋世有谯国戴逵字安道者,风清概远,留遁旧吴,宅性居理,游心释教,且居思通瞻,巧疑造化,乃所以影响法相,咫尺应身。……又造行像五躯,积虑十年。像旧在瓦官寺。

戴逵为瓦官寺所绘佛像五躯,与顾恺之绘维摩诘像、狮子国贡玉佛像并称"三绝"。南朝齐僧祐为栖霞山千佛岩石窟设计的无量寿佛等,体现出南方佛教造像艺术特征,并影响到中原佛像塑造风格。

最具代表性的是南朝陵墓神道石刻。南京栖霞区、江宁区及镇江丹阳、句容等地,现存南朝帝、王陵墓三十三处。神道石刻多为六件三组,即神道石柱一对,石碑一对,神兽一对。帝陵前为头上有角的麒麟和天禄,王陵前为无角的辟邪。每一对石刻都依中轴线相向而立,东西对称,如神道柱石额上的文字,一侧为正书顺读,一侧为反书逆读。石兽的形态亦是,陵墓前左侧的石兽,头微右顾、左足在前,右侧的石兽则头微左顾、右足在前。三种神兽都以整块巨石雕成,重逾十吨,气势恢宏,威武雄健,造型夸张,雕琢精致,达到了很高的艺术境界。

麒麟是传说中的灵异瑞兽,是将鹿身、牛尾、鱼麟、鸟翅等组合而成的臆造形象，有人认为天禄双角、麒麟独角，也有人认为有角者可统称麒麟。《诗经》中已经有歌颂麒麟的作品。《礼记》中出现了"麟凤龟龙"为四灵的说法。后人以青龙、白虎、朱雀、玄武为守护四方的四象，而以麒麟为中土的守护神。辟邪在先秦时期尚非吉语，汉代以后成为能辟御妖邪的神兽。这一形象最为南京人所喜爱，将其作为城徽的主图案。

南朝梁国力强盛，死在梁武帝萧衍之前的"太祖五王"萧宏、萧秀、萧伟、萧恢、萧憺，墓葬规模宏大，雕刻技法娴熟，造型风格也从早期的朴拙凝重转向矫健轻灵，神态威猛而富于动感，装饰色彩浓重，甚至能注意到脚趾这样的细部。萧秀、萧憺墓前且破格立两组四座石碑。萧宏墓石刻兼有北朝风格，可见在南北对峙之际，文化交流并未完全阻隔。

萧衍堂弟、侍中萧景墓前的神道石柱，仅存西柱，仍堪为代表。柱高六点五米，分础、体、盖三部分。柱础下部呈四方形，础面高浮雕首尾相衔的双螭。柱体饰瓦楞纹二十四道，近柱盖处凿出长方形柱额，反书楷字，隽秀有力。柱额下浮雕三力士作以手承托状。柱端覆莲花宝盖，盖顶立圆雕小辟邪一只。中华民族传统造型与佛教元素自然融溶，形成崭新的艺术风貌。

南朝石刻承汉启唐，在中国雕塑艺术史上占有重要地位。尽管艺术家没有留下姓名，但一千五百年后，人们仍为他们丰富的想象力和卓越的表现力所倾倒。

园林六朝变

六朝时期，南京先后出现皇家园林达三十余处。权臣贵胄兴造的私家园林，有些可与皇家园林媲美。皇族、高官常舍宅为寺，私家园林亦随之转化为佛寺园林。最值得重视的，是自然淡泊、恬适清雅的文人园墅，开后世江南文人园林之先河，在中国园林发展史上具有划时代的意义。

皇家园林中，首推华林园，自东吴至陈，前后营造，几乎贯穿六朝三百余年，内有二十八处建筑，堪谓六朝第一园林。

《建康实录》卷十二载，南朝宋元嘉二十三年（446年）扩建华林园，注文引顾野王《舆地志》：

吴时旧宫苑也，晋孝武更筑立宫室。宋元嘉二十二年，重修广之，又筑景阳、武壮诸山，凿池名天渊。造景阳楼以通天观，至孝武大明中，紫云出景阳楼，因改为景云楼。又造琴堂，东有双树连理，又改为连玉堂。又造灵曜前、后殿，又造芳香堂、日观台。元嘉中，筑蔬圃，又筑景阳东岭，又造光华殿，设射棚。又立凤光殿、醴泉堂、花萼池，又造一柱台、层城观、兴光殿。梁武又造重阁，上名重云殿，下名兴光殿，及朝日明月之楼，登之而阶道绕楼九转。

许嵩又补充：

自吴、晋、宋、齐、梁、陈六代，互有构造，尽古今之妙。陈永初（应为"永定"）中，更造听讼殿。天嘉三年，又作临政殿。其山川制置，多是宋将作大匠张永所作，其宫殿数多，旧来不用，乃取华林园以为号。陈亡，悉废失矣。

华林园位置约在今珠江路以北、进香河以东、鸡笼山以南。《建康实录》卷十二载元嘉十五年（438年）十月，"立儒学于北郊，延雷次宗居之。辞入宫掖，乃自华林东阁入讲于延贤堂"。雷次宗在元嘉十五年和二十五年（448年）两次被召入京讲学，据《宋书·隐逸传》记载"自华林园东阁入延贤堂"是后一次的事。雷次宗身为隐士，不愿进入宫廷，所以取道华林园。由此可知华林园当在台城北郊偏西。

华林园也被用于编撰皇家图籍。《南史·何思澄传》："天监十五年，敕太子詹事徐勉举学士入华林撰《遍略》，勉举思澄、顾协、刘杳、王子云、钟屿五人以应选。八年乃书成，合七百卷。"《遍略》亦称《华林遍略》，是南北朝重要类书之作，对唐人编《艺文类聚》有很大影响。欧阳询《艺文类聚序》中说："《皇览》《遍略》，直书其事。"《皇览》是魏文帝曹丕黄初年间召儒士撰集的类书，也是中国第一部类书。《遍略》与《皇览》并提，可见其地位。惜此书在宋代亡佚。

刘宋皇家园林尚有覆舟山乐游苑，山上大设亭观，山北有冰井。元嘉十一年（434年）上巳节，宋文帝在乐游苑举行禊饮活动，曲水流觞，与会者赋《曲水诗》，由颜延之作《三月三日曲水诗序》。齐武帝扩其青溪旧居为芳林苑，筑山凿池，以供游乐，约在今竺桥东南一带。永明九年（492年）上巳节，齐武帝在芳林苑举行禊饮，同样有诗作，由王融作《三月三日曲水诗序》。颜延之、王融都是当朝文人领袖，王融是王导七世孙，这两篇序文都被收入《文选》。南朝名诗人多有曲水诗之作，与皇家常举行上巳活动不无关系。

齐又在玄武湖北建上林苑，在孙陵冈造商飙馆。《南齐书·文惠太子传》载：

（文惠太子）性颇奢丽，宫内殿堂皆雕饰精绮，过于上宫，开拓玄圃园与台城北堑等，其中楼观塔宇，多聚奇石，妙极山水。虑上宫望见，乃傍门列修竹，内施高障。造游墙数百间，施诸机巧，宜须障蔽，须臾成立，若应毁撤，应手迁徙。

"游墙"大约是屏风一类。《南齐书·东昏侯纪》载其永元三年（91年）夏"于阅武堂起芳乐苑"：

山石皆涂以五彩，跨池水立紫阁诸楼观，壁上画男女私亵之像。种好树美竹，天时盛暑，未及经日，便就萎枯。于是征求民家，望树便取，毁撤墙屋以移置之。朝栽暮拔，道路相继，花药杂草，亦复皆然。

看到百姓家有好树美竹，强行挖回宫中，不惜拆墙毁屋。

南朝权贵园林中，赵牙为司马道子所建东第（即东府城）是一个显例。《晋书·会稽王道子》载：

开东第，筑山穿池，列树竹木，功用巨万。道子使宫人为酒肆，沽卖于水侧，与亲昵乘船就之饮宴，以为笑乐。帝尝幸其宅，谓道子曰："府内有山，因得游瞩，甚善也。然修饰太过，非示天下以俭。"道子无以对，唯唯而已，左右侍臣莫敢有言。帝还宫，道子谓牙曰："上若知山是版筑所作，尔必死矣。"牙曰："公在，牙何敢死。"营造弥甚。

版筑，即垒土夯实以成，即如华林园中景阳、武壮诸山，工程量很大，而风行一时。

"南朝四百八十寺"中，权贵舍宅为寺者多有园林，兴建于深山幽谷间者，必为山水优胜之地。明人笔记中还提到南京佛寺：

若鸡鸣寺则坐鸡笼山，永庆寺则傍谢公墩，吉祥寺则负凤凰山，清凉寺则屏四望山，金陵寺则倚马鞍山，上瓦官寺则峙凤凰台，皆备登临之美。下瓦官寺在杏花村内，林木幽深，入其门令人生尘外想。

江南文人园林，宋代始以苏州为典范，其肇源则在六朝建康。此前秦、汉园林多以外在占有为主体，圈地占山，将辽阔的自然景观收揽入皇家或私家园囿，人工营造以地表建筑群为重。江南山水秀丽，气候温润，而地少人多，大规模圈地为园难以为继，同时山水诗、山水画的兴起，说明文人已将自然山水作为自觉的审美对象，并转化为艺术创造的源泉。顾恺之曾作《四时诗》，对自然景物作了精炼的概括性描绘：

春水满四泽，夏云多奇峰。

秋月扬明辉，冬岭秀孤松。

谢灵运的"明月照积雪,朔风劲且哀","池塘生春草,园柳变鸣禽",将自然之美与感情抒发融为一体。南京"城市山林",山水兼备的自然地理环境,为造园者提供了广阔的用武之地,也有利于新的园林形态生成。

六朝建康园林转以内在创造为主体,由大到小、由粗趋精,变罗列铺陈为顺应自然,变夸豪斗富为雅游清赏,在有限空间内营造丰富的观赏意境,重在满足欣赏者的心理需求,生成新的人文情趣。作为绘画理论的"六法论",对于园林艺术同样产生深远影响。宗炳所说的"目师山水,心师目,手师心","竖划三寸,当千仞之高,横墨数尺,体百里之远",在庾信的《小园赋》中得到生动体现:

桐间露落,柳下风来,琴号珠柱,书名玉杯。有棠梨而无馆,足酸枣而非台。犹得欹侧八九丈,纵横数十步,榆柳两三行,梨桃百余树。拨蒙密兮见窗,行欹斜兮得路。蝉有翳兮不惊,雉无罗兮何惧。草树混淆,枝格相交,山为篑覆,地有堂坳。藏狸并窟,乳鹊重巢。连珠细菌,长柄寒匏,可以疗饥,可以栖迟。崎岖兮狭室,穿漏兮茅茨,檐直倚而妨帽,户平行而碍眉。坐帐无鹤,支床有龟,鸟多闲暇,花随四时。心则历陵枯木,发则睢阳乱丝,非夏日而可畏,异秋天而可悲。一寸两寸之鱼,三竿两竿之竹,云气荫于丛著,金精养于秋菊,枣酸梨酢,桃榹李薁,落叶半床,狂花满屋。名为野人之家,是谓愚公之谷。

这种对自然淡泊、恬适雅趣的自觉追求,使六朝园林蔚为一时之胜,为后世江南园林的文化风格开先声。庾信的诗文,最为世所重的自是《哀江南赋》,然而这篇《小园赋》中表现的文人情致,在中国园林发展史上,是不可忽略的。

第三节
南朝四百八十寺

多少楼台烟雨中

杜牧的诗，最为南京人所熟悉的，一是《泊秦淮》：

烟笼寒水月笼纱，夜泊秦淮近酒家。

商女不知亡国恨，隔江犹唱后庭花。

一是《江南春》：

千里莺啼绿映红，水村山郭酒旗风。

南朝四百八十寺，多少楼台烟雨中。

两首诗里，都有一个"烟"字。南京春日，白昼的烟雨，清夜的烟色，自是令人流连。韦庄《台城》中，也有"无情最是台城柳，依旧烟笼十里堤"。成行的柳树，新叶初萌之际，望去确有烟气朦胧之感。李白的"吴烟暝长条"，亦是此景写照。后人口中的"六朝烟水"，或即由此而来吧。

比烟雨楼台更令人关注的，是"南朝四百八十寺"。南朝建康真有如许多寺庙？至少唐人是相信的。唐李延寿《南史·循吏·郭祖深传》载郭祖深言："都下佛寺五百余所。"清刘世珩《南朝寺考》前有沈曾植序，所言更多：

大法东流，自凉州而入长安，以及江左，王侯士庶，竞尚福田。东晋偏安一百四载，立寺乃一千七百六十有八，可谓侈盛，而金陵寺数，方志无文。自宋迄梁，代有增加。梁世合寺二千八百四十六，而都下乃有七百余寺。陈承梁乱，戎事不遑，五主相承，修营故寺，末年都计寺有一千二百三十二，国家新寺一十七，百官造者六十八，郭内大寺三百余，比于梁氏耗矣，而治故之功，倍于新造。

因此文开篇引用了唐道宣《释迦氏谱》一节文字，遂让人以为这一组数据也出于《释迦氏谱》，其实是误会，两者行文亦大不相同。沈曾植佛学造诣高深，想必另有出处，只是佛教文献浩如烟海，一时难以考究。他推测："唐人所谓'南朝四百八十寺'者，梁、陈之际挛略数耶？"并言隋、唐史籍载有《京师塔寺记》《金陵寺塔记》等书名，"疑四百八十之数出此数书"，只是这些书早已亡佚。

《南朝寺考》所考者，即晚清孙文川所编《金陵六朝古寺考》。孙文川未及刊印即辞世，书稿为藏书家刘世珩所得，借给前辈学者陈作霖。刘世珩的意思，是与陈作霖合作刊印此书，但陈作霖历时五月，独自考订、刊行了《南朝佛寺志》二卷，上卷记东吴、东晋、刘宋佛寺，下卷记萧齐、梁、陈佛寺，共二百二十六座。虽然陈作霖注明"此书稿为上元孙文川所搜采，索之于贵池刘聚卿处"，刘世珩仍不无遗憾，遂又重行考订，并于南朝宋齐福寺外，增补萧齐之齐福寺，另刊行《南朝寺考》六卷，共收录六朝佛寺二百二十七座。

郭祖深所言应属不虚，因为出于他向皇帝的上书，当不敢夸大其词。梁武帝称帝二十余年后，"大弘释典，将以易俗"，以至"家家斋戒，人人忏礼，不务农桑，空谈彼岸"。郭祖深上书劝谏：

都下佛寺五百余所，穷极宏丽。僧、尼十余万，资产丰沃。所在郡县，不可胜言。道人又有白徒，尼则皆蓄养女，皆不贯人籍，天下户口几亡其半。而僧、尼多非法，养女皆服罗纨，其蠹俗伤法，抑由于此。请精加检括，若无道行，四十以下，皆使还俗附农，罢白徒、养女，听蓄奴婢。婢唯着青布衣，僧、尼皆令蔬食。如此，则法兴俗盛，国富人殷。不然，恐方来处处成寺，家家剃落，尺土一人，非复国有。（《南史·循吏·郭祖深传》）

前文说过，许多民众托身寺庙以求逃避赋役。白徒、养女都是不出家的信徒。僧、尼达十余万人，加上不出家的信徒，以至"天下户口几亡其半"，若不整治，恐怕将来"处处成寺，家家剃落"，都成了国家管不到的世外之人。梁武帝听不进郭祖深的意见，打发他到豫章钟陵（今属江西进贤）去当县令。

建寺之外，梁武帝还是佛教信徒素食的倡导者。《广弘明集》卷二十六载"叙梁武断杀绝宗庙牺牲事"："梁高祖武皇帝临天下十二年，下诏去宗庙牺牲，修行佛戒，蔬食断欲。"梁武帝以身作则，并作四篇《断酒肉文》，引证大乘佛教经典，举例说明出家人饮酒吃肉致不及外道、

不及在家人。同书又载"叙梁武帝与诸律师唱断肉律","二十三日法云法师讲涅槃断肉事",僧正慧超、法宠与之辩难:

> 其后诸僧尼或犹云:律中无断肉事及忏悔食肉法。其月二十九日,又敕请义学僧一百四十一人、义学尼五十七人,于华林华光殿,使庄严寺法超、奉诚寺僧辩、光宅寺宝度等三律师升高座,御席地施座,余僧尼亦尔。

梁武帝就断肉之事提问,三律师引经据典解答。文后并转录《大涅槃经四相品》《楞严阿跋多罗宝经卷第四》《央掘魔罗经第一卷》等相关经文。不杀生、断酒肉自此成为佛门戒律。

南朝帝王权贵争相捐建寺庙,礼佛持戒,精研佛理,甚至舍身为"寺奴"。民间受此影响,也纷纷以说因果、修来世为精神寄托,建康城内外遍布佛教寺院。

玄、道、佛此消彼长

佛教是典型的外来宗教,在汉代已传入中国,进入江南相对较晚。早期前来建业的佛教徒,以支谦和康僧会影响最大。东汉末年,大月氏高僧支谦来到建业,梁慧皎《高僧传》卷一记支谦:

> 本月支人,来游汉境。……博览经籍,莫不精究,世间伎艺,多所综习,遍学异书,通六国语。其为人细长黑瘦,眼多白而睛黄。时人为之语曰:"支郎眼中黄,形躯虽细是智囊。"汉献末乱,避地于吴。孙权闻其才慧,召见悦之,拜为博士,使辅导东宫。

孙权请他辅佐太子孙登。他深通梵典,以毕生精力译出《维摩诘经》《大阿弥陀经》《大明度无极经》等佛教经典二十九部,并提出译经应考虑汉语特点,重视文采,使读者易于理解。他还采用了会译的办法,将自己所译与前人所译汇编于一书,两相对照,便于研究。赤乌十年(247年),康僧会来到建业,开始在江苏译经传教,所译经文也得到很高评价。他说服孙权建佛寺供奉舍利,在南京城南凤台山麓建造的建初寺,是长江以南第一座佛寺,可说与洛阳白马寺意义相当。"南朝四百八十寺"由此肇端。

在社会极度动荡、民生苦难深重之际,儒家礼教面临信仰危机,玄学亦不能完全满足精神解脱的需要,佛教的彼岸世界适成为一种可以补充的要素。佛教教义中的因果、轮回之说与儒家的"乾道变化,各正性命""死生有命，富贵在天"，戒杀生、偷盗、邪淫、妄语、酗酒，等等"五戒"与中国传统道德，佛学的"四大皆空"与玄学的"有、无"之辨等，不无相通之处，亦易于借鉴。而佛教也努力谋求与中国传统文化相适应。早期的佛经翻译，多借助玄学词汇，玄学试图融通自然与名教，佛教以出世的姿态关注人间，两者在义理上亦有契合之处。佛教也因玄学影响而重思辨，学术色彩大增。

东晋是佛教与中国传统文化相融合的过渡时期。鲁迅说："到东晋，风气变了。社会思想平静得多，各处都夹入了佛教的思想。"(《魏晋风度及文章与药及酒之关系》)南渡既久，士族从国破家亡的悲痛中渐渐沉静下来，寻求新的精神归宿，他们服五石散，信天师道，同时也敬重、优礼高僧。佛学与玄学、道学相互浸染，高僧与士族交游日广，不乏清谈风度。孙绰作《道贤论》，以两晋高僧竺法护、竺法乘、于法兰、于道邃、帛法祖、竺道潜、支道林七人比附竹林七贤。《世说新语·排调》有西域康僧渊故事："康僧渊以目深而鼻高，王丞相每调之。僧渊曰：'鼻者面之山，目者面之渊，山不高则不灵，渊不深则不清。'"按《周易》郑康成注说"艮为山"，《周易集解》中虞翻说"艮为鼻"，"鼻为山"之说正得清谈神髓。与康僧渊同时来到江南的康法畅，"常执麈尾行，每值名宾，辄清谈尽日"(《高僧传》卷四)，庾亮问他：你这麈尾很好啊，怎么没被人要走呢？他说："廉者不取，贪者不与，故得常在也。"廉洁的人不会讨要，贪婪的人我不给，所以常在我这里。这些都是清谈佳话。《世说新语·文学》中多次提到的高僧竺法深、支道林，从皇帝到士人都与他们交往。许多高僧精通老、庄之学。支道林所注《庄子·逍遥游》，提倡佛、玄结合，推动以佛证玄，超越时人。

道教是中国的本土宗教。与儒家强调个人思想与行为必须符合社会规范不同，道家强调人的独立性，认为人唯一应该适应的是自然的大规范，这就是"道"。道教在东晋南朝完成了经典体系和宗教形式的建构，成为能与儒家、佛教并立的成熟宗教。东晋葛洪是医药学家，其《肘后备急方》中治疟验方"青蒿一握，以水二升渍，绞取汁，尽服之"启发了屠呦呦萃取青蒿素。他也是道教的重要学者。建武元年（317年），他在建康完成了《抱朴子》的著作。《抱朴子外篇》五十卷，"言人间得失，世事臧否"，属于儒家伦理和社会文化，《抱朴子内篇》二十卷，"言神仙、方药、鬼怪、变化、养生、延年、禳邪、却祸之事"(《抱朴子外篇·自序》），汇集先秦以降特别是魏晋时期道教神仙方术学说之大成，系统传布道教神学思想，是当时道教理论的代表作，也是后世研究道教史和哲学史的必读书。

同在东晋，天师道杨羲创立上清派，以天师道女祭酒魏华存为第一代宗师，在江南士族中产生很大影响。上清派宗师多出身高门，有较高的文化素养，第七代宗师陆修静整理道经，创设"三洞四辅十二类"道经分类法，编成第一部道经目录《三洞经书目录》，并总结、改进了道教教会的组织形式、戒律和斋醮仪范。南朝宋文帝聘他入宫讲道，宋明帝在天印山为他修建了崇虚馆。第九代宗师陶弘景是秣陵（今南京）人，齐永明十年（492年）辞官隐居句曲山（今茅山）修道，开创茅山宗，使茅山成为上清派的道场。陶弘景精通天文历算、医方、丹道、经学、地理等，有著作十余种，梁武帝时朝廷有事常向他咨询，人称"山中宰相"。他撰成《真诰》二十卷，被视为道教的重要经典。陶弘景在宗教教义上援佛入道，提倡形神双修，主张儒、佛、道合法共通，而以仙为首，对后世道教有深远影响，也是学术上兼收并蓄的体现。

天师道即五斗米教，进入天师道为弟子须交纳五斗米，因此得名，始于东汉顺帝年间，是道教最早的一个派别。西晋皇族多有崇信，至东晋影响尤大，如权臣司马道子，信用天师道孙泰，酿成孙恩、卢循暴乱，持续十余年，几度祸乱三吴，威胁建康。陈寅恪《天师道与滨海地域之关系》中说道："六朝人最重家讳，而'之''道'等字则在不避之列，所以然之故虽不能详知，要是与宗教信仰有关。"如王羲之一族皆信奉天师道，王羲之曾一丝不苟地抄写上清派重要经典《黄庭经》，今人多欣赏其书法之美，很少想到宗教信仰背景。王氏兄弟子侄多以"之"命名。《世说新语·德行》载王献之临终忏悔故事："王子敬病笃，道家上章，应首过，问子敬：'由来有何异同得失？'子敬云：'不觉有余事，唯忆与郗家离婚。'""道家上章"云云，就是天师道的仪式。

《晋书·王羲之传附王凝之》：

王氏世事张氏五斗米道，凝之弥笃。孙恩之攻会稽，僚佐请为之备，凝之不从。方入靖室请祷，出语诸将佐曰："吾已请大道，许鬼兵相助，贼自破矣。"既不设备，遂为孙恩所害。

孙恩只顾劫财掠地，全不论道友之情，将王凝之及其子女尽数杀害，谢道韫领着家中女眷奋起抵抗，被俘后又舍身救外孙刘涛，孙恩素闻才女之名,为之改容,将她与刘涛送回会稽。据此而言,谢道韫看不上王凝之,不是没有道理。

玄、道、佛之间的此消彼长,有一个过程。《世说新语·言语》有两个小故事。一说庾亮调侃卧佛:"庾公尝入佛图,见卧佛,曰:'此子疲于津梁。'于时以为名言。"说佛奔走津梁,累得睡着了,世人不以为怪,反传为名言。这是东晋早期的事。另一个是调侃高僧的:"竺法深在简文坐。刘尹问:'道人何以游朱门?'答曰:'君自见朱门,贫道如游蓬户。'或云卞令。"简文帝结交僧人,丹阳尹刘惔不以为然,他不便非议皇帝,便问竺法深出世之人为什么奔走豪门。竺法深的回答自是诡辩,朱门、蓬户既如一,为何不去游蓬户?也有人说问这话的人是卞壶。可见有此看法的不止一人。

《世说新语·排调》中也有类似故事:

何次道往瓦官寺礼拜甚勤,阮思旷语之曰:"卿志大宇宙,勇迈终古。"何曰:"卿今日何故忽见推?"阮曰:"我图数千户郡,尚不能得。卿乃图作佛,不亦大乎!"

王导的继承人何充淡于清谈而勤于礼佛,被阮裕取笑,说我想当个郡守都当不上,你居然想成佛!这已是东晋中期,礼佛还会遭人讥笑。

总体而言,佛教在东晋是日渐隆盛的。东晋帝王士族亦多崇信佛教,晋元帝兴造龙宫寺,明帝兴造皇兴寺、道场寺,简文帝兴造波提寺,在长干寺建三层塔,康帝褚皇后造延兴寺,穆帝何皇后造何皇后寺,彭城王司马纯之造彭城寺,会稽王司马道子造中寺、冶城寺,中书令何充造建福寺,镇西将军谢尚舍宅造庄严寺,征北将军蔡谟造栖禅寺,侍中王坦之造临秦寺、安乐寺等,现在可考的东晋时期建康寺庙达三十七座。高僧进出豪门、交游士族的故事,在《世说新语》中记录甚多。

东晋初年,西域高僧帛尸梨蜜多罗住建康建初寺,译出《大孔雀王神咒经》《孔雀王杂神咒经》《大灌顶经》等。长干里道场寺更成为江南译经基地。佛陀跋陀罗和慧观、慧严、慧义等在此译出《华严经》等经籍。东晋义熙九年(413年),西行求法达十四年之久的高僧法显抵达建康,带回大量梵文佛经,即在道场寺中与学僧译出《大般泥洹经》《摩诃僧祇律》等经律六部。他又据亲历三十余国的见闻撰写《佛国记》（又名《法显传》《法明游天竺记》），反映中亚、南亚、南洋诸国的地理、历史、交通、社会文化，这是现存时代最早的纪游实录。

受法显西行感召，北燕高僧昙无竭（法勇）在太平十二年（420年）带领二十五人西行取经，历尽艰辛，途中死去十二人，终于抵达印度，横穿天竺五部，礼拜佛陀圣迹，访求名师，学习梵文经典。昙无竭后从南天竺搭乘商船越印度洋，过南海到广州，前后二十余载。时北燕已灭亡，昙无竭遂留居南朝宋，译出《观世音菩萨授记经》，并将取经见闻写成《外国传》（梁启超称《历国传记》）五卷。南朝梁定林寺僧祐《出三藏记集》中有《法勇法师传》。

在上层主流意识形态的影响下，民间奉佛亦开始流行。但更多的人托身寺庙，是想借此逃避赋役。《广弘明集》载宋武帝《沙汰僧徒诏》：

门下佛法讹替，沙门混杂，未足扶济鸿教，而专成逋薮。加以奸心频发，凶状屡闻，败道乱俗，人神交忿。可付所在与寺耆长，精加沙汰，后有违犯，严其诛坐，主者详为条格，速施行。

可见晋、宋之际，事态已相当严重。"齐太祖创业之始及世祖袭图之日，皆建立招提，傍求义士。"（《高僧传·齐上定林寺释僧柔》）到梁武帝时，可谓登峰造极，也就难逃物极必反的规律。

竟陵八友：文学与佛学

南朝齐、梁之际，竟陵王萧子良身边的竟陵八友，并非单纯的文学集团，而是一个文化集团，并成为政争的重要工具。在佛学的流行上，竟陵八友同样发挥了促进的作用。也正是佛学研究上的成就，促成了其文学上的创新。

齐永明年间周颙撰《四声切韵》，沈约撰《四声谱》，提出"四声八病"之说，开创了中国古代格律诗的雏形"永明体"，为唐诗的鼎盛打下重要基础。这是文学史上的常识。然而，佛教自汉代已传入中国，为什么四声律恰恰出现在永明年间的建康？

陈寅恪在《四声三问》中说：

中国文士依据及摹拟当日转读佛经之声，分别定为平、上、去之三声，合入声共计之，适成四声。于是创为四声之说，并撰作声谱，借转读佛经之声调，应用于中国之美化文。

按天竺风俗，凡是歌咏佛教法言，皆称为"呗"。流传中国后，咏经被称为"转读"，歌赞则仍称"梵呗"。梵文颂的体制很严密，音节格律都有定规。《大智度论》中说："菩萨欲净佛土，故求好音声。欲使国土中众生闻好音声，其心柔软。心柔软，故受化易。是故以音声因缘供养佛。"南京老话中，"狠声恶气"是严重的性格缺陷。陈寅恪从南朝梁僧慧皎《高僧传》中引录晋、宋以降有关转读"好音声"的记载，如东晋太元年间支昙籥"特禀妙声，善于转读"，其弟子法平、法等"共传师业，响韵清雅"，南朝宋僧饶"响调优游，和雅哀亮"，道慧"特禀自然之声，偏好转读"，智宗"尤长转读"，宋、齐间昙迁"巧于转读，有无穷声韵"，昙智"有高亮之声，雅好转读"，上述诸人皆是建康寺僧，或即建康人出家，或为寓居建康的西域高僧。

尤其值得注意的，一是"齐安乐寺释僧辩"：

释僧辩姓吴，建康人，出家，止安乐寺。少好读经，受业于迁、畅二师。初虽祖述其风，晚更措意斟酌，哀婉折衷，独步齐初……声震天下，远近知名，后来学者莫不宗事。永明七年二月十九日，司徒竟陵文宣王梦于佛前咏维摩一契，便觉韵声流好，有工恒日。明旦即集京师善声沙门，龙光普知、新安道兴、多宝慧忍、天保超胜及僧辩等，集第作声。辩传古维摩一契，瑞应七言偈一契，最是命家之作。

一是僧辩弟子"齐北多宝寺释慧忍"：

释慧忍姓蕢，建康人，少出家，住北多宝寺，无余行解，止是爱好音声。初受业于安乐辩公，备得其法，而哀婉细妙，特欲过之。齐文宣感梦之后，集诸经师，乃共忍斟酌旧声，诠品新异，制瑞应四十二契。忍所得最为长妙。于是令慧微、僧业、僧尚、超明、僧期、超猷、慧旭、法昙、慧满、僧胤、慧象、法慈等四十余人皆就忍受学，遂传法于今。……论曰：自大教东流，乃译文者众，而传声者盖寡。……逮宋、齐之间有昙迁、僧辩、太傅文宣王等，并殷勤嗟咏，曲意音律，撰集异同，斟酌科律，存于旧法，正可三百余声。

东吴建业已有西域高僧支谦、康僧会等，晋、宋又有帛尸梨蜜多罗、佛陀跋陀罗、支昙籥、法平、法等、昙迁等居留。建康官民尤其佛教信徒有机会受到他们影响。《世说新语·政事》载：

王丞相拜扬州，宾客数百人并加沾接，人人有说色。唯有临海一客姓任及数胡人为未洽。公因便还到过任边，云："君出，临海便无复人。"

任大喜说。因过胡人前,弹指云"兰阇,兰阇"。群胡同笑,四坐并欢。

后人以此论王导之善于应酬交际。但弹指作声,是印度风俗,表示喜悦、许诺等义,"兰阇"是梵语欢悦之音译,可见王导对胡人的习俗、语言有相当了解。

陈寅恪说:

> 居住建康之胡人依其本来娴习之声调,以转读佛经,则建康土著之僧徒受此特殊环境之薰习,其天赋优厚者往往成为善声沙门,实与今日中国都邑及商港居民善讴基督教祀天赞主之歌颂者,理无二致。此为建康所以多善声沙门之最要主因,而宫廷贵族之提倡尚在其次也。(《四声三问》)

但宫廷贵族的提倡,起到了直接的促成作用。《南齐书·竟陵文宣王萧子良传》记永明五年(487年)事,萧子良任司徒、侍中,"移居鸡笼山西邸,集学士抄五经、百家,依《皇览》例,为《四部要略》千卷。招致名僧,讲论佛法,造经呗新声。道俗之盛,江左未有也"。

竟陵八友得名于竟陵王萧子良,其活动地域并不在湖北竟陵(今天门),而是建康的鸡笼山麓。这里的道,即指佛教,南朝译"菩提"为"道",习称僧人为道人、道士。竟陵王所招致的名僧有玄畅、僧柔、宝志、法献、僧祐等,齐梁之际的高僧,多与他有交往。"造经呗新声",也就是声律的制定。所以《四声三问》中说:

> 经声之盛,始自宋之中世,极于齐之初年。竟陵王子良必于永明七年二月十九日以前即已娴习转读,故始能于梦中咏颂。然则竟陵王当日之环境可以推知也。鸡笼西邸为审音文士抄撰之学府,亦为善声沙门结集之道场。

> 竟陵王子良大集善声沙门于京邸,造经呗新声,实为当时考文审音之一大事。在此略前之时,建康之审音文士与善声沙门讨论研求必已甚众而且精。永明七年竟陵京邸之结集,不过此新学说研求成绩之发表耳。

正是在这样的环境氛围中,周颙、沈约等人总结转读佛经时汉字的声母、韵母和四种声调,发明反切拼音之法。这是佛学流传给中国文学带来的意外收获。

定林寺高僧僧祐

竟陵王萧子良常相交游的僧人中,定林寺僧祐尤应注意。

僧祐在宋元嘉年间生于建康，据说幼年入建初寺礼拜，"踊跃乐道，不肯还家"，父母同意他学佛，奉僧范为师。十四岁因拒婚避至钟山定林寺，投法达门下，二十岁受具足戒，受业于高僧法献、法颖，二十余年，成为一代名僧。他为齐竟陵王萧子良讲经，听众常达七八百人，至梁武帝时更受崇敬，可以乘舆入宫，凡佛教事宜有疑问，都由僧祐决断。

僧祐更重要的贡献，是佛教史上的几个第一。

佛教经籍在齐、梁之际已相当丰富，但尚无人做系统整理。僧祐搜集整理经籍，在定林寺、建初寺营建般若台，造立经藏，这是中国最早的佛教经藏。定林寺经藏的建立，得到梁临川王萧宏的襄助，刘勰参与整理，区别部类，加以序录。同时僧祐又"钻析内经，研镜外籍，参以前识，验以旧闻"（《出三藏记集序》），编撰《出三藏记集》十五卷，这是中国现存最早的佛教经录，古代译经史上的大量原始资料因此书得以保存。《释僧祐法集》另收有其所编撰《萨婆多部相承传》《十诵义记》《释迦谱》《世界记》《法苑记》《弘明集》《法集杂记传铭》，共八种著述。

《法苑记》收入佛教歌呗、法乐、梵舞、造像等文献甚多。僧祐不但于佛教艺术文献广有研究，而且能付诸实践。《南朝佛寺志》"光宅寺"条载，梁武帝登基后舍宅为寺，"天监六年使僧祐造无量寿佛"，"长一丈八尺"。据《高僧传·兴福经师导师释法悦》载，是天监八年（509 年）先在小庄严寺铸造铜佛像，用铜四万三千斤，高一丈九尺，后移往光宅寺。《高僧传·齐京都建初寺释僧祐》载："祐为性巧思，能目准心计，及匠人依标，尺寸无爽。故光宅、摄山大像、剡县石佛等，并请僧祐经始，准画仪则。"据此，栖霞寺三圣殿佛像的镌刻，也是僧祐所指导。

摄山栖霞寺始建于南朝齐。明僧绍隐居栖霞山二十余年，永明七年（489 年）舍宅为栖霞精舍，请法度禅师主持，其子明仲璋与法度禅师依山开凿石窟三圣殿，供奉西方三圣，是为千佛岩中开凿最早、规模最大的石窟。此后齐文惠太子萧长懋、豫章王萧嶷、竟陵王萧子良、始安王萧遥光等王公贵胄纷纷发愿出资凿石造像，梁临川王萧宏复加莹饰、镂刻。以僧祐与萧子良、萧宏等的关系，可以相信这些工作都离不开僧祐。栖霞寺以上、纱帽峰以下的大片山岩，上下横列佛龛五层，号称千佛，实有佛龛二百九十四座，摩崖造像五百一十五尊，高者逾数丈，小者不盈尺。最后的石工殿中，塑造了一位擎锤持凿的石工造像。千佛崖佛像圆润精湛，生动秀丽，以其独特的风格，与同时代的北朝龙门石窟、云冈石窟遥相媲美,被誉为"江南的云冈石窟",是中国石雕艺术中上承秦汉、下启隋唐的重要一环。

同在齐、梁之际,僧朗在摄山弘扬"三论学(《中论》《百论》《十二门论》)",梁武帝曾遣高僧前往"受三论大义"。其再传弟子法朗,由梁入陈,在兴皇寺说法。法朗弟子吉藏后随隋炀帝入长安,与诸多教派高僧辩论佛学,创立三论宗,以栖霞寺为祖庭。这是产生于南京的最早佛教宗派。

僧祐在佛教史上的又一重要贡献,是编撰《弘明集》十四卷,其收录自东汉末至梁天监八年(509年)间佛教文献一百八十三篇,约十四万字,是中国佛教史上第一部护法弘教的文献汇编。尤为可贵的是,其中既有佛学家的作品,也有儒、道学者的作品,能够客观地反映双方论点,因而成为研究中国哲学史、思想史、佛教史的重要文献。

在《弘明集序》中,僧祐说到编撰起因:

自大法东流,岁几五百,缘各信否,运亦崇替。正见者敷赞,邪惑者谤讪。至于守文曲儒,则距为异教,巧言左道,则引为同法,距有拔本之迷,引有朱紫之乱,遂令诡论稍繁,讹辞孔炽。

所以他"撰古今之明篇,总道俗之雅论,其有刻意翦邪,建言卫法,制无大小,莫不毕采。又前代胜士,书记文述,有益三宝,亦皆编录"。

将五百年间弘法明教的论文、书启、诏诰、奏表、檄文等,汇为一书,不仅呈现了这一时期佛教的基本教义、传播状况,也反映出佛教与儒教、道教之间的关系和佛教的中国化进程。一些早期文献,如东汉牟融《理惑论》三十七篇,即借此书得以流传。

佛教的广为传播,也触发了与中国传统儒家伦理、道教信仰的观念冲突,在夷夏之辨、佛道异同、神灭神不灭等问题上,双方时有争辩,甚至不乏激烈交锋。《弘明集》中收录了多篇论辩文章,使后人对当时崇佛者与非佛、疑佛者的论辩,能有一种现场感。如刘勰《灭惑论》、释僧顺《释三破论》中,对于托名张融的"三破论"逐条反驳,使我们可以得知持"三破论"者之论点。最典型的事例,是竟陵王萧子良宾客范缜在天监六年(507年)发表《神灭论》,否定因果报应、生死轮回,梁武帝亲撰《敕答臣下神灭论》反驳,王公显贵六十二人写出七十五篇文章,对范缜大加批判。难得的是,《弘明集》不但在萧琛、曹思文等人数十回合的反复驳论中,完整保留了范缜的论点,而且收有范缜坚持观点不变的《答曹舍人》全文，体现出佛学的充分自信。梁武帝一度以"违经背亲"的罪名将范缜贬往广州，但不久又起用他为中书郎、国子博士。当时宽松的学术气氛可见一斑，公然违背国定信仰、与皇帝唱对台戏的人，仍能在学术界占一席之地。

由此可知，刘勰当时依凭僧祐，并非出于偶然，而是有意识的选择。

陈寅恪《陶渊明之思想与清谈之关系》一文中分析儒、道、释思想的关系：

尝考两晋、南北朝之士大夫，其家世凤奉天师道者，对于周、孔世法，本无冲突之处，故无赞同或反对之问题。惟对于佛教则可分为三派：一为保持家传之道法，而排斥佛教，其最显著之例为范缜，其神灭之论震动一时。今观僧祐《弘明集》第八、第九两卷所载梁室君臣往复辨难之言说，足征子真守护家传信仰之笃至矣。

范缜被后世誉为"唯物主义思想家""杰出的无神论者"，其实他是天师道信徒，是以一种宗教抵制另一种宗教。当然也没有几个人会真的去读《弘明集》。

范缜字子真，《神灭论》中的立论，多出自道家之说，如："若知陶甄禀于自然，森罗均于独化，忽焉自有，恍尔而无，来也不御，去也不追。乘夫天理，各安其性，小人甘其垄亩，君子安其恬素。"与郭象注《庄子·大宗师》如出一辙。又如《梁书·儒林·范缜传》记其与萧子良的辩难：

子良问曰："君不信因果，世间何得有富贵，何得有贫贱？"缜答曰："人之生譬如一树花，同发一枝，俱开一蒂，随风而堕。自有拂帘幌，坠于茵席之上。自有关篱墙，落于粪溷之侧。坠茵席者殿下是也，落粪溷者下官是也。贵贱虽复殊途，因果竟在何处？"子良不能屈。

这就是成语"漂茵落溷"的来历。释因果为偶然，同样是道家的倾向。有趣的是，梁武帝论证神不灭，亦以儒学为据而非佛学，其《敕答臣下神灭论》说：

观三圣设教皆云不灭，其文浩博，难以具载。止举二事，试以为言。《祭义》云："惟孝子为能飨亲。"《礼运》云："三日斋，必见所亲。"若谓飨非所飨，见非所见，违经背亲，言语可息。神灭之论，朕所未详。

前文说过，当时朝野信奉天师道者众多，许多人是世代崇信。当佛教传入、影响渐大后，也有人"持调停道、佛二家之态度，即不尽弃家世遗传之天师道,但亦兼采外来之释迦教义,如南齐之孔稚珪"。这是陈寅恪所说到的另一类人。但是占比例最大的一类,则是"弃舍其家世相传之天师道,而皈依佛法,如梁武帝是其最显著之例"。

《广弘明集》卷四"叙梁武帝舍事道法"一条中说:

帝乃躬运神笔,下诏舍道,文曰:"维天监三年四月八日,梁国皇帝兰陵萧衍稽首和南十方诸佛、十方尊法、十方圣僧,伏见经云:发菩提心者即是佛心,其余诸善,不得为喻,能使众生出三界之苦门,入无为之胜路。……弟子经迟迷荒,耽事老子,历业相承,染此邪法。习因善发,弃迷知返,今舍旧医,归凭正觉。愿使未来世中,童男出家,广弘经教,化度含识,同共成佛。宁在正法之中,长沦恶道,不乐依老子教,暂得生天。涉大乘心,离二乘念。正愿诸佛证明,菩萨摄受。"

身为当朝天子,梁武帝并没打算塑造"一贯正确"的形象,全不掩饰自己的"迷途知返",并且现身说法,为此举行了盛大的仪式:"帝与道俗二万人于重云殿重阁上,手书此文,发菩提心,"到四月十一日,梁武帝又发号召:

道有九十六种,唯佛一道是于正道,其余九十五种名为邪道。朕舍邪外以事正内,诸佛如来。若有公卿能入此誓者,各可发菩提心。老子、周公、孔子等虽是如来弟子,而化迹既邪,只是世间之善,不能革凡成圣。其公卿百官侯王宗族宜伪就真,舍邪入正。

梁武帝舍道事佛,初时并未弃儒。天监四年(505年)正月置五经博士各一人,广开馆学,招纳后进。六月立孔子庙。七年(508年)诏皇太子、皇子、宗室、王侯入国子学受业,武帝亲奠孔子,宣讲儒学,且多次到国子学策试贵胄子弟。他的儒学修养相当高。《北齐书·杜弼传》中记东魏权臣高欢之语:"江东复有一吴儿老翁萧衍者,专事衣冠礼乐,中原士大夫望之以为正朔所在。"与北方相比,南朝仍被中原士大夫视为儒学正统所在。

梁武帝执政前期是南朝的黄金时代,政治、经济、文化全面繁荣。但他后来自称"菩萨皇帝",一味佞佛,种种故事,已为世人所熟知。他在台城北门外建造同泰寺,以便随时参佛讲经,并曾四次舍身同泰寺,让群臣以亿万钱相赎,强迫政府将巨额财富转移给佛寺,可谓登峰造极。他也主持过佛学经典的整理汇集工作,先由安乐寺沙门僧绍撰成《华林殿众经目录》四卷,天监十七年(518年)经僧祐弟子宝唱改定,共录书

1433 部，合三 3741 卷。但他功利心盛，境界并不高，禅宗初祖菩提达摩到建康，与梁武帝话不投机，"一苇渡江"去了少林寺，面壁九年，在北朝传下衣钵。故有人开玩笑，说达摩北行，是南朝梁最重要的人才流失。

第八章

唐人眼中的金陵

第一节
江外无事否

隋代的短暂统一

　　北周大定元年（581年），相国杨坚受周禅，史称隋文帝，改元开皇。隋朝开国，不但标志着北朝的终结，也预示了南、北统一的前景。此前两年，杨坚已得淮南六合等地，兵临长江北岸。此后一边平定北方突厥边患，一边筹划征伐江南。隋、陈之间虽不断有使者往来，其实都是迷惑陈朝君臣的烟幕。开皇八年（588年）三月，隋文帝下诏宣示陈后主二十大罪状，抄写三十万份，在江南散发，瓦解人心。五十余万隋军兵分八路，以晋王杨广为统帅，当年十一月已做好了渡江的准备。开皇九年（589年）正月初一，隋军趁陈朝元会贺岁之机，发兵南侵，贺若弼自广陵（今扬州）渡江，韩擒虎自横江口（今和县）渡江，攻取建康。旬日之间，陈后主已成阶下之囚。各地陈军虽有反抗，也很快被平定。自西晋后期开始的动荡分裂、南北对峙局面，历经三百年，终于重归统一。

　　晋王杨广班师回朝，将陈后主及王公贵胄掳往长安。同时废陈朝郡、州、县三级建置，改行隋州、县两级建置。丹阳、建兴等郡废除，置蒋州，治所设石头城，辖江宁、当涂二县。建康、秣陵、同夏、丹阳、湖熟、江乘等县及侨置临沂等县先后并入江宁。当涂本是东晋所立侨县，隶属淮南侨郡，隋废淮南郡，将其所辖于湖、繁昌、襄垣、西乡等县并入当涂，移县治于今当涂县城。开皇十一年（591年），析溧阳县西北境及丹阳县故地东部，置溧水县，亦属蒋州。后又将溧阳全县并入溧水县，其时溧水县含今溧水、溧阳、高淳三县之地，县治设溧水县在城镇。几番折腾，目的在于从行政建置上极力压低建康的地位。隋王朝为加强中央集权，在全国设立荆州、并州、益州、扬州四个总管府，开皇十年（590年）以晋王杨广任扬州总管,坐镇江都(今扬州),加强对陈朝旧地的监视控制。杨广直到开皇二十年(600年)被立为太子才离开扬州。

隋初的江宁一县,几乎涵括了原建康京邑之地。江宁之名,始于西晋,《宋书·州郡志》载:"江宁令:晋武帝太康元年,分秣陵立临江县。二年,更名。"顾野王《舆地志》载:"帝初通江南,以江外无事,宁静于此,因置江宁。"在南京的众多历史称谓中,隋人独取江宁,显然看中的就是"江外无事"。

江宁县治先设宣阳门西南陈宣帝所建安德宫,开皇十年(590年)迁至晋西州城旧址,即今朝天宫东建邺路中段、秦淮中支北侧,介于原都城区与居民区之间,既便于管理南面的居民区,也可以监控其北的原都城区。此后八百年间,南京地区的行政中枢一直在这一带。

为保障"江外无事",隋初将南朝旧地的地方官员全都改用北方人,以加强行政控制,又推行《开皇律》,剥夺江南士族的经济特权,进而实行思想控制。《资治通鉴·隋纪一》载:

江表自东晋已来,刑法疏缓,世族陵驾寒门。平陈之后,牧民者尽更变之。苏威复作"五教",使民无长幼悉诵之,士民嗟怨。民间复讹言隋欲徙之入关,远近惊骇。

苏威是隋文帝宠信的权臣,《开皇律》即由他主持制定。"五教"即五伦之教,源出《尚书·尧典》正义:"父义、母慈、兄友、弟恭、子孝。"《孟子·滕文公上》所说"教以人伦"的内容是:"父子有亲、君臣有义、夫妇有别、长幼有序、朋友有信。"苏威据此加以解说,写成华丽的文章,强令江南百姓无论老幼都须背诵,以证明对隋王朝的忠诚,背不出的人要受严厉惩罚。民怨沸腾之际,有人趁机造谣说朝廷打算把江南士族都迁往长安,结果激成民变。开皇十年(590年)江南地方豪强纷纷起兵,或自称天子,或称大都督,"陈之故境,大抵皆反,大者有众数万,小者数千,共相影响。执县令,或抽其肠,或脔其肉食之,曰:'更能使侬诵五教邪!'"。抓住逼他们背诵"五教"的县令,剖腹抽肠,生食其肉,讥讽道:"你还能逼我们背诵五教吗!"可见怨毒之深。隋文帝派杨素领军镇压,尽管起义先后被平定,人心已难以收拾。

隋炀帝杨广登基,于大业三年(607年)恢复郡县制,改蒋州为丹阳郡,仍治石头城。大业六年(610年)在秦淮河南岸重建丹阳郡城,史载丹阳郡城在隋灭陈之际被"平荡耕垦",此时重建,只是为了统治的便利,并不意味着建康的复兴。因为隋炀帝同时废弃了沟通秦淮河与太湖流域的破冈渎。破冈渎自东吴开凿，晋、宋、齐沿用。中大通三年（531年）昭明太子去世，梁武帝立萧纲为太子，因避讳易名破墩渎，不久废破墩渎另开上容渎。陈高祖重开破冈渎，此时彻底废弃。隋炀帝的目的很明确，就是切断建康地区与吴、越腹地的交通，压缩其影响。隋炀帝开凿大运河，江南运河也是自京口（今镇江）北转江都（今扬州），刻意将建康摒于南北交通干线之外。

大业十二年（616年）七月，隋炀帝再次乘龙舟经大运河巡幸江都，其时各地反隋义军已成燎原之势。其中杜伏威、辅公祏一支纵横淮南，先后攻陷六合、高邮、历阳（今和县），威胁江都，且阻断了大江南北交通。隋炀帝虽有大军十余万护卫，但沉重的军需供给致使适逢灾年的淮南经济彻底崩溃，大量饥民投奔义军。大业十三年（617年）十一月，李渊进入隋都大兴（今西安），立代王杨侑为恭帝，改元义宁，遥尊炀帝为太上皇，李渊任大丞相，进封唐王。隋炀帝回京无望，粮草匮乏，遂命人修造丹阳宫，打算到丹阳（今南京）当太上皇，然而未及成行，被宠臣宇文化及发动政变杀死。

仁寿四年（604年）陈后主去世，杨广给他上的谥号是"炀"，即"去礼远众"之意。时隔不过十余年，唐代给杨广上的谥号，同样是这个"炀"。

唐代的政治贬抑

隋末唐初，群雄纷起，或拥立隋朝皇族为傀儡，"挟天子以令诸侯"，或自立为帝。"江外无事"的江宁，复成多事之地，被军阀轮番割据。

宇文化及立秦王杨浩为帝，自任大丞相，拥兵北上，争夺中原。吴兴太守沈法兴起兵讨伐宇文化及，占丹阳为根据地，号江南道大总管，不久又称大司马、天门公。

义宁二年（618年）五月，唐王李渊称帝，国号唐，改元武德。武德二年（619年）九月，沈法兴称梁王，定都毗陵（今常州）。其时杜伏威据历阳，隋旧将陈棱据江都，李子通据海陵（今泰州），丹阳又落入宇文化及收编的乐伯通手中。李子通围攻江都（今扬州），陈棱向沈法兴、杜伏威求救。李子通成功运用反间计，造成两支援军相互猜疑，不敢进击，顺利攻占江都，乘胜又大败沈军。陈棱投奔杜伏威，俱回历阳。李子通在江都称帝，国号吴。杜伏威比李子通有远见，上表归降李唐，被封为吴王，赐姓李，任东南道行台尚书、江淮以南安抚大使，辅公祏封舒国公，任东南道行台尚书左仆射。

武德三年（620年），李子通进军江南攻打沈法兴，夺取京口、溧水，沈法兴兵败逃往吴郡（今苏州），毗陵等郡皆降。乐伯通亦献丹阳于李子通。然而"螳螂捕蝉，黄雀在后"，杜伏威趁机派辅公祏、王雄诞领军进袭李子通。李子通打不过辅公祏、王雄诞，只得继续东进，夺取吴郡，沈法兴败死。李子通迁都杭州，武德四年（621年）十一月被杜伏威擒送长安。

杜伏威据有江东、淮南之地，又得六朝故都，已成雄踞一方之势。《旧唐书·杜伏威传》载，他"移居丹阳，进用人士，大修器械，薄赋役，除殉葬法，其犯奸盗及官人贪浊者，无轻重皆杀之"，以丹阳为基地，着手安定人心，整肃官场，经营新政权。

唐高祖李渊消灭劲敌窦建德、王世充后，命秦王李世民率军平定关东，一统天下之大局已定。身为异姓王的杜伏威审时度势，于武德五年（622年）七月上表，自愿献地入朝。唐高祖加封杜伏威太子太保，位居齐王李元吉之上，也就是仅次于高祖李渊、太子李建成、秦王李世民。但他只能留在长安，空居高位，已无实权。

杜伏威入朝之际，命义子王雄诞统帅江淮军，与杜伏威共创江淮军的辅公祏留守丹阳，处理政务。辅公祏此前因受杜伏威猜忌，被变相剥夺兵权，心中不平，得此机会，遂蓄意谋反。《旧唐书·辅公祏传》载，他趁王雄诞生病在家之机夺取兵权，伪称得杜伏威密信，令其起兵反唐，武德六年（623年）八月称帝，国号宋，在丹阳修建皇宫，署置百官。唐军四路围剿，武德七年（624年）三月攻丹阳，辅公祏兵败逃至武康（今德清）被捕，送丹阳斩首。江淮军之乱平息，江淮地区十余年动荡至此结束。

唐王朝在对待六朝故都的态度上，与隋王朝如出一辙，行政贬抑有过之而无不及。杜伏威受封吴王，江淮土地一入唐王朝版图，武德三年（620年）即废除丹阳郡，改置扬州，治所仍在石头城。将江宁县易名归化县，并析江宁、溧水两县地设置安业、丹阳、溧阳三县，五县统属扬州。归化、安业这两个新县名，政治色彩十分明显。武德八年（625年），因江东局势已经安定，才将安业并回归化，易名金陵县。扬州所辖增加了延陵、句容二县。武德八年十二月将扬州大都督府及州治从金陵迁往江都（今扬州），同时迁去许多居民。扬州自此成为江都的专名。金陵县易名白下，改属润州（今镇江），治所在古白石垒旧址。而白下县又不断改名，忽归化，忽江宁，直到唐肃宗上元二年（761年）改为上元，一百四十年间七易其名，八变隶属。此后因唐王朝日趋衰败，顾不上这个前朝故都了，上元县名才得以沿用到唐末。其间，唐肃宗至德二年（757年）曾于江宁县置江宁郡，以原江宁县城为治所，辖江宁、句容、溧水、溧阳四县，时仅一年，乾元元年（758年）又改江宁郡为昇州，不久即废，至唐僖宗光启三年（887年）复立。这时唐王朝已经日薄西山，而复立的昇州，却成了未来南唐新都的基础。

建康城的命运

隋兴陈亡，南朝终结，同时也是建康都城历史的终结。

失去都城地位的建康，在隋、唐时期的空间状态，后人多以宋代司马光的说法为定论，《资治通鉴·隋纪一》说，隋开皇九年（589年）平陈，"于是陈国皆平，得州三十，郡一百，县四百。诏建康城邑宫室，并平荡耕垦，更于石头城置蒋州"。

这一说法并不可信。

由于陈军将领叛变，隋军占领建康宫城时，并未发生战事，也没有毁坏宫室的记录。《隋书·炀帝纪上》且记载，晋王杨广平陈后，"封府库，资财无所取，天下称贤"。倘若"平荡"，哪还有府库可封？

司马光的说法，源出《隋书·地理志下》，"丹阳郡，统县三，户二万四千一百二十五"，"丹阳郡"后有注："自东晋已后置郡，曰扬州。平陈，诏并平荡耕垦。更于石头城置蒋州。"意即扬州与丹阳郡都被"平荡耕垦"，且不会是其全部属地，只可能是扬州州治和丹阳郡治。按扬州州城先有西州城，后有东府城。西州城自隋开皇十年（590年）作为江宁县治所，唐至德二年（757年）为江宁郡治所，乾元元年（758年）为昇州治所，上元二年（761年）为上元县治所，光启三年（887年）复为昇州治所，可见从未被毁。东府城在梁末战乱中已被焚毁，《景定建康志》卷二十载："陈天嘉中更徙治今城东三里齐安寺，西临淮水，陈亡废。"扬州治所迁至齐安寺，位于今东水关以东，陈亡被废，即被平荡也就是一个衙署。隋炀帝大业三年（607年）废蒋州恢复丹阳郡，大业六年（610年）重建丹阳郡城，可见丹阳郡城确曾被毁。

扬州治所和丹阳郡城都不在建康城内。隋灭陈之际对建康都城和丹阳郡城的处置，自不宜简单地混为一谈。

同时，有充足的文献依据，证明建康城未被"平荡耕垦"。

《隋书·宇文恺传》中，引录炀帝时受命营建东都洛阳的宇文恺《明堂议表》，说到南朝宋明堂规制、梁武帝时变化，以及平陈后其亲见之实况：

> 梁武即位之后，移宋时太极殿以为明堂。无室，十二间。《礼疑议》云："祭用纯漆俎瓦樽，文于郊，质于庙。止一献，用清酒。"平陈之后，臣得目观，遂量步数，记其尺丈。犹见基内有焚烧残柱，毁斫之余，入地一丈，俨然如旧。柱下以樟木为跗，长丈余，阔四尺许，两两相并。瓦安数重。宫城处所，乃在郭内。虽湫隘卑陋，未合规摹，祖宗之灵，得崇严祀。

"归来见天子，天子坐明堂。"(《木兰辞》)明堂是帝王朝会诸侯、发布政令、大享祭天、配祀祖宗之所，是皇宫内最隆重的建筑之一。梁武帝以宋宫正殿太极殿为明堂。明堂十二间，象征一年十二个月。宇文恺是中国建筑史上不可忽略的人物，先后为隋王朝营建了大兴（即长安）城和洛阳城，在风靡一时的《长安十二时辰》中被张小敬视为"神仙"。洛阳明堂虽因故未能建成，但宇文恺对南朝陈明堂的记述无可怀疑。以他亲见，陈宫明堂虽经"焚烧""毁斫"，但残柱尚存，柱下樟木鼓座"长丈余，阔四尺许，两两相并"，足见绝无"平荡耕垦"之事。而"瓦安数重"更证明至少尚存部分建筑顶盖。

隋炀帝杨广应是"平荡耕垦"的当事人，《隋书·炀帝纪下》载，大业十三年（617年）十一月，李渊另立新帝，将他尊为太上皇。"上起宫丹阳，将避于江左"，打算扎根南京做太上皇了。丹阳宫址未见记载，研究者多以为修复陈宫的可能性最大。

隋炀帝之后，陈宫遗址尚有被利用的记录。

《旧唐书·辅公祏传》记载，唐高祖武德六年（623年），辅公祏称帝于丹阳（今南京），"自称宋国，于陈故都筑宫以居焉，署置百官"。

唐僖宗光启三年（887年），苏州刺史张雄遣部将赵晖入据上元（今南京），暗怀称王之意，还打算治台城为府第。《新唐书·张雄传》载，张雄"即以上元为西州。负其才，欲治台城为府，旌旗衣服僭王者"。

台城北面一路之隔的同泰寺，唐末五代尚存，杨吴时才被利用，南宋中期尚有遗迹。《景定建康志》卷四十六述法宝寺，"亦曰台城院，乃梁同泰寺基之半也，今在行宫北精锐军寨内。"其"考证"中说："梁武帝大通元年创同泰寺，伪吴顺义二年，以同泰寺之半，置为台城千福院，本朝改赐今额。"又说同泰寺"寺基最阔。淳祐七年，创置精锐军，同泰寺旧基皆为寨屋及蔬圃"。

唐代诗人留下了大量"金陵怀古"诗作，如李白的"天地有反覆，宫城尽倾倒。六帝余古丘，樵苏泣遗老"，司空曙的"辇路江枫暗，宫庭野草春"，陆龟蒙的"古堞烟埋宫井树，陈主吴姬堕泉处"，张乔的"宫殿余基长草花，景阳宫树噪村鸦。云屯雉堞依然在，空绕渔樵四五家"……六朝都城，城墙雉堞犹存，宫树暮鸦依然，尽管衰败荒凉，但有如"西风残照，汉家陵阙"，在诗人眼中仍不失为一种审美对象。

确实毁于杨坚之手的古都是邺城。北周大象二年（580年），丞相杨坚派大将韦孝宽讨伐尉迟迥，平定后将邺城焚烧成一片废墟。邺城在隋、唐诗人笔下的景象，可与唐人笔下的建康做一比较。

隋人段君彦《过故邺诗》：

玉马芝兰北，金凤鼓山东。旧国千门废，荒垒四郊通。
深潭直有菊，涸井半生桐。粉落妆楼毁，尘飞歌殿空。
虽临玄武观，不识紫微宫。年代俄成昔，唯余风月同。

唐人孟云卿《邺城怀古》：

朝发淇水南，将寻北燕路。魏家旧城阙，寥落无人住。
伊昔天地屯，曹公独中据。群臣将北面，白日忽西暮。
三台竟寂寞，万事良难固。雄图安在哉，衰草沾霜露。
崔嵬长河北，尚见应刘墓。古树藏龙蛇，荒茅伏狐兔。
永怀故池馆，数子连章句。逸兴驱山河，雄词变云雾。
我行睹遗迹。精爽如可遇。斗酒将酹君，悲风白杨树。

聂夷中《早发邺北经古城》：

微月东南明，双牛耕古城。但耕古城地，不知古城名。
当时置此城，岂料今日耕。蔓草已离披，狐兔何纵横。

这才是"平荡耕垦"的景象。

此外，曹植笔下被焚毁的洛阳城，也可以作为参照。其《送应氏》二首之一：

步登北邙阪，遥望洛阳山。洛阳何寂寞，宫室尽烧焚。

垣墙皆顿擗，荆棘上参天。不见旧耆老，但睹新少年。

侧足无行径，荒畴不复田。游子久不归，不识陌与阡。

中野何萧条，千里无人烟。念我平常居，气结不能言。

同样可以作为佐证的，还有《资治通鉴》卷一百七十七载王僧辩之子王颁事。王颁为报陈霸先杀父之仇，"夜发陈高祖陵，焚骨取灰，投水而饮之"，"既而自缚，归罪于晋王广。广以闻，上命赦之。诏陈高祖、世祖、高宗陵，总给五户分守之"。对于陈朝帝陵，隋文帝不但没有"平荡"的意思，而且还专设看坟人户，世代看守加以保护，又何必将归入隋朝版图的繁华建康城"平荡"为乡野？

秦淮河两岸，尤其是长干里繁华的居民、商业区，隋王朝自不会打算破坏。隋炀帝大业六年（610年）重建丹阳郡城，《景定建康志》卷二十有《金陵府城》条："案《宫苑记》，隋大业六年置，玄风观南园是。"玄风观正与箍桶巷丹阳郡城旧址相近。隋设"金陵府"于史无据，或即丹阳郡城的别称。

隋、唐两朝无意于南京地区的建设，只在前代基础上修建了一些衙署。一是石头城，唐初扩建为扬州大都督府。武则天光宅元年（684年），徐敬业起兵反武则天，曾遣部将崔洪修石头城以固拒守。安史之乱后，藩镇割据，战乱不断，奉天之难时，长安失守，唐德宗逃往陕西，建中四年（783年），润州刺史、镇海军节度使韩滉改筑石头城，准备迎唐德宗迁都上元（今南京），史称"韩滉五城""石头五城"。韩滉以画名传世，所绘《五牛图》曾被作为邮票和贺年明信片图案，广为人知，很少有人提起他与南京的这一份因缘。唐宪宗元和二年（807年），浙西观察史李锜反叛，也曾派庾伯良率军三千军筑石头城，试图作为基地。

二是昇州城，是在原西州、江宁县城基础上所建，位于今建邺路中段丰富路一带，相当于此后南唐宫城的西南部。南唐宫城实即由此拓展。再就是辅公祐称帝时所建城，位于古燕雀湖畔、原齐文惠太子苑地，约在今黄埔路以西。辅公祐失败，此城即被毁废，没有留下什么痕迹。

现存隋、唐时期重要遗迹，首推栖霞寺。隋朝两帝皆佞佛。隋文帝最初虽曾试图限制金陵佛寺，因遭到佛教徒的反抗而中止。仁寿元年（601年）他将一包佛骨舍利分赐全国八十三州建塔收藏，第一批三十个州中就有蒋州栖霞寺。现栖霞寺舍利石塔虽已是南唐时所重建，但专家认为塔基下面藏舍利的石函，尚是隋代原物。唐代初年，栖霞寺改名功德寺，增建殿堂佛舍四十九所，成为当时江南最大的佛寺，"天下四大丛林"之一。唐高宗时还为栖霞寺创始人明僧绍立碑，即今栖霞寺前保存完好的明征君碑。

石头山乌龙潭畔，据传颜真卿曾建放生池。唐肃宗乾元元年（758年），颜真卿任昇州刺史，向皇帝建议在全国修建八十一处放生池。后人为纪念颜真卿和有功德于放生的人，在乌龙潭西建放生庵和颜鲁公祠，祠内置颜真卿所书《有唐天下放生池碑铭并序》石碑。

第二节
金陵咏怀继文统

怀古与咏今

相对于同时期中原的少数民族政权，偏处江南的东晋南朝被视为华夏正统，成为华夏文明传承中不可或缺的环节，六朝文脉也就成为华夏文脉的主流。隋、唐时期建立大一统王国，金陵虽失去都城地位，但是追寻华夏文明传承脉络的文人学士，无不对金陵充满向往之情。

隋军平陈时对江南文献十分重视，将陈宫所藏图书典籍全部运回长安，并整理转抄，以供研读，又征召南方著名学人入朝为官，促进南、北文化交流，对于隋、唐文化繁荣发挥了重要作用。继南朝沈约撰《宋书》、萧子显撰《南齐书》，唐太宗贞观年间，《梁书》《陈书》《晋书》等先后修成，高宗显庆年间又有《南史》问世。

六朝古都的历史地位，沧海桑田的时势变迁，前代得失的经验教训，当世治乱的比附感慨，无不激发起诗人们对金陵的情感共鸣与创作热情。而江南山川的佳丽，商贸的繁盛，风物的丰美，冶游的旖旎，更令人生流连忘返之心。不论是出生于此，居住于此，还是仕宦于此，旅行于此，甚至并未亲临此地者，都能发思古之幽情。尤其是南朝文脉的吸引，如李白《留别金陵诸公》中所咏："至今秦淮间，礼乐秀群英。地扇邹鲁学，诗腾颜谢名。"更是一种不可忽略的因素。前人的吟咏，又成为对后人的召唤。王勃、张九龄、王昌龄、李白、崔颢、颜真卿、杜甫、司空曙、刘长卿、李益、张籍、刘禹锡、白居易、元稹、张祜、许浑、李贺、杜牧、温庭筠、李商隐、罗隐、皮日休、陆龟蒙、韦庄……唐代重要的诗人几乎都留下了抒写金陵的佳作，使南京的历史文化积淀与日俱增。南京文脉，就以这样一种特殊的方式得以绵延。

所以常有人说，金陵怀古，是中国文学的一个重要母题。

对于南京而言，说这个文学母题是金陵，包含咏六朝的金陵怀古与吟当下的金陵咏怀，或者更为准确。

唐代以来的金陵怀古之作，无疑是中国文学史上令人瞩目的佳篇，不仅是金陵沧桑的艺术再现，也有超越地域的象征意义，成为一种独具一格的审美具象。不过，从现存文学作品看，诗人们在创作怀古诗歌的同时，也留下了大量抒写金陵繁会现实场景的瑰丽诗篇，同样脍炙人口。

即如李白。李白是率先创作金陵怀古诗的代表人物。他数次游历金陵，或途经，或长住，访名胜，交友人，情动于中，发为歌诗，所作数量之多、影响之大，无人可及。其中怀古的《登金陵凤凰台》《金陵三首》等固为杰作，而写实的《长干行》《金陵酒肆留别》何尝不是杰作？在李白影响下，唐代众多诗人开启的金陵咏怀风气，实际上包含着两个子题。一即金陵怀古，以昔日"建业之雄都"与当下"江宁之小邑"（王勃《江宁吴少府宅饯宴序》）形成强烈反差，旨在阐释"金陵王气黯然消"。这一题旨呼应正史的叙述，也即现实政治的需要，自容易引起关注，且历代佳作迭出，唐诗选家往往偏爱此类作品，遂使其成为金陵抒写中显化的成分，也成为南京人的文化认同，提起唐诗，脱口而出的就是这一类。

另一个子题，是金陵的现实生活。大一统时代的"江宁之小邑"，江山未空，在经济上与文化上，隋、唐金陵都是无从忽略的。江南市井风情的繁华、温婉、灵秀、绮靡，同样在诗人笔下大量呈现，只是由于中国文化重政治而轻经济的传统，所以易被轻忽。

现实生活是复杂的。不少诗人同时看到了金陵的两面，所以也有些作品，是两者兼而有之。如杜荀鹤《晚泊金陵水亭》：

江亭当废国，秋景倍萧骚。夕照明残垒，寒潮涨古壕。

就田看鹤大，隔水见僧高。无限前朝事，醒吟易觉劳。

李山甫《上元怀古》二首之一：

南朝天子爱风流，尽守江山不到头。

总是战争收拾得，却因歌舞破除休。

尧行道德终无敌，秦把金汤可自由。

试问繁华何处有，雨苔烟草古城秋。

堪为代表的是杜牧，其脍炙人口的《泊秦淮》《江南春绝句》，都从现实景观入手，很难说是怀古还是写实。又如《江楼晚望》：

湖山翠欲结蒙笼，汗漫谁游夕照中。
初语燕雏知社日，习飞鹰隼识秋风。
波摇珠树千寻拔，山凿金陵万仞空。
不欲登楼更怀古，斜阳江上正飞鸿。

只是后人对这一类作品的解读，往往仍偏重于怀古成分。

无情最是台城柳

李白的金陵怀古之作，首推《金陵三首》，描摹的是金陵大观。"地即帝王宅，山为龙虎盘"，"地拥金陵势，城回江水流"，又如"六代帝王国，三吴佳丽城"（《赠昇州王使君忠臣》），皆是"钟山龙蟠，石头虎踞，帝王之宅也"的诗化，可如今"亡国生春草，离宫没古丘"，曾经的金陵王气，"并随人事灭，东逝与沧波"（《金陵三首》其三）。这种情调，在他游历金陵其他景观的诗作中，也不时有所流露，如《金陵凤凰台置酒》中的"六帝没幽草，深宫冥绿苔"，《金陵歌送别范宣》中的"金陵昔时何壮哉，席卷英豪天下来。冠盖散为烟雾尽，金舆玉座成寒灰"，《月夜金陵怀古》中的"苍苍金陵月，空悬帝王州。天文列宿在，霸业大江流"，《登梅冈望金陵》中的"钟山抱金陵，霸气昔腾发。天开帝王居，海色照宫阙。群峰如逐鹿，奔走相驰突。江水九道来，云端遥明没。时迁大运去，龙虎势休歇"。诗人于城埋、宫倾、殿颓的描绘之外，一再强调"霸业""霸气""龙虎势"的消失。

初唐四杰之一的王勃，上元二年（675年）秋天途经南京，在《江宁吴少府宅饯宴序》中描摹金陵形势：

蒋山南望，长江北流。伍胥用而三吴盛，孙权困而九州裂。遗墟旧壤，数万里之皇城，虎踞龙盘，三百年之帝国。关连石塞，地实金陵。霸气尽而江山空，皇风清而市朝改。

在唐人金陵"霸气尽"感慨中或为最早。"想衣冠于旧国，便值三秋，忆风景于新亭，俄伤万古"。自此之后，遂成唐人金陵怀古之作的基调。

刘禹锡在游金陵之前，所作《金陵五题》，以石头城、乌衣巷、台城、生公讲坛、江令宅五处不同层面的历史地标，作今昔对比之咏，有"千古绝唱"之誉。石头城、台城、乌衣巷皆成为金陵怀古的经典符号。尤其《石头城》一首，据作者诗序中说："友人白乐天掉头苦吟，叹赏良久，且曰《石头》诗云：'潮打空城寂寞回，吾知后之诗人不复措词矣'"。"不复措词"自是夸张，千余年来吟咏石头城的佳作奇峰迭起。游历金陵之后，刘禹锡写下了新的《金陵怀古》：

潮满冶城渚，日斜征虏亭。蔡洲新草绿，幕府旧烟青。

兴废由人事，山川空地形。后庭花一曲，幽怨不堪听。

金陵的山川风物依然美好，但山川形势并不能决定王朝的兴废。

韦庄的《上元县》也值得一读：

南朝三十六英雄，角逐兴亡尽此中。有国有家皆是梦，为龙为虎亦成空。残花旧宅悲江令，落日青山吊谢公。止竟霸图何物在，石麟无主卧秋风。

弄臣江总，名臣谢安，俱往矣，霸图成空，只余南朝陵墓前的石麒麟。尤其值得深味的，是韦庄的《台城》：

江雨霏霏江草齐，六朝如梦鸟空啼。

无情最是台城柳，依旧烟笼十里堤。

"天若有情天亦老"，台城柳不受朝代更迭、王气兴衰的影响，超然物外，永葆生命的活力，也成为南京这座城市的一种象征。

从初唐到晚唐，诗人的金陵怀古之作不胜枚举。如张九龄的"雄图不足问，唯想事风流"，许浑的"玉树歌残王气终，景阳兵合戍楼空"，包佶的"玉树歌终王气收，雁行高送石城秋"，李群玉的"龙虎势衰佳气歇，凤凰名在故台空"，罗隐的"万里伤心极目春，江南王气只逡巡"……无论从何种现实的或虚拟的意象起兴，都被归结到一点——金陵王气的消歇。这也是大一统国度中，主流意识形态希望人们形成的文化共情。

唐诗传扬秦淮河

诗无达诂。认真探讨唐人对金陵王气的认识，不能不说到许嵩的《建康实录》。

许嵩在唐肃宗至德年间完成的《建康实录》，对于南京文脉传承有着特别重要的意义。此书于正史之外，广采遗文，对六朝人物、史事多所补正。尤为可贵的是，著者着意于保存六朝遗迹，"若土地山川，城池宫苑，当时制置，或互兴毁，各明处所"（《建康实录序》），对建康城市空间分布有细致的探索与阐述，可见诸多史事的发生与空间环境的特定关系。六朝建康城市格局、水系在南唐建都城时发生重大变化，以致后世研究者常难究其实。而唐代长期居住南京的许嵩，所见尚接近六朝时期真相。

许嵩《建康实录》卷一，就说到金陵的"天子气"：秦始皇三十六年（应为三十七年，前210年）东巡，在江乘渡江时，"望气者云：'五百年后，金陵有天子气。'因凿钟阜，断金陵长陇以通流，至今呼为秦淮"。

这是历史文献中第一次将秦始皇"掘断连冈"与秦淮河相联系。

秦淮河得名，正是在许嵩生活的时代。唐代以前，史籍未见"秦淮"之名。玄宗开元十五年（727年）前后徐坚等撰《初学记》卷六，始见"秦淮"："孙盛《晋阳秋》曰：'秦始皇东巡，望气者云，五百年后，金陵有天子气。'于是始皇于方山掘流，西入江，亦曰淮。今在润州江宁县，土俗亦号曰秦淮。"由此可知，"秦淮"这个名字，是民间先叫起来的，后来被访旧怀古的文人所接受。天宝九年（750年）李白作《留别金陵诸公》，说"至今秦淮间，礼乐秀群英"，至德元年（756年）许嵩撰《建康实录》道"至今呼为秦淮"，可见此时"秦淮"之名已流布有年。按许嵩长住金陵，与常来金陵的李白，很可能有过接触，或者就是李白辞别的"金陵诸公"之一，也未可知。

半个世纪后，杜牧写下了名作《泊秦淮》：

烟笼寒水月笼沙，夜泊秦淮近酒家。

商女不知亡国恨，隔江犹唱后庭花。

随着这首诗的脍炙人口，秦淮之名也就不胫而走。

唐王朝对六朝旧都大加贬抑，所以希望坐实金陵王气确已被秦始皇所破坏。而此时秦淮这个名称已经在民间流传有年，秦淮河的存在，正可以作为金陵长陇被掘断的证据。

作为一个严肃的学者，许嵩对此是不无疑问的。《宋书》《晋书》《晋中兴书》等文献都说秦始皇"凿北山"，即凿钟山，而钟山与秦淮河没有交会点。也就是说，随着这个故事越编越复杂，就难免出现破绽，不能自圆其说。许嵩不得不寻找新的依据，沿用了《初学记》中的"于方山掘流"之说。他在注文中说：

其淮本名龙藏浦，其上有二源：一发自华山，经句容西南流；一发自东庐山，经溧水西北流，入江宁界二源合，自方山埭西注大江。其二源分派屈曲，不类人功，疑非秦始皇所开。古老相传，方山西渎江土山三十里，是秦始皇所开，又凿石塘山西，而疏决此浦，后人因名秦淮也。

方山既非"金陵长陇"，更非钟阜，尤其是位于金陵之南，"凿北山"

变成了凿南山。许嵩也意识到秦淮河不像人工运河,只好用"古老相传"搪塞过去。

稍后,李吉甫《元和郡县图志·江南道》中,说上元县"本金陵地。秦始皇时,望气者云,五百年后金陵有都邑之气,故始皇东游以厌之,改其地曰秣陵,堑北山以绝其势"。这里更进一步,竟说秦始皇东巡的目的,就是为了镇厌金陵的王气。他也肯定秦始皇所凿之处是方山:"在县东南七十里,秦凿金陵,以断其势,方山决流,是所断之处也。"但他意识到凿方山与"掘断金陵长陇""堑北山"之间的矛盾,于是将"金陵长陇"简化为"金陵",方山既地属金陵,凿方山即是凿金陵,算是补上了这个漏洞。

然而,"钟山龙盘"之说已深入人心,不能置之不顾,所以也在唐代,出现了秦始皇或楚王埋金的传说。

南京得名金陵的原因,《建康实录》开篇已交代清楚。《太平御览》卷四十一释蒋山,引《金陵地记》:"秦始皇时,望气者云金陵有天子气,乃东巡,埋金玉杂宝于钟山,仍断其地,更名曰秣陵。"《金陵地记》是唐人元广之所撰,首次出现了"埋金玉杂宝于钟山"的说法。《太平御览》卷一百七十又有异说:"《金陵图经》云,昔楚威王见此有王气,因埋金以镇之,故曰金陵。秦并天下,望气者言江东有天子气,凿地断连冈,因改金陵为秣陵。"同样是埋金以镇王气,但埋金者变成了楚威王,时间提前了一百多年。但是楚威王的埋金好像没有效果,秦代的术士仍然可以看到江东的"天子气",须得"凿地断连冈"。

秦始皇埋金也好,楚王埋金也罢,六朝时尚无记载,唐人又是从何得知的呢?可以肯定的是,在大一统的唐王朝,"金陵王气"最好是一种已被消弭的历史,既可以供文人骚客怀古咏叹,又对现实政权没有威胁。所以在唐人的笔下,"金陵王气"便成了曾经有过但已被各种法术所镇厌的存在。秦淮河的定名,埋金说的衍生,都可以由此得到解释。

长干行

唐代的诗人们,在营造"金陵帝王都"衰微意象的同时,眼前所见却是活泼泼的"江南佳丽地"。

无论朝廷如何蓄意对金陵大加贬抑,六朝时期奠定的厚实经济、文化基础,决非简单的行政命令所能消解。优越的自然地理条件,通过六朝三百余年的开发、垦殖、经营与积累，南京地区的经济得到长足发展，农田水利建设、农具改良、耕作技术日趋先进，粮食产量不断提高，相应的副业、手工业生产如茶、酒、药、丝织、造船等兴盛空前。隋、唐时期，金陵仍是东南驿道和漕粮转运的重要枢纽之一，不失其举足轻重的地位。"安史之乱"中北方经济受到严重冲击，中国的经济重心不得不更向南方倾斜，对江南经济愈加倚重，至韩愈有"当今赋出于天下，江南居十九"（《送陆歙州诗序》）的感慨。

事实证明，南京不是沙漠中的一条季节河，须随着王朝建都才露出地面。

南京更像一株梧桐树，扎根在这一片土地上，破土萌芽、根深叶茂，久经沧桑、参天耸立，所以时有凤凰飞来飞去。人们往往迷惑于凤凰的炫丽，对承载众生、涵育历史的梧桐树熟视无睹。其实梧桐自有其生长规律，没有凤凰照样绿荫如盖，它并不沉迷既往的凤栖梧，也不期待未来的凤还巢。"凤凰鸣矣，于彼高冈。梧桐生矣，于彼朝阳"（《诗经·大雅·卷阿》），民间通俗的说法，就是"栽下梧桐树，引来金凤凰"。南京的辉煌，是"梧桐树"与"金凤凰"共同构筑的。正是因为南京经济与文化脉络绵延不绝，具有成为都城的基础和条件，才会有新的王朝再次选择其作为都城。

隋、唐时期，正是因为南京地区的政治地位低下，经济繁荣不再受到政治中心的遮蔽，才更容易凸显出来。唐初不征商业税，对于商业发展更是政策利好。在大一统的国度之中，贸易往来、游赏登临、酒肆歌楼等都迎来了有利机遇。秦淮河下游长干里商业文化区尤其令人瞩目，时有人沉湎其中，流连忘返，留下的大量诗文，从不同角度反映其繁荣昌盛，在遗存后世的有限实物之外，保存了更多的城市记忆，丰富了南京的城市内涵，丰满了南京的文化形象。在某种意义上说，正是唐人的诗文，于我们完整认知金陵风貌，作了十分重要的补充。

这其中，首推李白的千古名篇《长干行》：

妾发初覆额，折花门前剧。郎骑竹马来，绕床弄青梅。
同居长干里，两小无嫌猜。十四为君妇，羞颜未尝开。
低头向暗壁，千唤不一回。十五始展眉，愿同尘与灰。
常存抱柱信，岂上望夫台。十六君行远，瞿塘滟滪堆。
五月不可触，猿声天上哀。门前迟行迹，一一生绿苔。

苔深不能扫，落叶秋风早。八月蝴蝶来，双飞西园草。
感此伤妾心，坐愁红颜老。早晚下三巴，预将书报家。
相迎不道远，直至长风沙。

长干商家女，是金陵女性的又一典型。

历来解读这首诗的人，都说这是一首爱情叙事诗，在青梅竹马、两小无猜上下功夫。这当然是一首柔美明媚的爱情诗。然而，应该明确指出的是，这是长干里商人的爱情生活，或者说市民爱情生活的写照，与以往所见农民爱情叙事颇为不同。农民爱情故事中流行最广远的牛郎织女故事、董永与七仙女故事，身为农民的男主角尽管勤劳、纯朴、善良，却无力改变自己的命运，只能寄希望于天上的仙女。这种象征背后的现实，就是被捆绑在土地上的农民，找不到提升自己的途径。张籍曾在《贾客乐》中摹写经商逐利对农民的吸引："年年逐利西复东，姓名不在县籍中。农夫税多长辛苦，弃业宁为贩宝翁。"

至迟在六朝已形成的商业传统，让长干里人深知，经商足以安身立命，所以男子一成年，就踏上经商的途程，直上湘潭、巴蜀。留在家中的妻子虽有幽怨，也能充分理解自己的丈夫。紧随"感此伤妾心，坐愁红颜老"之后的，是积极的行动："早晚下三巴，预将书报家。相迎不道远，直至长风沙"。长风沙地处安徽，距南京七百里。此处水流湍急，是长江中与瞿塘、滟滪并称的险段。长干里一个十几岁的小女子，就有远上长风沙的胸襟与能力，这就不是农民或一般市民所能有的情志。

唐代长干里成熟的市民阶层和市民文化，是在六朝商业经济基础上生长起来的。只是因为唐代采取禁海政策，长干里人经商只能从江之尾到江之头。有着商业家庭背景的李白，对于商人的生活与情感自有特殊的敏锐，又有沿长江上下的丰富旅行经验，且多次居留南京，对长干里的观察与理解非常人所能及，故而能触发灵感。诗中以女性自述口吻，对长干里人的生活作了生动而深刻的描述。同样是写商人妇的离愁闺怨，《长干行》与白居易《琵琶行》全然不同。浔阳江头的商人妇，是饱经风霜而后期望安定生活的女性，斑驳的身影和斑驳的情绪，给人以薄暮的悲凉。长干里清纯少妇对美好生活的思念，色彩要明亮得多，虽对未来有所担忧，但不失希望和勇气。读李白的《长干行》，绝不会让人泪湿青衫。

《新唐书》卷二百二十一载唐太宗说人生之乐："土城竹马，童儿乐也。饬金翠罗纨,妇人乐也。贸迁有无,商贾乐也。高官厚秩,士大夫乐也。战无前敌,将帅乐也。四海宁一,帝王乐也。"长干里涵括民间之乐,所以唐人的诗歌中,长干里几乎成了金陵的代词。歌咏长干里人的商旅生涯,同样成为唐诗的一个的重要命题。李益所作《长干行》中,细腻地描绘了"那作商人妇,愁水复愁风"的忧心忡忡,有趣的是这几句:"北客真王公,朱衣满江中。日暮来投宿,数朝不肯东。"其中透露的信息,远不止于北客对商人妇的恋慕。一方面,长干里作为江南商品集散地,必然会有许多外地商人至此交易,甚至长住于此。另一方面,商人远行之际,其家宅可以作为接待外来客商的旅舍。如张籍《江南行》中所写:

长干午日沽春酒,高高酒旗悬江口。
娼楼两岸临水栅,夜唱竹枝留北客。

王建的《江南三台》亦同此意:
扬州桥边少妇,长干市里商人。
三年不得消息,各自拜鬼求神。

这样的你来我往,才能营造出长干里生生不息的繁华。

张潮的《长干行》,描绘出这种商业大潮下另一类型的故事,"富家女"因期盼爱情专一嫁了个穷夫婿,变卖自己心爱的衣裳为夫婿筹集经商的资金,"妾有绣衣裳,葳蕤金缕光。念君贫且贱,易此从远方"。丈夫想必是为了多挣钱,久久不回,"商贾归欲尽,君今尚巴东。巴东有巫山,窈窕神女颜"。妻子不禁又担心丈夫会迷上巫山神女。

乐府《杂曲歌辞》中的《长干曲》,就是源于长干里的民歌。崔国辅所作即名《小长干曲》:

月暗送潮风,相寻路不通。
菱歌唱不彻,知在此塘中。

可以作为代表的,是崔颢的一组《长干曲》:
君家何处住,妾住在横塘。
停船暂借问,或恐是同乡。

家临九江水,来去九江侧。
同是长干人,生小不相识。

下渚多风浪，莲舟渐觉稀。
　　那能不相待，独自逆潮归。

　　三江潮水急，五湖风浪涌。
　　由来花性轻，莫畏莲舟重。

　　淮河入江处因白鹭洲形成夹江，其南端入江口被称为横塘口，即在小长干巷近江一带，写长干里的诗歌，常会提到横塘。长干里人的经商活动，已经达到了这样的程度：一是许多人长年在外，以致邻里不相识，二是长干里人遍布三江五湖，长江之中两船相遇，就可能有同乡相会，颇有后世"无商不徽"的气势。所以，迷失在长干里的诗情画意中，将长干里的繁华仅与秦淮河相联系，肯定是一种误读。长干里只是一个端点，真正波澜壮阔的活剧，发生在长江上。

　　张籍《贾客乐》中写到金陵商人远行之前在入江口话别，祭神以求免遭风波：

　　金陵向西贾客多，船中生长乐风波。
　　欲发移船近江口，船头祭神各浇酒。
　　停杯共说远行期，入蜀经蛮远别离。
　　金多众中为上客，夜夜算缗眠独迟。
　　秋江初月猩猩语，孤帆夜发潇湘渚。
　　水工持楫防暗滩，直过山边及前侣。

　　商旅生涯的风险是确实存在的，如李白写海外贸易的《估客乐》：

　　海客乘天风，将船远行役。
　　譬如云中鸟，一去无踪迹。

　　江东诗人刘驾对此更大加张扬，他反乐府《贾客乐》之意作《反贾客乐》：

　　无言贾客乐，贾客多无墓。
　　行舟触风浪，尽入鱼腹去。

又作《贾客词》：

　　贾客灯下起，犹言发已迟。高山有疾路，暗行终不疑。
　　寇盗伏其路，猛兽来相追。金玉四散去，空囊委路岐。
　　扬州有大宅，白骨无地归。少妇当此日，对镜弄花枝。

　　商人在途中死于非命，留在家中的女眷，可能永远不得而知。

商人远行求利的脚步是阻挡不住的。中唐女伶刘采春，唱过这样一首《望夫歌》：

不喜秦淮水，生憎江上船。

载儿夫婿去，经岁又经年。

"夫婿"的离去已经是势所必然，也只有夫婿暂时离去，才会有将来的安乐生活。明白这一点的少妇，只肯迁怒于将其夫婿载去的"秦淮水"与"江上船"，而不忍责备"见少别离多"的夫婿。

李白纵情石头津

与金陵诗缘深厚的李白，留下佳作多达七十余篇。他和一众沉湎于怀古之思的诗人不同，纵情诗酒风流，且坦然抒写于诗作之中。常被人引为佳话的是"解我紫绮裘，且换金陵酒。酒来笑复歌，兴酣乐事多"（《金陵江上遇蓬池隐者》），"风吹柳花满店香，吴姬压酒唤客尝。金陵子弟来相送，欲行不行各尽觞"（《金陵酒肆留别》）。不大被人提起的是他与金陵子的交游：

金陵城东谁家子，窃听琴声碧窗里。

落花一片天上来，随人直渡西江水。

楚歌吴语娇不成，似能未能最有情。

谢公正要东山妓，携手林泉处处行。（《示金陵子》）

这首诗是写给金陵子的，还有带着金陵子到朋友家做客的组诗《出妓金陵子呈卢六四首》，明确以隐居东山的谢安作为偶像：

安石东山三十春，傲然携妓出风尘。

楼中见我金陵子，何似阳台云雨人。

南国新丰酒，东山小妓歌。

对君君不乐，花月奈愁何。

东道烟霞主，西江诗酒筵。

相逢不觉醉，日堕历阳川。

小妓金陵歌楚声，家僮丹砂学凤鸣。

我亦为君饮清酒，君心不肯向人倾。

从"楚歌吴语娇不成""小妓金陵歌楚声"的描写看,《对酒》中的吴姬很可能也是这位金陵子:

蒲萄酒,金叵罗,吴姬十五细马驮。青黛画眉红锦靴,道字不正娇唱歌。玳瑁筵中怀里醉,芙蓉帐底奈君何。

《越女词》五首中的前两首,亦属此类人物:

长干吴儿女,眉目艳新月。
屐上足如霜,不著鸦头袜。

吴儿多白皙,好为荡舟剧。
卖眼掷春心,折花调行客。

江南女子赤足穿木屐,肤白如霜,故意晃动游船捉弄远客,以为调笑。当年昭明太子就是因为姬人荡舟落水而致病丧生。

李白的忘年交,曾与他同游金陵的魏颢,在《李翰林集序》中说诗人:"间携昭阳、金陵之妓,迹类谢康乐,世号为'李东山'。骏马美妾,所适二千石郊迎。饮数斗,醉则奴丹砂抚青海波。满堂不乐,白宰酒则乐。"李白所到之处,俸禄二千石的高官贵胄出郊远迎,宴饮中有小僮丹砂乐舞助兴。"抚青海波"当为"舞青海波",可参见李白《东山吟》:

携妓东土山,怅然悲谢安。我妓今朝如花月,他妓古坟荒草寒。白鸡梦后三百岁,洒酒浇君同所欢。酣来自作青海舞,秋风吹落紫绮冠。彼亦一时,此亦一时,浩浩洪流之咏何必奇。

酒酣情热,李白也会舞上一曲。江宁东山原名土山,李白此诗当作于金陵。

携妓巡游,出妓宴客,于唐人自是常事。李白在《寄韦南陵冰》中写道:

闻君携伎访情人,应为尚书不顾身。
堂上三千珠履客,瓮中百斛金陵春。

美酒金陵春在唐代已为人所熟知。同时代的刘禹锡有《赠李司空妓》,杜牧有《赠沈学士张歌人》,李商隐有《赠歌妓》二首,白居易更蓄歌伎二十余人于家。同样恋慕江南歌女的名篇,有韦庄的两首《菩萨蛮》:

人人尽说江南好,游人只合江南老。春水碧于天,画船听雨眠。 垆边人似月,皓腕凝霜雪。未老莫还乡,还乡须断肠。

如今却忆江南乐，当时年少春衫薄。骑马倚斜桥，满楼红袖招。翠屏金屈曲，醉入花丛宿。此度见花枝，白头誓不归。

诸如此类，可以韩偓《金陵》一诗作结：

风雨萧萧，石头城下木兰桡。烟月迢迢，金陵渡口去来潮。自古风流皆暗销，才魂妖魂谁与招？彩笺丽句今已矣，罗袜金莲何寂寥。

李白诗中关涉观赏、游宴、访友、离别之地，如凤凰台、瓦官阁、长干、三山、白鹭洲、大江、石头城、谢公墩、金陵城西楼、孙楚酒楼等，多在秦淮河入江口石头津两岸。

石头津早在东晋已是"方舟万计"的规模，两岸必然会有相应的货栈、客舍、酒楼诸设施。李白长诗《玩月金陵城西孙楚酒楼，达晓歌吹，日晚乘醉著紫绮裘乌纱巾，与酒客数人棹歌秦淮，往石头访崔四侍御》中的描绘，令人如身临其境：

昨玩西城月，青天垂玉钩。朝沽金陵酒，歌吹孙楚楼。
忽忆绣衣人，乘船往石头。草裹乌纱巾，倒被紫绮裘。
两岸拍手笑，疑是王子猷。酒客十数公，崩腾醉中流。
谑浪棹海客，喧呼傲阳侯。半道逢吴姬，卷帘出揶揄。
我忆君到此，不知狂与羞。一月一见君，三杯便回桡。
舍舟共连袂，行上南渡桥。兴发歌绿水，秦客为之摇。
鸡鸣复相招，清宴逸云霄。赠我数百字，字字凌风飙。
系之衣裘上，相忆每长谣。

诗中明确写出夜游的路线，自秦淮河入江处的孙楚酒楼（今水西门附近），放舟秦淮，沿石头津北上，至石头城访友。"两岸拍手笑"一句，可见石头津东面江岸和西面白鹭洲上都有众多游人。"半道逢吴姬"，沿途花船穿行，有如明、清时的秦淮灯船，诗人竟遇上了旧相识的吴姬。两人同饮三杯，回棹秦淮河，舍舟登岸，在南渡桥上，吴姬为李白长歌一曲。天亮后吴姬又邀李白赴宴，并有诗相赠。这是天宝十二年（753年），李白被"赐金放还"后的事情。《旧唐书·文苑·李白传》载："时侍御史崔宗之谪官金陵，与白诗酒唱和。尝月夜乘舟，自采石达金陵。白衣宫锦袍，于舟中顾瞻笑傲，旁若无人。"崔宗之即"饮中八仙"之一的崔成辅，也就是李白夜访的崔四侍御。这样的夜游竟被写入正史，可见一时影响之大。

又如《宿白鹭洲寄杨江宁》：

朝别朱雀门，暮栖白鹭洲。波光摇海月，星影入城楼。

望美金陵宰，如思琼树忧。徒令魂入梦，翻觉夜成秋。

绿水解人意，为余西北流。因声玉琴里，荡漾寄君愁。

白鹭洲上有供人寄宿的馆舍，离别金陵的旅人，早晨从朱雀门（今中华门）乘船，顺秦淮河而下，至石头津行程不过五里，却要留宿白鹭洲，与送行的友人饮宴告别，隔日才正式踏上旅途。"波光摇海月，星影入城楼"，自然是说石头城。"绿水解人意，为余西北流"，自秦淮河口至石头城的夹江正是西北流向。《送殷淑三首》之二中的"白鹭洲前月，天明送客回"，也说明白鹭洲是送别之处所。

由此可以想见，杜牧的《泊秦淮》，亦是白鹭洲附近的秦淮河岸边。夜泊之处"近酒家"，对岸亦有歌女，两岸皆繁华闹市。"隔江犹唱后庭花"，在一百多米宽的河对岸还能听得到，可见歌吹之盛。储光羲的《临江亭》：

晋家南作帝，京镇北为关。江水中分地，城楼下带山。

金陵事已往，青盖理无还。落日空亭上，愁看龙尾湾。

卢纶的《夜泊金陵》：

圆月出高城，苍苍照水营。

江中正吹笛，楼上又无更。

所咏也都是这一带。

清明时节雨纷纷，路上行人欲断魂。

借问酒家何处有，牧童遥指杏花村。

杏花村所在，近年为人争执不休。清明多雨，自是江南景象。南宋杨万里《登凤凰台》诗：

千年百尺凤凰台，送尽潮回凤不回。

白鹭北头江草合，乌衣西面杏花开。

龙盘虎踞山川在，古往今来鼓角哀。

只有谪仙留句处，春风掌管拂蛛煤。

准确写出杏花村在凤台山麓、乌衣巷（近今剪子巷）西。这是杜牧之后时代最早的杏花村佐证。《正德江宁县志》卷六载：

杏花村，在京城西南隅，与凤凰台相近。村中人家多植杏树，间竹成林。成化间，成国庄简公时司留钥，因视城经此，爱之，尝值杏花开命驾一赏。是后游者每春群集，遂成故事。

自唐迄明，杏花村风貌未变。

诗人们的经历与心声，为后人了解唐代南京，提供了重要启示，即在南京流连越久，对南京的民情风物接触越多，就越是会被现实的南京所吸引。简而言之，唐代南京绝不是六朝南京的一个倒影，也不尽为悲情、幽思的悼古之地，而是生机勃勃的繁华都市，温馨宜人的游居胜地，以大不同于中原城市的江南风韵，令人心向往之。

唐诗中的长干里，以所描绘景物参照，已由东晋南朝的小长干里和东长干里又向北延展，与"边淮列肆"的商铺逐渐连为一片。再加石头津夹江两岸，客馆、酒楼、货栈林立，形成了唐代金陵的商贸繁会之区。正因为秦淮河入江口一带的商业、服务业更趋兴盛，吸引居民向此集中，南唐建金陵城时，才能够将原小长干里南部隔断在城墙外。此后渐渐淡化、消解的仅仅是长干里这个地名。

第九章

承唐启宋

第一节

南唐立国

杨吴开创

唐代自安史之乱后,已成藩镇割据局面,分崩离析。淮南节度使高骈被叛将毕师铎攻杀,其部下庐州刺史杨行密力战夺回扬州城,平定叛乱,此后历时九年,得以尽除劲敌,称雄淮南。景福元年(892年)唐昭宗任杨行密为淮南节度使。天复二年(902年)杨行密进封吴王,史称杨吴、南吴,以别于三国时的孙吴。他招降昇州刺史冯弘铎,又平定田頵叛乱,以昇州(今南京)作为犄角重镇。

杨行密割据淮南,阻止北方战乱波及长江流域,使淮南、江南地区得以休养生息。他节省财用,选贤任能,招徕流民,减赋轻徭,奖励农桑,又与相邻地区息兵通商,恢复茶、盐贸易,几年之间,迅速强盛起来,据有的土地北起海州(今连云港),南至虔州(今赣县),东起常州,西至沔口(今汉口)。宋佚名《南窗纪谈》载:"三国时已知饮茶,但未能如后世之盛耳。逮唐中世,榷利遂与煮酒相抗,迄今国计赖此为多。唐人所饮不过草茶,但以旗枪为贵,多取之阳羡。"阳羡即今宜兴,正在杨吴疆域之内。盐是人的生活必需品,唐代以来,长江流域食盐主要依靠淮南盐场供应,据有淮南盐场的杨吴,其疆域内经济发展水平远好于战乱频繁的黄河流域。金陵的繁华也没有受到战乱的破坏。继杨吴而起的南唐,定都金陵,是五代十国大分裂局面中,江南疆土最大、实力最强的国家,也取得了较高的文化成就。

天祐二年(905年)杨行密死,长子杨渥继位。两年后右衙指挥使徐温与左衙指挥使张颢发动政变,杨吴大权旁落。天祐五年(908年)徐温、张颢合谋杀杨渥,张颢有意自立,徐温得杨行密谋士严可求之助,拥立杨隆演为吴王，后派钟泰章袭杀张颢，遂得独掌杨吴军政大权。天祐六年（909年），徐温因"金陵形胜，战舰所聚"，战略地位重要，自己兼任昇州刺史，派养子徐知诰任昇州防遏使兼楼船副使，治理昇州并负责制造战舰。

徐知诰生于彭城（今徐州），小名彭奴。彭奴少年流浪濠泗（今凤阳），杨行密"奇其状貌，养以为子"，可能是过于宠爱，为杨渥所不容。杨行密只得把他送给权臣徐温，还说诸将领的孩子都不如他。彭奴遂成徐温养子，这才姓了徐，得名知诰。徐知诰以军功崭露头角，徐温的亲子也想除掉他，几次设计谋杀未成。徐温派他去昇州（今南京），或也有避免冲突之意。

当时各州、县官员多武将，不通行政事务，徐知诰则有政治头脑。南唐遗民史温著《钓矶立谈》中说："自杨氏奄有江淮，其牧守多武夫悍人，类以威骜相高，平居斋几之间，往往以斩伐为事，至有位居侯、伯，而目不识点画、手不能捉笔者。"杨行密部下多武夫，只知道杀敌立功，有的贵为侯、伯身而目不识丁。徐知诰在昇州，"以文艺自好，招徕儒俊，共论治体，总督廉吏，勤恤民隐"，于是远近归心。马令《南唐书·先主书》也说："知诰独好学，接礼儒者，能自励为勤俭，以宽仁为政，远近向风，郡政大治。"在依仗武力争夺疆土的大环境中，徐知诰率先选拔任用士人，建设政权规范，争取军心民心，势力迅速壮大。天祐九年（912年），徐知诰以平定宣州军功升任昇州刺史，十一年（914年）加徐知诰检校司徒。徐知诰开始营建金陵城。第二年，吴王封徐温为齐国公、两浙都招讨使，镇润州（今镇江），徐温以长子徐知训为行军副使，留守扬州处理政务。

陆游《南唐书·烈祖本纪》载，天祐十四年（917年）五月金陵城建成，徐温前去察看，"喜其制度壮丽，徙治焉"，遂依润州司马陈彦谦建议，以昇州为镇海军节度使治所，自己移住金陵城遥控朝政，改派徐知诰为润州团练使。徐知诰与徐氏父子为权力争夺，矛盾渐深。徐知训骄横淫暴，屡屡凌辱吴王杨隆演和大臣，第二年就被吴将朱瑾所杀。事起突然，徐温在金陵尚不知讯息，徐知诰已得密报，当天即率军渡江进入扬州，平定变乱，控制了局势。徐温只得让徐知诰管理吴国国政。徐知诰改善政事，减轻赋税，发展农桑，招揽士人，一时军民归心。马令《南唐书·先主书》称其"宽刑法，推恩信，起延宾亭以待四方之士，引宋齐丘、骆知祥、王令谋为馆客,士有羁旅于吴者,皆齿用之",这些人都成为他的重要辅佐。

天祐四年(907年)唐王朝灭亡后,吴国仍沿用唐哀帝天祐年号。直至天祐十六年(919年),吴王杨隆演始建国,国号吴,改元武义,定都扬州,以徐温为大丞相、都督中外诸军事、诸道都统,封东海郡王。徐知诰任左仆射、参知政事,"渐复朝廷纪纲,修典礼,举法律,以抑强暴,中外谓之'政事仆射'"(马令《南唐书·先主书》)。吴武义二年(920年)改昇州为金陵府,徐温兼任金陵府尹,府署在唐昇州府廨的东面,今洪武路南端近内桥处。次年杨隆演死,徐温又立杨行密小儿子杨溥为吴国王,改元顺义。

李昇受禅建南唐

顺义七年(927年)十月,徐温病死。吴国大权完全落到徐知诰手中。九天以后,徐知诰迫使吴王杨溥称帝,改元乾贞,自任都督中外诸军事、太尉、中书令。乾贞三年(929年)改元大和。大和三年(931年),徐知诰如法炮制,让长子徐景通任司徒、同平章事,留守扬州执掌朝政,自己以太尉、中书令兼任金陵府尹,移住金陵。吴帝命徐知诰开大元帅府,置僚属。徐知诰着手营建自己的帝王基业,次年二月在金陵府舍中建礼贤院,聚集图书,招揽人才,八月起拓宽金陵城垣。大和五年(933年),徐知诰进封齐王。他以准备杨溥迁都为名,把金陵府治改筑为宫城,同时在宫城以北的台城旧址上建都统府,自己暂居都统府。吴国旧臣多不愿迁都。徐知诰的亲信周宗劝说,如果杨溥迁来金陵,徐知诰便该去镇守扬州,来回搬迁不但耗费巨资,而且会丧失人心。徐知诰醒悟,恰大和六年(934年)二月中旬金陵发生大火灾,徐知诰趁机中止了迁都之议。这场火灾可谓应时而至。

大和七年(935年)九月改元天祚,十月徐知诰进位尚父、太师、大丞相、天下兵马大元帅。扬州城里的吴帝杨溥,实际上已只剩一个空名。天祚三年(937年),徐知诰认为"人望已归",遂以昇州、润州等十州建齐国,"置宗庙,以宋齐丘为左丞相,徐玠为右丞相",改金陵府为江宁府,将府廨改称宫城,厅堂称殿。如果说隋初决定采用江宁这个县名,意味着期盼"江外安宁",徐知诰期盼的正是江南安宁。八月,在徐知诰授意之下,吴帝杨溥禅位给齐王徐知诰。十月,徐知诰在江宁称帝,国号齐，改元昇元，以金陵为西都，扬州为东都。次年移杨溥于丹阳宫（即原润州州治），派重兵严加看守，不久杨溥就死了。

昇元二年（938年），徐知诰为表示自己是唐王朝正统继承人，授意徐温的儿子们提议请他复姓李，他再让群臣讨论要不要复姓。然而此时他连该认唐代哪一个皇帝作为自己的祖先，还没有弄清楚，最后查出唐宪宗的儿子建王李恪之孙李志做过徐州判司，便冒认李志为祖父，成了建王的四世孙，改名李昇，改国号为唐，史称南唐，以与中原李存勖后唐相区别。徐景通改名李璟，后主名李煜，南唐三代君王的名字上，都顶着一个"日"字，未必是偶合。

李昇的皇家谱系虽是一笔糊涂账，但杨吴确实在唐亡之后，沿用末帝天祐年号达十二年之久，李昇又以唐为国号，自命为中兴之主，所以有些史家也视南唐为唐代余波。如马令《南唐书·先主书》即言"唐以天下篡于朱梁，而烈祖绍之"。

审时度势成霸业

五代十国的形势，中原地区梁、唐、晋、汉、周五代，为时最长的后梁是十六年半，最短的后汉仅四年。十国之中，以各国君王任节度使起算，最早是大顺二年（891年）前蜀王建入据成都，先于杨行密入据扬州一年，景福三年（893年）吴越钱镠据杭州，闽王潮据长乐（今福州），乾宁三年（896年）南楚马殷据潭州（今长沙），天祐二年（905年）南汉刘隐入据广州，后梁开平元年（907年）南平高季兴据荆南，此后是同光三年（925年）后唐灭前蜀，后蜀孟知祥据成都，天祚三年（937年）南唐代杨吴。十国中最后立国的北汉，是北方后汉被灭，幸存皇族依附辽国所建。

东晋南北朝时期，北方分裂动荡，长江以南相对统一。此时江南九国并立，固然说明长江流域的经济开发，已足以支撑各地割据政权，也意味着分裂局面的严峻超过以往。在南方九国中，南唐建立最晚。其时中原正当后晋时期，后唐清泰三年（936年）石敬瑭受契丹册封为晋帝，取后唐而代之，割燕云十六州给契丹，使契丹对中原的影响剧增，祸及北宋。昇元二年十月，李昇也接受了契丹的封号"英武明义皇帝"。契丹自唐末开始崛起，此时已成亚洲最大军事强国。中原以至江南各国，都不能不考虑契丹的存在。

南唐长期与契丹保持友好关系，连年有使节往来，互赠方物。契丹供给南唐的主要是马和羊，仅昇元七年（943年）正月一次，契丹就带来马三百匹、羊三万五千只，但主要是用于出售，得钱后收买江南的"罗纨、茶、药"运回。这是双方有利的贸易交流。南唐曾想借道后晋通使契丹，为后晋所拒绝，只能航海辽东转道契丹。南唐与契丹的关系，体现了李昇一贯的对外止战政策。与契丹交好，使后晋有后顾之忧，南唐得以免除北方边患。

李昇起自微贱，久历战乱，亲眼看到杨行密与徐温的子弟不能继承大业，所以在国内权力斗争中心狠手辣，毫不容情。但他认识到凭南唐的国力，尚不足以一统天下，对攻取周边邻国的得失有精到的分析，所以对外不妄动兵革，坚持与民休息，以图自强，可算一个比较清醒的皇帝。《钓矶立谈》载："烈祖每言百姓皆父母所生，安用争城广地，使之肝脑异处，膏涂草野。是以执吴朝之政，仅将一纪，才一拒越师，所谓不得已而用之。"李昇登基后，几度有机会开疆拓土，群臣也跃跃欲试，他都拒绝了诱惑，以"使彼民安则吾民亦安"为上策。昇元六年（942年）吴越国都杭州发生大火灾，"宫室府库，甲兵殆尽"，群臣都想趁机攻伐吴越，李昇仍不同意，以自己的大局观分析形势："今大敌在北，北方平，则诸国可尺书召之，何以兵为。轻举者，兵之大忌，宜蓄财养锐以俟时焉。"（马令《南唐书·先主书》）中国历史上，凡分裂动荡时代，多以中原政权为正朔。史家以五代为正统沿续，以十国为割据政权，史籍常称五代而不及十国，如薛居正《五代史》又名《梁唐晋汉周书》，十国多列入《僭伪传》。欧阳修《五代史记》中，亦以五代为本纪，十国为世家，"五代十国"的说法即由此而来。当时十国也多臣服于中原五代政权，故李昇说倘能据有中原，诸国自然归附，现在时机不成熟。他反而派使节前往杭州慰问，并赠送钱财助吴越国渡过危难。

李昇审时度势成就霸业，个人品行上最受赞誉的是节俭。陆游《南唐书·烈祖本纪》载：

性节俭，常蹑蒲履，用铁盆盎。暑月寝殿施青葛帷。左右宫婢裁数人，服饰朴陋。建国始即金陵治所为宫，唯加鸱尾、设阑槛而已，终不改作。元宗为太子，欲得杉木作板障，有司以闻。帝曰："杉木固有之，但欲作战舰，以竹作障可也。"

李昇晚年为求长寿，服食金石，结果反受其害。马令《南唐书·先主传》引徐铉的记述："晚年服金石药，性多躁怒，百司奏事必至厉声诃责。群臣或正色抗辞以对，事理明白，必敛容慰勉之，旬日之后，多有恩泽，故人思尽力。"虽然性多躁怒，但尚未失人心。昇元七年（943年）二月李昇去世，史称南唐先主，庙号烈祖，葬于南京南郊祖堂山钦陵。后李璟除帝号向后周称臣，为避后周太祖郭威之父"庆祖章肃皇帝"名号，改称永陵。故宋人所著史书中皆称永陵。

外战与内争

李璟继位，改元保大，史称南唐中主，庙号元宗。

李璟登基之际，可说是南唐的顶峰时代。陆游《南唐书·烈祖本纪》载："帝临崩，谓齐王璟曰：'德昌宫储戎器、金帛七百万，汝守成业，宜善交邻国，以保社稷。'"然而李璟不遵父亲临终"善交邻国"的遗言，最为史家所诟病的就是轻率用兵，而且是对南方邻国用兵。

保大二年（944年）闽国内乱，向南唐求助，南唐囚禁来使，图谋趁机伐闽。当年十二月进军失利，次年二月复增兵以进，至八月攻下建州（今建瓯）。闽人先苦于王氏乱政，听说唐军攻来，都伐木开道，箪食壶浆以迎。然而南唐军纪不严，攻下建州后大肆劫掠，李璟因出师有功，不予追究，令闽人大失所望。故闽国虽灭，威武军节度使李仁达据福州，清源军节度使留从效据泉州与漳州，皆虚与周旋。南唐所得，实仅福建西北部汀、建二州。保大四年（946年）夏，福建路宣谕使陈觉要李仁达入都进觐，李仁达不从，陈觉不甘心无功而返，矫诏调动汀、建、抚、信四州军队攻李仁达。李璟得到消息大怒，而冯延巳等认为战争既已发动，不宜停止，乃增兵数路南下，至十月包围福州。诸军虽声势雄壮，却只图自己立功，互不呼应，以至福州久围不下。李仁达遂投降吴越，吴越发兵三万，保大五年（947年）三月自海道抵福州，大败南唐军，轻易得到福州。南唐与吴越关系也因此恶化。

与此同时，中原生变。后晋要求与契丹实行地位对等的邦交关系，并停止向契丹进贡。保大四年十二月，契丹大败后晋军，晋帝投降。马令《南唐书·嗣主书》记载："是岁中原无主。密州刺史皇甫晖、青州刺史王建及沿淮诸戍皆来降。方且疲兵东南，不暇北顾。"韩熙载上书："陛下有经营天下之志，当在今时。若戎主遁归，中原有主，安辑稍定，则未可图也。"南唐多年欲进军淮北而不能，如今淮北唾手可得，君臣明知这是进入中原的大好机会，却因为伐闽之战"府库中耗，民不堪命"，终于错失。保大五年（947年）正月，契丹入汴州（今开封）。二月，契丹使节到金陵奉告："晋少主逆命背约，自贻废黜。吾主欲与唐继先世之好，将册命唐为中原主。"李璟命大臣婉言推拒，只遣使祝贺，暗自叹息："闽役惫矣，其能抗衡中原乎。"陆游《南唐书·元宗本纪》说契丹邀李璟在边境会盟。会盟一向带有炫兵耀武的性质，南唐因灭闽兵惫民穷，难以与契丹分庭抗礼，所以李璟没有应约。李璟请求派使者到长安修奉唐代诸陵，契丹也拒绝了。河东节度使刘知远趁机在太原称帝，国号汉，史称后汉。契丹在汴州建辽国，虽取了一个汉化的国号，但因烧杀抢掠激起中原军民剧烈反抗，同年五月退出中原。后汉随之入汴州。这两三年间，中原时生变乱，李璟几次打算进军中原，又犹豫不决，最终都放弃了。

保大八年（950年）正月，因为"日食、地震、星孛、木冰"灾异不断，李璟下《恤民诏》，特别提到灭闽之战："曩者兵连闽粤，武夫悍将不喻朕意，而务为穷黩，以至父征子饷，上违天意，下夺农时。咎将谁执，在予一人。""父征子饷"，比寅吃卯粮更为严重。补救的措施是"大赦境内，穷民无告者大赐粟帛"。然而这年二月南唐又与吴越国开战，双方各有胜负，以交换俘虏结束。

保大九年（951年）后汉将领郭威称帝，国号周。李璟想趁中原改朝换代之机北征。韩熙载上书劝止："郭氏奸雄，虽有国日浅，而为理已固。兵若轻举，非独无成，亦且有害。"此后的事态发展证明韩熙载的预见，后周局势稳定后，即开始攻逼南唐。

保大八年冬天，潭州南楚发生夺位之变，南唐即积极介入，但所扶持非人，至次年十月大乱。南唐信州刺史边镐是灭闽的功臣，趁机率军攻占醴陵，进逼长沙，楚王请降，南楚灭国。边镐将皇族马氏全部迁往金陵，同时，"悉收湖南金帛、珍玩、仓粟乃至舟舰、亭馆、花果之美者，皆徙于金陵。遣都官郎中杨继勋等收湖南租赋以赡戍兵。继勋等务为苛刻，湖南人失望"（《资治通鉴·后周纪一》）。楚地新定，府库空虚，无法满足驻军所需。宰相冯延巳不愿从国库拨军饷，命重征楚地赋税。楚人本希望南唐来后能有所改善，岂料雪上加霜，遂怨声载道，复生动荡。保大十年（952年）秋，李璟也意识到此事的严重性，下令南唐军队停攻桂阳（今郴州），退出益阳，采取"楚人治楚"的办法，"使自安辑其民"。

冯延巳盘算，自己在宰相任上以边镐一军灭楚，"天下惊动。今三分丧二，何以为功"（马令《南唐书·嗣主书》）？遂拖延不办。结果激成楚地军民反叛，仍成军阀割据之势。南唐诸军溃散，益阳、长沙、岳阳先后失守，损兵折将，劳民伤财，只落得一场空。虽然冯延巳等官员受到惩处，南唐国势之衰落已难以挽回。陆游《南唐书·元宗本纪》说：

（李璟）自以唐室苗裔，讳于斥大境土之说，及福州、湖南再丧师，知攻取之难，始议弭兵务农。或曰："愿陛下十数年勿复用兵。"元宗曰："兵可终身不用，何十数年之有。"

然而中原局势大变，他已没有"弭兵务农"的时间了。

当时鼓吹"斥大境土"的，就是李璟任太子时的亲信冯延巳、魏岑等。李璟继位之初，李昪老臣尚当政，冯延巳等希望迅速建功立业以提高地位。马令《南唐书·党与传下》载，冯延巳自吹其"智略足以经营天下"，"常笑烈祖戢兵，以为龌龊无大略"，损失几千士兵就叹息多日，寝食不安，"此田舍翁安能成大事"，吹捧李璟："如今上暴师数万于外，而宴乐、击鞠不辍，此则真英雄主也。"他的异母兄弟冯延鲁，"锐于进趋，常欲用事四方以要功名"，但他攻福州时指挥失策致大败，后守扬州，后周军至便削发为僧弃城而逃，被敌军捉到，沦为笑柄。魏岑"尤好谀佞，善揣人意"。南唐灭闽，李璟"以为诸国可指麾而定"，魏岑侍宴时刻意奉承，说："臣少游元城，好其风物。陛下平中原日，臣独乞任魏州。元宗许之，岑趋墀下拜。"居然已经盘算到河北大名府。

这班人能够得势的原因之一，是参与南唐党争，得到权臣宋齐丘扶持。南唐党争，亦起自李璟时期。马令《南唐书·党与传上》开篇即说"南唐之士，亦各有党"，"宋齐丘、陈觉、李徵古、冯延巳、延鲁、魏岑、查文徽为一党。孙晟、常梦锡、萧俨、韩熙载、江文蔚、钟谟、李德明为一党"。

宋齐丘"好学有大志"，在李昪任昇州刺史时已因文才受赏识，算是"布衣之交"，对李昪"修举礼法以遏强众，亲附卿士，宽徭薄赋，人用安辑"（马令《南唐书·党与传下》）颇有贡献，遂以他辅佐李璟，宋齐丘就开始暗结党羽。李昪登基，以徐玠为相，张居咏、张延翰、李建勋为平章事，周宗为枢密使。宋齐丘任司徒只是虚衔，心怀不满。陆游《南唐书·宋齐丘传》中讲了一个故事，李昪设宴，宋齐丘借着酒意说："陛下中兴，实老臣之力，乃忘老臣，可乎？""烈祖怒曰：'太保始以游客干朕,今为三公,足矣!'齐丘词色愈厉曰:'臣为游客时,陛下亦偏裨耳。今不过杀老臣!'"李昪说他以一介说客而位至三公,应该满足了,宋齐丘反唇相讥,说他是说客时,李昪也不过是裨将而已。宋齐丘扬长而去。李昪对他的评价是"宋公有才,特不识大体"。元宗登基,宋齐丘与周宗同居相位,其亲信陈觉也得李璟赏识,"冯延巳、延鲁、魏岑、查文徽与觉深相附结,内主齐丘,时人谓之'五鬼'"。江文蔚斥宋齐丘、陈觉、冯延巳、魏岑为"四罪""四凶"。

宋齐丘"在富贵权要之地三十年,唯欲人之顺己,其一言不同者,必被排摈",容不得别人有不同意见。周宗、常梦锡、韩熙载、江文蔚等旧臣都遭他排挤。"文武百司,皆布朋党。每国家有善政,其党辄但言'宋公之为也'。事有不合群望者,则曰'不用宋公之言也'"。不知内情的人"瞻仰以为元老,故趋附者益多"。

李璟始对宋齐丘有所警惕,"拜太傅、中书令,封卫国公,赐号国老,奉朝请,然不得预政",但其党羽仍把持朝政。保大末年,周师入淮南,名将朱元随齐王景达率军救援寿州(今寿县),夺回舒州(今潜山)、和州(今和县)。监军使陈觉屡次打小报告,说朱元"不可信,不宜付以兵柄",元宗乃命杨守忠代之。朱元"愤怒欲自杀",被属下劝说率万余人降周,"由是诸军皆溃",杨守忠等被擒,寿州不守,南唐尽失淮南之地。马令《南唐书·朱元传论》说:"方是时疆场之臣,非皆不才也。败于敌,未必诛,一有成功,谗先杀之。"又说:"南唐如陈觉、冯延鲁、查文徽、边镐辈,丧败涂地,未尝少正典刑。"直到交泰元年(958年)底,李璟终于承认自己的用人失当,才杀了陈觉、李徵古。宋齐丘被关押在青阳旧宅中,门窗封闭,守军从墙洞中送食物给他,次年一月死,有说是自杀,有说是冻饿而亡,谥"丑谬"。

小楼吹彻玉笙寒

建隆元年(960年)正月,赵匡胤受后周柴宗训禅,在开封称帝,国号宋。这是中国历史上的最后一次禅让,标志着一个时代的终结。

五代史走到了终点,十国史也走向最后一幕。

后周显德年间几次攻取南唐淮南领土,同时离间北方契丹与南唐的关系。宋齐丘在昇元年间曾设计离间契丹与后晋,厚赐来南唐的契丹使节,待其返程至淮北入后晋疆域时,派人暗中刺杀。契丹误以为是后晋所为，两国果生嫌隙。后周如法炮制，显德元年（954年）七月，契丹使节在淮南南唐清风驿夜宴时被杀，南唐查不出凶手，契丹自此与南唐断绝往来。显德三年（956年）后周又命吴越国进攻常州和宣州（今宣城），扰乱南唐后方。李璟无法应对，一再卑躬屈节向后周求和，至交泰元年（958年）南唐完全放弃江北疆土，且除去帝号，称国主，改用后周显德年号，与后周相约划江而治。

自杨吴肇基至南唐立国，皆据有淮南为缓冲，江南得保安宁。淮南一失，已成南朝陈后主时之局面。宋人吕祖谦《陈论》中说：

守江之计，必得淮南以为战地，荆楚控扼上流，又有舟师战于江中，然后可以相安。孙权之拒曹操，东晋之拒苻坚，宋之拒魏太武，齐之拒魏孝文是也。若曰既失淮南，又失江陵，而独凭恃洪流以为大险，岂不可笑也。

尤其是淮南盐场的失去，打破的不仅是南唐与后周间的平衡，而且是南方与北方之间的平衡。江南各国不得不从后周获取食盐供应，高昂的盐价直接威胁到各国的经济稳定。江南各国的崩溃已只是时间问题。

显德六年（959年）七月，李璟升洪州为南昌，建南都。他说：

建康与敌境，隔江而已，又在下流，故兵若至，闭门自守，借使外诸侯能救国难，即为刘裕、陈霸先尔。今吾徙豫章，据上流而制根本，上策也。

敌国兵临城下，即使有本国将帅能率兵救援都城，也会拥兵自重，就像南朝的刘裕、陈霸先一样，趁机篡夺王位。所以李璟要选择上游的南昌。群臣多不愿迁都，只有枢密使唐镐赞成。

建隆二年（961年）春，李璟留王子李从嘉（即李煜）监国，自己迁往南都。这看似当初徐温、李昪东都、西都策略的重演，而局势已截然不同。三月至南昌，"豫章迫隘，宫府营署皆不能容，群臣日夕思归"，唐镐惭惧发疡而死。李璟"悔怒"，"复议东迁，未及行，国主寝疾，不复进膳，惟啜蔗浆，嗅藕华"，六月即死在南昌。八月灵柩运回金陵，求得宋太祖的允准，"追复帝号"，以帝王的规格安葬。李璟的顺陵和李昪的钦陵都在祖堂山下，史称南唐二陵。

李璟最为史家宣扬的美德，是兄弟间友爱谦让。

陆游《南唐书·元宗本纪》载，昇元四年（940年）李昪立齐王李璟为皇太子，李璟"固让"，说："前世以嫡庶不明，故早建元良，示之分定。如臣兄弟友爱，尚何待此。"李昪称许他的"廉退之风"，命臣民视齐王如太子。"保大元年春三月己卯朔，烈祖殂已旬日，帝犹未嗣位，方泣让诸弟。奉化节度使周宗手取衮冕衣帝，曰：'大行付陛下神器之重，岂得固守小节。'"李璟登基后，仍时时关爱着三个弟弟景遂、景逿、景达，并坚持立景遂为"太弟"，作"兄终弟及"的打算。

南唐校书郎郑文宝，曾师从徐铉，入宋后作《江表志》："元宗友爱之分，备极天伦。登位之初，太弟景遂、江王景逿、齐王景达，出处游宴，未尝相舍，军国之政，同为参决。"李璟直到显德五年（958年），也就是他不得不削去帝号那一年，以长子弘冀屡建战功，才放弃了以景遂作继承人的安排，立弘冀为太子。李景遂执掌兵权多年，根深蒂固，与李璟合作得也好。李弘冀年少气盛，刚愎自用，手段狠辣。自杨吴至南唐，例不杀战俘，保大十四年（956年）吴越军攻常州，李弘冀率军救援，"大破吴越兵，斩首万级。获其将佐数十人，俘于润州，弘冀以时方艰危，悉驱出辕门斩之"。"元宗仁厚，群下多纵弛。至是弘冀以刚断济之，纪纲颇振起。而元宗复怒其不遵法度，一日怒甚，以打球杖笞之，曰：'吾行召景遂矣。'弘冀大惧，故景遂遇酖。"（陆游《南唐书·宗室传》）李弘冀派人毒死他的叔叔李景遂，是显德五年八月的事情。第二年七月，李弘冀得病，病中一再见到景遂的冤魂前来索命，挨到九月也就一命呜呼。这场叔侄相残打破了南唐帝王家的"友爱"神话，更重要的是，南唐王朝因此失去了两个治国能力远比李煜强的继承人。

在李璟十个儿子中，李煜排行第六，但在钟皇后所生四子中他排行第二，太子弘冀既死，按照立嫡的原则，自应轮到李煜。而且二子弘茂早逝，三、四、五子事迹不显，有一个连名字都没留下来。

一江春水向东流

建隆二年（961年）李煜继位，史称南唐后主，仍都金陵。

李煜出生于南唐昇元元年（937年）七夕。那年十月，他的祖父李昪接受吴主杨溥的禅让，正式立国。开宝八年十一月二十七日（976年元旦），宋军围城年余后，攻破金陵，后主李煜做了俘虏，太平兴国三年（978年）七夕死，葬洛阳。李煜的一生，可说与南唐相始终。

李煜儿时，李昪在位的六年间，南唐最为安定兴盛，四方百姓闻风来归，契丹交好，高丽、新罗也遣使来朝。李煜年少时，李璟继位之初，尚有余力向邻国用兵。保大十四年（956年）后周主柴南率军横扫淮南，李璟在二月先遣使奉书"愿以兄事，岁献方物"，后周不理睬，又"贡金器千两、银器五千两、锦绮纹帛二千匹及御衣、犀带、茶药，又奉牛五百头、酒二千石犒军"，重金、牛酒慰劳攻打自己的敌军。后周不但没有如请罢兵，反而攻占了扬州。三月李璟"削去帝号奉表请为外臣"，后周犹不答应。煎熬两年，交泰元年（958年）三月，"惧周师南渡"的李璟不得不"尽献江北郡县之未陷者"，五月"下令去帝号，称国主"，奉后周正朔，改交泰元年为显德五年（958年）。

李璟去帝号只去了个名义，宫廷礼仪都没有变化，李煜继位做"唐国主"，宋太祖派使者来祝贺，他龙袍都不敢穿，换了紫袍见使者，连宫殿也得降低规格。马令《南唐书·后主书》载："金陵台阁殿庭，皆用鸱吻。自乾德后，朝廷使至，则去之。使还，复用。"乾德元年（963年），"太祖出师平荆、湖，国主遣使犒军"，"太祖诏国主遣还显德以来中朝将士在江南者，及令扬州民迁江南者还其故土"。乾德二年（964年）八月，"太祖于江北置折博务，禁商旅过江"，在在压缩南唐的生存空间。宋王朝给李煜一点虚名，他就要大大地进贡谢恩，动辄"金器二千两、银器一万两、锦绮绫罗一万匹"，而宋王朝回赐给他的则是"羊、马、骆驼"。陆游《南唐书·后主本纪》说，后主"嗣位之初，属保大军兴之后，国削势弱，帑庾空竭，专以爱民为急，蠲赋息役，以裕民力，尊事中原，不惮卑屈，境内赖以少安者十有五年"。一边是强敌压境、疆土日削，一边是屡向敌国作高额贡献，导致国内严重经济危机，后主勉力维持十五年，亦非易事。

到了在位的第九年，李煜开始把希望寄托于佛，"度人为僧，不可数计"。次年更"命境内崇修佛寺，又于禁中广署僧尼精舍"，"行坐手常结印。为僧寺手削厕筹，于面上试之"。行坐之间，手都要摆出佛教"结印"的姿态，亲手为僧寺削厕筹，要在脸上试验是不是够光滑，以示虔诚。

宋太祖一再暗示李煜主动到汴京（今开封）去做顺民，后主先是装作不懂，避而不答，后来以身体不好推辞。开宝五年（972年）又连杀潘佑、李平、林仁肇等大臣，朝士失望，拒敌乏人。开宝七年（974年）九月，宋太祖遣使颁诏："朕将以仲冬有事圜丘，思与卿同阅牺牲。"并明确告诉李煜，宋军将至，宜早入朝，实际上已是最后通牒。李煜"辞以疾，且曰：'臣事大朝，冀全宗祀。不意如是，今有死而已。'"，算是明确回绝。

十月，宋军沿江顺流而下，尽管双方实力悬殊，后主并没有放弃抵抗。陆游《南唐书·后主本纪》载，李煜一面"遣江国公从镒贡帛二十万匹，白金二十万觔，又遣起居舍人潘慎修贡买宴帛万匹，钱五百万"，以求缓兵，一面"筑城聚粮，大为守备"。闰十月，宋军先后攻占池州、芜湖，后主遂与宋廷决裂，"下令戒严，去开宝纪年，称甲戌岁"。

吴越国趁机兴兵攻常州、润州（今镇江），后主致书吴越王说："今日无我，明日岂有君？一旦明天子易地赏功，王亦大梁一布衣耳。"按开宝元年（967年）李煜遵赵匡胤旨意，动员南汉一起作宋的属国。南汉主怒拒，李煜就把他的回信送给赵匡胤，使赵匡胤决意伐南汉，南唐因此赢得了苟延残喘的几年时光。此时吴越王钱俶也依样画葫芦，将李煜之信原封不动送给宋太祖。就是在这样的情况之下，李煜坚守金陵仍长达一年之久。

陆游《南唐书·后主本纪》："乙亥岁春二月壬戌，王师拔金陵关城。"但此后金陵城仍坚守十个月，至十一月才破城。此处所说的"关城"，很可能就是金陵城门的外瓮城。从《冯宁仿杨大章宋院本金陵图》中可以看到金陵城南门的外瓮城，设计成半圆形（《景定建康志·府城之图》中画成等腰梯形），有如半个水瓮。半圆的圆心处建方形城堡，上设单层城楼（《景定建康志》中称硬楼）。从圆心外伸的隔墙，与城墙同等规格，将这半圆分割成两个扇形。居中一个扇形对外开门，行人进门后，必须经过隔墙上的门，进入第二个扇形，再经过城墙的门，才能进入城内。隔墙上的门易守难攻，从隔墙和城墙上可以有效打击进入扇面空间的敌人，功能相当于明城墙的两道内瓮城。宋军攻入瓮城后并不能进入城内，且瓮城空间狭小，既无法施展攻城器具，又无从抵御城上南唐军的反击，只好退出。

此后尚有几次意外，一是京口军情紧急，李煜派亲信刘澄镇守，岂知刘澄很快开城投降，使吴越军与宋军会师，合围金陵。一是南唐素以重兵驻守江西腹地，南都洪州（今南昌）节度使朱令赟拥十五万水兵屯浔阳（今九江）湖口。李煜屡次召其回援金陵，朱令赟怕大军出动，宋军袭湖口断其粮道，召南郡留守刘克贞代镇湖口。刘克贞因病不至，朱令赟拖延数月方出发，十月船至皖口（今安庆）与宋水军相遇，朱令赟命"倾火油焚北船，适北风反焰自焚，我军大溃，令赟及战棹都虞候王晖皆被执。外援既绝，金陵益危蹙"。火油即南唐同契丹交易而来的石油，油浮水上燃烧，无法可救，实属当时的"秘密武器"，若非风向突转，很可能又是一个"火烧赤壁"。"东风不与周郎便，铜雀春深锁二乔。"李煜的命运成了杜牧此诗的最好注脚。

待到金陵城破之际，后主已经在宫中堆积了柴薪，准备玉石俱焚，但终于不能自决，"肉袒出降"，做了俘虏。

李煜也被说成"天性友爱"，因为弟弟李从善"奉表朝贡"，被宋太祖扣为人质，"四时宴会皆罢"。然而，李从善自愿去开封做人质，不是没有原因的。马令《南唐书·宗室传》载：

初，从善与钟谟亲狎，尝有改立之请。谟亦由此得罪。元宗殂于豫章，独从善扈从，因怀非望，就徐游求遗诏。游正色不与，至建业，具其事以闻。后主不问，待之愈厚。

"改立"即改立李从善为太子，也就是"非望"。李从善既存此意，必不能自安。宋太祖要求李从善：

贻书后主，督之入觐，从善曰："臣兄以庸菲之才，嗣守宗庙，陛下垂覆载之，恩许其入朝，实千载一遇，敢不奉诏。"从善遂为书喻以上意，而后主不从。王师之讨，兆于此也。

李从善此言，完全不以故国存亡为意。李煜不从，给宋军讨伐南唐多了一个借口。当然，赵匡胤意在一统天下，无论有无借口，灭南唐自是势在必行。宋军百道攻城，金陵"城中米斗万钱，人病足弱死者相枕籍"，后主"两遣徐铉等厚贡方物求缓兵"，"以全一邦之命"。徐铉称宋军师出无名："煜效贡赋二十余年，以小事大，如子事父，未有过失，奈何见伐？"（马令《南唐书·归明传·徐铉》）宋太祖回得很干脆："尔谓父子者，为两家可乎？"

徐铉无言以对。许多时候，历史的大趋势，不是理论所能解答的。

南唐君臣被曹彬押送乘船北上，出了石头津，船至长江中，李煜以一首七律告别江南：

煜渡中江，望石城，泣下。自赋诗云："江南江北旧家乡，三十年来梦一场。吴苑宫闱今冷落，广陵台殿已荒凉。云笼远岫愁千片，雨打归舟泪万行。兄弟四人三百口，不堪闲坐细思量。"（马令《南唐书·后主书》）

这思量肯定不会有什么结果。经过汴口（今荥阳附近）的普光寺，李煜坚持要入寺礼佛，"擎奉赞念久之，散施缯帛甚众"。

未来的命运，也只能交给他所虔信的佛祖了。

第二节
大周后与小周后

金镂鞋

后主李煜曾填过一阕《菩萨蛮》，写的是尚无名分的小周后提着金镂鞋，只穿着袜子，去赴后主李煜的约会：

花明月暗笼轻雾，今宵好向郎边去。刬袜步香阶，手提金镂鞋。画堂南畔见，一向偎人颤。奴为出来难，教郎恣意怜。

历史小说家高阳以这一段恋情入手，写出了三十万字的长篇小说《金镂鞋》。他绘声绘色地描写小周后嘉敏手提金镂鞋，如何溜出房门，心虚脚软，险些滑倒。及至到了后主身边坐下，"抬起脚就烛火细看，绿的是苔痕，黑的是泥土，脏得自己都看不下去了"，也看得李煜"既感动，又惭愧，而且还有些心疼。因此，他觉得他必须'服侍'她一番，才能心安。于是为她剥去白绫袜子，还好，泥土没有渗透，依旧是一双雪白的脚，他握在手里就舍不得放下了"。弄得嘉敏都觉得好笑，叫他"快放手"，嗔他"也不嫌脏"。

小周后的名字不见于史籍，高阳为她起名"嘉敏"，大约是因为后主初名从嘉，马令《南唐书·女宪传》中，又对小周后有"警敏有才思，神彩端静"的评语。这自是小说家言了。

历来野史笔记中，都只称她为小周后。"周后"而"小"，是因为之前确有过一位大周后，是她一母同胞的姐姐，史称昭惠周后。昭惠是死后的谥号。小周后没有这样的谥号，因为她死于南唐亡国之后，后主李煜已经成了寄人篱下的陇西公。史书中都记下了大周后的小名娥皇，却没有她的任何一种称呼。姊妹俩的父亲周宗在南唐官至司徒，不至于女儿十几岁还没取名字。有人从姐姐小名娥皇，推测妹妹的小名是女英，也无依据，终于只剩下一个含糊的"小周后"。皇后、国后，已是女性称谓中的至尊，然而一旦冠上个"小"字，便有了一种说不清的暧昧。

马令《南唐书》中说周宗是秣陵（今南京）人，陆游《南唐书》中则说周家是广陵人，不知是不是发现了什么新证据。后来的文人也喜欢说周家是扬州人，大约受了扬州多美女的影响。而南京的姑娘，好像就没有做了皇后的。

周宗在烈祖李昪取代杨吴的大计上，立有大功劳，算是南唐的开国元勋。到后周讨伐南唐的战事开始，周宗正好去世了。所以宋齐丘在抚棺祭奠周宗时，有"来亦得时，去亦得时"的感慨。

一片芳心千万绪

南唐的帝王很懂得政治联姻的技巧，祖孙三代都做了当朝权臣的乘龙快婿。李昪的女儿嫁了马仁裕，是当年镇守蒜山渡（今镇江西津渡）首先发现朱瑾之乱的功臣。据说周宗继室所生二女"皆国色"，但她们的"继为国后"不能等量齐观。因为姐姐是中主李璟替儿子李煜选定礼聘的，妹妹则是与李煜"自由恋爱"结合的。

野史笔记中最喜渲染的一节，就是昭惠周后病重时，妹妹已住在宫中，且没有人告诉她。一日妹妹在帐前探视，昭惠周后突然清醒，看到妹妹，吃了一惊，问："你怎么在这里？"十五岁的小妹不懂得避嫌疑，照实说已经到了好几天。于是"昭惠恶之，返卧不复顾"。姐姐心中不快，转身朝墙壁睡着，不愿意再看见妹妹，或者说不愿意再看这个世界。没几天，她就死了。

陆游《南唐书》中写得更为激烈，大周后听说妹妹已来数日，"恚怒，至死面不外向"。大周后死后，李煜表现得十分哀痛，是为了"以掩其迹"。

陆游的本意，是谴责李煜与小周后的偷情。然而这把刀子是两面有刃的，昭惠周后的反应，无形中损害了史家塑造出的"贤妻"形象，至少也是有些不明事理。她应该想到，凭她一个将死之人，不可能留得住帝王李煜的心，何况李煜这年还不到三十岁，迟早会有人取代她的位置。既然如此，由自己的同胞妹妹取代，对于她，对于她的家族，也包括对她的妹妹，都该是值得庆幸的事情。当然，李煜毕竟是她深爱的人，以十年夫妻生活的融洽，她有理由奢望李煜在她死后再拥有别的女人。梦想被打破，她会有失望，有痛苦，甚至减少她对人世的留恋，但无论对李煜还是对小妹，都不至于会有"恚怒"。

　　史书中对昭惠周后的评价都相当高，以为她出身名门，"克相其夫"，能够成为李煜的贤内助。马令《南唐书·女宪传》对她的描写是，"虽在妙龄，妇顺母仪，宛如老成"，盖棺定论是"身居国母，可谓贤也"。可是她究竟在哪些国事上辅佐了李煜，没有一句落到实处的话，只说她"通书史，善音律，尤工琵琶"，不乏艺术细胞。其实昭惠周后所作的，只不过是陪李煜游乐而已。陆游《南唐书》中记载了这样一个故事。有一次雪夜宴饮，酒酣之际，昭惠周后举杯请后主跳舞。后主说，你如果能谱一支新曲，我可以跳舞。昭惠周后当即让人拿纸笔过来，边哼边记，"喉无滞音，笔无停思"，转眼就谱成了后来被命名为《邀醉舞破》的曲子。她还创作有《恨来迟破》等新曲，都风行一时。因为昭惠周后好音律，后主对于音乐也十分沉迷，以致疏于政事。监察御史张宪为此上了一封很恳切的谏表。后主读了，赏赐张宪绢帛三十匹，作为对敢说真话者的表彰，但并不接受他的意见。

　　后主曾同昭惠周后一起整理出当时已经残缺的唐代大曲《霓裳羽衣曲》。听到演奏的徐铉同乐师曹生议论，说法曲结尾应该舒缓，现在怎么变得如此急促了。曹生说，原来该是舒缓的，宫中有人改成了这样，恐怕不是吉兆。

　　《霓裳羽衣曲》是象征开元盛世的太平法曲，结尾匆促，自然不是好兆头。直接让人产生联想的是，不过一年之内，昭惠周后和她心爱的二儿子仲宣竟先后患病。据说仲宣三岁就能读《孝经》，在音乐上也有天赋。因为母亲生病，四岁的仲宣由别人照管，一天在佛像前玩耍，有大琉璃灯被猫碰倒坠地，受了惊吓，一病不起。仲宣死后，后主怕昭惠周后知道，常常一个人默默地流泪，写了哀悼的诗，再三吟咏，听得身边的人都忍不住要哭。昭惠周后最终还是知道了，悲痛过甚，没几天也就死了。

　　这一对音乐夫妇还一起创制了《念家山曲破》和《振金铃曲破》，也颇惹人非议。

　　"破"是一个专门的音乐术语，指唐、宋燕乐大曲的第三部分（前两部分分别是"散序"和"中序"），每一部分下还分多少不等的"遍"。"破"以舞蹈为主，器乐伴奏，可有歌唱也可无歌唱，故又称"舞遍"。白居易《霓裳羽衣舞歌》中对唐代大曲的结构有形象的描述，"繁音急节十二遍，跳珠撼玉何铿铮"，说的就是"破"这部分，他自己的注释是"霓裳破凡十二遍而终"。燕乐大曲可以全部演奏,也可以只演奏其中的一部分,到国力衰微的宋代,已多只演奏选段,称为"摘遍"。唐大曲歌词主要是诗体,宋大曲歌词主要是词体,在作为过渡的南唐时期,中主、后主均擅词,可以想见歌词当以词体为主。而昭惠周后擅器乐,对大曲偏重于"破"这一部分也就很自然。

但是后主挑选的这两支大曲也太不凑巧,被后代文人附会,以为预示着"家山破""金陵破"。既为亡国之君,难免人家将什么都朝亡国上联想。

南唐乐人对李煜的感情也特别深。据说江南富家子薛九,曾入侍后主宫中,善歌后主所制江南曲《稽康》。宋灭南唐,薛九流落江北,逢人只歌此曲,每一歌"座人皆泣"。翰林学士钱易为此写下一首《稽康小舞词》:

薛九三十侍中郎,兰香花态生春堂。
龙盘王气变秋雾,淮声咒月浮秋霜。
宜城酒烟湿羁腹,与君强舞当时曲。
玉树遗辞莫重听,黄尘染鬓无前绿……

又传说南京乐官山,是埋葬南唐乐官的地方,曹景建有诗咏此事:

城破辕门宴赏频,伶伦执乐泪沾巾。
骈头就戮缘家国,愧死南朝结绶人。

诗前小序说:"南唐初下时,诸将置酒,将作乐,乐人大恸。杀之,聚瘗此山,因名乐官山。"攻占金陵的宋将置酒作乐,乐人却怀念故国而大恸,以致引来杀身之祸。说宋将曹彬破金陵未妄杀一人,也是神话。

昭惠周后的事迹,据说还曾"创为高髻纤裳,及首翘鬓朵之妆,人皆效之",引导服饰新潮流。另一件见于宋陶毂《清异录·锦洞天》:"李后主每春盛时,梁栋窗壁,柱拱阶砌,并作隔筒,密插杂花,榜曰'锦洞天'。"这是最早见于记载的宫廷花事,相信也是在昭惠周后之时。按插花活动,始于南朝建康,初时皆供奉佛前,佞佛的李煜熟知此事并不奇怪,但进入宫廷,则是从信仰到实用的变化。上行下效,达官贵人依例而行,再进一步,就是社会上的时髦成分,如歌伎、倡家,唯恐后人。许多新鲜玩意儿在中国的流行,都是沿着这样的一个路径。

昭惠周后死时,后主"哀苦骨立",要扶着拄杖才站得起来。他写下了一系列的怀念诗词,还为她写了几千字的诔文,自称"鳏夫煜"。对于数千年来自称"寡人"的帝王们,倒也是一个别致的说法。

流水落花春去也

　　史书上对小周后的评价,完全不能与她姐姐相比。马氏与陆氏两部《南唐书》中,都以超过一半的笔墨,详细记录群臣对于迎娶时的礼仪争论不休,讥讽的意味十分明显。马令在《南唐书·女宪传》中刻薄地写道,后主与小周后的婚礼,不过是"成礼而已",也就是走走过场的形式罢了。而亲迎小周后的日子,"民庶观者,或登屋极,至有坠瓦而毙者",竟成了一场闹剧。马令最后还是忍不住把话说白了:原来是小周后"自昭惠殂,常在禁中。后主乐府词有'刬袜步香阶,手提金缕鞋'之类,多传于外",风流韵事,早广为流传,人们自然想亲眼看一看绯闻的女主角。貌似公允的态度,遮掩不住史家内心的鄙夷。

　　野史中说,李煜写金缕鞋的《菩萨蛮》传到宫外,韩熙载读了,连说"不像话"。李煜听说韩熙载风流放诞,蓄妓数十,帷薄不修,以"惜才念老"置之不问,却总想看一看那种游宴之乐的场面,便派顾闳中去偷窥,画出有名的《韩熙载夜宴图》。图中家伎劝酒,并肩携手,眉花眼笑,屏风后隐约可见宾客解衣登床的放浪形骸。李煜看了,也叹息说"不像话"。

　　李煜与韩熙载的关系,未必如此不堪。陆游《南唐书·韩熙载传》记韩熙载向密友解释蓄妓之因:"吾为此以自污,避入相尔。老矣,不能为千古笑。"开宝三年(970年)韩熙载去世,李煜以未能命其入相为遗憾,竟破例追赠右仆射同平章事。

　　马令《南唐书·后主书》记开宝二年(969年)事:

　　冬,校猎于青龙山,还憩大理寺,亲录囚徒,原贷甚众。韩熙载奏:"狱讼有司之事,图圄之中,非车驾所至。请捐内帑钱三百万充军资库用。"国主从之,曰:"绳愆纠谬,其熙载之谓乎。"

　　国主越俎代庖,韩熙载要罚款以为鉴戒,李煜表扬了他。同书《韩熙载传》说他"才名远布,四方建碑表者皆载金帛求为之文":

　　严续请熙载撰其父可求神道碑,欲苟称誉,遗珍货巨万,仍辍未胜衣歌妓姿色纤妙者归焉。熙载受之,文既成,但叙其谱裔品秩而已。续慊之,封还熙载。熙载亦却其赠,上写一阙于泥金带云:"风柳摇摇无定枝,阳台云雨梦中归。他年蓬岛音尘断,留取樽前旧舞衣。"

严可求是杨吴朝中宰相，严续是烈祖李昪的女婿，任兵部侍郎、尚书左丞，元宗继位升礼部尚书，迁都南昌时留金陵辅佐太子李煜。这样的人物，韩熙载尚不肯"苟称誉"，可见其人品格。江南士人的血气，历来总有一些人保持着。只有畏怯于强权者，才会视而不见，将其统抹为柔弱。即如这首诗，后世却被某些人传为赠妓诗，诚为厚诬古人。

如此对待小周后，也是大不公平的。

小周后乾德二年（964年）十月入宫，昭惠周后病逝，因她尚未成年，不能立为国后。等到第二年，又因太后病故，李煜居丧，不能举行婚礼。在后宫之中，有实而无名，肯定比有名而无实更危险，不说色衰珠黄，只要帝王一旦移情别恋，便立刻失去立足之地。然而小周后居然直等到开宝元年（968年）十一月，也就是第五年上，才被正式立为国后，其间该有多少悲酸与忧惧，又该有多少难为人言的苦心周旋。一向以善于怜香惜玉自矜的中国骚人墨客，竟没有一个曾经提到过这些。

在李煜的一生中，大周后陪伴了他十年，小周后陪伴了他十五年。如果说大周后是共荣华的人，小周后则是共患难之人。除了与李煜的恋爱，小周后并没有做过什么能为史家所诟病的事情。史书中记下的大约只有一件，就是后主曾为小周后造红罗亭，四面栽红梅花，"雕镂华丽，而极迫小，仅容二人，每与后酣饮其间"。南唐的最后五六年，宋军步步进逼，后主把希望完全寄托在佛的庇佑上，小周后也与后主一起，"顶僧伽帽，衣袈裟，诵佛经，拜跪顿颡，至为赘疣"，为了国家的安危，磕头磕得额上都生出厚茧来。尤其是南唐亡国，被俘往洛阳，"此中日夕，只以眼泪洗面"的日子里，所有的臣子与侍从都另择高枝了，只有小周后一个人陪伴在李煜的身边。她对于宋太宗的欲念始终不肯顺从，在遭到宋太宗的侮辱后不肯即死，明显也是为了李煜。李煜一死，她"悲哀不自胜"，也就死了。

如果一定要说小周后有什么不是，那就是她不幸身为亡国之君的后妃。中国的男人，每逢国事弄到不可收拾的地步，都会找出女性来担负罪责。在南朝，是张丽华。在南唐，是小周后。

第三节
都城江宁

踞山依水建新城

自徐温父子经营金陵城，前后六十余年间，先后进行了数次规模较大的修建。

杨吴天祐十一年（914年）徐知诰开始修建金陵城，"始东南跨淮水"，改变了六朝都城以秦淮河下游为外郭的格局，第一次将秦淮河南岸的稠密居民区、繁华商业区包容在内，初步形成了涵括政治军事和民生经济的城、市统一体。这是应对晚唐以来兵乱不息、杀戮掠夺局面的现实需要。稍后又在城壕两岸增筑了高五尺左右的围墙，以加强城垣防卫，称羊马墙（亦称卧羊城），发生战事时，城外居民可以避入城内，羊、马等大牲畜可以撤进羊马墙内。大和四年（932年）八月，掌握杨吴军政大权的徐知诰再次增筑金陵城，已是在为帝王事业奠基。金陵城承续隋、唐以来的都城规制，大体呈方形，皇宫在都城的中部偏北，即今洪武路南端。

金陵城垣周长延展到约二十里，人口包括驻军达到四十万人。城垣四面开八座城门。其中五座陆门：东门（白下门）在今大中桥西，南门（秦淮门）在镇淮桥南、长干桥北，即今中华门位置，西南门（龙光门、龙西门）在今水西门位置，西门（保德门）即今汉西门瓮城位置，北门（玄武门）在今珠江路北门桥南。三座水门：上水门（秦淮河入城口，今通济门南侧东水关处），下水门（秦淮河出城口，今水西门南侧西水关处），栅寨门（秦淮中支出城口，今涵洞附近）。城墙上阔二丈五尺，下阔三丈五尺，高二丈五尺，部分增筑至三丈。其西、南两面及东面南段的城墙，后为明都城城墙所利用，即从保德门经栅寨门、龙光门、下水门至今西干长巷，东折经秦淮门至今雨花门，再转北至上水门。东垣北段，由上水门、东门，向北至竺桥。由此西折为北垣，沿今珠江路南侧杨吴城壕南岸，经北门向西，沿今干河沿南侧、五台山麓，以当时尚通长江的乌龙潭为护壕西段，至江边南折至西门。

金陵城由此定型，延续宋、元，成为南京城市发展史上一个划时代的里程碑。明初都城即是由金陵城向东、向北拓展而成。

徐知诰无视东晋以来流传已久的"风水"说，摒弃六朝建康城格局，将都城向南、向西大幅拓展。而决定金陵城城垣具体位置的因素，则是充分利用自然山水资源，首先是尽可能利用山冈丘陵为墙基。

《景定建康志·城阙志一》载，南唐金陵城"徐温改筑，稍迁近南，夹淮带江，以尽地利。城西隅据石头冈阜之脊，其南接长干山势，又有伏龟楼在城上东南隅"。

"其南接长干山势"，并非空论风水，而是与西北城垣"据石头冈阜之脊"一样，是建城者的智慧，即西南城垣利用凤台山南麓丘陵，东南城垣利用石子冈余脉赤石矶，作为城墙基础。"以尽地利"，充分利用自然地理的有利条件。

后人多爱揣测伏龟楼真相，但至今未见具体文献描述和明确考古发现。《景定建康志·城阙志二》中"伏龟楼"条引佚名诗："菰蒲深处拓重城，城上立楼龟唤名。应卜南唐不多岁，何妨俯首纳天兵。"说明是在"城上立楼"，仍没有讲清为什么"龟唤名"。张铉《至正金陵新志·摭遗》引《宋朝事实》："周广顺中，江南伏龟山圯，得石函，长二尺八寸，中有铭云：'维天监十四年秋八月，葬宝公于此。'"张铉注："按宝公传葬蒋山，岂蒋山自有伏龟山乎？"梁高僧宝志葬钟山独龙冈，所以张铉并不以此作为伏龟楼得名的依据。

合理的解释，还须从作为城垣基础的赤石矶考虑。赤石矶南麓并不平整，在此处有一片山石凸出城外，形如巨龟，如被攻城敌军利用，于守军大为不利。錾凿巨石难度很大，南唐的办法是在其上修筑起矩形墩台，成为城墙外侧的马面，可以从侧面打击攻城之敌。这一墩台有效地"镇伏"了龟形山石，其上镝楼由此得名伏龟楼。曾登临观览的范成大在《吴船录》卷下描述伏龟楼："一城之势，此地最高，如龟昂首状。楼之外即是坡垄绵延，无壕堑，自古为受敌处。"即是此意。但"无壕堑"不确，否则南城外城壕即无水源。所以应当是壕堑因坡垄相阻，在城上看不到。可以作为旁证的是，甘熙《白下琐言》卷一记"古长乐渡"："赤石矶矶脉，石骨崚嶒，自城外穿壕而入，尽于此，色纯赤。"可见赤石矶山石确实延至城墙之外，直到清代道光年间，城壕岸尚有赤石外露。长乐渡在城内秦淮河上，镇淮桥东。

东北角无山势可借，但紧邻台城。残余台城城墙及殿宇基址当是此时方被清理。拆出的六朝墙砖被用于建造新城。明代建都城时，拆除南唐金陵城北垣及东垣北段，这些六朝砖又和南唐城砖一起被砌进明城墙。当代明城墙考古中，不但发现有南唐砖，而且发现有六朝砖，就是这个原因。

金陵城尽可能利用山冈丘陵，一方面可以减少用砖，省工省费，另一方面也可以免受水患。当时秦淮河仍是一条宽逾百米的大河，而城西垣外就是长江，城砖经不住长期浸泡水中，据山丘为城基则无此顾虑。

同时，金陵城建设又注意到充分利用水系。最令人注目的，是十里秦淮正好串连起金陵城的东、南、西南三座城门。当时的秦淮河宽度尚在百米左右，充分利用秦淮河的自然曲折，将城门设置在相应的空间节点上，使秦淮河不但成为城中最重要的水源，也成为最便捷的交通干道，相当于今天的快速路，是非常明智的决策。

金陵城以长江为城西护壕，北城西段以乌龙潭为城壕，东城壕部分利用青溪故道，但也有改变既有水系的新水道。

东城壕以上水门（今东水关）为界，南、北两段情况不同。南段城壕是分秦淮河水而成。秦淮河水自东而来，到上水门分为两支，一支进入城内，即"十里秦淮"，一支沿城外顺圣河南行，随城墙转折向西，经南门（今中华门）外直入长江。《至正金陵新志》卷四说这一段城壕是人工开凿的运河。陈开虞本《康熙江宁府志》卷二《赤石矶》图题记：

在南门外东二里，枕壕面郭，本与周处台为一，杨吴时筑城凿壕，中断为二。陂陀高下，苑屋参差，仿舫渔舟，多集于此。榴花数百株，每当夏日，丹绿掩映，游人蚁集，流水轻飔，最为胜赏云。

东城壕北段和北城壕，主要以青溪为水源。青溪上的竺桥，是青溪东源与青溪北源汇合之处。竺桥向南到上水门这一段水道，即今龙盘中路西侧河道，应该是利用青溪故道加以清淤与整理。沿竺桥向西，直到乌龙潭东，完全是新开凿的运河，史称杨吴北城壕。青溪水自东向西，有珍珠河在浮桥处汇入，进香河在莲花桥处汇入，西入乌龙潭入长江。

北门桥西至乌龙潭东一段，因处于小仓山和五台山之间，地势较高，很容易干涸，现广州路南侧小巷干河沿，即原水道遗迹。当时尚通长江的乌龙潭，受清凉山水，特别是夏季暴雨之后，水势甚大，亦能自西迄东，至竺桥南行入秦淮河。《客座赘语》卷七有"辛水东流"一条："少桥张封公居北门桥之豆巷，尝语余：三十年前有一堪舆谓之曰：'君宅后之河，自西而东，所谓一弯辛水向东流也，此地宜出状元。'"明代后期乌龙潭西来之水，仍能东过北门桥。

南唐宫城变迁

南唐都城的中心建筑是宫城，今已无迹可寻，明确的地标只有一座南北跨秦淮中支的内桥，因正对宫城南门而得名。

明万历年间《客座赘语》卷一记载南唐宫城及护壕方位尚较明确：

今内桥北，上元县、中兵马司、卢妃巷是其地，相传内桥为宫之正门所直。南宋行宫亦在此地，改内桥为天津桥。而桥北大街，东西相距数百步，有东虹、西虹二桥。东虹自上元县左，北达娃娃桥，有石嵌古河遗迹。西虹在卢妃巷大西，穿人家屋而北达园地，亦有石嵌河迹。土人言：此南唐护龙河者是也。自卢妃巷北，直走里许，又有一桥，亦名虹桥，而东虹、西虹两桥北达之水，环络交带，俱绾毂于此。想当日宫内小河四周相通，形迹显明，第近多湮塞，不复流贯尔。

上元县衙在今白下路西端、内桥东北，中兵马司即中城兵马司，在内桥北，卢妃巷即今洪武路南段，亦即宫城中轴线。

宫城中初建有延英殿、昇元殿、凝华内殿、雍和殿、昭德殿、穆清殿等。中主李璟建百尺楼、绮霞阁、清晖殿，后主李煜又建澄心堂，此外还有小金山、摩诃池、瑶光殿、柔仪殿、红罗亭、饮香亭、小蓬莱、望月台等园苑建筑。如今荡然无存，连地名都没有留下。

宫城城垣开东、南、西三门，无北门。宫城四面有护龙河环绕，城内或亦有河道相通，其水源主要来自秦淮中支。这些河道在明代后期多已湮废，现只有南面秦淮中支尚存。换个角度说，宫城南垣的位置，正是依秦淮中支而确定的，可见秦淮水系对金陵城格局的重要影响。内桥在南唐名虹桥，北宋改建称蔡公桥，南宋以南唐旧宫作为行宫，又改名天津桥。桥南中华路一线，即六朝及南唐都城的南北御道。因为秦淮中支是重要的交通运输水道，所以内桥被建成高大的拱桥，以便桥下航船通行。直到20世纪80年代，上下内桥的坡道仍相当陡，近年来逐渐减坡，已较平缓。

清中期《白下琐言》卷三记载南唐旧宫："卢妃巷为南唐宫址，南宋为行宫。中有老王府，皆成菜圃。"

卷一中说到护龙河：

南唐护龙河，自升平桥经上元县之左，东边一带水道，各志历历言之。而西者独略。今羊市桥畔，上踞屋舍，下穿沟渠，后为张府园、裕民坊，皆系菜圃。其地有河身一段，长十余丈，宽二三丈，清水不泓，资以灌溉，两旁石岸犹存，乃西护龙河旧址也。《客座赘语》载西虹在卢妃巷之西，穿人家屋而北达园地，有石嵌河迹，正指此。

今仅存桥名，东虹桥即今白下路四象桥，向北至娃娃桥，即东护龙河走向，娃娃桥很可能即宫城东门外桥。西虹桥，即今羊市桥，在建邺路鸽子桥北。旧有羊市桥路，即木料市至珠宝廊一段，1930年拓入建邺路。宫城西门外应也有桥，以娃娃桥相衡，当在今张府园一带。20世纪90年代以来的城市建设中，在张府园一带多次发现南唐护龙河石驳岸遗迹，也证实了史料记载。

宫城以北的小虹桥，亦称飞虹桥、红桥，跨城北护龙河，民国年间尚存遗迹。朱偰《金陵古迹名胜影集》中有一张小虹桥照片，据记载位于户部街与洪武路相交处附近。此地旧有小虹桥路，南接卢妃巷、北接老王府（今洪武路北段），1929年都被拓并入洪武路，今水道与桥梁完全湮没。据此可知，南唐宫城北垣与台城南垣相距甚近，但中轴线较为偏西。

宫城东面有东宫和尚书省等机构。

出宫城南门向东，过东虹桥直达都城东门，向西过西虹桥直达西门（今汉西门），这一东西干道始于六朝，即秦淮中支北岸今白下路、建邺路一线。

都城西垣外即六朝石头津，是繁华的商贸集散地，所以除西门外，又在下水门南侧开龙光门。龙光门与东门之间形成南唐都城新的东西干道，即今升州路、建康路一线，迅速发展为新的商业轴线，对改变南京城市格局产生重要影响。这条东西干道与南北御道的交汇点，即今三山街。所以三山街会成为持续千年的商业中心。

自西虹桥沿宫城西垣北行，过张府园，经今大香炉、明瓦廊、糖坊桥、估衣廊达北门桥，则是都城北部的南北干道。北门桥内外形成新兴商市。桥北道路且逐渐北延，经鱼市街、唱经楼西街、过黄泥冈（今鼓楼冈）北达长江边。自西虹桥向南，过鸽子桥，经今绒庄街、大板巷一线，即是升州路，这一段是连接两条东西干道的要道，其繁华不亚于评事街。

南唐宫城的位置，与六朝、隋、唐的行政中心有明显的承续关系，在宋、元两代仍被用作行政中心，其承前启后的作用十分显著。宫城位置于此，城市格局相对紧凑，也便于全城的规划和经营。从内桥南抵镇淮桥的六朝御道南段，处于周边居民区和商业区之间，虽然只剩三里左右，仍是城市的有效中轴线。金陵城既将秦淮河下游的居民区与商业区包入，自然会重视与其之间的联系。

南唐御街路面铺砖，两侧开排水边沟，并杂植槐、柳作为行道树，延续了六朝时道路绿化的传统。宋人马之纯有"暑月行人不张盖，漫天自有翠屠苏"之咏。这些道路设施直到明代还有保存。御街两边分布着诸司衙门，街东以官僚衙署和府第为主，南部今军师巷、信府河一带是国子监，成为都城的文教区。街西主要是居民生活区，汇聚了大量商肆和手工业作坊，以及服务性行业如茶坊、酒肆、旅店，分布在秦淮河及其支流两岸。多种史籍记载的金陵市，即邻近御街的银作坊一带。金陵城不但是南唐的首都，也是最重要的商业都会。

经济：商贸与货币

南唐的经济状况，史籍记载甚少。烈祖李昇时励精图治，止战安民，国库多有盈余。他自执掌杨吴大权起，多年"兴利除害，变更旧法甚多"，称帝后命有关部门制定法令《昇元格》，与《吴令》并行，后修订为《昇元删定条令》三十卷，是国家实行法治的基础。

陆游《南唐书·烈祖本纪》载，昇元三年（939年）正月有诏："乃者干戈相寻，地弟而不艺，桑殒而不蚕，衣食日耗，朕甚闵之。民有向风来归者，授之土田，仍给复三岁。"四月又有政策："民三年艺桑及三千本者，赐帛五十匹。每丁垦田及八十亩者，赐钱二万，皆五年勿收租税。"招募流民，授予田地，重奖种桑、垦荒，免税三年以至五年，以此鼓励农、副业生产。

李昇与周边各国和平相处，也就保障了商业贸易往来。杨吴与中原梁、唐，南唐与中原晋、汉、周及北方契丹均有贸易往来，即使在官方关系紧张时期，民间商贸也未断绝。其时金陵商人的经营活动，与唐代相比，还有一个重要的不同之处。唐代长干里商人都是沿长江上下经营，没有像六朝商人那样扬帆出海。这不是诗人的疏忽，而是唐代为防海盗，官府禁止居民私自出海。南唐时期恢复了海上交通，特别是朝廷重视与契丹的交好，希望能够形成南北夹击后晋的局面。陆游《南唐书·契丹传》载，契丹曾"持羊三万口、马二百匹"，至南唐出售，"以其价市罗纨、茶、药"。开国功臣周宗善于经营，也常以江南物产向中原交换羊、马。淮南盐场的盐更是南唐前期的硬通货。南唐的茶叶、丝绸、瓷器等商品，都曾海运至朝鲜半岛上的新罗、高丽，以至与西方的大食都有贸易往来。马令《南唐书·方术传·女冠耿先生》中说到"大食国进龙脑油二器，其味辛烈，服之蹶疾"。南唐曾在对外交易中购取时称"猛火油"的石油，作为攻战利器，并且了解石油的特性，燃烧时不能以水灭火，并有用于实战的记录。至李璟继位，因与邻国攻战，商业贸易大受阻碍。后主时竟有奖励军队劫掠商船的事。马令《南唐书·卢绛传》载，卢绛任沿江诸营兵马监押，"召募无赖少年便习舟楫水道者"，训练水战，"可使泝逆流、蹈巨浪，常于海门遮获越人船舫盐货，献于金陵。后主赏其功，拜上柱国"。

南唐立国之初因军备不足，农业税、商税、关税甚重，马令《南唐书·汪台符传》载："昇元中，限民田物畜高下为三等，科其均输，以为定制。又使民入米请盐，货鬻有征税，舟行有力胜，皆用台符之言。"烈祖昇元年间，农田分三等征税，正苗一斛，加征三斗，授盐二斤，强行"入米请盐"。商品交易征税，货船按载重量征关税。因民间反应强烈，后也有所降低。陆游《南唐书·杂艺方士》记昇元年间申渐高故事：

时关征苛急，属畿内旱，一日，宴北苑，烈祖顾侍臣曰："近郊颇得雨，独京城未雨，何也？非刑狱有冤乎？"渐高遽进曰："大家何怪，此乃雨畏抽税，故不敢入京尔。"烈祖大笑，明日下诏弛税额。信宿大雨霑洽。

商业的兴盛，也促进了手工业的发展，当时的造船、纺织、印染、制茶、造纸及笔、墨、砚，金银器以至铸钱工艺，都达到了相当高的水准。

元宗继位后，十余年不见经济举措，大约皆守先主成法。陆游《南唐书·元宗本纪》载，直到保大十一年（953年）："夏六月，不雨，井泉竭涸，淮流可涉，旱蝗民饥，流入周境。十月筑楚州白水塘以溉屯田。遂诏州县，陂塘废者，皆修复之。"淮河流域干旱极其严重，百姓北逃入后周。楚州（今淮安）位于淮河下流，也是南唐与后周的边境地区，修水利以灌溉屯田，本是好事，然而一旦成为皇帝的面子工程，反成灾难。"于是力役暴兴，楚州、常州为甚。帝使亲吏车延规董其役，发洪、饶、吉、筠州民牛以往。吏缘为奸，夺民田为屯田。"洪州（今南昌）、饶州（今上饶）、吉州（今吉安）、筠州（今高安）都在江南，调江南耕牛去楚州（今淮安）建水库，可谓不惜代价。屯田本是组织军队或农民耕种官田或垦殖荒地，为了显示白水塘工程增加了屯田收成，官吏竟夺民田为屯田，以致民不聊生。淮河流域的旱灾，引发长江流域的人祸。"江淮骚然，百姓以数丈竹去其节，焚香于中，仰天诉冤者不可胜数。"南京俗语言"烧高香"，此香高达数丈，可见民冤之深沉。

知制诰徐铉把真实情况报告李璟，李璟说："吾国兵数十万，安肯不食捍边？事有大利，则举国排之，奈何！"李璟以国防为重，以为这样有大利的好事不应该举国反对。徐铉以民心为重，力陈其弊。李璟派徐铉去实地巡查。徐铉到楚州，还田于民，打算公告车延规的过失，安抚民心。朝中佞臣交相诬陷，说徐铉擅作威福。皇帝认为自己失了面子，要严惩徐铉，命他立即回京，还打算把他沉江淹死。后来怒气稍解，将徐铉流配舒州，"而白水塘等役亦赖以止"。但屯田问题没有得到解决。马令《南唐书·后主书》载，李璟一死，李煜继位，当即"罢诸路屯田使，委所属令佐与常赋俱征"，将屯田回归为农田，按农田征赋税。

马令《南唐书·嗣主书》中，除人事任免外，几乎全是战争记事，只有交泰元年（958年）一条关涉田赋："昇元初，括定民赋，每正苗一斛，别输三斗于官廪，授盐二斤，谓之盐米。至是淮甸盐场皆入于周，遂不支盐，而输米如初，以为定式。"这一年江北各州都割让给宋，无盐可授，而盐米须照交，等于将田赋提高了三成。

马令《南唐书·后主书》中，插叙了南唐钱币铸造的历史。李昇去世时，德昌宫"泉布亿万缗，以给军用"。及至：

元宗即位，兵屡起，德昌泉布既竭，遂铸唐国钱，其文曰唐国通宝。又铸大唐通宝，与唐国钱通用。数年渐弊，百姓盗铸，极为轻小。保大末，兵窘财乏，钟谟改铸大钱，以一当十，文曰永通泉货，径寸七分，重十八铢，字八分书，背面匀好，皆有周郭。谍诛，遂废。

乾德二年（964年）始用铁钱：

每十钱以铁钱六杂铜钱四，既而不用铜钱，民间但以铁钱贸易，物价增涌。民复盗铸颇多，芒刺不及官场圆净。虽重其法，犯者益众。至末年铜钱一当铁钱十。礼部侍郎汤悦上言："泉布屡变，乱之招也。且豪民富商，不保其赀，则日益思乱。"累数百言，不报。

中国文人于经济事务素多疏阔，马令虽列举多种南唐铸币，但既不完备，也不够准确。据现存南唐钱币实物，可以确定其铸有大齐通宝、大唐通宝、开元通宝、唐国通宝四种小平钱，另有当十永通泉货、开元通宝两种大钱，以及永通泉货、开元通宝两种铁钱。李昪称帝之初，国号齐时，铸造大齐通宝，后改国号唐，铸造大唐通宝和开元通宝。李璟在后周逼迫下削去帝号，称唐国主之后，新铸唐国通宝，末年经济困窘，显德六年（959年）七月铸造永通泉货和开元通宝两种当十铜钱，十二月废除。李煜在乾德二年（964年）开始铸铁钱永通泉货和开元通宝。不过，现存数量较大的，只有篆书、隶书开元通宝和篆书、真书、隶书唐国通宝几种小平钱，大唐通宝已属稀见，其他各种皆为珍罕之品。

大齐通宝是国宝级的珍币，迄今只出现过两枚，且都已下落不明，只留下了拓本。清道光十七年（1837年）钱币学家戴熙撰著《古泉丛话》首先说到大齐通宝，此钱是他父亲从一位酒友手中得到的，"轮有微缺，铜质颇古，字亦拙滞"，钱的左上角已经缺了一块，人称"缺角大齐"。咸丰十年（1860年）太平军攻陷杭州，戴熙投水自杀，据说在死前将所珍藏的古钱全都埋在了地下。此事引起钱币学家与古董商人的密切关注，清军收复杭州后，曾几次有人买下戴熙的旧宅，挖地三尺，将泥土都用筛子筛过，终无所获。幸亏戴氏生前曾让朋友拓下此钱的拓片，所以后人才能得睹它的庐山真面目。

1925年，钱币学家戴葆庭在江西农村孩童踢的毽子上，发现了第二枚大齐通宝，此钱虽完整，但因做毽子被钻出四个小孔，人称"四眼大齐"，文字与缺角大齐完全相同。南浔张叔驯以五百大洋购得此钱，遂以齐斋为号。抗战期间，张叔驯旅居美国，带走了藏品中的一批珍钱。张氏病逝后，这批钱币也不知去向。大齐通宝与大唐通宝字体、形制十分相似，钱币学界公认其为李昪国号齐时所铸。

南唐以唐代正宗继承者自居，铸行开元通宝钱自是顺理成章，现存世量大，铸制也较精。南唐的开元通宝在钱币学史上有一种特殊的意义，就是它有篆书和隶书两种，是中国"对钱"的肇端。所谓对钱，就是同名的两枚钱币，仅钱文书体不同，字形笔势仍相吻合，形制风格、大小厚薄、内穿外郭以至铜色包浆都几无差别。对钱之风到北宋大盛，且流入东瀛。日本钱币学界称之为"符合泉"。对钱中的一枚多用钱文篆书者，配对的一枚则隶、真、行、草书体均可。唐国通宝存世较多，也可配成对钱，但早期铸制精整者亦少，大量是稍后减重或民间盗铸者，印证了史籍中的记载。

南唐铸行的当十大钱，永通泉货和开元通宝，行用时间只有半年，废除后迅速被官方和民间改铸小平钱，所以存世绝少。此外有一种保大元宝背天字大钱，形制与南唐钱币相差甚大，更接近于楚国钱币。楚王马殷开天策府时所铸天策府宝大钱，背文有天、策、天策、天府等。这种保大元宝或是楚国末年向南唐称臣的短暂时期所铸。南唐铸行的铁钱永通泉货、开元通宝，都存世极少。1980年南京疏浚秦淮河，在水西门船闸工地出土数枚永通泉货铁钱，据说还有半枚篆书唐国通宝铁钱。

南唐不但是十国中铸币品类最多的国家，也是在中国钱币史上留下深刻印记的国家。

舍利塔与帝王陵

李昇祖孙三世经营六十年的金陵城，时至今日，作为有形的城市文化遗迹，就只剩下栖霞山麓的一座石舍利塔和祖堂山麓的钦陵与顺陵。

陵墓建筑与佛教石塔，原本是死与灭的艺术，却偏偏在历史中得到了永生。

据说隋文帝得到一包舍利子，分给全国三十州（一说八十三州）建塔庋藏，南京栖霞寺因此建木舍利塔，后毁于唐武宗灭佛的"会昌法难"。南唐三主皆佞佛，遂由高越和林仁肇两大臣发起，在栖霞寺与千佛岩之间的院落中，建造了这座五级八面密檐式白石塔，造型秀雅，雕刻精湛，堪称唐、宋之际江南石塔的代表作，也是南京地区现存唯一的石舍利塔。

栖霞寺石舍利塔，一如标准的中国传统建筑，由台基、塔身、塔顶三部分构成，通高十八米。台基取印度传入的须弥座式，底座之上，依次为基座、基坛和仰莲花座。基座分上下二层，与底座均作正八边形，立面浮雕海石榴和凤凰，平面刻鱼、龙、水波和花卉纹。基坛呈束腰状八面形，前后四角柱雕力士，左右四角柱雕立龙。八面隔板上的浮雕为佛本生故事，顺次为释迦骑白象投胎，菩提树下诞生、九龙洒水，太子出游四门见生、老、病、死诸苦，逾城出走、入山苦修，河中沐浴、村女献乳，聚徒说法，释迦苦行、降伏魔王，佛涅槃图。仰莲花座上即是塔身。

第一层塔身相当高大，同样以石柱隔成八面，南北两面浮雕门户，门扉上有门钉和铺首衔环，门旁石柱上刻金刚经。西面浮雕普贤菩萨骑白象图，东面原当有文殊菩萨骑青狮图，现已被毁。其余四面均作高浮雕天王像，且有匠人题名。塔檐下横楣浮雕飞天、乐天、供养人等形象。第二层以上塔身缩低，每层各面均凿两个圆拱形佛龛，内雕一尊跏趺坐佛。塔檐五层仿木结构，尚存唐风，出檐较深，上作瓦垄和垂脊，现各层腰檐均有缺损。塔顶莲花形石刹柱，是1930年卢树森、刘敦桢重修舍利塔时复原的。这次重修还有一个重要发现，就是发掘到一块曲尺纹石栏板，是现存最古的曲尺纹栏板实物，后来重修栏板便完全依此形式补刻出全套。

徐知诰营建金陵城的同时，也开始了佛教寺院的建造。如杨吴顺义二年（922年）在南朝梁同泰寺基址上建台城千福院，顺义四年（924年）在石头山南麓建兴教寺。南唐前后三代帝王对于佛教都有足够的虔诚，上行下效，"群臣和附，惟恐居后。宫中造佛寺十余，出金钱募民及道士为僧，都城至万僧，悉取给县官"（陆游《南唐书·浮屠传》）。李昇昇元元年（937年）称帝，扩建兴教寺为石头清凉禅寺，也称清凉禅院，迎请高僧文益禅师住持。陆游曾在寺中见保大九年（951年）李璟《祭悟空禅师文》："岁次辛亥九月，皇帝以香茶乳药之奠，致祭于右卫清凉寺悟空禅师。"可见其时寺名已简称清凉寺。李煜为世子时，曾从文益受戒，后改寺名为清凉大道场。寺中德庆堂、寺后石头山顶暑风楼，是南唐元宗、后主的避暑行宫。暑风楼内有不受暑亭，又名翠微亭。显德五年（958年）文益圆寂，谥"大法眼禅师"，他创立的禅宗宗派因此被称为法眼宗，为佛教禅宗五家之一。文益佛学著作，最重要的是《宗门十规论》，他指出当时禅宗的十种弊病，加以戒饬，并提出"明事不二，贵有圆融"和"不著他求，尽由心造"的主张。法眼宗教化学人的特点是"先利济"，即按照各人的根基分别施以教化，有人形象地比喻为"对病施药，相身裁缝，随其器量，扫除情解"（宋·晦岩智昭《人天眼目》卷四），有类于孔子的因材施教。

　　清凉寺是南唐佛教圣地之一，多位高僧居留此地。为后人所熟悉的"解铃还须系铃人"故事，就发生在这里。文益弟子德昭受到吴越王钱俶的崇信，被尊为国师。法眼宗在宋代初年臻于极盛，流布甚广，至宋代中叶渐渐衰微。高丽国王曾派三十六名僧人到中国来学习法眼宗，后法眼宗在朝鲜半岛一直流传不衰，成为两国文化交流的佳话之一。

　　南京南郊祖堂山南麓的南唐二陵，是江南最大的地下宫殿。

　　烈祖李昪的钦陵在东，元宗李璟的顺陵在西，各据一座独立冈阜，坐北朝南，其间相隔约五十米。钦陵的规模较大，规格亦高，墓室分前、中、后三个主室，都仿木结构房屋样式，在壁面砌出柱梁斗拱等，平面呈长方形，南北长二十一点四八米，东西宽十点四五米。前、中两室为砖结构穹窿顶，东西各有砖砌侧室一间。后室墓穴为石结构叠涩顶，支以六角形石柱八根，柱顶有石雕斗拱，东、西各有石砌侧室三间，共计主侧室十三间。所有倚柱、斗拱、立枋等均饰以彩绘，图案有莲花、牡丹、海石榴和云气纹等，是我国现存时代较早的建筑彩绘。中室与后室之间有石门一重，石门楣上有大型浮雕"双龙攫珠"，五爪金龙凌空欲飞，珠带火焰且有祥云烘托。左右两壁各有一尊守陵武士石刻，身披盔甲，手持长剑，足踏祥云，威武庄严。三件大型石浮雕原都涂金饰彩，虽早年被盗墓者刮去金饰，初发掘出时尚可见金光闪闪，因受到淤土侵蚀，现已看不到彩饰。后室是停放李昪及皇后宋氏棺椁之处，比前、中室略大。石棺床的侧面也有栩栩如生的浮雕龙纹，并以浅浮雕卷草和海石榴纹作为平面边饰。有趣的是，在室顶石板上，绘有彩色天象图，东方有朱红的太阳，西方有淡蓝色月亮，南有南斗，北有北斗，大小星斗达一百余颗。而铺地的石板上，则刻有蜿蜒曲折的河流形状，象征着地理图。偏安一隅的皇帝，只能将一统江山的美梦带到坟墓里去了。

　　顺陵中安葬的是元宗李璟及皇后钟氏，形式与钦陵大致相似，但因其时南唐已向后周称臣，故而规制降低。主、侧十一间墓室全系砖砌，结构装饰和彩绘图案都已失去了钦陵那种富丽雄伟的气象，没有了石雕，更没有天象图和地理图。这两座陵墓的规模制度，都是由南唐重臣江文蔚、韩熙载和萧俨设计的。

　　2010年9月至次年1月，南京市博物馆和南唐二陵文物管理所在南唐二陵陵园考古工作中，发现了第三座大型南唐砖石结构墓葬，位于顺陵西北约百米的缓坡上，长方形砖室墓，墓壁为双层青砖平砌，墓顶四边叠涩，墓室中部两侧附有对称的券顶耳室，四壁近底部共辟十二个壁龛，地面用石板铺砌，上铺设三排条形石棺座。因早年被盗，出土遗物较少，内有一小段成年女性侧股骨，经研究很可能是后主李煜昭惠周后的懿陵。此墓室规制较低，结构简单，或许是因为昭惠周后死前"自为书请薄葬"，或许系权厝以待后主百年之后合葬。然而南唐亡国，后主死葬洛阳，永无回归故国的可能。如果李煜有机会为自己建筑陵墓，其规格大约会与顺陵相似吧。

这也是南唐留给南京最后的物质遗存了。

第四节

文脉：承唐启宋

延揽四方人才

五代十国，虽然只有短短的五六十年时间，但它不仅是唐代与宋代之间一个不可轻忽的衔接，更是中国历史的重要转折时期。在它之前，自东汉末年以来的分裂动荡局面持续了七八百年，它之后的宋、元、明、清一千年，再没有出现如此长时期、大规模的分裂动荡。

在这历史的大趋势中，南唐显然未能成为主角。若论南唐的历史贡献，主要还在于文化。

先主李昪在杨吴任事之际即采取崇文政策，登基立国更是"倾心下士"，中主李璟与后主李煜酷爱文学艺术，形成良好的文化环境。南唐在秦淮河畔设国子监，给监生以优厚待遇，又开贡举，延揽四方学士，培植本土人才，民间私学也随之兴盛。陆游《南唐书·烈祖本纪》载，昪元六年（942年），"十月诏曰：'前朝失御，四方崛起者众，武人用事，德化壅而不宣，朕甚悼焉。三事大夫，其为朕举用儒者，罢去苛政，与吾民更始。'"。要求朝臣举荐儒者，改变武人用事的局面。如果说，和平年月的唐代诗人，尚且对金陵流连忘返，那么，战乱劫难中的中原文士，纷纷投奔社会相对安定、经济相对繁荣的南唐，更是顺理成章的事情。韩熙载、史虚白、江文蔚、孙晟、常梦锡、高越、李中、张延翰等先后投奔南唐，成为朝廷重臣。他们与江南本土文士宋齐丘、冯延巳、徐铉、徐锴等一起，营造出又一个文化昌盛时期。所以南唐能保存中华斯文一脉，创造辉耀时代的丰硕文化成果，且多为后世所借鉴吸收。

陆游《南唐书·孙忌传论》中说："盖自烈祖以来，倾心下士。士之避乱失职者，以唐为归。"又说到中主李璟对文人的尊重：

元宗接群臣如布衣交。间御小殿，以燕服见学士，必先遣中使谢曰："小疾，不能着帻，欲冠褐，可乎？"於乎！是诚足以得士矣。苟含血气、名人类者，乌得不以死报之耶。

李璟与群臣平等相处，病中穿便服见士人，都要先表示歉意，士人怎么能不倾心相报呢。后主李煜同样如此，马令《南唐书·徐锴传》中说，徐锴著《质论》十余篇，后主为其作批语，后主《文集》复命徐锴作序，"君臣上下互为贲饰，儒者荣之"。

有几个类似《世说新语》的小故事，可见当时风习。一个故事说，李昇辅佐吴国时重用宋齐丘，史虚白与韩熙载来到江南，听说宋齐丘任宰相，便公然扬言："彼可取而代也。"宋齐丘得知，不服气，"欲穷其技能"，想看看史虚白到底有多大能耐，于是"召与宴饮，设倡乐、弈棋、博戏。酒数行，使制书、檄、诗、赋、碑、颂"。考查的办法，竟是将他灌到半醉，然后让他写各种体裁的文字。"虚白方半醉，命数人执纸，口占，笔不停辍。俄而众篇悉就，词采磊落，座客惊服。"（陆游《南唐书·史虚白传》）史虚白的"词采磊落"不足为奇，奇在"座客惊服"，即南唐朝臣都认同这一种面试。

陆游《南唐书》里有一个故事，冯延鲁锐意仕进，元宗时得登高位，却好扬言退隐。一日清晨，众臣待漏朝堂，闲话言及归隐林泉，冯延鲁叹息："唐玄宗赐贺知章镜湖三百里，诚一时盛事。这不是我敢奢望的，能得玄武湖，也足畅平生了。"徐铉笑道："主上礼贤下士唯恐不及，怎么会舍不得一个玄武湖呢？可惜的是今天没有贺知章啊。"延鲁无言以对。

第三个见于《南唐近事》卷二，说历仕晋、汉、周的陶谷，入宋后出使南唐，依仗国势，鄙夷南唐君臣。韩熙载看透陶谷不是什么正人君子，命妓女秦弱兰扮作驿卒之女，每天穿着破旧衣裳打扫驿站。陶谷果然中计，与之狎好，且赠一词《风光好》：

好因缘，恶因缘，只得邮亭一夜眠，别神仙。

琵琶拨尽相思调，知音少。待得鸾胶续断弦，是何年。

来日后主设宴，陶谷依然摆着一张臭脸。后主遂命秦弱兰出歌此词劝酒。陶谷无地自容，当天就回国了。都说弱国无外交，韩熙载利用对手的弱点，看似赢了脸面，其实于国无益。

马令《南唐书·朱弼传论》：

唐末大乱，干戈相寻，而桥门璧水，鞠为茂草。驯至五代，儒风不竟，其来久矣。南唐跨有江淮，鸠集典、坟，特置学官，滨秦淮开国子监，复有庐山国学，其徒各不下数百。所统州县，往往有学。

同书《儒者传》序也说：

五代之乱也，礼乐崩坏，文献俱亡，而儒衣书服，盛于南唐，岂斯文之未丧，而天将有所寓欤。不然，则圣王之大典扫地尽矣。南唐累世好儒，而儒者之盛，见于载籍，灿然可观，如韩熙载之不羁，江文蔚之高才，徐锴之典赡，高越之华藻，潘佑之清逸，皆能擅价于一时，而徐铉、汤悦、张洎之徒，又足以争名于天下。其余落落，不可胜数。故曰：江左三十年间文物，有元和之风，岂虚言乎。

元和之风，即中唐时期以韩愈、柳宗元、元稹、白居易为代表的中兴之风，尔后成为北宋文坛的流行话语。五代乱世之中，幸得南唐绵延华夏文脉，"圣王之大典"才不至于扫地以尽。

说南唐文化承唐启宋，并非过誉。

南唐的贡举制度

南唐重视文士的一个标志，是贡举成为制度。

李焘《续资治通鉴长编》卷十六，宋太祖开宝八年（975年）二月记事："是月，江南知贡举、户部员外郎伍乔放进士张确等三十人。自保大十年开贡举，讫于是岁，凡十七榜，放进士及第者九十三人，九经一人。"南唐自中主李璟保大十年（952年）开贡举，至开宝八年宋军破城前夕，二十四年间开十七榜。然而对于南唐贡举，史书均无专门记载，姑不论停开七榜的年份和原因不明，即所开十七榜的具体情况，也只能从旧籍中零星搜采整理。

陆游《南唐书·江文蔚传》记保大十年二月事："南唐建国以来，宪度草创，言事遇合，即随才进用，不复设礼部贡举。至是始命文蔚以翰林学士知贡举，略用唐故事，放进士庐陵王克贞等三人及第。"李昪时没有开科取士，文人投奔南唐，皇帝召见，相当于面试，认为他在哪方面有才能，就任用为相应官员。南唐贡举是否始于保大十年，也有疑问。宋初刘道醇《五代名画补遗》载："陶守立，池阳人，世业儒，性明悟，有大志，少通经史，能属文。南唐李璟保大九年春，守立程文不利，退处齐山。"或保大九年（951年）已开贡举。

李璟问江文蔚，此次贡举与北朝相比如何，江文蔚说："北朝公荐、私谒相半，臣一以至公取才。"北朝自后梁开平二年（908年）开科举，大体依唐代旧例，年年开考，少有间断，每年参加考试者多在百余人，录取进士少则数人，多则一二十人。其时南唐众臣皆未经本朝科举，且不乏北朝中举之人，这话就犯了众怒。朝臣"相与排沮"，李璟遂以停贡举以平众议，但实非本意，第二年三月"复设贡举"，但未见具体记述。

陆游《南唐书·元宗本纪》有记保大十二年（954年）"二月，命吏部侍郎朱巩知礼部贡举"，亦无试题及中举进士名单。

马令《南唐书·伍乔传》中，描写了保大十三年（955年）春科考情景："明年春，试《画八卦赋》《霁后望钟山诗》。是岁同试数百人，初中有司之选者，必延之升堂，而加慰饮焉。"试题是一赋、一诗，应试考生数百人，入初选者登堂饮酒，分座次。宋贞观先入座，张洎续至，主司读了他的试卷，遂请宋贞观到南边坐，让张洎坐西面首席。酒数行，伍乔才交卷，主司读罢大为惊叹，乃请宋贞观居北、张洎居南，让伍乔坐首席。复试后发榜，取进士三人，果然是伍乔第一，张洎第二，宋贞观第三。时人称赞主司精于衡鉴。李璟命将伍乔诗赋刻在石上，以为典范。

保大十四年（956年）起南唐困于战事，向后周求和，自削帝号、献淮北，去年号，直至建隆二年（961年）迁都南昌，记事纷繁，而皆不及于贡举。

后主李煜继位，建隆三年（962年），乔匡舜知贡举，乐史、丘旭等五人举进士。陆游《南唐书·乔匡舜传》述乔匡舜久不得重用，"后主嗣位，复起为司农少卿，历殿中监修国史、给事中兼献纳使，知贡举，放及第乐史辈五人，多久滞名场者，时称得人。而少年轻薄子嘲之，谓之陈橘皮榜"。以干橘皮讥讽久滞名场的老进士脸多皱纹。乐史屡试不第，中举时三十三岁，入宋后著《太平寰宇记》，名传后世。

马令《南唐书·丘旭传》称当年名列第一的是丘旭。丘旭"随计金陵，凡九举而曳白者六七，然自励弥笃"，屡交白卷，九举不中，确为老脸。"明年春，试《德厚载物赋》，旭为第一。释褐归乡，而家人犹疑其未调"，家人都不相信他能考中进士。"暨乡老、酋长谒贺，郡吏改署里名，乃知上第。"进士归乡，地方官员前来致贺，郡吏改署里坊名，十分荣耀。

"九举不中"如果不是夸张，则提供了一个重要信息，即自保大十年（952年）开贡举，至建隆二年李璟去世这十年间，至少举行过九次进士考试。所以李煜继位，即开贡举，也就顺理成章。

乾德元年（963年）未见记载。乾德二年（964年）三月命韩熙载知贡举。陆游《南唐书·后主本纪》载：

命吏部侍郎、修国史韩熙载知贡举，放进士王崇古等九人。国主命中书舍人徐铉复试舒雅等五人，雅等不就。国主乃自命诗赋题，以中书官莅其事，五人皆见黜。"

复试舒雅等人，是因为舒雅与韩熙载关系非同寻常。马令《南唐书·舒雅传》中说，舒雅生性巧黠，与韩熙载为忘年交，随便进入其内室，衣服可以换着穿，纵情声色为笑乐。"迨数年，会熙载知贡举，以雅为第一，朝野无间者，以雅之才为当也。"实则肯定有人向李煜打了小报告，致使初试第一名的舒雅在复试中落第。

李煜复核新科进士，又见于马令《南唐书·罗颖传》："颖初就举金陵，试《销刑鼎赋》《儒术之本论》，有司以邓及为第一，颖为末缀。榜既上，后主迁颖第二，手笔圈其名。"这是开宝年间的事，可见李煜始终重视贡举。后世进士考试制度最后一场为殿试，这或可以算是殿试的初始形态。

乾德三年（965年）贡举，见马令《南唐书·卢郢传》，且绘声绘色地写出了文士与武官间的争斗。金陵人卢郢好学有才艺，膂力过人，善吹铁笛。在城烽火使韩德霸巡城，诸科士人稍微犯禁，往往遭鞭打。卢郢故意在街边吹笛，韩德霸命小卒去抓，被打了个落花流水。后卢郢与黄梦锡等自国子监出行，路遇韩德霸不肯避让。韩德霸命左右抓捕，被卢郢等击散，且韩德霸被打伤了眼睛。韩德霸向后主告状，后主责怪他："国子监，先帝教育贤才之地，孤亦赖此辈，与之共治。汝斗监前，是必越分陵辱士人。既为戎帅，不能自捍，宜其见殴。"身为武将不能自卫，是该打，罢了他的官。"明年春，试《王度如金玉赋》，郢唱第为第一。"

乾德四年（966年）贡举，见《全唐文》卷八百七十二《任光小传》载："光，南唐乾德四年进士第一。"

此后五年未见贡举记事。

开宝五年（972年）贡举，见陆游《南唐书·后主本纪》："内史舍人张佖知礼部贡举，放进士杨遂等三人。清辉殿学士张洎言佖多遗才，国主命洎考覆不中第者，于是又放王纶等五人。"

不过，这五人登第或在次年春天。《南唐近事》卷二记程员故事：

"既夏，内降御札，尚虑遗贤，命张洎舍人取所试诗赋就中书重定，务在精选。洎果取员等五人，附来春别榜及第。明年岁在癸酉也。"癸酉是开宝六年（973年），此年亦开贡举。

开宝八年（975年），在宋军即将破城之际，李煜"命户部员外郎伍乔于围城中放进士孙确等三十八人及第"（陆游《南唐书·后主本纪》）。这次中进士的人数特多，竟占了南唐全部进士的四成。除去此榜及开宝六年的别榜五人，其余十六榜共取进士四十八人，平均一榜只有三人。

南唐贡举所取九经一人，即朱弼。马令《南唐书·朱弼传》："开宝中，诣金陵，一举以关头中第，授国子助教，知庐山国学。"

综上所述，元宗开贡举至少九次，已知后主开贡举七次，与李焘所说十七榜，大体吻合。

南唐贡举大体依唐旧例。马令《南唐书·江为传》中说"时金陵初复唐制，以进士取人"。这是一个重要的提示。因为唐代的进士与明、清的进士，并不是一个概念。

南北朝时期，随着九品官人制的弊端日甚，南朝和北朝都已开始实行考试取士。北魏由各州推举秀才、各郡推举孝廉。北齐由皇帝亲临，中央官员主持对秀才、孝廉进行考试。承续北朝的隋代为选拔特殊人才设立秀才科，考试极其严格，终隋一代举秀才者不过十人。唐初科举因袭隋制，秀才仍为最荣耀的科目，考方略策五道，每年中选不过一二人。唐高宗时废止秀才科（后偶有短期恢复），进士科逐渐兴起。进士须考帖经、诗赋及时务策五道，录取标准则重在诗赋。明经科考的重点是帖经，明五经或三经也非易事，考生多选择相对简单的明一经。秀才科考的重点在策问。所以南唐开贡举，即以一赋一诗取进士。唯一的明经是朱弼，"九经"的说法，很可能是由宋代开九经科而来。

北方五代也实行科举制度，但武将出身的皇帝，视文士如奴仆，宰相也只是个书记官，没有参与国事的决策权。南唐则是文官当政，贡举取士也就有了实质性的意义。宋代初年贡举科目虽多，最重要的是进士与学究两科，学究的地位远不及进士。进士仍以诗赋为录取标准，每榜录取多在十人左右，固承后周旧规，亦有南唐影响。南唐灭国，文官、士人多入宋任职，南唐行政的得失利弊，无疑也会为宋廷所借鉴。

赓续华夏文脉

南唐三主好文尚士，悬重赏以购求，设吏员为抄写，宫中收藏文献甚多，被史家称为"文献之地"。马令《南唐书·保仪黄氏传》载宫中图籍都被烧掉了：

> 初，元宗、后主皆妙于笔札，恃收古书，有献者厚赏之。宫中图籍万卷，尤多钟、王墨迹，皆系保仪所掌。都城将陷，后主谓黄氏曰："此皆吾所宝惜，城若不守，即焚之，无使散逸。"及城陷，图籍俱烬，靡有遗者。

但同书《朱弼传论》中却说宋初命学官训校九经，苦于讹误："及得金陵藏书十余万卷，分布三馆及学士舍人院，其书多雠校精审，编秩具，与诸国本不类。"马令且举春秋晋大夫韩宣子访鲁观书的故事，喻指南唐虽不能代表华夏正统，但确实保存了维系华夏正统的典章文籍。《景定建康志·文籍志一》记载，雍熙年间，宋太宗因当时流传的九经尚多讹谬，命重行刊校。祭酒孔维认为来自南唐的书不可作为依据，宋太宗让大臣讨论，杜镐引唐太宗贞观四年（630年）敕："经籍讹舛，盖由五胡之乱，天下学士率多南迁，中国经术浸微之致也，今后并以六朝旧本为正。"以此反诘孔维，孔维无语。可见以六朝、南唐为华夏文化正统，朝廷与学界都是认同的。

这"雠校精审，编秩完具"的十余万卷藏书，只可能是宫廷藏书，可见并未被黄保仪烧掉。《宋史·世家·南唐李氏》载：

> 太平兴国二年，煜自言其贫，诏增给月奉，仍赐钱三百万。太宗尝幸崇文院观书，召煜及刘𬱖令纵观，谓煜曰："闻卿在江南好读书，此简册多卿之旧物，归朝来颇读书否？"煜顿首谢。

这也是一个确证。陆游《南唐书·保仪黄氏传》中认为被烧掉的只是前代书法墨帖，似较符合实际。李煜多才艺，诗词之外，于书法、绘画、音乐、佛学诸方面都有贡献。他命徐铉将内府珍藏法书汇刻为《昇元帖》，时代早于宋《淳化阁帖》，被誉为"法帖之祖"。徐铉精于文字学，书法好李斯小篆，亦工隶书。遗憾的是《昇元帖》现已不存于世。

南唐赓续华夏文脉，保存文献之外，在文学创作上亦有突出成就。元宗李璟和后主李煜都热心文事，常与群臣交游，赋诗唱和。

郑文宝《江表志》记载了历来被誉为佳话的一次文会："保大五年元日，天忽大雪，上召太弟以下登楼展宴，咸命赋诗，令中使就私第赐进士李建勋。"李建勋正与徐铉、张义方在溪亭聚会,当即作了和诗进呈。李璟遂召三人入宫,文会至半夜方散。

按徐铉次日奉诏所作《御制春雪诗序》中,明确说到文会时间,是"有唐中兴这一纪,皇上御历之七年",保大七年(949年)元日是李璟登基第七年的第一天,而李昪在位六年,李璟在位已六年,正是十二年一纪,所以郑文宝所记时间有误。徐铉文中还说明李璟之诗是"七言四韵",即:

珠帘高卷莫轻遮,往往相逢隔岁华。
春气昨宵飘律管,东风今日放梅花。
素姿好把芳姿掩,落势还同舞势斜。
坐有宾朋尊有酒,可怜清味属侬家。

并记录了十八位和诗者的姓名官职,共成诗二十一篇,"或赓元首之歌,或和阳春之曲,如葵心之向日驭,似蛰户之环雷门"。原来"朵朵葵花向太阳"的比喻,千年前就有人用过了。只是这一组和诗流传下来的只有李建勋、徐铉、张义方的几篇。

徐铉还有一篇《北苑侍宴诗序》,是开宝二年(969年)仲春后主李煜泛舟玄武湖,共群臣赋诗的故事:

主上御龙舟,游北苑,亲王旧相,至于近臣,并俨华缨,同参曲宴。时也,风清景淑,物茂人和,望蒋峤之嶔崟,祝为圣寿,泛潮沟之清浅,流作天波。丝簧与击壤齐声,盖罤共君恩共醉。乃命即席分题赋诗……长景未暮,百篇已成。

当时玄武湖风光,李璟也有《游后湖赏莲花》一诗描绘:
蓼花蘸水火不灭,水鸟惊鱼银梭投。
满目荷花千万顷,红碧相杂敷清流。
孙武已斩吴宫女,琉璃池上佳人头。

湖畔的红蓼花垂向水面依然如火焰不灭,白色的水鸟像银梭一样扎入水中捕鱼。红花碧荷满铺湖面,含苞欲放的荷蕾像浮在水面的美人头。

早在杨吴时期,官员、文士即有诗社活动,如马令《南唐书·孙鲂传》载:"吴武王据有江淮,文雅之士骈集,遂与沈彬、李建勋为诗社。"某日诗会,沈彬评孙鲂诗"非有风雅制度,但得人间烟火气多尔"。孙鲂师从晚唐诗人郑谷,不追求辞藻华美,清婉明丽,民间俚语皆能入诗。但他确有佳作,诗社中人议及金山寺题咏,欲和唐张祜"僧归夜船月,

龙出晓堂云"皆不成,独孙鲂得诗:

山载江心寺,鱼龙是四邻。楼台悬倒影,钟磬隔嚣尘。

过橹妨僧定,惊涛溅佛身。谁言题咏处,流响更无人。

时人号为绝唱。

"人间烟火气多",或也可作为南唐一时诗风。金陵重新成为国都,而且较中原安定富庶,使得南唐诗人吟颂现世生活的热情远高于怀古,他们崇尚元和之风而力求新变,多清新婉丽的田园诗、吟咏性情的感怀诗、文会唱和的闲适诗,在五代十国独领诗坛风骚,实有承唐启宋之功。

沈彬好评诗,其诗"亦盛称于士大夫",如《都门送别》:

岸柳萧疏野荻秋,都门行客莫回头。

一条灞水清如剑,不为离人割断愁。

与沈彬的"禅代之后,决不求进"不同,李建勋为李昪禅代出谋划策,官至司空。他"博览经史,民情、政体无不详练",但也"适意泉石",屡请退休,隐居钟山,元宗赐号"钟山公"。《全唐诗》存其诗数十首,"少时犹浮靡,晚年颇清淡平易,见称于时"。如《春日东山正堂作》写的是一朝得闲适的心情:

身闲赢得出,天气渐暄和。蜀马登山稳,南朝古寺多。

早花微弄色,新酒欲生波。从此唯行乐,闲愁奈我何。

《柳花寄宋明府》描绘了金陵的人文与自然景观:

每爱江城里,青春向尽时。一回新雨歇,是处好风吹。

破石粘虫网,高楼扑酒旗。遥知陶令宅,五树正离披。

《赋得冬日青溪草堂四十字》应也是某次诗会雅集的作品:

莫道无幽致,常来到日西。地虽当北阙,天与设东溪。

疏苇寒多折,惊凫去不齐。坐中皆作者,长觉觅分题。

同为南唐重臣的韩熙载,"典雅有元和之风,与徐铉齐名,时号韩徐",马令《南唐书·韩熙载传》中引其诗作多首,如奉使中原时书于馆壁的《感怀诗》三章:

未到故乡时,将为故乡好。

及至亲得归,争如身不到。

日前相识无一人,出入空伤我怀抱。

风雨萧萧旅馆秋,归来窗下和衣倒。

梦中忽到江南路，寻得花边旧居处。
桃脸蛾眉笑出门，争向前头拥将去。

仆本江北人，今作江南客。再去江北游，举目无相识。
金风吹我寒，秋月为谁白。不如归去来，江南有人忆。

在故乡反成异乡客，"空伤我怀抱"，"不如归去来"，这心情的沉痛，非经过者诚难体悟。

与韩熙载齐名的徐铉，以文字学著名，有《徐公文集》三十卷传世，多与人唱和之诗。其《柳枝辞十二首》向为人所称道，开篇一首如前序：

把酒凭君唱柳枝，也从丝管递相随。
逢春只合朝朝醉，记取秋风落叶时。

有几首咏及秦淮风光，画舫朱桥，河房水阁：

夹岸朱栏柳映楼，绿波平幔带花流。
歌声不出长条密，忽地风回见彩舟。

此去仙源不是遥，垂杨深处有朱桥。
共君同过朱桥去，索映垂杨听洞箫。

水阁春来乍减寒，晓妆初罢倚栏干。
长条乱拂春波动，不许佳人照影看。

又如：

濛濛堤畔柳含烟，疑是阳和二月天。
醉里不知时节改，漫随儿女打秋千。

令人想起韦庄的"无情最是台城柳，依旧烟笼十里堤"，但诗人的心境完全不同了。李白笔下的宴游之地白鹭洲，于今依然繁华不改（《又题白鹭洲江鸥送陈君》）：

白鹭洲边江路斜，轻鸥接翼满平沙。
吾徒来送远行客，停舟为尔长叹息。
酒旗渔艇两无猜，月影芦花镇相得。
离筵一曲怨复清，满座销魂鸟不惊。
人生不及水禽乐，安用虚名上麟阁……

写水之外，亦有写山，如《山路花》：

不共垂杨映绮寮，倚山临路自娇饶。
游人过去知香远，谷鸟飞来见影摇。
半隔烟岚遥隐隐，可堪风雨暮萧萧。
城中春色还如此，几处笙歌按舞腰。

马令《南唐书·宋齐丘传》虽指宋齐丘为奸佞，也承认其"为文有天才"，将他投奔李昇时作以明志的长诗《凤凰台》全文引录。其结句雄视天下："我欲烹长鲸，四海为鼎镬。我欲取大鹏，天地为矰缴。安得生羽翰，雄飞上寥廓。"李昇"奇其才，以国士待之"。

同书《刘洞传》载，刘洞隐居庐山，学诗数十年，尤擅五言绝句，以贾岛自喻：

后主即位，诣金陵献诗百篇。后主览其首篇《石城怀古》云："石城古岸头，一望思悠悠。几许六朝事，不禁江水流。"后主掩卷，为之改容，遂：不复读其余者。

这样的怀古诗，对于当时的李煜来说，未免过于沉重，他将刘洞闲置两年，不再召见。刘洞返回故乡庐陵（今吉安），后得知宋军围金陵，在路边留下两句诗："千里长江皆渡马，十年养士得何人。"算是解了自己的心结。

李璟和李煜都有诗作流传，但他们词作的成就更为世所重。南宋胡仔《苕溪渔隐丛话》卷三十三引李清照的评论：

李易安云：五代干戈，四海瓜分豆剖，斯文道熄。独江南李氏君臣尚文雅，故有"小楼吹彻玉笙寒""吹皱一池春水"之词，语虽奇甚，所谓亡国之音哀以思也。

明王世贞《弇州山人词评》更以南唐二主首开"词之正宗"：

言其业，李氏、晏氏父子、耆卿、子野、美成、少游、易安至也，词之正宗也。温、韦艳而促，黄九精而险，长公丽而壮，幼安辨而奇，又其次也，词之变体也。

清王士禛亦同此论："南唐二主为之祖，至漱玉、淮海而极盛，高、史其嗣响也。"晚清冯煦编《宋六十一家词选》，其论晏殊词有言："词至南唐，二主作于上，正中和于下，诣微造极，得未曾有。宋初诸家，靡不祖述二主，宪章正中，譬之欧、虞、褚、薛之书皆出逸少。晏同叔去五代未远，馨烈所扇，得之最先，故左宫右徵，和婉而明丽，为北宋倚声家初祖。刘攽《中山诗话》谓'元献喜冯延巳歌词，其所自作，亦不减延巳',信然。"论欧阳修词"与元献同出南唐,而深致则过之",论秦观词为"后主而后,一人而已",论晏几道词,说编《宋六十名家词》的明人毛晋"欲以晏氏父子追配李氏父子,诚为知言"。所以西蜀花间派形成虽早于南唐一脉,但评价上实有所不及。

王国维《人间词话》对李后主词更是备极推崇:"尼采谓一切文学,余爱以血书者。后主之词,真所谓以血书者也","唐五代之词,有句而无篇。南宋名家之词,有篇而无句。有篇有句,惟李后主降宋后之作及永叔、子瞻、少游、美成、稼轩数人而已","词至李后主而眼界始大,感慨遂深,遂变伶工之词而为士大夫之词。周介存置诸温、韦之下,可谓颠倒黑白矣"。周介存是常州词派的重要理论家,其词论自有可取之处,但对花间派温庭筠、韦庄的评价过高。王国维并且解释了李煜能够成功的原因:"词人者,不失其赤子之心者也。故生于深宫之中,长于妇人之手,是后主为人君所短处,亦即为词人所长处","客观之诗人,不可不多阅世,阅世愈深,则材料愈丰富愈变化,《水浒传》《红楼梦》之作者是也。主观之诗人不必多阅世,阅世愈浅,则性情愈真,李后主是也"。

简而言之,开一代新风的词,在南唐有划时代的突破,文体和意境都超迈前代,对宋词的兴盛产生深刻影响。后主李煜词学造诣最为特出,被后世奉为"词皇""百代词人之祖"。中主李璟词作传世虽仅数首,也达到了相当高的水准。据《全唐五代词》,南唐词人有孙鲂、韩熙载、徐铉、陈陶、钟辐、成彦雄、潘佑、耿玉真等,其中作品最多的是宰相冯延巳,多逾百阙,在五代十国首屈一指。其词缠绵悱恻,别具一格,王国维称其"不失五代风格,而堂庑特大,开北宋一代风气。与中、后二主词皆在《花间》范围之外"。冯延巳虽然在政坛上声名扫地,但在词坛上几可与李煜分庭抗礼。王国维明确宣示:"予于词,五代喜李后主、冯正中而不喜《花间》","夫古今人词之以意胜者莫若欧阳公,以境胜者莫若秦少游,至意境两浑,则惟太白、后主、正中数人足以当之"。以李煜、冯延巳比肩李白,推崇备至。

李煜是一个大不够格的君王,不必因为他的词做得出色,就认定他天生该是个词人,君王没有做好,不是他这个做君王的人的错失,而是那个让他去做君王的时势的错失。姑不论历史不容假设,倘若李煜不是"生于深宫之中,长于妇人之手",不曾经历"日夕以泪洗面"的"臣虏"生涯,也未必能够成为一代词宗。

李煜一生主要在南京度过，然而他的诗词中，几乎没有涉及南京的社会与自然环境。他写景的诗词，写月，写花，写山水，写江南的芳春与清秋，只有一次提到石头城，《渡中江望石城泣下》，已是被俘往洛阳的船中；只有一次提到秦淮河，"想得玉楼瑶殿影，空照秦淮"，更是入宋之后的追忆。诚如王国维所说，李煜是个"主观之诗人"，他始终只沉湎于自己的主观世界中。对他而言，客观现实中的一切，只是在为他服务、为他所需所用时才是存在的。所以他吟咏的"江南"，只是他思绪中的江南，而不会具体到金陵城。他吟咏的"月"，也只是他思绪中的月，而不会具体到"秦淮月"。

书画启新风

李煜终究是属于南京的，只有南京这样的文化环境，才会出现他这样的帝王艺术家。诗词之外，李煜且工书、工画、工音律，以至于文房四宝中的墨、纸、砚，他都多所用心。李煜的有所作为，不在治理国家，而在艺术创造。

李煜的字写得十分雄豪，宋人董更《书录》评价他的书法，说"大字如截竹木，小字如聚针钉"。欧阳修说，颜真卿的字正直方重，正如其人，如果单凭书法看后主，会以为他是个"倔强丈夫"。宋陶毂《清异录》中说："后主善书，作颤笔樛曲之状，遒劲如寒松霜竹，谓之金错刀。作大字不事笔，卷帛书之，皆能如意，世谓撮襟书。"陆游《入蜀记》卷一中写到游南京清凉广惠寺："旧有德庆堂在法堂前，堂榜乃南唐后主撮襟书，石刻尚存，而堂徙于西偏矣。"德庆堂是南唐帝王的避暑行宫，建筑时已不存，李煜所书堂榜自也不复存在，但有石刻尚存，陆游就得到了清凉广惠寺长老所赠的"德庆堂榜墨本"，也就是石刻拓本。宋刘道醇《圣朝名画评》记载：董羽"清凉寺画海水，及有李煜八分题名、李肃远草书，时人目为三绝"。

宋陈振孙《直斋书录解题·歌词类》著录：

《南唐二主词》一卷，中主李璟、后主李煜撰。卷首四阙，《应天长》《望远行》各一，《浣溪沙》二，中主所作，重光尝书之，墨迹在盱江晁氏，题云"先皇御制歌词"。余尝见之，于麦光纸上作拨灯书。

所谓拨灯书，因古代无高桌椅，书者是一手持卷，一手持笔，执笔与运笔皆不同于今日，故喻之如持签拨灯芯。李煜书论之作《书述》道：

  书有七字法，谓之拨灯。自卫夫人并钟、王传授于欧、颜、褚、陆等，流于此日，然世人罕知其道者。孤以幸会，得受诲于先生。奇哉，是书也，非天赋其性、口受要诀，然后研功覃思，则不能穷其奥妙，安得不秘而宝之。所谓法者：擫、押、钩、揭、抵、导、送是也。

  也有记载说前人所传只有前五字，导、送二字是李煜所增加。

  宋郭若虚《图画见闻志》载："后主才识清赡，书画兼精，尝观所画林木飞鸟，远过常流，高出意外。"著录宋代宫廷藏画的《宣和画谱》中，确实记载有李煜的九幅画，并称其"寓意于丹青，颇到妙处"，所绘墨竹"清爽不凡"。据说后主作书画所用的澄心堂纸、李廷珪墨、龙尾砚，"三物为天下之冠"。

  南唐书画艺术上承唐代余脉，下启宋代新风，山水画、人物画、花鸟画都有开创性的贡献，前代佳作的官府鉴藏亦盛于江南。南唐设立翰林图画院，虽然史上未见明确记载，但宋刘道醇《五代名画补遗》人物门记曹仲元"仕伪南唐主李璟，为待诏"，"后璟尝命仲元画宝志公石壁，冠绝当时"。竹梦松"仕伪南唐主李璟，为东川别驾"，刘道醇曾见其画春景仕女一轴："上有璟伪合同印，及集贤院印记，并存焉。"又记陆晃，"时伪南唐李璟常闻晃名，欲召之，会侍者谮之"而不成。屋木门记卫贤"仕南唐为内供奉"。据此，南唐或以画家隶属集贤院，或于集贤院内专设画院。

  刘道醇《圣朝名画评》中多有南唐画家为皇家待诏的记载，如人物门王齐翰"仕伪唐李煜为待诏"，周文矩"仕李煜为待诏"，"伪昇元中命图南庄，最为精备。开宝中煜贡之，藏于秘府，为上宝重"，厉昭庆"仕伪唐为待诏"。山水林木门巨然"伪唐李煜归命，巨然随至京师"，赵幹"李煜时为画院学士"。畜兽门董羽"仕李煜为待诏"。花竹翎毛门徐熙"世仕伪唐，为江南名族"，"李煜集英殿盛有熙画"。屋木门蔡润"随李煜赴朝"。赵幹《江行初雪图》前有李煜题："江行初雪，画院学生赵幹状。"元吴镇题董源《夏山深远图》诗中有道"南唐画院称圣功，好事珍藏裹数重"。由此可见南唐确有翰林图画院存在，给入院画家以待诏的优厚待遇，吸引南北名家云集金陵。周文矩在烈祖昇元间已受命作画。画院成立的时间，想来不会晚于元宗保大七年（949年），当年元日君臣赏雪赋诗：

  太弟合为一图，集名公图绘，曲尽一时之妙。御容，高冲古主之。

太弟以下侍臣、法部丝竹，周文矩主之。楼阁宫殿，朱澄主之。雪竹寒林，董元主之。池沼禽鱼，徐崇嗣主之。图成，无非绝笔。

董元即董源。众多一流画家可以随时应召，无疑有相应的管理机构。

南唐画家中，山水画有董源、巨然、卫贤、赵幹、蔡润等，人物画有曹仲元、陶守立、竹梦松、陆晃、高冲古、周文矩、顾闳中、王齐翰、顾德谦、厉昭庆等，花鸟鱼虫画有徐熙、唐希雅、董羽、朱澄、徐崇嗣、徐崇勋、唐宿、唐忠祚等。后蜀的宫廷画院成立虽较南唐稍早，但规模和影响就无从相比了。

五代山水画中，山水不再是其他绘画题材的附属，而作为世人生活的自然环境，成为画面主体。以南唐画家董源、巨然师徒为代表的江南山水画派，善于表现平淡天真的风景，草木丰盈，峰峦出没，晴风晦雨，各有生意。画家自觉追求"有笔有墨"，水墨及水墨淡着色山水画至此已呈成熟。董源、巨然后得宋代米芾极力推崇，《画史》论董源画作：

平淡天真多，唐无此品，在毕宏上。近世神品，格高无与比也。峰峦出没，云雾显晦，不装巧趣，皆得天真。岚色郁苍，枝干劲挺，咸有生意。溪桥渔浦，洲渚掩映，一片江南也。

又述"巨然师董源，今世多有本。岚气清润，布景得天真多"。《圣朝名画评》亦称"巨然好写景趣，殊为精绝"。元代黄公望虔心提倡："作山水者，必以董、巨为师，如咏诗之学杜也。"赵孟頫、王蒙、倪瓒、吴镇、沈周、文徵明、龚贤、石涛、石溪等，都从董源、巨然作品中汲取过营养。至清初"四王"竟称"画中有董、巨，犹吾儒之有孔、颜也"，奉董源、巨然为画坛的孔丘、颜回。品评之外，他们在创作上对于董源、巨然的承袭，也是很明显的。故宫博物院近年举办过一个书画特展，将上述各家的山水画作品同时展出，构图上的一脉相承，令人惊讶。江南山水画派的传统与特色，就是如此形成。

南唐人物画成就卓著。《圣朝名画评》称周文矩"用意深远，于繁富则尤工"。其奉元宗李璟之命作《重屏会棋图》，最见深远、繁富之功。画面居中是李璟峨冠正坐观棋，晋王景遂旁坐同观，齐王景达、江王景逿侧身坐胡床对弈，人物容貌写实，构图法度严谨，服饰器物细致，尤其是重屏的设计，使空间和时间的视角都得以延展。四人身后屏风上画白居易《偶眠》诗意：

放杯书案上，枕臂火炉前。老爱寻思事，慵多取次眠。

妻教卸乌帽,婢与展青毡。便是屏风样,何劳画古贤。

屏风人物身后,又画出三叠山水屏风。画家巧妙地运用了这种画中画的手法,屏中有画,画中有屏,屏风中的白居易家人与画面中的李璟兄弟给观者以时空穿越感,也自然地形成中国艺术特色的三维空间。亦如金陵怀古成为中国文学史上的母题,重屏也成为中国美术史上的母题。

《韩熙载夜宴图》中的重屏运用更为繁复。据说这是后主李煜命周文矩与顾闳中潜入韩熙载府第察看其夜生活情景的写实之作。现存《韩熙载夜宴图》为顾闳中所绘。此画为世人所熟悉,兹不赘言。同样在《圣朝名画评》中得到高度评价的人物画家还有王齐翰:"齐翰不曹不吴,自成一家,其形势超逸,近世无有。"能于曹不兴和吴道子之外自成一家,可见非同凡响。其传世之作《勘书图》现存南京大学博物馆,画面的构图,以屏风上的山水田园与实景中的白衣书生形成强烈反差,于大小、动静、彩素之间,显示出文人的闲适情趣。又如"昭庆父子大有丹青之名,攻佛像,尤长于观音。凡画古今人物,至于衣纹生熟,亦能分别,前辈殆不及"。

《圣朝名画评》认为南唐绘画的"绝笔"在花鸟画,将徐熙与唐希雅列为神品:"江南绝笔,徐熙、唐希雅二人而已。极乎神而尽乎微,资于假而迫于真,象生意端,形造笔下。"并将徐熙与后蜀黄筌、赵昌进行比较:

士大夫议为花果者,往往宗尚黄筌、赵昌之笔,盖其写生设色,迥出人意。以熙视之,彼有惭德,筌神而不妙,昌妙而不神,神妙俱完,舍熙无矣。夫精于画者,不过薄其彩绘,以取形似,于气骨能全之乎。熙独不然,必先以其墨定其枝叶蕊萼等,而后傅之以色,故其气格前就,态度弥茂,与造化之功不甚远,宜乎为天下冠也,故列神品。

又说:"写墨竹千古无传,自沙门元霭及唐希雅、董羽辈始为之唱。"徐熙的两个孙子徐崇嗣、徐崇勋"善画草虫时果、花木蚕茧之类,尤喜为连树及坠地枣,备得形似,无有及者。士大夫谓二徐有祖之风"。唐希雅的两个孙子唐宿、唐忠祚"为翎毛也,奋迅超逸,为花竹也,美艳闲冶,俱有能格"。

作为一种艺术组织和管理体制的翰林图画院,也为此后历代王朝所承续。随李煜北上的南唐画家,进入宋初翰林图画院的不在少数,直接影响到北宋的画风。